WISSENSCHAFTLICHE BEITRÄGE AUS DEM TECTUM VERLAG

Reihe Wirtschaftswissenschaften

WISSENSCHAFTLICHE BEITRÄGE
AUS DEM TECTUM VERLAG

Reihe Wirtschaftswissenschaften

Band 76

Katrin Nickel-Schmitt

Bilanzierung bedingter Sale-and-buy-back-Geschäfte

Eine mittelstandsorientierte Betrachtung am Beispiel des Leasingrückkaufgeschäftes der Automobilbranche

Tectum Verlag

Katrin Nickel-Schmitt

Bilanzierung bedingter Sale-and-buy-back-Geschäfte.
Eine mittelstandsorientierte Betrachtung am Beispiel des Leasingrückkaufgeschäftes der Automobilbranche

Wissenschaftliche Beiträge aus dem Tectum Verlag:
Reihe: Wirtschaftswissenschaften; Bd. 76

Zugl. Diss. Philipps-Universität Marburg 2014,
eingereicht unter dem Titel: Die GoB-systemkonforme Bilanzierung von bedingten Sale-and-buy-back-Geschäften – eine mittelstandsorientierte Betrachtung am Beispiel des Leasingrückkaufgeschäftes der Automobilbranche

ISBN: 978-3-8288-3634-1

ISSN: 1861-8073

Druck und Bindung: CPI buchbücher.de, Birkach

Printed in Germany

Besuchen Sie uns im Internet
www.tectum-verlag.de

MIX
Papier aus verantwortungsvollen Quellen
FSC® C083411
FSC
www.fsc.org

Bibliografische Informationen der Deutschen Nationalbibliothek
Die Deutsche Nationalbibliothek verzeichnet diese Publikation in der Deutschen Nationalbibliografie; detaillierte bibliografische Angaben sind im Internet über http://dnb.ddb.de abrufbar.

Meiner Familie

GELEITWORT

Im Zuge einer zunehmenden Deregulierung nationaler Märkte sowie einer (zumindest wahrgenommenen) Intensivierung der Globalisierung in den vergangenen Jahren sind Staaten weltweit in den letzten Jahren verstärkt dazu übergegangen, ihre nationalen Rechnungslegungsnormen aufzugeben und durch internationale Standards - insbesondere die IFRS - zu ersetzen. In Deutschland sind mit der Fokussierung auf diese kapitalmarktorientierten Informationsregeln Fragen der handels- und/oder steuerrechtlichen Bilanzierung erstaunlicherweise ins Hintertreffen geraten, obwohl sie - wie die Motivation für das Bilanzrechtsmodernisierungsgesetz aus dem Jahre 2009 eindrucksvoll zeigt - für die meisten Unternehmen unbeschadet sich anbahnender Abkopplungstendenzen im Mittelstand nach wie vor relevant sind.

Frau Nickel-Schmitt nimmt die ungebrochen hohe Relevanz der nationalen Rechnungslegungsvorschriften für den ganz überwiegenden Teil der deutschen Unternehmen zum Anlass, um aus dem großen Spektrum potenzieller - weil ungeklärter - Themen „Sale-and-buy-back-Geschäfte" im Detail zu analysieren, die typischerweise in der Automobilindustrie Anwendung finden und bei denen bezüglich der korrekten bilanziellen Behandlung seitens der betrieblichen Praxis insofern Unsicherheit besteht, als für die Abbildung dieser Geschäfte bisher noch keine gefestigte Literaturmeinung besteht und darüber hinaus sich im Zeitablauf widersprechende Positionen der Finanzverwaltung zur Verunsicherung beitragen. Die wesentlichen Bilanzierungsfragen des Leasingrückkaufgeschäftes drehen sich dabei einerseits um den Übergang des wirtschaftlichen Eigentums sowie andererseits um die Frage des Zeitpunkts wie auch der Höhe der Gewinnrealisation. Entsprechend ergibt sich das Ziel der von Frau Nickel-Schmitt vorgelegten Dissertationsschrift fast automatisch: Es liegt in der begründeten Ableitung von GoB-konformen Bilanzierungsgrundsätzen von Leasingrückkaufgeschäften nach Handels- und Steuerbilanzrecht unter gleichzeitiger Fokussierung auf meist mittelständische Automobilhändler.

Die skizzierte höchst aktuelle wirtschaftsjuristische Fragestellung bearbeitet Frau Nickel-Schmitt sehr kenntnisreich und gelangt in ihrer Analyse zu einer Vielzahl interessanter Detailergebnisse, die in der Form nicht standardmäßig in der einschlägigen Literatur zu finden sind. Ich wünsche dieser gelungenen Schrift daher eine gebührende Beachtung in der wissenschaftlichen Diskussion um eine zweckadäquate Abbildung von „Sale-and-buy-back-Geschäften".

Prof. Dr. Sascha H. Mölls

Vorwort

Die vorliegende Untersuchung entstand in Zusammenarbeit mit dem Lehrstuhl für Allgemeine Betriebswirtschaftslehre und Betriebswirtschaftliche Steuerlehre der Philipps-Universität Marburg unter Leitung von StB Prof. Dr. Michael Wehrheim und der Prüfungs- und Treuhand GmbH, Steuerberatungsgesellschaft Wirtschaftsprüfungsgesellschaft, Frankfurt am Main - ausgestaltet als Wechsel zwischen universitärer Forschung und Berufspraxis.

Die Arbeit wurde im Juni 2011 unter dem Titel „Die GoB-systemkonforme Bilanzierung von bedingten Sale-and-buy-back-Geschäften - eine mittelstandsorientierte Betrachtung am Beispiel des Leasingrückkaufgeschäftes der Automobilbanche" vom Fachbereich Wirtschaftswissenschaften der Philipps-Universität Marburg als Dissertation angenommen.

Mein Dank gilt an dieser Stelle vor allen anderen meinen beiden Doktorvätern, dem verstorbenen Herrn StB Prof. Dr. Michael Wehrheim sowie Herrn Prof. Dr. Sascha H. Mölls, die mir prägende akademische Lehrer gewesen sind.

Herrn Prof. Dr. Joachim Krag danke ich für die Übernahme des Zweitgutachtens und die wertvollen Hinweise.

Für die großzügige Unterstützung möchte ich ferner der Prüfungs- und Treuhand GmbH, insbesondere Herrn WP/StB Josef Weyrich, Herrn WP/StB Andreas Becker sowie Frau WP/StB Gertrud Biller, herzlich danken.

Darüber hinaus möchte ich mich bei allen bedanken, die mich während meiner Promotionszeit unterstützt haben.

Katrin Nickel-Schmitt

INHALTSVERZEICHNIS

Abbildungsverzeichnis

Anhangverzeichnis

Abkürzungsverzeichnis

a. A.	anderer Auffassung
Abs.	Absatz
ASR	Auto Steuern Recht (Zeitschrift)
BB	Betriebs-Berater (Zeitschrift)
BFA	Bankenfachausschuss
BFH	Bundesfinanzhof
BFH/NV	Bundesfinanzhof nicht veröffentlicht (Zeitschrift)
BGB	Bürgerliches Gesetzbuch
BGBl.	Bundesgesetzblatt (Zeitschrift)
BGH	Bundesgerichtshof
BGHZ	Entscheidungen des Bundesgerichtshofes in Zivilsachen
BilMoG	Bilanzrechtsmodernisierungsgesetz
BMF	Bundesministerium der Finanzen
BMW	Bayrische Motoren Werke
BStBl.	Bundessteuerblatt (Zeitschrift)
BT-Drucks.	Bundestags-Drucksache
bzw.	beziehungsweise
DAR	Deutsches Autorecht (Zeitschrift)
DAT	Deutsche Automobil Treuhand
DAT-VK	Deutsche Automobil Treuhand-Verkaufswerte

DB	Der Betrieb (Zeitschrift)
ders.	derselbe
dies.	dieselbe
DStR	Deutsches Steuerrecht (Zeitschrift)
DTB	Deutsche Terminbörse
EFG	Entscheidungen der Finanzgerichte (Zeitschrift)
ERS	Entwurf Rechnungslegungsstandard
EStG	Einkommensteuergesetz
et al.	et alii = und andere
etc.	et cetera = und so weiter
EUR	Euro
f	folgende
ff	fortfolgende
FG	Finanzgericht
fin. Verpfl.	finanzielle Verpflichtungen
Fn.	Fußnote
FR	Finanzrundschau (Zeitschrift)
ggf.	gegebenenfalls
GoB	Grundsätze ordnungsmäßiger Buchführung
GuV	Gewinn- und Verlustrechnung
GWB	Gesetz gegen Wettbewerbsbeschränkungen
HFA	Hauptfachausschuss
HGB	Handelsgesetzbuch

Hrsg.	Herausgeber
i. e. S.	im engeren Sinn(e)
i. S. v.	im Sinne von
i. V. m.	in Verbindung mit
IDW	Institut der Wirtschaftsprüfer
IFRS	International Financial Reporting Standards
JuS	Juristische Schulung (Zeitschrift)
JZ	JuristenZeitung (Zeitschrift)
Kfz	Kraftfahrzeug
KMU	kleine und mittlere Unternehmen
KoR	Zeitschrift für internationale und kapitalmarktorientierte Rechnungslegung
Kto.	Konto
m. w. N.	mit weiteren Nachweisen
n. F.	neue Fassung
Nr.	Nummer
o. Ä.	oder Ähnliche(s)
o. V.	ohne Verfasser
OFD	Oberfinanzdirektion
OLG	Oberlandesgericht
RegE	Regierungsentwurf
RG	Reichsgericht
RGZ	Entscheidungen des Reichsgerichtes in Zivilsachen

RS	Rechnungslegungsstandard
Rz.	Randziffer
S.	Seite
Stbg	Die Steuerberatung (Zeitschrift)
StuB	Steuern und Bilanzen (Zeitschrift)
StuW	Steuern und Wirtschaft (Zeitschrift)
TM	Tatbestandsmerkmal
Tz.	Textziffer
u. a.	unter andere(m) (n)
Ubg	Die Unternehmensbesteuerung (Zeitschrift)
UPE	unverbindliche Preisempfehlung des Herstellers
US GAAP	United States Genarally Accepted Accounting Principles
VG	Vermögensgegenstand
vgl.	vergleiche
VW	Volkswagen
WG	Wirtschaftsgut
WM	Zeitschrift für Wirtschafts- und Bankenrecht
WP	Wirtschaftsprüfer
WPg	Die Wirtschaftsprüfung (Zeitschrift)
z. B.	zum Beispiel
ZfB	Zeitschrift für Betriebswirtschaft
ZfbF	Schmalenbachs Zeitschrift für betriebswirtschaftliche Forschung

ZIP Zeitschrift für Wirtschaftsrecht

ZLW Zentralvereinigung des Kfz-Gewerbes zur Aufrechterhaltung des lauteren Wettbewerbs

1 EINLEITUNG

1.1 Problemstellung

Heute typische Kraftfahrzeug-Leasingvertragsgestaltungen haben sich aufgrund weltweiter Überkapazitäten in der Kfz-Produktion und daraus resultierender Differenzierungsbestrebungen der Hersteller zur Kundengewinnung zu immer lukrativeren Angeboten für den Leasingnehmer entwickelt. Teilweise werden den Leasingnehmern Leasingverträge angeboten, die sie weder zu Anzahlungen noch zu einer Fahrzeugübernahme am Ende der Leasinglaufzeit verpflichten.[1] Das verbleibende Verwertungsrisiko, welches aus dem Gebrauchtfahrzeugverkauf nach Ablauf der Leasingvertragslaufzeit resultiert, wird in der Regel von der Leasinggesellschaft auf den Automobilhändler abgewälzt. Dies verwirklichen Leasinggesellschaften indem sie Automobilhändlern Rückkaufverpflichtungen auferlegen.

Im Mittelpunkt der vorliegenden Untersuchung stehen so genannte Leasingrückkaufgeschäfte. Das sind vertragliche Vereinbarungen, bei denen dem Leasinggeber (Leasinggesellschaft) ein Rückverkaufsrecht und dem Automobilhändler (Händler) eine Rückkaufverpflichtung zugeschrieben werden. Leasingrückkaufgeschäfte gehören zur Gruppe der Sale-and-buy-back-Geschäfte. Unter Sale-and-buy-back-Geschäften werden allgemein Transaktionen verstanden, bei denen Vermögensgegenstände veräußert und zu einem späteren Zeitpunkt vom Veräußerer zurückerworben werden.[2] Im Rahmen des Leasingrückkaufgeschäftes verkauft ein Händler einer Leasinggesellschaft zunächst ein Neufahrzeug (sale), welches diese an den Endkunden verleast. Zeitgleich mit dem Neufahrzeugverkauf wird der Rückkauf des Fahrzeuges nach Ablauf der Leasingvertragslaufzeit zu einem im Voraus festgelegten Preis vereinbart (buy back). Der Leasinggesellschaft kommt über diesen Rückkauf die Entscheidungsgewalt zu. Sie

---

1 Vgl. Wulf, Martin/Petzold, Katharina, Bilanzierung von Leasing-Rücknahmeverpflichtungen in der Automobilbranche, in: DStR 2004, S. 2116.

2 Vgl. IDW HFA, Entwurf einer Neufassung der IDW-Stellungnahme zur Rechnungslegung: Einzelfragen zum Übergang von wirtschaftlichem Eigentum und zur Gewinnrealisierung nach HGB (IDW ERS HFA 13 n.F.), in: IDW-Fachnachrichten 2007, S. 83–97.

kann das Fahrzeug an den Automobilhändler zurückverkaufen, muss aber nicht.

Sale-and-buy-back-Transaktionen erfreuen sich in der gesamten Automobilbranche großer Beliebtheit, um Risikominimierung durch feste Rückkaufpreise zu erreichen. Neben den typischerweise zwischen Leasinggesellschaft und Händler vereinbarten Leasingrückkaufgeschäften sichern auch Mietwagenunternehmen (Automobilvermieter) ihre Vermietfahrzeuge durch Vereinbarung von Rückkaufpreisen mit dem Automobilhersteller (Hersteller) ab. So finden sich bei sämtlichen großen Automobilherstellern entsprechende Sale-and-buy-back-Transaktionen in den Geschäftsberichten wieder.[3]

Trotz der hohen Relevanz, vor allem für die betroffenen Unternehmen der Automobilbranche, haben sich bis dato keine eindeutigen Bilanzierungskriterien für Sale-and-buy-back-Geschäfte herausgebildet. Es stellen sich im Zusammenhang mit der Bilanzierung von Leasingrückkaufgeschäften vor allem Fragen des Übergangs des wirtschaftlichen Eigentums auf den Erwerber des Fahrzeuges und damit in enger Verbindung stehend Fragen der Gewinnrealisation aus dem Verkauf des Fahrzeuges, das später vom Verkäufer (ggf.) zurückerworben wird.

Grundsätzlich ist für die Bilanzierung eine sorgfältige Analyse der vertraglichen Ausgestaltungen der entsprechenden Sale-and-buy-back-Geschäfte Voraussetzung. So unterscheiden sich z. B. die zwischen Autovermietungen und Herstellern abgeschlossenen Sale-and-buy-back-Geschäfte in ihrer vertraglichen Ausgestaltung grundlegend von Leasingrückkaufgeschäften zwischen Leasinggesellschaften und Händlern. So besitzt die Leasinggesellschaft beim Leasingrückkaufgeschäft ein Rückverkaufsrecht, während der Händler eine Rückkaufverpflichtung eingeht. Zwischen Autovermietung und Hersteller bestehen hingegen in der Regel unbedingte Rückkaufverpflichtungen, bei denen sowohl die Autovermietung als auch der Hersteller eine Rückkaufverpflichtung eingehen. Zudem unterscheiden sich die Zeiträume zwischen Verkauf und Rückkauf der beiden Sale-and-buy-

[3] Vgl. Wenk, Marc Oliver/Jagosch, Christian, Automotive: Umsatzrealisation bei Sale-and-buy-back-Transaktionen, in: KoR 2010, S. 33.

back-Geschäftsarten. Diese Unterschiede in der vertraglichen Ausgestaltung führen zu einer grundlegend unterschiedlichen Bilanzierung. Empirisch zeigt sich, dass Umsätze aus Fahrzeugverkäufen, für die Rückkaufverpflichtungen eingegangen wurden, von den marktführenden Automobilherstellern wie VW, BMW oder Daimler nicht sofort realisiert werden. Darüber hinaus wird von einem Übergang des wirtschaftlichen Eigentums nicht ausgegangen und die betreffenden Fahrzeuge werden weiterhin in den Bilanzen der Hersteller angesetzt.[4] Ein grundsätzliches Hinausschieben des Realisationszeitpunktes bis zum Ablauf der enthaltenen Erklärungsfristen ist bei Sale-and-buy-back-Geschäften allerdings nicht zu rechtfertigen. Genauso wenig kann der Übergang des wirtschaftlichen Eigentums bei dieser Art von Geschäften grundsätzlich verneint werden. Gegen die sofortige volle Gewinnrealisation aus dem Neufahrzeuggeschäft spricht wiederum der enge wirtschaftliche Zusammenhang zwischen Neufahrzeuggeschäft und Rückkaufgeschäft. Der Ertrag des Neufahrzeuggeschäftes ist im Sinne des Vorsichtsprinzips und des Gläubigerschutzes noch mit Risiken aus dem Rückkaufvertrag behaftet.

Vor dem Hintergrund der immer noch in der Praxis vorherrschenden Rechtsunsicherheit - vor allem bei den Automobilhändlern - und der Problematik, dass gerade Vorgaben der Finanzverwaltung zu diesem Themenkomplex fiskalisch getrieben erscheinen,[5] will die vorliegende

---

[4] Vgl. zur Auswertung der entsprechenden Geschäftsberichte des Jahres 2008 Wenk, Marc Oliver/Jagosch, Christian, Automotive: Umsatzrealisation bei Sale-and-buy-back-Transaktionen, in: KoR 2010, S. 34.

[5] Das BMF hat mit Schreiben vom 12.08.2009, in: BStBl. I 2009, S. 890f, einen Nichtanwendungserlass zum BFH-Urteil vom 11.10.2007, in: BStBl. II 2009, S. 705–708, veröffentlicht. Damit war das Urteil vorerst nicht über den entschiedenen Einzelfall hinaus anzuwenden. Hier fällt die systematische Inkonsistenz auf: auf der einen Seite akzeptiert das BMF die Bilanzierung von Optionsgeschäften und wendet sie auch an, vgl. dazu BMF-Schreiben vom 12.01.2004, in: BStBl. I 2004, S. 192, beim gleichgelagerten Sachverhalt des Leasingrückkaufgeschäftes setzt es aber eine Nichtanwendung fest. Vom FG Münster wurde die Revision zugelassen, so dass der BFH mit Urteil vom 17.11.2010 erneut über den Sachverhalt entschieden hat und die Entscheidung vom 11.10.2007 vollumfänglich bestätigt hat, BFH vom 17.11.2010, in: BB 2011, S. 621-622. Daraufhin hat das BMF mit Schreiben vom 12.10.2011, in: BStBl. 2011, S. 967, seine oben

Untersuchung den Übergang des wirtschaftlichen Eigentums an den Fahrzeugen beim Leasingrückkaufgeschäft vom Händler auf die Leasinggesellschaft untersuchen und darauf aufbauend eine den Grundsätzen ordnungsmäßiger Buchführung (GoB) entsprechende und somit bilanzzweckkonforme Bilanzierung von Leasingrückkaufgeschäften für die Handels- und auch die Steuerbilanz herleiten. Ausführungen, die sich auf die handelsrechtliche Bilanzierung beziehen, gelten grundsätzlich ebenso für das Steuerbilanzrecht. In den Fällen, in denen eigenständige deckungsgleiche oder abweichende steuerrechtliche Regelungen bestehen, ist dies gesondert erläutert. Dabei werden Fragen des Ansatzes, der Bewertung und des Ausweises von Leasingrückkaufgeschäften beantwortet. Die Betrachtung soll, wie im Untertitel angedeutet „mittelstandsorientiert"[6] vorgenommen werden. Dem folgend steht in der vorliegenden Untersuchung eine Bilanzierung des Leasingrückkaufgeschäftes auf Basis deutscher handelsrechtlicher Regelungen aus Sicht des Händlers im Vordergrund. Von der Qualifizierung des Leasingrückkaufgeschäftes nach internationalen Bilanzierungsregelungen wird abgesehen. Die Darstellung der korrespondierenden handelsrechtlichen Bilanzierung bei der Leasinggesellschaft erfolgt der Vollständigkeit halber, wird aber nicht vertieft.

Diese Vorgehensweise hat Ihre Berechtigung darin, dass nahezu sämtliche Autohäuser in Deutschland dem Mittelstandsegment zuzuordnen sind und nach deutschem Handelsrecht Rechnung legen. Auch neben den kleinen und mittleren Autohäusern bilanzieren die größten 20 Händlergruppen in Deutschland in der Regel nach HGB und sind nicht kapitalmarktorientiert.[7] Mittelständische Unternehmen sind in

---

erläuterte Position verlassen und beugt sich der Auffassung des BFH. Vgl. auch Gliederungspunkt 4.3.3.2.7.2.3

[6] Als Mittelstand sollen in diesem Zusammenhang kleine und mittlere Unternehmen (KMU) definiert nach den Abgrenzungen der Empfehlung der Kommission der Europäischen Gemeinschaften vom 06.05.2003 verstanden werden. Unternehmen mit einer Beschäftigtenanzahl von mehr als 249 und einen Jahresumsatz von mehr als 50 Mill. EUR sind demnach als Großunternehmen einzuordnen.

[7] Der Anteil der größten 100 Automobilhändler am Gesamtmarkt in Deutschland betrug 2011 ca. 20%. Vgl. hierzu und siehe eine Aufstellung zu den 20 größten Händlergruppen in Deutschland 2011: Presseinformation zur IFA-Studie, Kraft-

hohem Maße auf externe Finanzierungsquellen (v.a. Bankkredite) angewiesen. Die Bedürfnisse der Kreditgeber als Abschlussadressaten werden hierbei durch Jahresabschlüsse nach deutschem Bilanzrecht vollends erfüllt.[8]

fahrzeuggewerbe: Konzentrationsprozess im deutschen Automobilhandel dauert an, www.ifa-info.de/downloads/3305/Presseinformation%2029.05.13.pdf (26.10.2013). Die Bilanzierungsgegebenheiten lassen sich im elektronischen Bundesanzeiger unter www.ebanz.de abrufen.

8 Dies lässt sich auch daraus ableiten, dass Kreditinstitute die im Rahmen des BilMoG als Annäherung an internationale Rechnungslegungsnormen verstandenen, vorgenommenen Änderungen nicht umfassend begrüßen und differenziert beurteilen. Vgl. zur empirischen Evaluierung Haller, Axel et al., BilMoG und Adressatenbedürfnisse - Empirische Erkenntnisse über die Einschätzung von Kreditinstituten, in: KoR 2009, S. 216-226.

1.2 Gang der Untersuchung

Das auf die Einleitung folgende Kapitel zwei der Arbeit dient dazu, den im Mittelpunkt der Untersuchung stehenden Begriff des Leasingrückkaufgeschäftes als Sale-and-buy-back-Geschäft zu definieren und das vertragliche Beziehungsgeflecht von Kraftfahrzeug-Leasingverträgen zu umschreiben. An eine detaillierte Darstellung der Fallausgestaltung schließt sich dann eine Analyse der Chancen- und Risikoverteilung des Leasingrückkaufgeschäftes an. Die identifizierten relevanten Chancen und Risiken der beteiligten Parteien des Leasingrückkaufgeschäftes werden anschließend mit der den schuldrechtlichen Vertragstypen Kauf sowie Miete zu Grunde liegenden charakteristischen Verteilung der Chancen und Risiken verglichen. Dieser Vergleich macht die Unterschiede des Leasingrückkaufgeschäftes zu einem typischen Kaufgeschäft deutlich. Aufgrund der Ergebnisse der Risikoanalyse scheint es gerechtfertigt, den Übergang des wirtschaftlichen Eigentums beim Leasingrückkaufgeschäft im Rahmen des Verkaufs des Neufahrzeuges vom Händler an die Leasinggesellschaft zumindest anzuzweifeln.

Um Bilanzierungskriterien für das Leasingrückkaufgeschäft und mit ihm in Zusammenhang stehenden Geschäften wie der Leasingvertragsvermittlung abzuleiten, ist die Auslegung und Subsumtion von Verträgen des dispositiven Schuldrechtes von großer Bedeutung, denn die Zivilrechtsstruktur von frei ausgehandelten Verträgen bietet grundsätzlich einen ersten Anhaltspunkt für die bilanzrechtliche Einordnung. Daher erfolgt in Kapitel drei zunächst eine zivilrechtliche Einordnung des Leasingrückkaufgeschäftes unter schuldrechtliche Vertragstypen mit Hilfe einer Analyse der vertraglichen Ausgestaltung. Im Ergebnis ist das Leasingrückkaufgeschäft zivilrechtlich als Wiederverkaufsgeschäft einzustufen, welches einen Anwendungsfall des Optionsgeschäftes darstellt. Aus diesem Grund schließt der zivilrechtliche Teil der Arbeit mit einer Darstellung der Rechtsnatur des Wiederverkaufs- und Optionsgeschäftes und zeigt Entsprechungen und Unterschiede von Option, Wiederverkauf und Leasingrückkauf auf.

Ziel des vierten Kapitels - als Hauptteil der Arbeit - ist es, Bilanzierungsgrundsätze für das Leasingrückkaufgeschäft und die damit in engem Zusammenhang stehende Leasingvertragsvermittlung abzuleiten und zu beurteilen. Die dazu nötige Vorstellung und Erläuterung der theoretischen Grundlagen wird vorangestellt. Abschnitt 4.2 beantwortet zunächst die für die Bilanzierung des Leasingrückkaufgeschäftes grundlegende Frage nach dem Übergang des wirtschaftlichen Eigentums vom Händler auf die Leasinggesellschaft. Denn nicht nur die Zuordnung von Vermögensgegenständen im Rahmen der Bilanzierung, sondern damit in Einklang stehend ebenso die gesamte bilanzielle Behandlung des Geschäftsvorfalles als Kauf (Veräußerungs- oder Anschaffungsgeschäft) oder Miete (Nutzungsüberlassung), richtet sich nicht nach dem zivilrechtlichen Eigentum, sondern danach, wer wirtschaftlicher Eigentümer des Vermögensgegenstandes ist. Zivilrechtlich ist aufgrund des rechtlichen Eigentumsübergangs jede andere Einordnung als die im kaufrechtlichen Bereich ausgeschlossen, aber wirtschaftlich hat aufgrund der vom typischen Kaufrecht abweichenden Einordnung des Wiederverkaufsgeschäftes als ‚Besondere Art des Kaufes' und der in Kapitel zwei der Arbeit analysierten Risikoverteilung des Leasingrückkaufgeschäftes eine kritische Überprüfung des Übergangs des wirtschaftlichen Eigentums stattzufinden. Im Ergebnis kann in Kapitel 4.2.1.2 anhand der spezifischen vertraglichen Ausgestaltung des Leasingrückkaufgeschäftes gezeigt werden, dass eine aufgrund der wirtschaftlichen Betrachtungsweise von der grundlegenden zivilrechtlichen Einordnung des Leasingrückkaufgeschäftes im kaufrechtlichen Bereich abweichende Einordnung nicht in Betracht kommt. Das rechtliche wie das wirtschaftliche Eigentum des Fahrzeuges gehen im Rahmen des Neufahrzeuggeschäftes vom Händler auf die Leasinggesellschaft über. Somit ist eine Interpretation des Leasingrückkaufgeschäftes als Mietverhältnis, abweichend von der zivilrechtlichen grundsätzlichen Einordnung im kaufrechtlichen Bereich, nicht möglich. Die Bilanzierung des Leasingrückkaufgeschäftes hat auf Grundlage der zivilrechtlichen Einordnung zu erfolgen. Das heißt, dass die Bilanzierung von Optionsgeschäften als grundlegend für die Bilanzierung des Leasingrückkaufgeschäftes anzusehen ist. Da das Leasingrückkaufgeschäft als zivilrechtliches Wiederverkaufsgeschäft einen Anwendungsfall der Option darstellt, gelten für die beiden Teile des Leasingrückkaufgeschäftes, die dem Optionsgeschäft entsprechen – Rückkaufvereinbarung und Rückkaufvertrag – die für das Optionsgeschäft abzuleitenden bilanziellen Grundsätze analog.

Kapitel 4.3.1 thematisiert die Bilanzierung von Optionsgeschäften beider beteiligter Parteien. Dabei werden der Zielsetzung der vorliegenden Untersuchung folgend nicht-börsengehandelte Verkaufsoptionsgeschäfte betrachtet. Problematisch ist vor dem Hintergrund der fehlenden gesetzlichen Definition von Optionsgeschäften deren zutreffende dogmatische Einordnung. Der zivilrechtliche Meinungsstreit um die Rechtsnatur des Optionsgeschäftes führt auch bilanzrechtlich zu Unklarheiten und Meinungsverschiedenheiten. Mit Hilfe einer auf dem Korrespondenzprinzip beruhenden ganzheitlichen Betrachtung kann im Kapitel 4.3.1.5 eine widerspruchsfreie, konsistente Bilanzierung von Optionsgeschäften für die beteiligten Parteien abgeleitet werden. Dabei werden im Ergebnis zwei gleichwertige Bilanzierungsalternativen ermittelt, die als Einheitstheorie (handelsbilanzielle Behandlung) und modifizierte Trennungstheorie (steuerbilanzielle Behandlung) bezeichnet werden. In Kapitel 4.3.3 werden die abgeleiteten Bilanzierungsgrundsätze auf das Leasingrückkaufgeschäft angewandt. Dabei werden sowohl auf Seiten des Händlers, wie auch auf Seiten der Leasinggesellschaft Grundsätze für Ansatz, Bewertung und Ausweis vorgestellt. In diesem Zusammenhang erfolgt ebenso eine Darstellung der notwendigen Anhangangaben. Die Bilanzierungsgrundsätze von Optionsgeschäften müssen an unterschiedlichen Stellen an die speziellen Gegebenheiten des Leasingrückkaufgeschäftes angepasst werden. Eine synoptische Gegenüberstellung der in dieser Untersuchung befürworteten, aus den Grundlagen der Einheitstheorie und der modifizierten Trennungstheorie abgeleiteten Grundsätze zur Bilanzierung von Leasingrückkaufgeschäften leitet über zum Beurteilungskapitel 4.5 des Hauptteils, welches die modifizierte Trennungstheorie als die Bilanzierungsalternative festlegt, der der Vorzug zu geben ist. Eine Zusammenfassung der Ergebnisse in Form von Bilanzierungsgrundsätzen für Sale-and-buy-back-Geschäfte rundet den Hauptteil ab.

Den formalen Abschluss der Arbeit bildet Kapitel fünf, welches die Ergebnisse der Untersuchung thesenförmig zusammenfasst.

2 DAS KRAFTFAHRZEUG-LEASING IN DEUTSCLAND

2.1 Definition Leasing

Der Begriff ‚Leasing' kann als Form der zeitlich begrenzten entgeltlichen Nutzungsüberlassung von Wirtschaftsgütern beschrieben werden.[9] Eine allgemeingültige Definition existiert aufgrund der teilweise erheblich voneinander differierenden Variationsmöglichkeiten bei der Ausgestaltung von Leasingverträgen nicht.[10] Im allgemeinen Sprachgebrauch wird Leasing in der Regel mit Finanzierungsleasing gleichgesetzt. Finanzierungsleasingverträge stellen „längerfristige Vereinbarungen, bei denen die Vertragsparteien (Leasinggeber und Leasingnehmer) über einen wesentlichen Teil der möglichen Nutzungsdauer des Objektes gebunden sind und deshalb für den Leasingnehmer eine mit dem Kredit vergleichbare Finanzierungswirkung besteht"[11] dar. Finanzierungsleasing zeichnet sich durch vergleichsweise lange feste Grundmietzeiten aus, während derer keiner der beiden Vertragsparteien kündigen darf. Das Leasingobjekt liegt beim Finanzierungsleasing aufgrund der langen Grundmietzeit nahezu ausschließlich in den Händen des Leasingnehmers, weshalb das Investitionsrisiko im Regelfall auf ihn übergeht.[12] Im Gegensatz dazu ist das Operating-Leasing

---

[9] Vgl. Mellwig, Winfried, Leasing, in: Ballwieser, Wolfgang/Coenenberg, Adolf G./Wysocki, Klaus v. (Hrsg.), Handwörterbuch der Rechnungslegung und Prüfung, 2002, S. 1478 oder Perridon, Louis/Steiner, Manfred, Finanzwirtschaft der Unternehmung, 2004, S. 459.

[10] Vgl. Feinen, Klaus, Das Leasinggeschäft, 2002, S. 1. Zu den unterschiedlichen Differenzierungsmöglichkeiten und Funktionen von Leasing siehe Büschgen, Hans E., § 1, in: Büschgen, Hans E. (Hrsg.), Praxishandbuch Leasing, 1998, Rz. 13–41.

[11] Hastedt, Uwe-Peter/Mellwig, Winfried, Leasing, 1998, S. 14. Durch Finanzierungsleasing verschafft sich der Leasingnehmer das Nutzungspotential, das er ohne Leasing durch einen (fremdfinanzierten) Kauf bekommen hätte, vgl. Hastedt, Uwe-Peter/Mellwig, Winfried, Leasing, 1998, S. 16. Die Finanzierungsfunktion des Finanzierungsleasings liegt in der Vorfinanzierung der Anschaffungskosten für das Leasinggut durch den Leasinggeber, vgl. Canaris, Claus-Wilhelm, Grundprobleme des Finanzierungsleasing im Lichte des Verbraucherkreditgesetzes, in: ZIP 1993, S. 402.

[12] Aufgrund steuerlicher Überlegungen wird aber in der Regel der Leasingvertrag so ausgestaltet, dass die Aktivierung des Leasingobjektes in der Bilanz des Lea-

von kurzfristigen, jederzeit kündbaren Vertragslaufzeiten geprägt, bei denen das entsprechende Leasingobjekt lediglich für einen geringen Teil seiner betriebsgewöhnlichen Nutzungsdauer überlassen wird.[13] Operating-Leasing ist mit Miete oder Pacht vergleichbar,[14] da der Leasinggeber das Investitionsrisiko trägt und der Leasingnehmer den Vertrag, unter Einhaltung einer bestimmten, relativ kurzen Kündigungsfrist, jederzeit lösen kann.[15]

Für den Leasingnehmer steht die Nutzungsmöglichkeit des Objektes im Vordergrund, das rechtliche Eigentum an dem Leasinggut spielt für ihn eine untergeordnete Rolle.[16] Bei Finanzierungsleasingverträgen sind in der Regel drei Vertragspartner beteiligt: der Leasinggeber, der Leasingnehmer und der Lieferant. Durch Abschluss eines Liefervertrages und eines Leasingvertrages kommt das Finanzierungsleasinggeschäft im typischen Leasingdreieck (Dreiparteienverhältnis) zustande.[17] Der Leasinggeber erwirbt mit dem Liefervertrag das Leasingobjekt vom Lieferanten mit dem Ziel, es dem Leasingnehmer im Rahmen des Leasingvertrages zur Verfügung zu stellen.[18] Wegen des wirtschaftlichen Zusammenhangs von Liefervertrag und Leasingvertrag sind diese gegenseitig von einander abhängig: Das Bestehen des Liefervertrages ist Geschäftsgrundlage des Leasingvertrages; das Zustan-

---

singgebers erfolgt. Vgl. Hastedt, Uwe-Peter/Mellwig, Winfried, Leasing, 1998, S. 25–30.

13 Vgl. Büschgen, Hans E., § 1, in: Büschgen, Hans E. (Hrsg.), Praxishandbuch Leasing, 1998, Rz. 15–16.

14 Vgl. Beckmann, Heiner, Offene Fragen bei Finanzierungsleasinggeschäften, in: DStR 2000, S. 1186. Vgl. zum Operating- und Finanzierungsleasing auch Perridon, Louis/Steiner, Manfred, Finanzwirtschaft der Unternehmung, 2004, S. 459–460.

15 Vgl. Wehrheim, Michael/Renz, Anette, Die Handels- und Steuerbilanz, 2009, S. 186.

16 Vgl. Hastedt, Uwe-Peter/Mellwig, Winfried, Leasing, 1998, S. 15.

17 Vgl. Beckmann, Heiner, Aktuelle Rechtsfragen bei Finanzierungsleasinggeschäften, in: DStR 2006, S. 1329.

18 Vgl. Hastedt, Uwe-Peter/Mellwig, Winfried, Leasing, 1998, S. 16.

dekommen der Leasingfinanzierung ist Bedingung des Liefervertrages.[19]

Abb. 1: Typisches Leasingdreieck

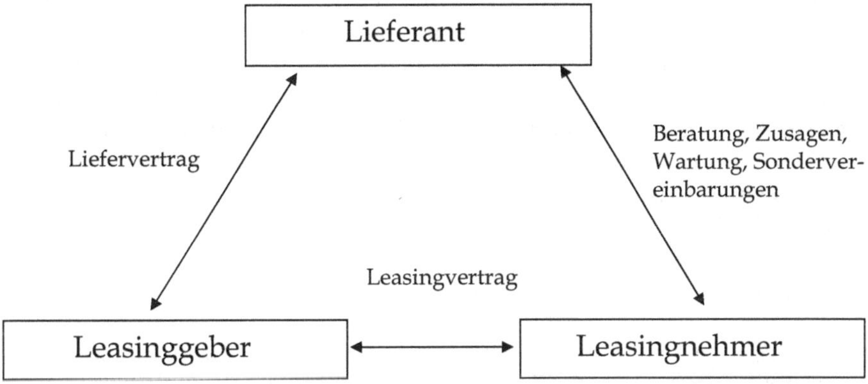

Quelle: Eigene Darstellung in Anlehnung an Beckmann, Heiner, Offene Fragen bei Finanzierungsleasinggeschäften, in: DStR 2000, S. 1185.

Das beliebteste Leasingobjekt in Deutschland ist seit jeher das Kraftfahrzeug.[20]

---

[19] Vgl. Beckmann, Heiner, Offene Fragen bei Finanzierungsleasinggeschäften, in: DStR 2000, S. 1185.

[20] Vgl. Berninghaus Jochen, § 15, in: Büschgen, Hans E. (Hrsg.), Praxishandbuch Leasing, 1998, Rz. 1; Westphalen, Friedrich Graf von, Der Leasingvertrag, 1998, Rz. 1204 und Beckmann, Heiner, Finanzierungsleasing, 2006, § 11 Rz. 1.

2.2 Einordnung der Marktteilnehmer

Grundsätzlich steht der Leasingmarkt unterschiedlichsten Parteien offen. Jeder, der die Beschaffung eines Kraftfahrzeuges beabsichtigt, kommt als Leasingnehmer in Frage. Dabei können die Leasingnehmer in die Gruppen gewerbliche, private und staatliche/kommunale Leasingnehmer eingeteilt werden.[21] Als Vorteile des Leasings für den Leasingnehmer werden vor allem finanzwirtschaftliche Argumente angeführt, für gewerbliche Leasingnehmer kann die Abzugsfähigkeit der Leasingraten als Betriebsausgabe als Vorteil angesehen werden. Der Leasingnehmer schont im Vergleich zum Barkauf seine Liquidität und kann die Leasingraten aus den laufenden Einnahmen decken. Er braucht nicht den Gesamtpreis des Fahrzeuges zu finanzieren.[22] Gewerbliche Nutzer können, erlasskonforme Vertragsgestaltung vorausgesetzt, die Leasingraten als Betriebsausgabe absetzen und Vorsteuer aus den Leasingraten geltend machen.

Leasinggeber lassen sich entsprechend ihrem Verhältnis zu den Automobilherstellern in die Gruppe der herstellerabhängigen wie herstellerunabhängigen Leasinggesellschaften einteilen. Herstellerabhängige Leasinggesellschaften sind oft 100-prozentige Tochterunternehmen des Herstellers. Die Absatzförderung der Produkte der Konzernmutter stellt eines der Ziele dar.[23] Beim Herstellerleasing wickelt der Hersteller ein Leasinggeschäft innerhalb seines Konzernverbundes ab und tritt dabei selbst als Leasinggeber auf.[24] Fast sämtliche Automobilher-

---

21 Vgl. Büschgen, Hans E., § 1, in: Büschgen, Hans E. (Hrsg.), Praxishandbuch Leasing, 1998, Rz. 33 und § 2, Rz. 14.

22 Kritisch nehmen *Wehrheim/Renz* zum Liquiditätsvorteil, wie auch zu weiteren in der Praxis angeführten Vorteilen von Leasing Stellung, vgl. Wehrheim, Michael/Renz, Anette, Die Handels- und Steuerbilanz, 2009, S. 185ff.

23 Vgl. Lützenkirchen, Hans-Peter, Das Kraftfahrzeug-Leasing in Deutschland, in: Eckstein, Wolfram/Feinen, Klaus (Hrsg.), Leasing-Handbuch für die betriebswirtschaftliche Praxis, 2000, S. 234.

24 Vgl. Brox, Hans/Walker, Wolf-Dietrich, Besonderes Schuldrecht, 2006, § 15 Rz. 7. Zum Teil wird Herstellerleasing abweichend hiervon als Leasing definiert, bei dem Lieferant und Leasinggeber personengleich sind und das typische Leasingdreieck somit fehlt, vgl. z. B. BGH-Urteil vom 09.03.1977, in: NJW 1977, S. 1058 oder Beckmann, Heiner, Aktuelle Rechtsfragen beim Finanzierungsleasing, in: DStR 2006, S. 1330. In diesem Sinne wäre die in der vorliegen-

steller verfügen heute über eigene Leasinggesellschaften.[25] Zu den herstellerunabhängigen Leasinggesellschaften gehören vor allem solche, die im Konzernverbund von Kreditinstituten stehen oder zum Konzernverbund von im Automobilgeschäft erfahrenen Unternehmen gehören.[26]

In der Automobilbranche wählen Hersteller hauptsächlich den indirekten Vertrieb über Vertragshändler.[27] Dabei ist der Händler herstellergebunden und in Teilbereichen tätig als Handelsvertreter i. S. d. §§ 84-92c HGB. Als Handelsvertreter ist der Händler gemäß § 84 HGB damit betraut, für den Hersteller Geschäfte zu vermitteln. Der Händler ist dazu angehalten, das Verkaufsförderungsinstrument Leasing im Rahmen seiner Möglichkeiten zu unterstützen. Das bedeutet, er bemüht sich aktiv durch Akquisition und Werbung um die Vermittlung von Leasingverträgen. Dafür erhält er von der Leasinggesellschaft eine Vermittlungsprovision.[28] So tritt auch beim Kraftfahrzeug-Leasing der Leasinggeber nicht direkt mit dem Kunden in Verbindung, sondern

---

den Arbeit betrachtete Konstruktion als indirektes Herstellerleasing zu bezeichnen.

25 Vgl. Walter, Sylvia, Herstellerleasing, 2006, S. 19.

26 Beispielsweise VR Leasing oder Sixt-Leasing. Vgl. Lützenkirchen, Hans-Peter, Das Kraftfahrzeug-Leasing in Deutschland, in: Eckstein, Wolfram/Feinen, Klaus (Hrsg.), Leasing-Handbuch für die betriebswirtschaftliche Praxis, 2000, S. 234 mit weiteren Beispielen zu herstellerunabhängigen wie auch herstellerabhängigen Leasinggesellschaften.

27 Vgl. Heß, Andreas/Meinig, Wolfgang, Absatzkanalsysteme der Automobilwirtschaft, in: ZfbF 1996, S. 288–289. Der Grund für die Vertriebsform des indirekten Vertriebs über Vertragshändler liegt in der Komplexität des Produktes Automobil wie auch in der Komplexität (Menge) der Kundengruppe. Die Besonderheit des Automobils als ein unter anderem wartungsintensives Produkt, bei dem Sicherheitsbedürfnisse aber auch Mobilitätsanforderungen eine übergeordnete Rolle spielen, erfordert die Unterhaltung eines flächendeckenden Netzes von Verkaufs- und Servicestandorten. Dem Hersteller allein fehlen aber die notwendigen Ressourcen, um die Sicherstellung von Wartung und Service für die gesamte Kundengruppe zu gewährleisten. Aufgrund der notwendigen transaktionskostenspezifischen Investitionen, wie Standort-, Anlage- oder Humankapitalinvestitionen, stellt der Vertrieb über Händler die optimale Vertriebsform zur Marktabdeckung dar.

28 Vgl. hierzu Gliederungspunkt 2.3.2.

über den Automobilhandel als Vermittler. Der Großteil der Leasing-Verträge wird von Automobilhändlern an Kunden vermittelt.[29]

Der Händler kann als Vertragshändler oder freier Händler organisiert sein.[30] Der Automobilhandel ist derzeit von einem starken Konzentrationsprozess geprägt. Immer mehr so genannte Megadealer etablieren sich, um im Wettbewerb mit den Hersteller-Niederlassungen zu bestehen, was in der Tendenz zu einem Verdrängungswettbewerb bei kleinen und mittleren Autohäusern führt.[31] Dessen ungeachtet bilanzieren neben den kleinen und mittleren Autohäusern auch die größten 20 Händlergruppen in Deutschland nach den deutschen handelsrechtlichen Regelungen und sind nicht kapitalmarkorientiert.

---

[29] Vgl. Lützenkirchen, Hans-Peter, Das Kraftfahrzeug-Leasing in Deutschland, in: Eckstein, Wolfram/Feinen, Klaus (Hrsg.), Leasing-Handbuch für die betriebswirtschaftliche Praxis, 2000, S. 232. Mit Fuhrparkbetreibern bestehen meist direkte Abkommen.

[30] Die Unterscheidung, ob der Automobilhändler als Eigenhändler oder Agent im Markt tätig ist, soll im Folgenden aus Vereinfachungsgründen nicht vorgenommen werden.

[31] Vgl. o. V., Druck von allen Seiten, http://www.autohaus.de/druck-von-allen-seiten-724248.html (26.10.2013).

2.3 Vertragliche Ausgestaltung des Kraftfahrzeug-Leasinggeschäftes

2.3.1 Vertragsformen des Kraftfahrzeug-Leasing

Die Gestaltung des Leasingvertrages ist grundsätzlich dispositiv und entspricht dem Parteiwillen. In der Praxis existiert eine Vielzahl unterschiedlicher Vertragsmodelle, die sich teilweise lediglich geringfügig voneinander unterscheiden. Im Ergebnis entsteht dadurch eine, aus marketingstrategischen Aspekten von den Leasinggebern wohl nicht ungewollte, mangelnde Vergleichbarkeit der Verträge für den Leasingnehmer.[32]

In der Leasingpraxis lässt sich beim Mobilien-Leasing grundsätzlich zwischen Voll- und Teilamortisationsverträgen unterscheiden. Abgrenzungskriterium ist, ob in der Grundmietzeit durch die Leasingraten sämtliche Kosten des Leasinggebers beglichen werden oder nicht.[33]

Bei Vollamortisationsverträgen sind die Leasingraten auf Basis der gesamten Anschaffungskosten zuzüglich Vertriebs-, Verwaltungs- sowie Finanzierungskosten und eines Gewinnzuschlages kalkuliert. Während der Grundmietzeit amortisiert der Leasingnehmer über die Leasingraten sämtliche Kosten. Dem Leasingnehmer wird bei Vollamortisationsverträgen in der Regel ein Optionsrecht auf Kauf oder Mietverlängerung eingeräumt.

Teilamortisationsverträge sind im Kraftfahrzeugleasing üblich und finden sich dementsprechend in vielen Vertragsvarianten. Dabei werden die Leasingraten auf Basis der Differenz zwischen den Anschaffungskosten und eines vereinbarten Restwertes kalkuliert. Die Lea-

---

32 Vgl. Lützenkirchen, Hans-Peter, Das Kraftfahrzeug-Leasing in Deutschland, in: Eckstein, Wolfram/Feinen, Klaus (Hrsg.), Leasing-Handbuch für die betriebswirtschaftliche Praxis, 2000, S. 236.

33 Vgl. hier und im Folgenden Hastedt, Uwe-Peter/Mellwig, Winfried, Leasing, 1998, S. 17f; Lützenkirchen, Hans-Peter, Das Kraftfahrzeug-Leasing in Deutschland, in: Eckstein, Wolfram/Feinen, Klaus (Hrsg.), Leasing-Handbuch für die betriebswirtschaftliche Praxis, 2000, S. 236-239 und Wehrheim, Michael/Renz, Anette, Die Handels- und Steuerbilanz, 2009, S. 185-193

singgesellschaft erhält während der Grundmietzeit über die Leasingraten nicht ihre gesamten Kosten erstattet. Die vollständige Deckung der Kosten sowie Gewinnerzielung werden erst mit Realisierung des kalkulierten Restwertes erreicht. Die etlichen Varianten von Teilamortisationsverträgen entstehen aus der Regelungsbedürftigkeit der Übernahme des Restwertrisikos bzw. der Abrechnungsverhältnisse am Vertragsende. Varianten des Teilamortisationsvertrages sind der Vertrag mit Gebrauchtfahrzeugabrechnung, bei dem der Leasingnehmer einen Anteil vom ggf. entstehenden Mehrerlös erhält, der den Restwert übersteigt, sowie kündbare Verträge oder Verträge mit Andienungsrecht.[34] Beim kündbaren Vertrag kann der Leasingnehmer das Ende der Grundmietzeit bestimmen, wobei mit Inanspruchnahme des Rechtes zur Kündigung eine Abschlusszahlung fällig wird, deren Höhe den Gesamtaufwand der Leasinggesellschaft abzüglich der geleisteten Leasingraten ausgleicht.

In Verträgen mit Andienungsrecht behält sich die Leasinggesellschaft das Recht vor, das Fahrzeug nach Ablauf der Grundmietzeit dem Leasingnehmer anzudienen. Die Festlegung des Kaufpreises erfolgt bereits bei Vertragsabschluss auf Grundlage der Gesamtkosten der Leasinggesellschaft. Grundsätzlich dient das Andienungsrecht zur Absicherung des Restwertes auf Seiten der Leasinggesellschaft. Sie wird das Fahrzeug nur anderweitig verwerten und nicht von ihrem Recht Gebrauch machen, wenn sich auf dem Gebrauchtfahrzeugmarkt ein höherer Preis erzielen lässt.[35] In diesem Zusammenhang stellt das

---

[34] Darüber hinaus können von den aufgeführten Varianten auch Sonderformen des Teilamortisationsvertrages unterschieden werden, wie u. a. der Kilometervertrag. Kilometerverträge sind im Kfz-Leasing verbreitet und amortisieren lediglich die leistungsbezogene Nutzung des Fahrzeuges. Der Leasingnehmer muss dem Leasinggeber eine vorab vereinbarte Laufleistung des Fahrzeugs zum Vertragsende garantieren. Als Sonderform wird dieser Vertrag bezeichnet, weil die Objektzurechnung und Bilanzierung nicht in einem Leasingerlass der Finanzverwaltung geregelt sind. Vgl. Hastedt, Uwe-Peter/Mellwig, Winfried, Leasing, 1998, S. 19. Vgl. genauer zu den Leasingerlassen Gliederungspunkt 4.2.1.1.4.

[35] Vgl. Lützenkirchen, Hans-Peter, Das Kraftfahrzeug-Leasing in Deutschland, in: Eckstein, Wolfram/Feinen, Klaus (Hrsg.), Leasing-Handbuch für die betriebswirtschaftliche Praxis, 2000, S. 237.

in der vorliegenden Untersuchung im Mittelpunkt stehende Leasingrückkaufgeschäft eine weitere Variante des Teilamortisationsvertrages dar. Das Leasingrückkaufgeschäft entspricht dem Teilamortisationsvertrag mit Andienungsrecht, mit dem Unterschied, dass sich die Leasinggesellschaft dabei das Recht vorbehält, das Fahrzeug nach Ablauf der Grundmietzeit nicht an den Leasingnehmer, sondern an den Händler anzudienen. Diese Fallkonstellation soll im Folgenden einer näheren Betrachtung unterliegen.

2.3.2 Grundzüge des Leasingrückkaufgeschäftes

2.3.2.1 Begriff des Leasingrückkaufgeschäftes

Unter einem Leasingrückkaufgeschäft soll eine Geschäftsbeziehung zwischen Leasinggesellschaft und Händler verstanden werden, bei der die Leasinggesellschaft ein Neufahrzeug vom Händler ankauft und sich der Händler dazu verpflichtet, das betreffende Fahrzeug nach Ablauf eines bestimmten Zeitraumes von der Leasinggesellschaft zurückzukaufen. Der Leasinggesellschaft steht in diesem Zusammenhang ein Rückverkaufsrecht zu, sie kann das betreffende Fahrzeug an den Händler zurückverkaufen, muss aber nicht. Leasingrückkaufgeschäfte treten stets im Zusammenhang mit dem Abschluss von Leasinggeschäften auf. Neben dieser Vermittlungstätigkeit werden im Zusammenhang mit Kraftfahrzeug-Leasinggeschäften zwischen Leasinggeber (Leasinggesellschaft) und Automobilhändler (Händler) Leasingrückkaufgeschäfte vereinbart, die für den Händler eine Rückkaufverpflichtung, für die Leasinggesellschaft ein Rückverkaufsrecht regeln. Im Rahmen eines Leasingrückkaufgeschäfts vermittelt ein Händler einer Leasinggesellschaft gegen Provision Finanzierungsleasingverträge mit Dritten (Kunden) über Neufahrzeuge. Die Leasinggesellschaft kauft die Neufahrzeuge jeweils vom Händler an und der Händler ist zu deren Rückkauf nach Ablauf der Leasingverträge (Grundmietzeit) in der Regel aufgrund eines Rahmenvertrages[36] mit der Leasinggesellschaft verpflichtet.[37] Leasingrückkaufgeschäfte gehören zur Gruppe der Sale-and-buy-back-Geschäfte.

Die Vereinbarung eines Leasingrückkaufgeschäftes soll im Rahmen dieser Arbeit am Beispiel des Herstellerleasings mit Vertragshändlern

---

[36] Ein Rahmenvertrag ist eine Vereinbarung, in der meistens bei Aufnahme der Geschäftsbeziehungen Bedingungen für künftige Geschäfte festgelegt werden. Dies erspart die jeweilige Verhandlung der Parteien über Vertragsinhalte, indem durch den Rahmenvertrag künftige Vertragsinhalte vorweggenommen werden. Die im Rahmenvertrag vereinbarten Bedingungen begründen erst dann eine Verpflichtung, wenn es zu (Einzel-)Verträgen kommt, vgl. Weber, Martin, Der Optionsvertrag, in: JuS 1990, S. 252.

[37] Auch einzelvertragliche Regelungen mit jedem abgeschlossenen Leasingvertrag sind üblich.

betrachtet werden. Dabei ist der Leasinggeber eine herstellerkonzerneigene Leasinggesellschaft[38].

2.3.2.2 Definition von Sale-and-buy-back-Geschäften

Bei Sale-and-buy-back-Geschäften werden Vermögensgegenstände veräußert und zu einem späteren Zeitpunkt vom Veräußerer zurückerworben.[39] Anhand der in der Praxis vorkommenden typischen Fallgestaltungen lassen sich Sale-and-buy-back-Geschäfte in folgende zwei Kategorien aufteilen:[40]

Abb. 2: Systematisierung von Sale-and-buy-back-Geschäften

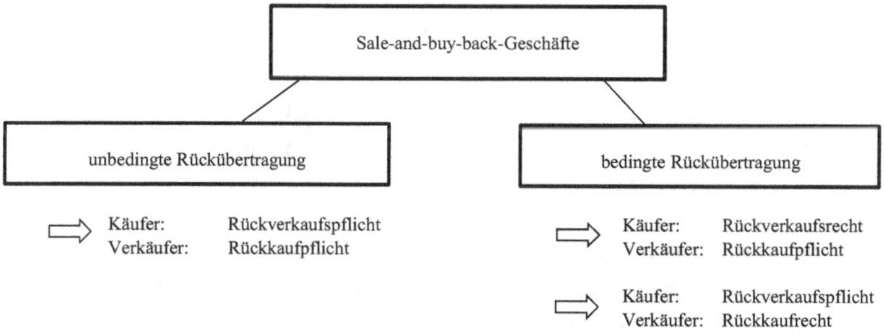

Quelle: Eigene Darstellung.

---

[38] Der Leasinggeber wird daher im Verlauf der Arbeit durchgängig als Leasinggesellschaft bezeichnet.

[39] Vgl. allgemein zu Sale-and-buy-back-Geschäften IDW HFA, Entwurf einer Neufassung der IDW-Stellungnahme zur Rechnungslegung: Einzelfragen zum Übergang von wirtschaftlichem Eigentum und zur Gewinnrealisierung nach HGB (IDW ERS HFA 13 n.F.), in: IDW-Fachnachrichten 2007, S. 83–97.

[40] Die Aufzählung erhebt keinen Anspruch auf Vollständigkeit. Zudem wurden Besonderheiten von Sale-and-buy-back-Geschäften im Rahmen von Wertpapiertransaktionen nicht betrachtet.

Dabei ist die unbedingte Rückübertragung durch eine Rückverkaufs- bzw. Rückkaufpflicht von Käufer und Verkäufer charakterisiert. Sowohl der Käufer wie auch der Verkäufer verpflichten sich in diesem Fall zum Zeitpunkt der Veräußerung des betreffenden Vermögensgegenstandes, das Rückkaufgeschäft zu einem festgelegten Rückkaufpreis abzuwickeln. Diese Fallgestaltung entspricht einem echten Pensionsgeschäft i. S. d. § 340b Abs. 1 und 2 HGB. Liegt eine bedingte Rückübertragung vor, wird entweder dem Verkäufer oder dem Käufer ein Wahlrecht eingeräumt, den Vermögensgegenstand zurückzukaufen bzw. zurückzuverkaufen. Der Fall, in dem ein Rückverkaufsrecht des Käufers vorliegt, entspricht einem unechten Pensionsgeschäft i. S. d. § 340b Abs. 1 und 3 HGB. Letztgenannter Fall liegt beim Leasingrückkaufgeschäft vor.

Innerhalb dieser Kategorien können die vertraglichen Vereinbarungen unterschiedlich ausgestaltet sein, so unterscheiden sich z. B. in der Praxis die vereinbarten Zeitspannen zwischen Kauf und Rückkauf erheblich voneinander. Darüber hinaus können zusätzliche Vereinbarungen getroffen werden, wie z. B. Einschränkungen des Verwertungsrechtes des Käufers oder Ähnliches.

In der Automobilbranche treten Sale-and-buy-back-Geschäfte neben den beschriebenen Leasingrückkaufgeschäften vorwiegend zwischen Herstellern und Autovermietungen auf. Im Rahmen dieser Geschäfte verpflichten sich Autovermietungen und Hersteller, ein Rückkaufgeschäft über die betreffenden Fahrzeuge in der Regel nach Ablauf eines Jahres abzuwickeln. Die Ausgestaltung der Geschäfte entspricht in der Regel der oben beschriebenen unbedingten Rückübertragung.[41]

---

41 Vgl. zur genauen vertraglichen Ausgestaltung dieser Verträge zwischen Autovermietung und Hersteller VDA Verband der Automobilindustrie, Stellungnahme zum Entwurf einer Neufassung der IDW Stellungnahme zur Rechnungslegung: Einzelfragen zum Übergang von wirtschaftlichem Eigentum und zur Gewinnrealisierung nach HGB (IDW ERS HFA 13 n.F.), http://www.idw.de/idw/portal/n281334/ n281114/n414788/index.jsp (18.10. 2010). Die Bilanzierung von unbedingten Rückübertragungen bildet nicht den Mittelpunkt der vorliegenden Arbeit.

2.3.2.3 Falldarstellung

Um dem Kunden als Leasingnehmer die eigentumslose Nutzung an einem Neufahrzeug zu ermöglichen, erwirbt die Leasinggesellschaft das Neufahrzeug vom Händler. Der Händler berechnet der Leasinggesellschaft das Neufahrzeug, je nach vertraglicher Ausgestaltung, entweder zum Händlereinkaufspreis, also zum identischen Preis, zu dem das Neufahrzeug vorher vom Hersteller angeschafft wurde, oder in Höhe des mit dem Leasingnehmer vereinbarten Preises für das Fahrzeug, der im Folgenden als Endabnehmerpreis bezeichnet werden soll.[42] Darüber hinaus sind prinzipiell auch von diesen beiden Möglichkeiten abweichende vertragliche Ausgestaltungen bezüglich des Neufahrzeugpreises denkbar. Im Folgenden wird die Betrachtung auf die beiden genannten Alternativen beschränkt. Im Anhang finden sich Auszüge aus typischen, zwischen Leasinggesellschaft und Händler abgeschlossenen Rahmenverträgen über das Kraftfahrzeug-Leasinggeschäft in anonymisierter Form, auf deren Regelungen die Untersuchungen der Arbeit basieren.[43] Im Allgemeinen zeitgleich mit dem Neufahrzeugerwerb vom Händler schließt die Leasinggesellschaft mit dem Leasingnehmer einen Leasingvertrag ab. Für die Vermittlungsleistung des Leasingvertragsabschlusses erhält der Händler eine Leasingvermittlungsprovision.[44] Die Vermittlungsprovision bemisst sich in der Regel nach dem Gesamtvermittlungsverhältnis und entspricht der Handelsspanne in einem vergleichbaren Verkaufsgeschäft.[45] Wird

---

42 Der Endabnehmerpreis stellt den vereinbarten Basispreis dar, der für das Leasinggeschäft zugrunde gelegt wurde. Er entspricht nicht der herstellervorgegebenen unverbindlichen Preisempfehlung (UPE) da der Endabnehmerpreis im Gegensatz zur UPE sämtliche Nachlässe enthält.

43 Siehe Anhang 1: Beispielhafter Rahmenvertrag (Händlereinkaufspreis) und Anhang 2: Beispielhafter Rahmenvertrag (Endabnehmerpreis). Diese Rahmenverträge werden als konkrete Beispiele genutzt. Abweichungen hiervon sind möglich und ändern in der Regel die im Folgenden festgelegten Bilanzierungskriterien und grundsätzlichen Einordnungen nicht.

44 Die Vermittlungsprovision deckt neben der Vermittlungsleistung auch die anfallenden Kosten für die laufende Betreuungstätigkeit im Zusammenhang mit dem Leasingvertrag ab, die z. B. durch Leistungsstörungen, Vertragsänderungen etc. entstehen können.

45 Die Handelsspanne, im Folgenden auch Marge genannt, setzt sich bei einem Neufahrzeuggeschäft grundsätzlich zusammen aus Vertriebs- und Verwal-

das Neufahrzeuggeschäft nicht zum Händlereinkaufspreis abgewickelt, sondern in Höhe des Endabnehmerpreises berechnet, existiert keine vergleichbare Leasingvermittlungsprovision, da die Handelsspanne (abzüglich Nachlass) bereits mit dem Endabnehmerpreis vergütet wird. Das Neufahrzeug wird anschließend direkt vom Händler an den Leasingnehmer geliefert. Die Leasinggesellschaft erwirbt hierbei das Neufahrzeug - charakteristisch für Finanzierungsverträge - allein mit dem Ziel, es dem Leasingnehmer zur Nutzung zu überlassen.[46] Der Erwerb des Neufahrzeuges durch die Leasinggesellschaft vom Händler soll im Folgenden als Neufahrzeuggeschäft bezeichnet werden. Für die Vermittlungsleistung des Händlers soll der Begriff Leasingvertragsvermittlung verwendet werden.

Zeitgleich mit dem Abschluss des Neufahrzeuggeschäftes wird der Händler dazu verpflichtet, das Fahrzeug nach Ablauf der Grundmietzeit des Leasingvertrages zurückzukaufen (Rückkaufverpflichtung[47]). Damit wälzt die Leasinggesellschaft das sonst bei ihr verbleibende Verwertungsrisiko[48] auf den Händler ab. Der Rückkaufpreis[49] wird ebenfalls bereits bei Abschluss des Neufahrzeuggeschäftes festgelegt. Hierfür wird ein kalkulatorischer Fahrzeugrestwert (Gebrauchtfahrzeugwert) ermittelt, aus dem sich dann die entsprechenden Leasingra-

---

tungskosten, Gewinnspanne und Nachlass. Bei der Bemessung der Vermittlungsprovision wird die Handelsspanne abzüglich Nachlass zugrunde gelegt.

46 Vgl. Hastedt, Uwe-Peter/Mellwig, Winfried, Leasing, 1998, S. 15 und 16.

47 Ebenso bezeichnet als Buy-back-Verpflichtung oder Leasingrücknahmevereinbarung. Die Fahrzeuge, die zurückgekauft werden müssen, werden auch als Leasingrückläufer bezeichnet.

48 Das Verwertungsrisiko stellt das Risiko dar, das Fahrzeug nach Ablauf der Leasingvertragslaufzeit am Markt verlustfrei verkaufen zu können. Siehe hierzu Gliederungspunkt 2.3.2.4.

49 Der Preis für den Rückkauf soll im Folgenden einheitlich als Rückkaufpreis bezeichnet werden. Die teilweise auch in den einschlägigen Vertragsgestaltungen anzutreffende Bezeichnung (kalkulatorischer) Restwert ist in einer bilanzrechtlichen Untersuchung abzulehnen, weil der Begriff Restwert den Wert des Fahrzeuges am Gebrauchtfahrzeugmarkt suggeriert, also zu sehr auf den Verkehrswert oder Teilwert hinweist, der unterschiedlich zum Rückkaufpreis sein kann, siehe zu dieser Abweichung die Erläuterungen im Folgenden zum Gebrauchtfahrzeuggeschäft.

ten und Zahlungen[50] des Leasingnehmers berechnen. Die Leasingraten sind so berechnet, dass sie zusammen mit dem Rückkaufpreis die Wertkosten der Leasinggesellschaft, bestehend aus den Anschaffungs-, Finanzierungs- und Risikokosten sowie sonstigen Betriebs- und Nebenkosten ersetzen und der Leasinggesellschaft einen Gewinn zufließen lassen. Ein wesentlicher Teil des Aufwandes der Leasinggesellschaft steckt im Wert des Fahrzeuges, welches nach Vertragsende an den vermittelnden Händler zurückgeht. Mit Zahlung des Rückkaufpreises durch den Händler amortisieren sich die Aufwendungen der Leasinggesellschaft vollständig.[51] Hieraus folgt, dass sich Leasingraten und Rückkaufpreis gegenseitig bedingen.[52] Der Rückkaufpreis, und damit indirekt ebenso die Leasingraten, werden dem Händler von der Leasinggesellschaft vorgegeben. Diese so genannten ‚Restwertvorgaben'[53] stellen Richtwerte dar, von denen der Händler grundsätzlich

---

[50] Diese Zahlungen können unter anderem vom Leasingnehmer aufgrund von Schlussabrechnungen zu zahlende Minder- oder Mehrbeträge oder Ersatzzahlungen für einen Minderwert des Fahrzeuges sein, wenn die Leasinggesellschaft mit dem Leasingnehmer z. B. einen Leasingvertrag mit Kilometer-Abrechnung abgeschlossen hat. Vgl. genauer zu Kilometer-Abrechnungsverträgen Beringhaus, Jochen, § 15, in: Büschgen, Hans E. (Hrsg.), Praxishandbuch Leasing, 1998, Rz. 8–9.

[51] Die Leasinggesellschaft realisiert mit der beschriebenen Vertragsgestaltung somit eine Vollamortisation erst im Anschluss an die Grundmietzeit. Sie bietet dem Leasingnehmer somit die Vorzüge des Teilamortisationsvertrages (niedrigere Leasingraten), ohne ihn dazu zu verpflichten, eine Vollamortisation sicherzustellen. Vgl. zu den Vertragsformen Vollamortisationsvertrag und Teilamortisationsvertrag mit ihren jeweiligen Ausprägungen Büschgen, Hans E., § 3, in: Büschgen, Hans E. (Hrsg.), Praxishandbuch Leasing, 1998, Rz. 5–16. Zivilrechtlich ist der Amortisationsanspruch des Leasinggebers prägendes Merkmal des Finanzierungsleasing, vgl. Canaris, Claus-Wilhelm, Grundprobleme des Finanzierungsleasing im Lichte des Verbraucherkreditgesetzes, in: ZIP 1993, S. 401.

[52] Vgl. Beringhaus, Jochen, § 15, in: Büschgen, Hans E. (Hrsg.), Praxishandbuch Leasing, 1998, Rz. 4.

[53] Präziser wäre die Bezeichnung ‚Rückkaufpreisvorgaben', vgl. auch Fn. 33 und die Erläuterungen im Folgenden zum Gebrauchtfahrzeuggeschäft. Zur Bestimmung dieser Restwertvorgaben existieren beim Herstellerleasing Kommissionen aus Leasinggesellschaft, Hersteller und Vertretern des Händlerverbandes, deren Aufgabe auch die Anpassung der Rückkaufpreise in Zeitabständen darstellt, um konjunkturelle Schwankungen auszugleichen, vgl. Wulf, Mar-

individuell abweichen kann.[54] Faktisch ist der Händler aber an die Festlegung des Rückkaufpreises durch die Leasinggesellschaft bzw. den Hersteller gebunden, da davon ausgegangen werden kann, dass die entsprechende Finanzierungsanfrage des Händlers bei Abweichung von den ‚Restwertvorgaben' abgelehnt wird. Außerdem können vor allem negative Abweichungen von Restwertsetzungen dazu führen, dass dem Händler die Teilnahme an Stützungsmaßnahmen des Herstellers verwehrt wird. Eine Anhebung der Restwertsetzung ist dagegen grundsätzlich möglich. Dem Händler wird somit bei der Festlegung der Rückkaufpreise und Leasingraten ein geringer Spielraum, vor allem nach oben, zugestanden.

Die Leasinggesellschaft behält sich neben der Rückverkaufsmöglichkeit an den Händler einen (theoretischen) Verkauf an Dritte vor, sie verpflichtet sich also nicht, das Fahrzeug in jedem Fall dem Händler nach erfolgtem Neufahrzeuggeschäft wieder zum Kauf anzubieten.[55] Als Konzerngesellschaft des Herstellers ist die Leasinggesellschaft aber grundsätzlich daran interessiert, dass Fahrzeuge an den Händler zurückgegeben werden, da auf Seiten der Leasinggesellschaft keine Vermarktungs- und Verkaufsorganisation für die Fahrzeuge vorhanden ist, denn die Geschäftstätigkeit der Leasinggesellschaft richtet sich nicht auf den Verkauf von Fahrzeugen. Daneben ist mit der Rückgabe des Fahrzeuges an den Vertragshändler die Aussicht auf einen neuen Leasing- oder Finanzierungsvertrag mit dem Leasingnehmer oder auf ein sonstiges Neufahrzeuggeschäft verbunden.[56]

---

tin/Petzold, Katharina, Bilanzierung von Leasing-Rücknahmeverpflichtungen in der Automobilbranche, in: DStR 2004, S. 2117. Dabei wird auch mit dem Dienstleistungsunternehmen Dekra Automobil GmbH zusammengearbeitet.

[54] Vereinbarungen, in denen die einseitige Festlegung des Rückkaufpreises durch die Leasinggesellschaft bindend erfolgt, existieren ebenso, Vgl. Leyens, Patrick C., BB-Kommentar zum BGH-Urteil vom 19.03.2003, in: BB 2003, S. 1530.

[55] Daraus lässt sich ableiten, dass dem Händler kein Rückkauf<u>recht</u> zusteht. Siehe dazu auch BGH-Urteil vom 08.02.2006, in: BB 2006, S. 739. Teilweise, so vereinzelt bei Verträgen mit Restwertabrechnung oder Andienungsrecht, besitzt der Leasingnehmer ein Drittkäuferbenennungsrecht. Erst wenn kein Drittkäufer benannt wird, entsteht hierbei die Rückkaufverpflichtung des Händlers.

[56] Siehe so auch BGH-Urteil vom 08.02.2006, in: BB 2006, S. 739.

Das soeben beschriebene vertragliche Beziehungsgeflecht beim Kraftfahrzeug-Leasinggeschäft kann durch das typische Leasingdreieck wie folgt dargestellt werden:

Abb. 3: Typisches Leasingdreieck beim Kraftfahrzeug-Leasinggeschäft

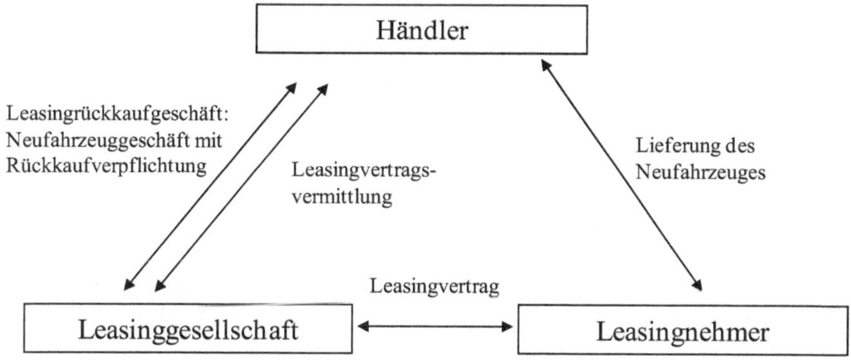

Quelle: Eigene Darstellung in Anlehnung an Hastedt, Uwe-Peter/Mellwig, Winfried, Leasing, 1998, S. 15.

Nach erfolgtem Rückkauf erhält der Händler ein Gebrauchtfahrzeug, welches am Gebrauchtfahrzeugmarkt abzusetzen ist. Der spätere Verkauf des ehemaligen Leasingfahrzeuges am Gebrauchtfahrzeugmarkt soll im Folgenden als Gebrauchtfahrzeuggeschäft bezeichnet werden. Das so genannte Verwertungsrisiko[57] liegt dabei darin, keine angemessene Marge beim Verkauf erzielen zu können. Der Rückkaufpreis entspricht also nicht grundsätzlich dem Marktwert[58] des Fahrzeuges

[57] Siehe hierzu genauer Gliederungspunkt 2.3.2.4.

[58] Auch als Wiedervermarktungswert, Verkehrswert oder Zeitwert zu bezeichnen. Handelsrechtlich kann hierfür ebenso der Begriff beizulegender Wert verwendet werden. Steuerliches Pendant ist der Teilwert. Hier ist der Fahrzeugwert gemeint, also wie viel das Gebrauchtfahrzeug bei Rückgabe wert ist.

nach Vertragsende.[59] Gründe für die Abweichung können zum einen in zu hoch festgelegten Rückkaufpreisen durch den Händler liegen, der aus absatzmarktpolitischen Gründen möglichst niedrige Leasingraten anbieten will.[60] Der Rückkaufpreis ist in diesem Fall also von Anfang an höher als der geschätzte Marktwert des Gebrauchtfahrzeuges im Rückkaufzeitpunkt. Zum anderen können nicht kalkulierbare Umwelteinflüsse dazu führen, dass der Rückkaufpreis nicht dem Fahrzeugwert nach Vertragsende entspricht.[61] In letztgenannten Fällen werden dem Händler inzwischen teilweise Förderungsmaßnahmen, so genannte Stützungsmaßnahmen des Herstellers, gewährt. Dabei wird der festgelegte Rückkaufpreis des Fahrzeuges mit dem Gebrauchtfahrzeugwert verglichen. Bei Abweichungen beteiligt sich der Herstel-

---

59 Zur Übereinstimmung von kalkuliertem Restwert und Gebrauchtfahrzeugwert nach Ablauf des Leasingvertrages beim Finanzierungsleasing mit Restwertausgleich des Leasingnehmers, siehe Müller-Sarnowski, Barbara, Die „vertragsgemäße Rückgabe des Leasingfahrzeuges", in: DAR 1997, S. 142–147.

60 Im Rahmen der Principal-Agent-Beziehung in der Unternehmung des Händlers zwischen Verkäufer und Geschäftsführer kann es zu *hidden action* bzw. *hidden intention* kommen, weil der Verkäufer ggf. auch aufgrund einer falschen Anreizstruktur des Provisonssystems die Rückkaufpreise über den Restwertvorgaben festlegt um eine höherer Anzahl von Kunden durch die entsprechend niedrigeren Leasingraten zu gewinnen. Vgl. zum Moral Hazard und Allgemein zu den Grundsätzen der Principal-Agent-Theorie zum Beispiel Roiger, Manuela B., Gestaltung von Anreizsystemen und Unternehmensethik, 2007, S. 12ff. Vorstellbar sind auch zu hoch festgelegte ‚Restwertvorgaben' von Seiten der Leasinggesellschaft bzw. des Herstellers, was aber aufgrund der Zusammensetzung der Marktpreiskommission, die die Restwertvorgaben festlegt, unwahrscheinlich erscheint. Vgl. zur Zusammensetzung der Kommission Fn. 74.

61 Das heißt, während der Laufzeit des Leasingvertrages sind Umstände eingetreten, die bei Festlegung des Rückkaufpreises in diesem Ausmaß noch nicht abschätzbar waren, aber nach Ablauf der Leasingzeit den Wert des Fahrzeuges negativ beeinflussen. Als Beispiele hierfür können Rußpartikelfilter bei Dieselfahrzeugen oder die CO_2-Emission dienen. Eine Minderung des Wertes des Gebrauchtfahrzeuges, aufgrund von durch den Leasingnehmer zu verantwortenden Sachverhalten (‚Raucherauto', Lackschäden o. Ä.), werden hingegen über Schadenersatzansprüche aus Versicherungen zwischen Händler und Leasingnehmer abgerechnet und ausgeglichen.

ler an den Differenzen. Die Stützungsmaßnahme verringert somit das Verwertungsrisiko.[62]

Im Mittelpunkt der vorliegenden Untersuchung steht die Bilanzierung der aus dem beschriebenen typischen Kraftfahrzeug-Leasinggeschäft resultierenden Vertragsarten, die das Leasingrückkaufgeschäft betreffen. Folgende Abbildung fasst die in Abschnitt zwei der Arbeit vorgestellten Geschäfte zunächst grob zusammen und stellt die Zahlungsströme dar, bevor die Vertragsarten im Folgenden einer genaueren Bestimmung unterliegen.

---

[62] Vgl. ausführlich zur Ausgestaltung der Stützungsmaßnahmen Gliederungspunkt 4.3.3.2.1.2.4.

Abb. 4: Geschäfte und Zahlungsströme im Zusammenhang mit dem Kraftfahrzeug-Leasinggeschäft

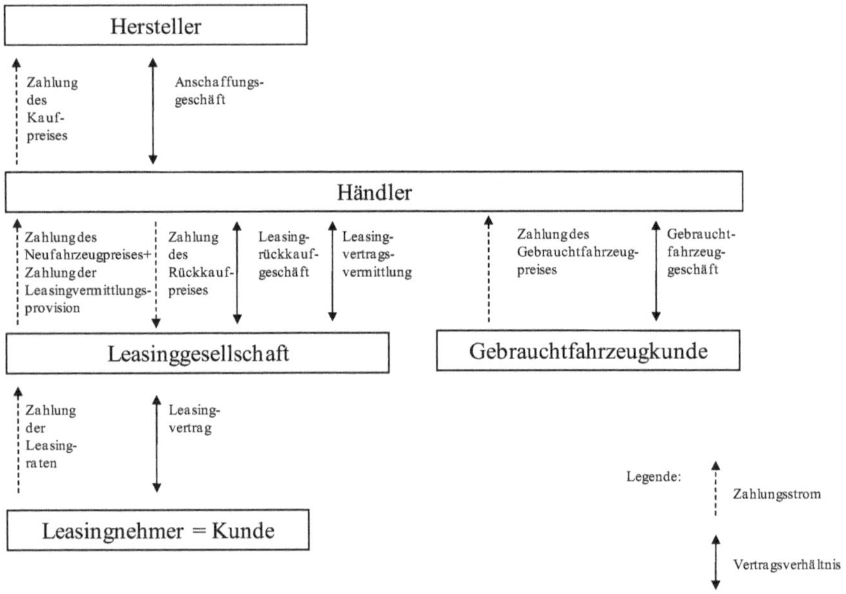

Quelle: Eigene Darstellung.

2.3.2.4 Chancen- und Risikoverteilung beim Leasingrückkaufgeschäft

Im Folgenden sollen die für die beteiligten Parteien des Leasingrückkaufgeschäftes relevanten Chancen und Risiken vorgestellt und mit der charakteristischen Verteilung der Chancen und Risiken der schuldrechtlichen Vertragstypen Kauf und Miete verglichen werden. Es bestehen folgende relevante Chancen und Risiken: Sachgefahr, Preisgefahr, Chancen und Risiken aus der laufenden Nutzung sowie Chancen und Risiken aus der Wertänderung. Das Ergebnis dieses Vergleiches zeigt die Notwendigkeit der genaueren Untersuchung des Übergangs des wirtschaftlichen Eigentums beim Leasingrückkaufgeschäft.

Als Sachgefahr wird die Gefahr des zufälligen Untergangs oder der zufälligen Verschlechterung der Sache verstanden. Die Sachgefahr trägt die Person, die im Fall der Unmöglichkeit der Sachleistung den Anspruch darauf verliert bzw. neu leisten muss.[63]

Die Preisgefahr ist im BGB definiert[64] und stellt das Risiko dar, den vereinbarten Preis aufgrund zufälligen Untergangs oder zufälliger Verschlechterung der Sache nicht zu erhalten (Ausfallrisiko) bzw. trotzdem zahlen zu müssen.[65]

Die Chance aus der laufenden Nutzung der Sache besteht allgemein in der Früchteziehung. Früchteziehung kann entweder durch Veräußerung des Gegenstandes, durch Vermietung der Sache oder durch eige-

---

[63] Vgl. Reinicke, Dietrich/Tiedtke, Klaus, Kaufrecht, 2004, Rz. 148; siehe auch § 275 BGB. Die Sachgefahr wird auch als Sachrisiko oder Leistungsrisiko bezeichnet.

[64] Die Preisgefahr ist allgemein in § 326 Abs. 1 und Abs. 2 BGB geregelt. Diese Vorschriften gelten für sämtliche gegenseitigen Verträge. Sie sind für den Kaufvertrag durch die §§ 446 und 447 BGB modifiziert. § 446 BGB bestimmt, dass der Verkäufer grundsätzlich bis zur Erfüllung seiner Übereignungspflichten die Preisgefahr trägt. Mit Übergabe der Kaufsache bzw. Annahmeverzug geht die Preisgefahr vom Verkäufer auf den Käufer über. Die Preisgefahr wird auch als Vergütungs- oder Gegenleistungsgefahr bezeichnet. Reinicke, Dietrich/Tiedtke, Klaus, Kaufrecht, 2004, Rz. 148.

[65] Vgl. Müssig, Peter, Wirtschaftsprivatrecht, 2007, S. 227.

ne Nutzung (Verwertung) erfolgen. Ein Risiko aus der laufenden Nutzung besteht dann dementsprechend, wenn aus bestimmten Gründen eine Verschlechterung der Vermögensposition eintritt (Investitionsrisiko). Unter Bonitätsrisiko wird in diesem Zusammenhang das Risiko verstanden, dass der Vertragspartner die vereinbarten Zahlungen nicht begleichen kann.[66] Sämtliche hierbei zur Verfügung stehenden juristischen Schritte sowie der damit verbundene Aufwand fallen unter dieses Risiko.

Entweder kann aus einem Vertragsverhältnis eine gegebenenfalls entstehende Wertsteigerung der Sache vereinnahmt werden, oder es besteht das Risiko der Wertminderung. Als Verwertungsrisiko soll in diesem Zusammenhang das Risiko des Absatzes der Sache bei Preisverfall verstanden werden. Das Verwertungsrisiko kann auch als Risiko des Weiterverkaufes an Dritte nach Beendigung der Nutzung bezeichnet werden.

Beim Leasingrückkaufgeschäft verleast die Leasinggesellschaft das Fahrzeug sofort im Anschluss an das Neufahrzeuggeschäft mit dem Händler an den Leasingnehmer und vereinnahmt damit die Früchteziehung aus der laufenden Nutzung in Form der Leasingraten. Im Rahmen des Leasingvertrages schließt die Leasinggesellschaft jegliche Gewährleistung hinsichtlich der Gebrauchsfähigkeit des Fahrzeuges aus. Das heißt Wartung, Reparatur und Versicherung obliegen dem Leasingnehmer.[67] Die Konsequenzen aus veränderter Nutzbarkeit, wie Beschädigung, Untergang oder technische und wirtschaftliche Überalterung, werden dem Leasingnehmer zugeordnet. Geht der Leasinggegenstand während der Leasingzeit zufällig unter, ist der Leasinggeber nicht zur erneuten Leistung verpflichtet. Da der Leasingnehmer das Objekt bei Beschädigung instandsetzen muss, trägt er die Sachgefahr.

---

[66] Ebenso als Insolvenzrisiko bezeichnet.

[67] Vgl. Perridon, Louis/Steiner, Manfred, Finanzwirtschaft der Unternehmung, 2004, S. 460. Eine Ausnahme hiervon stellen so genannte Brutto-Leasingverträge dar. Hierbei erbringt der Leasinggeber neben der Nutzungsüberlassung zusätzliche Leistungen, wie z. B. Wartung, Koordination von Versicherungen oder Ähnliches. Vgl. Büschgen, Hans E., § 1, in: Büschgen, Hans E. (Hrsg.), Praxishandbuch Leasing, 1998, Rz. 32; so auch Walter, Sylvia, Herstellerleasing, 2006, S. 18.

Die Preisgefahr liegt ebenso während der Leasingzeit beim Leasingnehmer. Der Leasingnehmer bleibt zur Zahlung des Entgeltes unabhängig vom weiteren Schicksal des Fahrzeuges verpflichtet. Im Fall der Beschädigung oder des Untergangs des Fahrzeuges steht dem Händler ein wertgemindertes, oder gar kein Fahrzeug zum Rückkauf zur Verfügung.[68] Die Leasinggesellschaft hat somit die Sach- und Preisgefahr auf den Leasingnehmer abgewälzt.[69] Der Leasingnehmer ist hinsichtlich seiner Risikostruktur wie bei einem fremdfinanzierten Kauf gestellt.[70] Die Leasingzeit beginnt in der Regel am Tag der Übergabe des Leasingfahrzeuges vom Händler an den Leasingnehmer.[71] Bis zum Tag der Übergabe liegt die Sach- und Preisgefahr beim Händler.[72] Damit ist die Leasinggesellschaft zu keiner Zeit Träger des Sach- oder Preisrisikos.

Mit dem Neufahrzeuggeschäft verpflichtet sich der Händler zum Rückkauf des betreffenden Fahrzeuges. Weil die Leasinggesellschaft

---

68 Bei vorzeitiger Vertragsbeendigung aufgrund eines Totalschadens ist der Leasingnehmer in der Regel aufgrund der Allgemeinen Geschäftsbedingungen der Leasinggesellschaft zur Zahlung der künftigen Leasingraten bis zum Vertragsende sowie des kalkulierten Restwertes verpflichtet, unabhängig von der gewählten Vertragsart, vgl. Seifert, Peter, Leasing von beweglichen Wirtschaftsgütern aus rechtlicher Sicht, in: Eckstein, Wolfram/Feinen, Klaus (Hrsg.), Leasing-Handbuch für die betriebswirtschaftliche Praxis, 2000, S. 46. Diese vertragliche Verpflichtung des Leasingnehmers zur Zahlung bei vorzeitiger Beendigung des Leasingvertrages wird als Ausgleichsanspruch des Leasinggebers bezeichnet. Der Ausgleichsanspruch entspricht einem echten Schadenersatz und ist somit keine umsatzsteuerbare Leistung, vgl. BGH-Urteil vom 14.03.2007, in: DB 2007, S. 1023.

69 So auch Beckmann, Heiner, Finanzierungsleasing, 2006, § 2 Rz. 475 und 476 sowie Westphalen, Friedrich Graf von, Der Leasingvertrag, 1998, Rz. 365. Der Leasingnehmer fängt die Sach- und Preisgefahr durch den Abschluss von Versicherungen auf.

70 Vgl. Hastedt, Uwe-Peter/Mellwig, Winfried, Leasing, 1998, S. 17.

71 Bzw. falls die Zulassung vor der Übergabe liegt i.d.R. an dem Tag der Zulassung.

72 Vgl. Anhang 1: Beispielhafter Rahmenvertrag (Händlereinkaufspreis), Abschnitt I. 2. und Anhang 2: Beispielhafter Rahmenvertrag (Endabnehmerpreis), Abschnitt C. III. 1. Ab dem Zeitpunkt der Lieferung des Leasingfahrzeuges an den Leasingnehmer trägt dieser für das Leasingfahrzeug die Sach- und Preisgefahr.

dem Händler kein Rückkaufrecht einräumt, kommt ihr theoretisch die Chance der Wertsteigerung des Fahrzeuges nach Leasingvertragsende zugute. Das Risiko der Wertminderung, auftretend im Verwertungsrisiko, resultiert aus dem sich dem Leasingrückkaufgeschäft anschließenden Gebrauchtfahrzeuggeschäft und lastet vollständig auf dem Händler. Die Leasinggesellschaft trägt in der Regel kein Verwertungsrisiko[73], eine eventuelle Beteiligung des Herstellers am Rückkaufpreis, aufgrund von so genannten Stützungsmaßnahmen, schmälert das Verwertungsrisiko des Händlers.[74] Die Leasinggesellschaft entlastet sich auf Basis der Rückkaufverpflichtung vom Verwertungsrisiko, ihre Funktion bleibt die eines Financiers.[75] Da das Kerngeschäft der Leasinggesellschaft in der Finanzierung liegt, besitzt sie die größte Marktnähe im Hinblick auf Finanzierungsrisiken. Das Bonitätsrisiko des Leasingnehmers im Rahmen des Leasingvertrages sowie des Händlers im Rahmen des Erstkaufvertrages trägt somit typischerweise die Leasinggesellschaft.[76] Das Bonitätsrisiko des Leasingnehmers ist teilweise zusätzlich auf den Händler abgewälzt, indem die Rückkaufpflicht des Händlers, neben dem Ende der Grundmietzeit, auch auf den Fall der Zahlungsunfähigkeit des Leasingnehmers ausgeweitet wird.[77]

---

[73] Theoretisch kann es vorkommen, dass die Leasinggesellschaft von ihrem Wiederverkaufsrecht keinen Gebrauch macht und (freiwillig) das Risiko der Wertminderung trägt. Beispielsweise im Fall der Insolvenz des Händlers könnte die Leasinggesellschaft ggf. keinen anderen Händler finden, der das Verwertungsrisiko in voller Höhe übernimmt und somit selbst das Verwertungsrisiko tragen.

[74] Der Hersteller übernimmt einen Teil des Verwertungsrisikos aufgrund der Stützungsmaßnahmen. Wirtschaftlich betrachtet, trägt in diesem Fall die Leasinggesellschaft wegen der Konzernzugehörigkeit einen Teil des Verwertungsrisikos bzw. verzichtet auf einen Teil ihres Gewinns. Zur Ausgestaltung der Stützungsmaßnahmen siehe Gliederungspunkt 4.3.3.2.1.2.4.

[75] Vgl. Westphalen, Friedrich Graf von, BB-Kommentar, in: BB 2006, S. 741.

[76] Vgl. Leyens, Patrick C., BB-Kommentar zum BGH-Urteil vom 19.03.2003, in: BB 2003, S. 1530 und Westphalen, Friedrich Graf von, Der Leasingvertrag, 1998, Rz. 345.

[77] Vgl. Beckmann, Heiner/Kügel, Wilfried, § 6, in: Büschgen, Hans E. (Hrsg.), Praxishandbuch Leasing, 1998, Rz. 215 mit weiteren Nachweisen und Westphalen, Friedrich Graf von, Der Leasingvertrag, 1998, Rz. 343.

Die Risikoverteilung bei typischen Kauf- und Mietverträgen gestaltet sich wie folgt: Beim Kauf lasten die mit dem Objekt verbundenen Risiken des zufälligen Untergangs oder der zufälligen Verschlechterung nach erfolgter Übertragung durch den Verkäufer sowie die Verpflichtung zur Zahlung des Kaufpreises auf dem Käufer. Der Käufer trägt damit die Sach- und Preisgefahr. Demgegenüber stehen ihm ab dem Zeitpunkt der Übertragung aber sämtliche Chancen aus der laufenden Nutzung des Objektes zu, aber auch das Investitionsrisiko liegt beim Kauf allein beim Käufer. Der Verkäufer trägt hingegen das Bonitätsrisiko, welches entsteht, falls der Käufer nicht zahlen kann. Die Chancen und Risiken der Wertänderung, vor allem das Verwertungsrisiko, liegen beim Käufer. Die Risikoverteilung bei der Miete stellt sich hingegen charakteristischer Weise so dar, dass der Mieter keines der genannten Risiken trägt. Der Vermieter ist zu notwendigen Instandhaltungs- und Instandsetzungsmaßnahmen verpflichtet. Ist der Vermieter nicht mehr in der Lage, die Mietsache in gebrauchsfähigem Zustand zu überlassen, wird der Mieter von seiner Gegenleistungspflicht - der Zahlung des Mietzinses - entbunden. Der Vermieter trägt somit während der gesamten Mietdauer die Sach- und Preisgefahr.[78] Auch das Investitions-, Verwertungs- und Bonitätsrisiko liegt beim Vermieter.

Aus dieser ersten Beurteilung der Chancen- und Risikostruktur lässt sich zusammengefasst sagen, dass die Risikoverteilung beim Leasingrückkaufgeschäft nicht mit der des typischen Kaufs vergleichbar ist. Die Leasinggesellschaft als Käufer des Fahrzeuges vom Händler trägt, mit Ausnahme des teilweise von ihr übernommenen Bonitätsrisikos, keines der Risiken, die typischerweise auf einem Käufer lasten. Durch den abgeschlossenen Leasingvertrag mit dem Leasingnehmer und die Rückkaufverpflichtung des Händlers stehen der Leasinggesellschaft lediglich positive Faktoren, wie das Verwertungsrecht und die Chance der Wertsteigerung zu. Von sämtlichen kauftypischen Risiken, wie Sach- und Preisgefahr, Verwertungsrisiko und Investitionsrisiko hat sich die Leasinggesellschaft befreit und steht so betrachtet mit vergleichbar wenigen Risiken belastet, der Risikostruktur des Mieters eines typischen Mietvertrages näher.

---

[78] Vgl. Hastedt, Uwe-Peter/Mellwig, Winfried, Leasing, 1998, S. 22.

Aufgrund dieses Ergebnisses muss die Überprüfung des Übergangs des wirtschaftlichen Eigentums erfolgen, bevor Bilanzierungsfragen erläutert werden können. Zunächst soll aber eine grundsätzliche zivilrechtliche Einordnung stattfinden.

3 Zivilrechtliche Einordnung

3.1 Bedeutung der rechtlichen Einordnung

Aufgrund der das Bürgerliche Recht prägenden Privatautonomie haben Vertragsparteien die Freiheit, Rechtsbeziehungen eigenverantwortlich zu regeln und nach ihren Wünschen auszugestalten.[79] Im Besonderen Schuldrecht (§§ 433-853 BGB) stellt der Gesetzgeber Regeln für gebräuchliche Vertragstypen zur Verfügung, die aber grundsätzlich dispositiv sind.[80] Vereinbarungen wie die des Leasingrückkaufgeschäftes sind somit Ausfluss der Vertragsfreiheit und grundsätzlich nicht zu beanstanden.[81] Bei solchen Vereinbarungen stellt es

---

[79] Vgl. Eckert, H.-W., § 145 BGB, in: Soergel, Hans Theodor et al. (Hrsg.), Bürgerliches Gesetzbuch, 1999, Rz. 8.

[80] Lediglich besonders tragende und bedeutsame Rechtsbereiche sind zwingendes Recht, von dem auch durch individuelle Vereinbarungen nicht abgewichen werden kann. So z. B. die Übereignungsregelungen des Sachenrechts (§§ 929-936 BGB).Vgl. Müssig, Peter, Wirtschaftsprivatrecht, 2007, S. 9.

[81] Grenzen der Gestaltungsfreiheit bilden gesetzliche Verbote (§ 134 BGB), Rechtsprechung und die guten Sitten (§ 138 BGB). Fraglich ist in diesem Zusammenhang, ob die Regelung über die Rückkaufverpflichtung den Händler entgegen dem Gebot von Treu und Glauben unangemessen benachteiligt. Die überlange Bindungsfrist, die dem Händler von der Leasinggesellschaft auferlegt wird, könnte eine unangemessene Benachteiligung im Sinne von § 307 Abs. 2 Nr. 1 BGB darstellen. *Graf von Westphalen* sieht aufgrund der Indizwirkung von § 308 Nr. 1 BGB sowie unter Beachtung des Gerechtigkeitsgebots von § 147 Abs. 2 BGB einen Verstoß gegen § 307 Abs. 2 Nr. 1 BGB bei kaufrechtlich ausgestalteten Rückkaufvereinbarungen in der Kfz-Branche, vgl. Westphalen, Friedrich Graf von, Zur Unwirksamkeit von (leasingtypischen) Rückkaufverpflichtungen unter besonderer Berücksichtigung der Kfz-Branche, in: BB 2009, S. 2378 – 2385. Dieser Themenbereich ist in der bisherigen Rechtsprechung des BGH zur Rückkaufverpflichtung bei Leasingrückläufern unbeantwortet geblieben, siehe hierzu exemplarisch aus der jüngeren Rechtsprechung, BGH-Urteil vom 19.03.2003, in: BB 2003, S. 1303f. Sollte ein Verstoß entgegen den Geboten von Treu und Glauben vorliegen, wären die Händler grundsätzlich berechtigt, den Abschluss einer kaufrechtlich ausgestalteten Rückkaufvereinbarung zu verweigern, ohne dass daraus Sanktionen zu erwarten wären. Vgl. zur Thematik ebenso Leyens, Patrick C., Leasing - Grenzen der formularmäßigen Risikoabwälzung vom Leasinggeber an den Hersteller/Lieferanten, in: MDR 2003, S. 312–315. Vgl. in diesem Zusammenhang zur Klage der Zentralvereinigung des Kfz-Gewerbes gegen die Volkswagen Tochter VW Leasing GmbH, o. V., ZLW verklagt VW Lea-

sich jedoch zum Teil als problematisch heraus, den vom Prototyp der gesetzlichen Regelung abweichenden Vertrag unter die im Schuldrecht kodifizierten Vertragstypen einzuordnen.[82] Von Bedeutung ist diese Einordnung aber zur Klärung verschiedener Rechtsfragen. So unter anderem bei der Rechtsfolgenbestimmung bei Leistungsstörungen, wenn die Vertragsparteien keine eigenständigen individuellen Vereinbarungen getroffen haben oder bei der Inhaltskontrolle der Vertragsbedingungen.[83] Außerdem kommen in der Regel handels- und auch steuerrechtlich vertragsspezifische Bilanzierungsregelungen zur Anwendung, daher spielt die vertragliche Qualifizierung eine entscheidende Rolle. Das BGB enthält keine Regelungen darüber, welchem Schuldverhältnis ein Vertrag zuzuordnen ist. Die rechtliche Einordnung von Verträgen hängt vom Vertragsinhalt und Vertragszweck ab. Die Bezeichnung eines Vertrages stellt lediglich ein widerlegbares Indiz dar.[84] Analysen der Risikoverteilung[85] des betreffenden Vertrages können zur Qualifikation genutzt werden, letztlich ist aber auf die zentralen Merkmale des jeweiligen Schuldverhältnisses abzustellen.[86]

---

sing, http://www.autohaus.de/zlw-verklagt-vw-leasing-949175.html (22.10. 2010).

[82] So gestaltet sich z. B. die zivilrechtliche Einordnung von Leasingverträgen schwierig, da Leasingverträge Elemente des Kaufes, der Miete, des Darlehens und der Finanzierung beinhalten, vgl. Hastedt, Uwe-Peter/Mellwig, Winfried, Leasing, 1998, S. 20–23. Die heute herrschende Meinung ordnet Leasing als atypisches Mietverhältnis ein, auf das in erster Linie die Vorschriften des gesetzlichen Mietrechtes anzuwenden sind, vgl. Kügel, Wilfried, § 5, in: Büschgen, Hans E. (Hrsg.), Praxishandbuch Leasing, 1998, Rz. 25 und 60. Erstmalige rechtliche Einordnung des Finanzierungsleasings durch den BGH mit Urteil vom 08.10.1975, in: BB 1976, S. 157f und seither ständige „in erster Linie"-Mietrecht-Rechtsprechung. Vereinzelt wird gefordert, Finanzierungsleasingverträge als eigenständigen Vertragstyp (Vertrag sui generis) zu qualifizieren, vgl. Gursky, Karl-Heinz, Schuldrecht, 2005, S. 3; Hastedt, Uwe-Peter/Mellwig, Winfried, Leasing, 1998, S. 23.

[83] Vgl. Hastedt, Uwe-Peter/Mellwig, Winfried, Leasing, 1998, S. 20.

[84] Vgl. Weidenkaff, Walter, Einf v § 535 BGB, in: Palandt, Bürgerliches Gesetzbuch, 2008, Rz. 15.

[85] Zur Bestimmung der Risikostruktur von Kauf, Miete und Leasingrückkaufgeschäft siehe Gliederungspunkt 2.3.2.4.

[86] Vgl. Hastedt, Uwe-Peter/Mellwig, Winfried, Leasing, 1998, S. 21–24.

3.2 Leasingvertragsvermittlung als Dienstleitungsvertrag

Die Vermittlung von Leasingverträgen durch den Händler erfolgt, indem der Händler von der Leasinggesellschaft als Handelsvertreter im Nebenberuf beauftragt wird. Die Vorschrift des § 84 HGB definiert den Handelsvertreter als selbstständigen Gewerbetreibenden, der ständig damit betraut ist, für einen anderen Unternehmer Geschäfte zu vermitteln oder in dessen Namen abzuschließen.[87] Der Handelsvertreter gehört zu der Gruppe der Umsatzmittler, die für ein Unternehmen am Markt tätig werden und den Absatz fördern.[88] Der Handelsvertreter im Nebenberuf unterscheidet sich vom Handelsvertreter darin, dass er gemäß § 92b HGB keinen Ausgleichsanspruch nach § 89b HGB geltend machen kann.[89] Aufgrund der Vielfalt im Wirtschaftsleben gibt es kein einheitliches Bild des Handelsvertreters.[90] Der Händler als Leasingvertragsvermittler kann unter der Gruppe der Vermittlungsvertreter eingeordnet werden. Als Vermittlungsvertreter ist der Händler verpflichtet, den Abschluss von Leasingverträgen zwischen der Leasinggesellschaft und dem Leasingnehmer in die Wege zu leiten. Die Geschäftsvermittlung setzt voraus, dass es dem

---

87 Abzugrenzen vom Handelsvertreter ist der Handelsmakler gemäß §§ 93–104 HGB, der im Gegensatz zum Handelsvertreter nicht ständig von demselben Auftraggeber betraut ist. Das Handelsvertreterverhältnis ist durch die Dauerhaftigkeit der beidseitigen Bindung gekennzeichnet, vgl. Hopt, Klaus J., § 84 HGB, in: Baumbach, Adolf/Hopt, Klaus J./Merkt, Hanno (Hrsg.), Handelsgesetzbuch Kommentar, 2008, Rz. 20.

88 Vgl. Hoyningen-Huene, Gerrick von, Vor § 84 HGB, in: Schmidt, Karsten (Hrsg.), Münchener Kommentar zum Handelsgesetzbuch, 2005, Rz. 1.

89 Außerdem gelten die Kündigungsfristen des § 89 HGB nicht für den Handelsvertreter im Nebenberuf. § 92b HGB legt eigene Kündigungsfristen fest.

90 Zur Abgrenzung von Handelsvertretern nach der Art der Tätigkeit in Warenvertreter, Versicherungsvertreter, Bausparkassenvertreter oder Anzeigenvertreter sowie nach der rechtlichen Stellung in Vermittlungs- oder Abschlussvertreter, Ein- und Mehrfirmenvertreter, Bezirksvertreter, Alleinvertreter, Untervertreter und Generalvertreter, vgl. Hoyningen-Huene, Gerrick von, § 84 HGB, in: Schmidt, Karsten (Hrsg.), Münchener Kommentar zum Handelsgesetzbuch, 2005, Rz. 8–18.

Vermittler gelingt, einen Vertragsabschluss zwischen zwei Interessenten herbeizuführen, indem das Geschäft bis zur Abschlussreife vorbereitet wird. Eine vermittelnde Tätigkeit kann sich nie auf den Abschluss des Geschäftes selbst beziehen, denn dieser findet zwischen den beiden Vertragspartnern selbst statt. Der Vermittlungserfolg ist aber auf die Vermittlungsbemühungen des Vermittlers zurückzuführen.[91] Für sämtliche während des Vertragsverhältnisses abgeschlossenen Geschäfte, die direkt auf seine Tätigkeit zurückzuführen sind oder mit Dritten abgeschlossen werden, die er als Kunden geworben hat, hat der Handelsvertreter gemäß § 87 HGB Anspruch auf Provision. Handelsvertreter haben eine rechtliche Sonderstellung. Einerseits sind sie selbstständige Gewerbetreibende, andererseits stehen sie zu dem Unternehmen, für das sie Geschäfte vermitteln, in einem Dienstverhältnis. Daher kommt den Handelsvertretervorschriften rechtlich Bedeutung für die Abgrenzung und Anwendbarkeit von Handelsvertreter- oder Arbeitsrecht zu.[92]

Der Vertretervertrag stellt von seiner Rechtsnatur her einen Dienstleistungsvertrag dar, der eine Geschäftsbesorgung zum Gegenstand hat.[93] Der Handelsvertretervertrag ist somit kein eigenständiger Vertragstypus. Da die Provision von den vermittelten Vertragsverhältnissen abhängig ist,[94] ist die im Dienstleistungsvertrag vereinbarte Vergütung erfolgsabhängig. Das macht den Handelsvertretervertrag aber nicht zum Werkvertrag, weil der Handelsvertreter nicht den Vermittlungserfolg schuldet, sondern allein die Vermittlungsbemühungen.[95] Für

---

91 Vgl. Küstner, Wolfram, § 84 HGB, in: Röhricht, Volker/Westphalen, Friedrich Graf von (Hrsg.), Handelsgesetzbuch Kommentar, 2001, Rz. 14.

92 Vgl. Hoyningen-Huene, Gerrick von, § 84 HGB, in: Schmidt, Karsten (Hrsg.), Münchener Kommentar zum Handelsgesetzbuch, 2005, Rz. 4.

93 Vgl. Hopt, Klaus J., § 84 HGB, in: Baumbach, Adolf/Hopt, Klaus J./Merkt, Hanno (Hrsg.), Handelsgesetzbuch Kommentar, 2008, Rz. 5.

94 So werden laut Rahmenvertrag Vermittlungen von Leasingverträgen bei der Ermittlung des Provisionsan-spruchs des Händlers nicht berücksichtigt, wenn die Leasingnehmer von dem Widerrufsrecht gemäß § 355 BGB Gebrauch gemacht haben, innerhalb von 90 Tagen keine Zahlung auf die Leasingverträge geleistet haben oder die Leasingverträge ganz oder teilweise rückabgewickelt werden.

95 Vgl. Hoyningen-Huene, Gerrick von, § 84 HGB, in: Schmidt, Karsten (Hrsg.), Münchener Kommentar zum Handelsgesetzbuch, 2005, Rz. 67.

den Dienstleistungsvertrag gilt der Grundsatz der Vertragsfreiheit, die Parteien können ihn dementsprechend frei ausgestalten. Hauptpflichten des Handelsvertreters (Händlers) bestehen in der Vermittlungsbemühung, während die Hauptpflicht des Unternehmens (Leasinggesellschaft) in der Zahlung der Provision (Leasingvermittlungsprovision) besteht.[96]

[96] Vgl. Hoyningen-Huene, Gerrick von, § 84 HGB, in: Schmidt, Karsten (Hrsg.), Münchener Kommentar zum Handelsgesetzbuch, 2005, Rz. 76.

3.3 Dogmatische Einordnung des Leasingrückkaufgeschäftes

3.3.1 Subsumtion des Leasingrückkaufgeschäftes unter schuldrechtliche Vertragstypen

3.3.1.1 Einordnung im kaufrechtlichen Bereich

3.3.1.1.1 Grundzüge des Kaufes

Die grundsätzliche Zielsetzung, also das zentrale Merkmal eines jeden Kaufvertrages, ist die Verpflichtung zur Eigentumsverschaffung gegen Entrichtung des Kaufpreises. Die gesetzliche Regelung in § 433 BGB definiert den Kauf als gegenseitigen Vertrag, durch den sich der Verkäufer zur Übergabe und Übereignung einer Sache und der Käufer zur Zahlung einer Geldsumme und zur Abnahme der Sache verpflichtet.[97] Beim Kauf besteht die vertragstypische Leistung in der Übertragung von Sachen, Rechten oder sonstigen Gegenständen. Rückübertragungspflichten entstehen bei ungestörtem Ablauf meist nicht, so dass die Übertragung als dauernd bezeichnet werden kann.[98] Der Kaufvertrag ist ein so genannter Konsensualvertrag, der zustande kommt, wenn Verkäufer und Käufer zwei sich deckende Willenserklärungen über Kaufgegenstand und Kaufpreis abgeben.[99] Das Angebot[100] und die Annahme sind empfangsbedürftige Willenserklärungen.[101] Beim zweiseitigen Vertrag wie dem Kaufvertrag stehen die Leistungspflichten der Parteien in einem Austauschverhältnis. Dieses Gegenseitigkeitsverhältnis wird als Synallagma bezeichnet, wenn ein vollkommen gegenseitiger Vertrag vorliegt. Die Leistung des einen

---

[97] § 433 BGB ist bezüglich des Kaufgegenstandes zu eng gefasst, daher erweitert § 453 BGB den Kaufgegenstand um Rechte und sonstige Gegenstände. Weitere Vorschriften zum Kauf sind in den §§ 474–479 BGB (Verbrauchsgüterkauf) und §§ 373–381 HGB (Handelskauf) enthalten.

[98] Vgl. Medicus, Dieter, Schuldrecht II, Besonderer Teil, 2007, Rz. 5.

[99] Vgl. statt vieler Gursky, Karl-Heinz, Schuldrecht, 2005, S. 4.

[100] Auch als Antrag oder Offerte bezeichnet.

[101] Eine empfangsbedürftige Willenserklärung muss an den Erklärungsempfänger gerichtet sein und ihm zugehen, vgl. Müssig, Peter, Wirtschaftsprivatrecht, 2007, S. 88 und 96.

Vertragsteils erfolgt hier gerade um der Gegenleistung des anderen willen, die Leistungen sind wechselseitig voneinander abhängig.[102] Bei einem Kaufvertrag handelt es sich um ein Verpflichtungsgeschäft[103], bei dem die Pflichten der beiden beteiligten Parteien in einem synallagmatischen Gegenseitigkeitsverhältnis zu einander stehen. Die Hauptpflicht des Verkäufers besteht gemäß § 433 Abs. 1 Satz 1 BGB in der Besitzverschaffung und Eigentumsübertragung der Kaufsache. Der Käufer verpflichtet sich im Gegenzug zur Zahlung des Kaufpreises und zur Abnahme der gekauften Sache nach § 433 Abs. 2 BGB. Die Eigentumsübertragung ist aber mit Abschluss des Kaufvertrages noch nicht vollzogen.[104] Der Kaufvertrag stellt den Rechtsgrund für die darauf folgenden Erfüllungsgeschäfte[105] dar. Der Verkäufer verschafft dem Käufer das Eigentum an der Kaufsache, indem sich die Parteien in einem Übereignungsvertrag i. S. d. § 929 Satz 1 BGB darüber einigen, dass das Eigentum am Kaufgegenstand übergeht, und die Kaufsache übergeben. Der Verkäufer muss somit, bei beweglichen Sachen, dem Käufer durch Übergabe die tatsächliche Sachherrschaft verschaffen.[106] Genauso verschafft der Käufer dem Verkäufer auf Grundlage eines Übereignungsvertrages i. S. d. § 929 Satz 1 BGB das Eigentum am Geld.[107] Die Übergabe gemäß § 929 Satz 1 BGB ist jedoch gemäß

---

[102] Zur Beschreibung dieser Abhängigkeit werden die lateinischen Worte „do ut des", verwendet: ich gebe, damit Du gibst. Vgl. Müssig, Peter, Wirtschaftsprivatrecht, 2007, S. 102 und Lange, Knut Werner, Ziviles Wirtschaftsrecht, 2007, S. 120.

[103] Vgl. Brox, Hans/Walker, Wolf-Dietrich, Besonderes Schuldrecht, 2006, § 1 Rz. 2. Auch Grundgeschäft oder Kausalgeschäft genannt.

[104] Vgl. Reinicke, Dietrich/Tiedtke, Klaus, Kaufrecht, 2004, Rz. 4.

[105] Auch Verfügungsgeschäft oder Vollzugsgeschäft genannt. In der Praxis werden Verpflichtungs- und Verfügungsgeschäft oft als zusammengehörig erachtet, dies ändert aber an ihrer Eigenständigkeit nichts. Das Abstraktionsprinzip beschreibt den Grundsatz der Trennung zwischen Verpflichtungs- und Verfügungsgeschäft. Zum Abstraktionsprinzip vgl. Lange, Knut Werner, Ziviles Wirtschaftsrecht, 2007, S. 35.

[106] Siehe §§ 854 BGB. Die körperliche Übergabe der Sache kann aber durch so genannte Übergabesurrogate ersetzt werden, z. B. Abtretung des Herausgabeanspruchs (§ 546 Abs. 1 BGB) i. S. d. § 398 BGB, siehe im Folgenden.

[107] Somit liegen einem Kauf des täglichen Lebens drei Verträge zugrunde: ein Verpflichtungs- und zwei Erfüllungsgeschäfte. Der Kaufvertrag stellt die Basis

§ 929 Satz 2 BGB entbehrlich, wenn der Käufer bereits im Besitz der Sache ist. Die Übergabe macht den Käufer zum unmittelbaren Besitzer. Die Parteien können aber auch vereinbaren, dass der Verkäufer dem Käufer anstatt der Übergabe lediglich den mittelbaren Besitz verschafft (so genanntes Besitzkonstitut gemäß § 930 BGB), weil die Sache zum Beispiel in unmittelbaren Besitz eines Dritten gehen soll, der die Sache mieten wird. Ein Besitzkonstitut kann beispielsweise durch die Vereinbarung eines Leihvertrages zwischen Käufer und Verkäufer geschaffen werden (Besitzmittlungsverhältnis). Ist ein Dritter bei Eigentumsübergang im Besitz der Sache, kann der Verkäufer seine Pflicht zur Übergabe dadurch ersetzen, dass er seinen Herausgabeanspruch gegen den Dritten an den Käufer abtritt (§ 931 BGB).[108]

Das Sachenrecht des BGB definiert Eigentum als umfassendes Herrschaftsrecht einer Person über eine Sache mit der grundsätzlich nach Belieben verfahren werden kann und von der andere von jeder Einwirkung ausgeschlossen werden können, § 903 BGB.[109] Im Kaufrecht ist die Risikoverteilung des Kaufes hinsichtlich der Preisgefahr geregelt. § 446 BGB bestimmt, dass der Verkäufer grundsätzlich bis zur Erfüllung seiner Übereignungspflichten die Preisgefahr trägt. Mit Übergabe der Kaufsache bzw. Annahmeverzug geht die Preisgefahr vom Verkäufer auf den Käufer über.[110]

---

dar, die Verfügung (Einigung und Übergabe, § 929 Satz 1 BGB) die jeweilige Erfüllung. Vgl. Müssig, Peter, Wirtschaftsprivatrecht, 2007, S. 223.

108 Vgl. Reinicke, Dietrich/Tiedtke, Klaus, Kaufrecht, 2004, Rz. 195.

109 Art. 14 des Grundgesetzes garantiert das Eigentumsrecht. Streng vom Eigentum zu trennen ist der Besitz als tatsächliches Herrschaftsverhältnis. Eigentum übertragen oder belasten darf nur der Eigentümer (Verfügungsmacht). Vgl. Lange, Knut Werner, Ziviles Wirtschaftsrecht, 2007, S. 199–200 und S. 205.

110 Gleiches gilt beim so genannten Versendungskauf, §§ 447, 474 Abs. 2 BGB. Vgl. zur Risikoverteilung beim Leasingrückkaufgeschäft Gliederungspunkt 2.3.2.4.

3.3.1.1.2 Besondere Arten des Kaufes: Wiederkauf und Wiederverkauf

Eine besondere Art des Kaufes stellt der Wiederkauf gemäß §§ 456-462 BGB dar. Beim Wiederkauf wird im Kaufvertrag das Recht zum Wiederkauf des Verkäufers vorbehalten. Daher kann der Wiederkauf auch als Vorstufe eines erst später abzuschließenden Kaufes bezeichnet werden.[111] § 456 BGB definiert das Zustandekommen des Wiederkaufes mit der Erklärung des Verkäufers gegenüber dem Käufer, dass er das Wiederkaufsrecht ausübt. Diese Rechtsfigur führt dazu, dass unter der Voraussetzung einer entsprechenden Erklärung des Verkäufers zwischen den Parteien eines Kaufvertrages (Erst-Kaufvertrag) ein weiterer Kaufvertrag (Zweit-Kaufvertrag) über ein und denselben Gegenstand zustande kommt.[112]

Es ist aber auch denkbar, dass nicht der Verkäufer über das Zustandekommen des Zweitvertrages entscheidet, sondern der Käufer. Ein Unterschied liegt hier in der Person des Berechtigten. In der zivilrechtlichen Literatur und Rechtsprechung hat sich für diese vom Wiederkauf abweichende Interessenlage die Bezeichnung Wiederverkauf (pactum de retrovendendo) etabliert.[113] Das Wiederverkaufsrecht ist

---

[111] Vgl. Medicus, Dieter, Schuldrecht II, Besonderer Teil, 2007, Rz. 17.

[112] Vgl. Stoppel, Jan, Das System des Wiederverkaufsrechts unter besonderer Berücksichtigung der Mängelhaftung durch den Wiederverkäufer, in: JZ 2007, S. 219.

[113] Vgl. dazu bereits RG vom 21.11.1929, in: RGZ 126, S. 308–317, der auch ausführt, dass ein Wiederverkaufsrecht bereits in den Motiven zum Entwurf eines BGB erwähnt wurde, RG vom 21.11.1929, in: RGZ 126, S. 312. Vgl. auch Stoppel, Jan, Das System des Wiederverkaufsrechts unter besonderer Berücksichtigung der Mängelhaftung durch den Wiederverkäufer, in: JZ 2007, S. 218–230; Reinicke, Dieter/Tiedtke, Klaus, Kaufrecht, 2004, Rz. 1104; Medicus, Dieter, Schuldrecht II, Besonderer Teil, 2007, Rz. 165; BGH vom 11.12.1998, in: BGHZ 140, S. 219–223; Grunewald, Barbara, § 456 BGB, in: Westermann, Harm Peter (Hrsg.), Erman Bürgerliches Gesetzbuch Handkommentar, 2004, Rz. 5 und Brox, Hans/Walker, Wolf-Dietrich, Besonders Schuldrecht, 2006, § 7 Rz. 45. Ihre Wurzeln hat die Rechtsfigur des Wiederverkaufs im islamischen Recht. Der Koran verbietet die Zinsnahme. Daher helfen sich die islamischen Parteien zur Darlehensgewährung häufig damit, dass der Darlehensnehmer dem Darlehensgeber eine nutzbare oder fruchtbare Sache zum Darlehnsbetrag verkauft,

als Recht des Käufers zu verstehen, nach Abwicklung des Kaufvertrages durch einseitige, empfangsbedürftige, unwiderrufliche Willenserklärung einen weiteren Kaufvertrag über den ursprünglichen Kaufgegenstand zustande zu bringen. Der ursprüngliche Käufer (Erstkäufer) wird mit Ausübung des Rechtes zum Wiederverkäufer und der ursprüngliche Verkäufer (Erstverkäufer) nimmt die Stellung des Wiederkäufers ein.[114] Der Wiederverkauf ist im Gegensatz zum Wiederkauf nicht gesetzlich geregelt. Der Gesetzgeber hielt ihn für praktisch unbedeutend und hat deshalb von einer ausdrücklichen Regelung abgesehen.[115]

Aufgrund der Analogie zum gesetzlich geregelten Wiederkaufrecht[116] wird auch beim Wiederverkaufsrecht davon ausgegangen, dass durch Erklärung des Erstkäufers (Wiederverkäufer) ein Zweitvertrag mit den Primärpflichten eines Kaufvertrages zustande kommt. Primärpflichten sind hierbei die (Rück-)Übereignung und Übergabe des ursprünglich verkauften Gegenstandes gegen Zahlung eines bestimmten Geldbetrages.[117]

Wirtschaftlich dient der Wiederverkauf dazu, dem ursprünglichen Verkäufer eines Gegen-standes auch nach Erfüllung des Kaufvertrages

---

unter dem Vorbehalt, dass der Darlehensnehmer dieselbe Sache nach einer bestimmten Frist um den Darlehnsbetrag, auf Verlangen des Darlehensgebers, wieder zurückkauft. Vgl. Klemp, Max, Der Kauf auf Wiederverkauf, 1925, Geleitwort.

114 Vgl. Stoppel, Jan, Das System des Wiederverkaufsrechts unter besonderer Berücksichtigung der Mängelhaftung durch den Wiederverkäufer, in: JZ 2007, S. 218–219.

115 Vgl. RG vom 21.11.1929, in: RGZ 126, S. 312 und Reinicke, Dietrich/Tiedtke, Klaus, Kaufrecht, 2004, Rz. 1105.

116 Welche gegeben ist, weil sich Wiederkaufs- und Wiederverkaufsrecht weder in der Art des ausgeübten Rechtes noch im Ergebnis der Rechtsausübung auf Primärebene unterscheiden. Der Unterschied liegt lediglich in der Person des Berechtigten, vgl. Stoppel, Jan, Das System des Wiederverkaufsrechts unter besonderer Berücksichtigung der Mängelhaftung durch den Wiederverkäufer, in: JZ 2007, S. 220.

117 Vgl. Stoppel, Jan, Das System des Wiederverkaufsrechts unter besonderer Berücksichtigung der Mängelhaftung durch den Wiederverkäufer, in: JZ 2007, S. 218–219.

das Absatz- bzw. Verwertungsrisiko in Bezug auf diesen Gegenstand aufzubürden. Für die Schaffung dieses Risikoausgleichs muss der Wiederverkäufer in der Regel an den Wiederkäufer eine Wiederverkaufsprämie zahlen.[118]

[118] Vgl. Stoppel, Jan, Das System des Wiederverkaufsrechts unter besonderer Berücksichtigung der Mängelhaftung durch den Wiederverkäufer, in: JZ 2007, S. 219, zur Wiederverkaufsprämie im Beispiel.

3.3.1.1.3 Einordnung des Leasingrückkaufgeschäftes als Wiederverkaufsgeschäft: Analyse der vertraglichen Ausgestaltung

Beim Leasingrückkaufgeschäft entscheidet nicht der Händler (Verkäufer) über das Zustandekommen des Rückkaufes, sondern die Leasinggesellschaft (Käufer). Die Leasinggesellschaft hat das Recht, nach Abwicklung des Neufahrzeuggeschäftes durch einseitige Erklärung einen erneuten Kaufvertrag über das ursprüngliche Neufahrzeug (Rückkauf) zustande zu bringen. Daher liegt mit dem Rückverkaufsrecht der Leasinggesellschaft ein Wiederverkaufsrecht vor. Die Leasinggesellschaft wird mit Ausübung des Rechtes zum Wiederverkäufer und der Händler nimmt die Stellung des Wiederkäufers ein. Im Folgenden soll geprüft werden, ob sich diese Einordnung anhand der konkreten vertraglichen Ausgestaltung der bereits oben vorgestellten beispielhaften Rahmenverträge verifizieren lässt.[119]

Der Kaufvertrag über das Neufahrzeug kommt durch Angebot und Annahme zustande. In der Regel stellt ein ausgefüllter Vordruck, der von der Leasinggesellschaft bereitgestellt wird, gleichzeitig das Angebot des Händlers über das Neufahrzeuggeschäft wie auch das Angebot des Händlers zur Rückkaufverpflichtung dar. Die Leasinggesellschaft nimmt das Angebot durch schriftliche Erklärung gegenüber dem Händler oder durch Anweisung des Kaufpreises konkludent an. Im Rahmenvertrag ist zusätzlich bestimmt, dass in der Annahme des Angebotes gleichzeitig die Einigung über den Übergang des Eigentums an dem Neufahrzeug auf die Leasinggesellschaft liegt. Überdies wird grundsätzlich vereinbart, dass der Kaufvertrag über das Neufahrzeug unter der auflösenden Bedingung steht, dass der Leasingvertrag zwischen der Leasinggesellschaft und dem Leasingnehmer wirksam zustande kommt. Kommt es also gemäß § 355 BGB zur Rückabwicklung des Leasingvertrages, endet die Wirkung des Kaufvertrages über das Neufahrzeug, § 158 Abs. 2 BGB.[120] Der Händler verpflichtet sich, der Leasinggesellschaft die Eigentumsrechte am Neufahrzeug zu

[119] Die beispielhaften Rahmenverträge finden sich im Anhang 1 und 2.

[120] Außerdem behält sich die Leasinggesellschaft bei Rücktritt des Leasingnehmers ebenfalls ein Rücktrittsrecht vom Kaufvertrag vor.

verschaffen.[121] Der Eigentumsübergang erfordert grundsätzlich nach § 929 Satz 1 BGB Einigung und Übergabe. Im Rahmenvertrag ist vereinbart, dass das Eigentum mit Zahlung des Kaufpreises vom Händler auf die Leasinggesellschaft übergeht.[122] Die zur Eigentumsverschaffung notwendige Übergabe wird dadurch ersetzt, dass zwischen dem Händler und der Leasinggesellschaft ein Besitzmittlungsverhältnis vereinbart wird. In der Zeit zwischen Zahlung des Kaufpreises durch die Leasinggesellschaft und Übergabe an den Leasingnehmer ist dann eine leihweise Überlassung des Neufahrzeuges von der Leasinggesellschaft an den Händler vereinbart. Eine weitere Möglichkeit besteht darin, dass der Händler der Leasinggesellschaft den Herausgabeanspruch gegen den Leasingnehmer nach Lieferung des Fahrzeuges abtritt.[123]

Gleichzeitig mit dem beschriebenen Kaufvertrag über das Neufahrzeug gibt der Händler die Erklärung ab, das Fahrzeug wieder anzukaufen, wenn die Leasinggesellschaft ihr Wahlrecht des Rückverkaufes positiv ausübt. Die Rückkaufverpflichtung des Händlers endet in der Regel zwischen 60 und 90 Tage nach Beendigung des vermittelten Leasingvertrages, wenn die Leasinggesellschaft ihr Wahlrecht bis dahin nicht ausgeübt hat. Kommt der Leasingrückkauf zustande, bestehen die Hauptpflichten des Händlers in der Rücknahme des Fahrzeuges vom Leasingnehmer und der Zahlung des Rückkaufpreises an die Leasinggesellschaft. Befindet sich das Gebrauchtfahrzeug bei Eigentumsübertragung bereits im Besitz des Händlers (Rückgabe durch Leasingnehmer ist bereits erfolgt) ist eine Übergabe gemäß § 929 Satz 2 BGB entbehrlich. Die Leasinggesellschaft formuliert aber in der Regel einen Eigentumsvorbehalt; sie vereinbart, dass das Fahrzeug bis

---

[121] Ist der Händler als Vermittler von Agenturfahrzeugen tätig, stehen die Neufahrzeuge nicht im Eigentum des Händlers, der Rahmenvertrag enthält in diesem Fall eine Regelung, dass der Händler die Übereignung auf Geheiß des Herstellers vollzieht.

[122] So weist die Leasinggesellschaft den Rückkaufpreis auch erst dann an, wenn ihr der Fahrzeugbrief vorliegt.

[123] Siehe Anhang 2: Beispielhafter Rahmenvertrag (Endabnehmerpreis), Abschnitt B, II. 3. und Anhang 1: Beispielhafter Rahmenvertrag (Händlereinkaufspreis), Abschnitt I. 2.

zur vollständigen Begleichung des Rückkaufpreises in jedem Fall in ihrem Eigentum bleibt.

Im Ergebnis ist eine zivilrechtliche Einordnung des Leasingrückkaufgeschäftes als Wiederverkaufsgeschäft somit auch mit der detaillierten vertraglichen Ausgestaltung der beispielhaften Rahmenverträge vereinbar.[124] Dabei stellt das Neufahrzeuggeschäft den Erst-Kaufvertrag und der Rückkaufvertrag den Zweit-Kaufvertrag dar, der ein Wahlrecht in Form eines Wiederverkaufsrechtes des Käufers (Leasinggesellschaft) beinhaltet. Im Ergebnis findet Kaufrecht gemäß § 433 ff. BGB auf das Leasingrückkaufgeschäft Anwendung.

---

124 So auch *Stoppel*, der die Bedeutung des Wiederverkaufsrechts am Beispiel von Leasingkonstruktionen darstellt, vgl. Stoppel, Jan, Das System des Wiederverkaufsrechts unter besonderer Berücksichtigung der Mängelhaftung durch den Wiederverkäufer, in: JZ 2007, S. 220. Vgl. auch BGH vom 31.01.1990, in: BGHZ 110, S. 183–197. In dieser Entscheidung ordnet der BGH die leasingtypische Rücknahme- und Mithaftungsverpflichtung als Wiederverkaufsrecht ein (seither ständige Rechtsprechung bei vertraglichen Rückgaberechten). A. A. *Graf von Westphalen*, der im Rückverkaufsrecht der Leasinggesellschaft ein selbständiges Garantieversprechen des Händlers als einzigen richtigen dogmatischen Weg sieht. Vgl. Westphalen, Friedrich Graf von, Zur Unwirksamkeit von (leasingtypischen) Rückkaufverpflichtungen unter besonderer Berücksichtigung der Kfz-Branche, in: BB 2009, S. 2379. Siehe zur Abgrenzung von Wiederverkaufsrecht und Garantie Gliederungspunkt 3.3.2.2.

3.3.1.2 Weitere Subsumtionsversuche: Gebrauchsüberlassungsverträge

Da, wie oben erläutert,[125] ein Kaufvertrag auf dauernde[126] Sachüberlassung gerichtet ist, soll im Folgenden der Frage nachgegangen werden, ob bei einem Leasingrückkaufgeschäft von einer dauernden Sachüberlassung gesprochen werden kann. Der bereits zum Zeitpunkt des Abschlusses des Neufahrzeuggeschäftes vereinbarte ‚Rückverkauf' an dieselbe Person, von der die Sache gekauft wurde, macht die Dauerhaftigkeit fragwürdig und weist Ähnlichkeiten mit einer Rückgabe nach Ablauf der Gebrauchsüberlassung auf, die miettypisch ist. Außerdem ergab die oben durchgeführte Untersuchung der Risiken beim Leasingrückkaufgeschäft das Vorliegen einer dem Kaufvertrag untypischen Risikoverteilung.[127] Geprüft werden soll daher an dieser Stelle, ob von den Parteien aus zivilrechtlicher Sicht von Anfang an nicht eine dauernde Sachüberlassung, sondern eine Gebrauchsüberlassung auf Zeit abgeschlossen wurde. Daher soll die zivilrechtliche Einordnung des Leasingrückkaufgeschäftes unter die Dauerschuldverhältnisse[128] Miete, Pacht oder Darlehen geprüft werden. Charakteristisches Merkmal von Dauerschuldverhältnissen ist die Erbringung der vertraglichen Leistung über einen längeren Zeitraum hinweg, die Vertragsparteien verpflichten sich zu einem dauerhaften Verhalten. Während der fortlaufenden Vertragsbeziehung entstehen ständig neue Erfüllungshandlungen.[129]

---

125 Siehe Gliederungspunkt 3.3.1.1.1.

126 Zum Teil wird in der Literatur sogar von ‚endgültiger' Sachüberlassung gesprochen, vgl. Müssig, Peter, Wirtschaftsprivatrecht, 2007, S. 218–219. Der Begriff ‚endgültig' scheint in diesem Zusammenhang etwas zu weitgehend zu sein. Gesetzliche Regelungen zur Definition der Dauerhaftigkeit der Sachüberlassung existieren nämlich nicht.

127 Siehe Gliederungspunkt 2.3.2.4.

128 Sogenannte Dauerleistungspflichten. Synonym wird im Schrifttum die Bezeichnung Dauerrechtsverhältnis verwendet.

129 Im bilanziellen Sinn bedeutet dies, es ist notwendig, dass sich das Rechtsverhältnis über mindestens eine Rechnungsperiode hinaus erstreckt. Vgl. Glaubig, Jürgen, Grundsätze ordnungsmäßiger Bilanzierung für Dauerrechtsverhältnisse, 1993, S. 6–8.

Der Mietvertrag gemäß §§ 535 ff. BGB regelt die entgeltliche Gebrauchsüberlassung einer Sache auf Zeit mit Rückgabeverpflichtung. Eigentümer der Mietsache bleibt der Vermieter, der Mieter erlangt unmittelbaren Besitz. Zu den Hauptpflichten des Vermieters gehört die Überlassung der Mietsache an den Mieter. Er muss dem Mieter den ungestörten Sachgebrauch verschaffen und während der Mietzeit gewähren.[130] Gemäß § 535 Abs. 1 BGB ist die Mietsache im vertragsmäßig gebrauchsfähigen Zustand zu übergeben und in diesem Zustand zu erhalten. Die Pflicht des Vermieters, sämtliche während der Mietzeit erforderlichen Instandhaltungsarbeiten und Reparaturen zu tragen, kann aber aufgrund des dispositiven Charakters der Vorschrift vertraglich auf den Mieter abgewälzt werden. Hauptpflicht des Mieters ist die Zahlung der vereinbarten Miete an den Vermieter, § 535 Abs. 2 BGB.[131] Der Vermieter bleibt Eigentümer des Mietgegenstandes.[132]

Die Pacht (§§ 581 ff. BGB) stellt eine entgeltliche Gebrauchsüberlassung auf Zeit mit dem Recht zur Fruchtziehung und Rückgabeverpflichtung dar. Dem Pächter wird mit der Pacht das Recht eingeräumt, den Pachtgegenstand zu gebrauchen und die Früchte daraus zu ziehen.[133] Pachtobjekte können sämtliche körperlichen und unkörperlichen Gegenstände sein, soweit aus ihnen Früchte i. S. d. § 99 BGB[134] gezogen werden können.[135] Gemäß § 581 Abs. 2 BGB sind die Regelungen des Mietrechtes entsprechend anzuwenden. Der Verpächter bleibt Eigentümer des Pachtgegenstandes.[136]

Der Darlehensvertrag stellt eine weitere Form der Gebrauchsüberlassung auf Zeit dar. Das BGB unterscheidet zwischen verschiedenen

---

130 Vgl. Müssig, Peter, Wirtschaftsprivatrecht, 2007, S. 270.

131 Zur Miete vgl. Lange, Knut Werner, Ziviles Wirtschaftsrecht, 2007, S. 148–153.

132 Eine Untervermietung hingegen erfordert nicht die Eigentümereigenschaft, was sich aus § 540 BGB ergibt.

133 Vgl. Brox, Hans/Walker, Wolf-Dietrich, Besonderes Schuldrecht, 2006, § 14 Rz. 3.

134 „Früchte einer Sache sind die Erzeugnisse der Sache und die sonstige Ausbeute", § 99 BGB.

135 Vgl. Müssig, Peter, Wirtschaftsprivatrecht, 2007, S. 277.

136 Zur Pacht vgl. Lange, Knut Werner, Ziviles Wirtschaftsrecht, 2007, S. 153f.

Arten des Darlehensvertrages.[137] Im Folgenden von Interesse ist der Sachdarlehensvertrag gemäß §§ 607-609 BGB, dabei handelt es sich um einen Vertrag, bei dem der Darlehensgeber eine Sache überlässt und sich der Darlehensnehmer dazu verpflichtet, das Empfangene in gleicher Art, Menge und Güte zurückzuerstatten, §§ 408, 607 BGB. Nicht die identische, sondern einen gleichartige Sache ist also zurückzugeben. Der Darlehensnehmer wird in der Regel Eigentümer der Sache. Beim Darlehen geht es somit um Verbrauch, nicht wie bei Miete oder Pacht lediglich um Gebrauch.[138]

Die Einordnung des Leasingrückkaufgeschäftes als Miet-, oder wegen der Fruchtziehung in Form von Leasingraten ggf. als Pachtvertrag scheitert zivilrechtlich an dem Willen der Parteien zur Eigentumsübertragung. Miete und Kauf unterscheiden sich grundlegend lediglich durch die für den Kauf notwendige Eigentumsbeschaffungspflicht als zentrales Element des Kaufvertrages.[139] Die Rahmenverträge regeln präzise die Einigung über den Übergang des Eigentums mit Annahme des Angebotes und den Übergang des Eigentums vom Händler an die Leasinggesellschaft mit Zahlung des Kaufpreises. Die zur Eigentumsverschaffung notwendige Übergabe wird durch ein Besitzmittlungsverhältnis bzw. die Abtretung des Herausgabeanspruchs ersetzt.[140] Dass der Übergang des Eigentums nicht zeitlich unbegrenzt geschehen soll, kann zivilrechtlich keine Rolle spielen, denn die Vereinbarung des ‚Rückverkaufs' ändert nichts an der erfolgten Eigentumsverschaffung. Dazu kommt, dass vertraglich lediglich die Möglichkeit des ‚Rückverkaufes' geregelt ist, nicht die Pflicht. Bei Nichtausübung des ‚Rückverkaufsrechtes' der Leasinggesellschaft besteht die Möglichkeit, dass das Fahrzeug nicht wieder an den Händler zurückgeht. Damit

---

[137] Siehe §§ 488–507 BGB: Gelddarlehensvertrag, Finanzierungshilfen, Ratenlieferungsverträge zwischen Unternehmern und Verbrauchern, Sachdarlehensvertrag (§§ 607–609 BGB) sowie Darlehensvermittlungsverträge zwischen Unternehmern und Verbrauchern (§§ 655 a-e BGB).

[138] Vgl. Brox, Hans/Walker, Wolf-Dietrich, Besonderes Schuldrecht, 2006, § 17 Rz. 3.

[139] Vgl. so auch BGH vom 05.04.1978, in: NJW 1978, S. 1384, der sich im entschiedenen Fall ausführlich mit der Einordnung von Leasingverträgen als Kauf oder Miete auseinandersetzt.

[140] Siehe Gliederungspunkt 3.3.1.1.1.

zeigt sich, dass die Dauerhaftigkeit der Sachüberlassung nicht von Beginn an ausgeschlossen ist. Außerdem belegt die gesetzliche Regelung des Wiederkaufes der §§ 456 bis 462 BGB, die ebenso die Möglichkeit des zeitlich begrenzten Eigentumsübergangs von ein- und denselben Parteien beinhaltet, dass der Gesetzgeber eine ggf. nicht dauerhafte Eigentumsübertragung trotzdem unter dem Schuldverhältnis des Kaufes subsumiert.[141] Überdies entspricht der zwischen Leasinggesellschaft und Händler vereinbarte Kaufpreis dem vollen Anschaffungswert des Fahrzeuges, so dass kein Gebrauch gegen Geld (pro usu rei), sondern von Ware gegen Geld (pro re) vorliegt, was ebenfalls für einen Kaufvertrag spricht.[142]

Eine zivilrechtliche Einordnung des Leasingrückkaufgeschäftes als so genannter Mietkauf scheidet ebenso aus, weil die Parteien keinen Mietvertrag vereinbaren, sondern einen Kaufvertrag mit beabsichtigter Eigentumsverschaffung schließen. Beim Mietkaufvertrag wird dem Mieter vertraglich das Recht eingeräumt, den gemieteten Gegenstand unter Anrechnung der gezahlten Miete auf den Kaufpreis zu erwerben.[143]

Die zeitlich begrenzte Sachkapitalüberlassung des Leasingrückkaufgeschäftes verdeutlicht die Nähe zum Darlehensvertrag. Der notwendige rechtliche Eigentumsübergang ist ebenso gegeben. Der Einordnung als Sachdarlehen widerspricht aber, dass der Leasinggesellschaft am Ende der Grundmietzeit des Leasingvertrages ein Wahlrecht zusteht, das Neufahrzeug an einen Dritten zu verkaufen. Läge ein Sachdarlehensvertrag vor, bestünde eine Pflicht zur Rückgabe. Überdies steht der Einordnung als Darlehensvertrag entgegen, dass die Leasinggesell-

---

141 Die §§ 454 bis 474 BGB des Abschnittes 8: Einzelne Schuldverhältnisse sind in Untertitel 2 mit „Besondere Arten des Kaufes" überschrieben.

142 Vgl. Kügel, Wilfried, § 5, in: Büschgen, Hans E. (Hrsg.), Praxishandbuch Leasing, 1998, Rz. 39.

143 Vgl. OFD-Frankfurt vom 12.03.2008, Abgrenzung zwischen Kauf nach Miete, Mietkauf und Leasing, S 2170 A-103 -St 219, http://treffer.nwb.de/completecontent/dms/content/000/303/Content/000303896.htm#doclink _fst, (20.02 2010). Es wird zwischen echtem (Mietverhältnis) und unechtem Mietkauf (verdeckte Ratenzahlung) unterschieden.

schaft, wenn ein ‚Rückverkauf' erfolgt, zur Rückgabe derselben Sache, nicht lediglich einer gleichartigen, verpflichtet ist.[144]

Zivilrechtlich ist somit aufgrund des rechtlichen Eigentumsübergangs jede andere Einordnung als die im kaufrechtlichen Bereich ausgeschlossen. Wirtschaftlich muss aber, schon aufgrund der vom typischen Kaufrecht abweichenden Einordnung als ‚Besondere Art des Kaufes' und der Risikoverteilung des Leasingrückkaufgeschäftes, eine kritische Überprüfung des Übergangs des wirtschaftlichen Eigentums stattfinden.[145]

---

[144] Vgl. ähnlich, aber für Finanzierungsleasingverträge, Hastedt, Uwe-Peter/Mellwig, Winfried, Leasing, 1998, S. 20–22 und Kügel, Wilfried, § 5, in: Büschgen, Hans E. (Hrsg.), Praxishandbuch Leasing, 1998, Rz. 56.

[145] Siehe Gliederungspunkt 4.2.1.

3.3.2 Rechtsnatur des Wiederverkaufsgeschäftes

3.3.2.1 Abgrenzung des Wiederverkaufs zum Rücktritt

Ein Rücktrittsrecht hat die Rückgängigmachung eines grundsätzlich wirksam zustande gekommenen Vertrages durch die einseitige Erklärung einer Vertragspartei zur Folge.[146] Die Befugnis der Partei zum Rücktritt kann sich aufgrund gesetzlicher oder vertraglicher Vereinbarungen ergeben, § 346 Abs. 1 BGB. Durch Ausübung des Rücktrittsrechtes wandelt sich ein Vertrag in ein Rückabwicklungsverhältnis um. Gemäß § 346 BGB sind die empfangene Leistung zurückzugewähren und die gezogenen Nutzungen herauszugeben. Ein Wiederverkaufsrecht ist somit immer von einem Rücktrittsrecht abzugrenzen. Die jeweilige Vertragsauslegung muss ergeben, welche dieser beiden Rechtsfiguren zwischen den Parteien vereinbart wurde.[147] Liegt nach tatbestandlicher Differenzierung ein Wiederverkaufsrecht vor, so ist eine Einordnung als Rücktrittsrecht vom ursprünglichen Kaufvertrag (Erst-Kaufvertrag) ausgeschlossen. Mit Ausübung des Wiederverkaufsrechtes ist der Wiederverkäufer an die Konditionen des Zweitvertrages gebunden und kann die Sache nicht über einen Rücktritt vom Erstvertrag zurückholen.[148] Die Erklärung eines Rücktrittes gestaltet den Erst-Kaufvertrag in ein Rückgewährungsschuldverhältnis um, die Ausübung des Wiederverkaufsrechtes dagegen hat auf den Erst-Kaufvertrag keinen Einfluss. Hier kommt vielmehr ein neuer Kaufvertrag, mit gleichen Parteien in umgekehrter Stellung, zustande.

---

146 Vgl. Müssig, Peter, Wirtschaftsprivatrecht, 2007, S. 100f.

147 Vgl. Stoppel, Jan, Das System des Wiederverkaufsrechts unter besonderer Berücksichtigung der Mängelhaftung durch den Wiederverkäufer, in: JZ 2007, S. 219. Im BGH-Urteil vom 07.11.2001 ordnete der BGH z. B. ein vertraglich vereinbartes Rückgaberecht als Wiederverkaufsrecht ein, vgl. BGH vom 07.11.2001, in: WM 2002, S. 445f. Zur Abgrenzung zwischen Rücktrittsvorbehalt und auflösender Wollensbedingung vgl. Westermann, Harm Peter, § 158 BGB, in: Säcker, Franz Jürgen/Rixecker, Roland (Hrsg.), Münchener Kommentar zum BGB, 2008, Rz. 22.

148 Vgl. Westermann, Harm Peter, § 456 BGB, in: Säcker, Franz Jürgen/Rixecker, Roland (Hrsg.), Münchener Kommentar zum BGB, 2008, Rz. 4.

Im Fall des Leasingrückkaufgeschäftes liegt kein Rücktrittsrecht der Leasinggesellschaft vor.[149] Es zeigt sich deutlich, dass der Erst-Kaufvertrag nicht rückabgewickelt wird, denn der Händler muss (von Anfang an vereinbart) nicht den ehemaligen Kaufpreis des Neufahrzeuges zurückzahlen, sondern einen Rückkaufpreis als kalkulierten Restwert leisten. Die gezogene Nutzung verbleibt beim Leasinggeber.

[149] Vgl. hierzu BGH vom 07.11.2001, in: WM 2002, S. 445. Damit stellt das Wiederverkaufsrecht auch keinen Widerruf oder keine Rückgabe dar, denn diese stehen zum einen nur Verbrauchern zu, zum anderen finden die Vorschriften über den gesetzlichen Rücktritt auf Widerruf und Rückgabe gemäß § 357 BGB entsprechend Anwendung, so dass oben Gesagtes sinngemäß gilt.

3.3.2.2 Abgrenzung des Wiederverkaufs zur Garantie

Der Ausdruck ‚Garantie' ist gesetzlich nicht definiert. Die Garantieverpflichtung kann Bestandteil oder Ergänzung eines Vertrages sein oder aber einen selbständigen Vertrag darstellen (Garantievertrag).[150] Ein Garantievertrag ist eine im BGB nicht geregelte Vertragsart, die aufgrund der allgemeinen Vertragsfreiheit zulässig ist. Beim Garantievertrag handelt es sich nach Ansicht der Rechtsprechung um einen einseitig verpflichtenden Vertrag eigener Art i. S. d. § 311 Abs. 1 BGB, der dadurch gekennzeichnet ist, dass sich der Garant verpflichtet, für den Eintritt eines bestimmten Erfolges einzustehen und die Gefahr eines künftigen Schadens zu übernehmen.[151] So kann z. B. der Verkäufer einer Ware die Garantie dafür übernehmen, dass während der Garantiefrist keine Mängel auftreten.

Eine Definition für die Garantie findet sich überdies in der so genannten Verkaufsgüterkaufrechts-Richtlinie, danach ist unter Garantie die Verpflichtung des Verkäufers zu verstehen, gegenüber dem Verbraucher ohne Aufpreis Abhilfe zu verschaffen, wenn das Verbrauchsgut nicht den in der Garantieerklärung oder der einschlägigen Werbung genannten Eigenschaften entspricht.[152] Damit übernimmt der Verkäufer die Garantie dafür, dass die verkaufte Sache zur Zeit des Gefahrenübergangs eine bestimmte Beschaffenheit aufweist (Beschaffenheitsgarantie) oder für eine bestimmte Dauer behält (Haltbarkeitsgarantie).[153]

Es kann zwischen unselbständiger und selbständiger Garantie unterschieden werden. Eine unselbständige Garantie hat die Erweiterung der gesetzlichen Mängelhaftung zum Gegen-stand, indem z. B. auch für Mängel gehaftet wird, die nach Gefahrenübergang auftreten. Da-

---

[150] Zum selbständigen Vertrag vgl. Sprau, Hartwig, Einf v § 765 BGB, in: Palandt, Bürgerliches Gesetzbuch, 2008, Rz. 16.

[151] BGH vom 13.06.1996, in: ZIP 1996, S. 1293 und BGH vom 18.06.2001, in: ZIP 2001, S. 1496.

[152] Vgl. Westermann, Harm Peter, § 443 BGB, in: Säcker, Franz Jürgen/Rixecker, Roland (Hrsg.), Münchner Kommentar zum BGB, 2008, Rz. 2.

[153] Vgl. Weidenkaff, Walter, § 443 BGB in: Palandt, Bürgerliches Gesetzbuch, 2008, Rz. 3.

mit dient sie lediglich einer Erweiterung bestehender Gewährleistungsrechte.[154] Eine selbständige Garantie hingegen bezeichnet das Einstehen des Verkäufers für einen bestimmten Erfolg oder eine Leistung.[155]

Die Interessenlage der Leasinggesellschaft beim Leasingrückkaufgeschäft ist vergleichbar mit der einer Garantie, so dass grundsätzlich das Wiederverkaufsrecht auch als selbständiger Garantievertrag interpretiert werden kann.[156]

Allerdings muss diese Interpretation des Leasingrückkaufgeschäftes weit gesehen werden, denn der Händler steht nicht klar ersichtlich ‚für den Eintritt eines bestimmten Erfolges ein und übernimmt die Gefahr eines künftigen Schadens', wie es die Definition der Garantie erfordern würde. Der Händler garantiert vielmehr den Rückkauf, im Sinne von ‚verpflichtet sich' dazu. In einem weiten Sinne könnte man die ‚Gefahr eines künftigen Schadens' als das Wertminderungsrisiko interpretieren, welches der Händler im Rahmen des künftigen Gebrauchtfahrzeuggeschäftes übernimmt. Dennoch ist die zurückzukaufende Sache für den Händler in jedem Fall mängelfrei, da ansonsten die Versicherung des Leasingnehmers eintritt. Überdies untypisch für einen Garantievertrag erscheint der zukünftig festgelegte Zeitpunkt des Rückkaufes beim Leasingrückkaufgeschäft, im Gegensatz zu einer Garantiefrist. Außerdem kommt beim Leasingrückkaufgeschäft ein Anschaffungsgeschäft zustande, wohingegen die Garantie in der Regel nicht zu einem solchen führt.

---

[154] Eine Gewährleistung definiert eine zeitlich befristete Nachbesserungsverpflichtung ausschließlich für Mängel, die zum Zeitpunkt des Verkaufs bereits bestanden.

[155] Vgl. Weidenkaff, Walter, § 443 BGB in: Palandt, Bürgerliches Gesetzbuch, 2008, Rz. 4. Siehe auch zu Garantie Ellrott, Helmut, § 251 in: Ellrott, Helmut et al. (Hrsg.), Beck'scher Bilanz-Kommentar, 2010, Rz. 25f.

[156] In diesem Sinne auch Westphalen, Friedrich Graf von, Zur Unwirksamkeit von (leasingtypischen) Rückkaufverpflichtungen unter besonderer Berücksichtigung der Kfz-Branche, in: BB 2009, S. 2379; ders., Der Leasingvertrag, 1998, S. 150f.

Aus diesen Gründen wird der Ansatz der Einordnung des Leasingrückkaufgeschäftes als Garantievertrag in der anschließenden Untersuchung nicht weiter verfolgt, da die Einordnung des Wiederverkaufsrechtes als Optionsrecht, wie im Folgenden erläutert, passender scheint.[157]

[157] Zur Einordnung des Optionsvertrages als Garantievertrag vgl. Winter, Oliver, Der wirtschaftliche und rechtliche Charakter von Zinsbegrenzungsverträgen, in: WM 1985, S. 1174, der zwar Zinsbegrenzungsverträge als Garantieverträge einordnet (Sicherungszweck), aber die Subsumtion des Optionsvertrags, als Einräumung eines Rechtes auf Lieferung oder Abnahme eines Vermögensgegenstandes, unter den Garantieverträgen ablehnt.

3.3.2.3 Der Wiederverkauf als Fall der Option

Inhaltlich lässt sich das Wiederverkaufsrecht, welches dem Käufer zusteht und das Recht darstellt, durch einseitige Willenserklärung einen Vertrag zustande zu bringen, als Optionsrecht einordnen.[158] Die Option ist keine gesetzlich definierte Rechtsfigur. Ein Optionsgeschäft eröffnet flexible Gestaltungsmöglichkeiten, indem es der einen Partei (Optionsberechtigter) das Recht einräumt, während eines bestimmten Zeitraums (Optionsfrist) oder zu einem bestimmten Zeitpunkt durch einseitige Willenserklärung einen Vertrag - in der Regel einen Kaufvertrag - mit bereits festgelegtem Inhalt mit einer anderen Partei (Optionsverpflichteter[159]) zustande zu bringen.[160] Es wird zwischen börsenmäßigen und nicht-börsenmäßigen Optionsgeschäften unterschieden.[161] Innerhalb dieser beiden Bereiche sind grundsätzlich Kaufoptionen (Call) und Verkaufsoptionen (Put) zu unterscheiden. Das Kaufoptionsrecht sichert dem Optionsberechtigten den Zugriff auf den

---

[158] Zur Einordnung des Wiederkaufrechtes als Optionsrecht und damit zur analogen Einordnung des Wiederverkaufsrechtes als Optionsrecht vgl. Grunewald, Barbara, § 456 BGB, in: Westermann, Harm Peter (Hrsg.), Erman Bürgerliches Gesetzbuch Handkommentar, 2004, Rz. 4 wie auch dieselbe, Kaufrecht, 2006, § 15 I Rz. 19; Medicus, Dieter, Schuldrecht II, Besonderer Teil, 2007, S. 65; Eckert, H.-W., § 145 BGB, in: Soergel, Hans Theodor et al. (Hrsg.), Bürgerliches Gesetzbuch, 1999, Rz. 28, Mader, Peter, Vorbemerkung zu §§ 456 ff, in: Staudingers Kommentar zum Bürgerlichen Gesetzbuch, 2004, Rz. 4 und 20; Weber, Martin, Der Optionsvertrag, in: JuS 1990, S. 250 und Stoppel, Jan, Das System des Wiederverkaufsrechts unter besonderer Berücksichtigung der Mängelhaftung durch den Wiederverkäufer, in: JZ 2007, S. 221.

[159] Im Folgenden soll lediglich der Begriff Optionsverpflichteter verwendet werden, da der teilweise synonym verwendete Begriff Stillhalter auf börsenmäßige Optionsgeschäfte hindeutet, vgl. Niemeyer, Markus, Bilanzierung und Ausweis von Optionsgeschäften nach Handelsrecht und Steuerrecht, 1990, S. 10, Fn. 11.

[160] Vgl. statt vieler Heinrich, Dieter, Vorvertrag, Optionsvertrag, Vorrechtsvertrag, 1965, S. 227; Armbrüster, Christian, Vor § 158 BGB, in: Westermann, Harm Peter (Hrsg.), Erman Bürgerliches Gesetzbuch Handkommentar, 2004, Rz. 14.

[161] Dabei sind an der Börse gehandelte Optionen gekennzeichnet durch ihre detaillierte und standardisierte Ausformulierung. Börsenmäßige Optionsrechte sind aufgrund von börsenrechtlichen Reglementierungen enger als nicht-börsenmäßige und größeren Einschränkungen unterworfen. Vgl. Niemeyer, Markus, Bilanzierung und Ausweis von Optionsgeschäften nach Handelsrecht und Steuerrecht, 1990, S. 9.

Optionsgegenstand und erlaubt ihm gleichzeitig den endgültigen Erwerb von der zukünftigen Wertentwicklung des Optionsgegenstandes oder dem eigenen Bedarf abhängig zu machen.[162] Das Verkaufsoptionsrecht hingegen gibt dem Optionsberechtigten die Möglichkeit, den Optionsgegenstand zu dem vereinbarten Preis zu veräußern und sichert ihn damit z. B. gegen Preisverfallrisiken ab. Wirtschaftlich erfüllt das Optionsgeschäft somit unterschiedliche Aufgaben, wie Sicherungs-, Spekulations- oder Investitionsfunktionen.[163]

Im Fall des Wiederverkaufs liegt eine Verkaufsoption (Put) vor, bei der das Recht besteht, einen Gegenstand veräußern zu dürfen, ohne dazu verpflichtet zu sein.[164] Völlig gleichzusetzen sind Wiederverkaufsrecht und Verkaufsoption allerdings nicht, denn Optionsgeschäfte können inhaltlich von Wiederverkaufsgeschäften abweichen: So müssen z. B. beim Wiederverkaufsgeschäft dieselben beteiligten Parteien einen Erst-Kaufvertrag abgewickelt haben, was beim Optionsgeschäft nicht notwendigerweise der Fall sein muss.[165] Somit kann der Wiederverkauf lediglich als Anwendungsfall der Option bezeichnet werden.

Damit ist ebenfalls das Leasingrückkaufgeschäft als Anwendungsfall der Option einzuordnen.[166] Im Folgenden wird daher das Optionsgeschäft hinsichtlich seiner Rechtsnatur untersucht.

---

162 Vgl. Niemeyer, Markus, Bilanzierung und Ausweis von Optionsgeschäften nach Handelsrecht und Steuerrecht, 1990, S. 2; Niemeyer, Markus, Ausweisfragen beim Optionsgeschäft, in: BB, S. 1022.

163 Niemeyer, Markus, Bilanzierung und Ausweis von Optionsgeschäften nach Handelsrecht und Steuerrecht, 1990, S. 14f.

164 Vgl. Larenz, Karl/Wolf, Manfred, Allgemeiner Teil des Bürgerlichen Rechts, 2004, § 23 Rz. 103.

165 Vgl. so für das Wiederkaufsrecht Mader, Peter, Vorbemerkung zu §§ 456 ff, in: Staudingers Kommentar zum Bürgerlichen Gesetzbuch, 2004, Rz. 15 und 16 sowie 20.

166 A. A. *Graf von Westphalen*, der sich gegen die dogmatische Einordnung des Rückverkaufsrechtes (Andienungsrecht) als Optionsrecht ausspricht. Die Begründung hierfür wird aus der Definition des Optionsrechtes abgeleitet: Beim Optionsrecht kann durch einseitige Erklärung der beabsichtigte - bereits feststehende - Vertrag mit dem Optionsverpflichteten zustande gebracht werden.

3.3.3 Rechtsnatur des Optionsgeschäftes

3.3.3.1 Zweiphasige Struktur des Optionsgeschäftes

Faktisch liegt dem Optionsgeschäft eine zweiphasige Struktur zugrunde.[167] In der ersten Phase des Optionsgeschäftes schaffen die beiden beteiligten Parteien das Optionsrecht. Dabei steht die Bezeichnung Optionsvereinbarung für das Rechtsgeschäft, durch das die Parteien das Optionsrecht vereinbaren. Durch Abschluss der Optionsvereinbarung begründet und erfüllt der Optionsverpflichtete die Pflicht, das Optionsrecht einzuräumen. Das Optionsrecht ist das Recht, durch einseitige Willenserklärung ein Vertragsverhältnis (Hauptvertrag) zustande zu bringen oder verlängern zu können.[168] Durch die Ausübung des Optionsrechtes entsteht die zweite Phase des Optionsgeschäftes, in der der Hauptvertrag wirksam wird.[169] Unter dem Oberbegriff des Optionsgeschäftes soll die Summe der durch Optionsrecht,

---

Graf von Westphalen sieht jedoch den Rückkaufvertrag nicht als feststehenden Vertrag an, da er nicht von vornherein in allen Einzelheiten fest vereinbart sei. Denn im Fall der vorzeitigen Beendigung des Leasingvertrages entspricht der Rückkaufpreis nicht dem vereinbarten Preis, sondern der Händler weiß nicht, zu welchem Preis er das Fahrzeug zurückkaufen muss, was als ‚dynamischer Kaufpreis' bezeichnet werden kann. Vgl. Westphalen, Friedrich Graf von, Zur Unwirksamkeit von (leasingtypischen) Rückkaufverpflichtungen unter besonderer Berücksichtigung der Kfz-Branche, in: BB 2009, S. 2381. Dieser Einwand gilt lediglich für den nicht der Regel entsprechenden Fall der vorzeitigen Beendigung des Leasingvertrages. Bei ungestörtem Ablauf steht der Rückkaufvertrag fest inklusive eines festgelegten Rückkaufpreises. Daher wird im Rahmen der vorliegenden Untersuchung nicht von der Einordnung des Rückverkaufsrechtes als Optionsrecht abgewichen.

167 Vgl. BGH vom 22.10.1984, in: BGHZ 92, S. 319 und Herzig, Norbert/Briesemeister, Simone, Steuerbilanzielle Abbildung von Optionsgeschäften beim Stilhalter, in: DB 2002, S. 1571. Siehe eine Darstellung der beiden Phasen in Abbildung unter Gliederungspunkt 3.4.

168 Vgl. statt vieler Larenz, Karl/Wolf, Manfred, Allgemeiner Teil des Bürgerlichen Rechts, 2004, § 23 Rz. 103 oder Krause, Haiko, Die Besteuerung hybrider Finanzinstrumente, 2006, S. 67.

169 Der Hauptvertrag ist das Vertragsverhältnis, welches den Verkauf des Optionsgegenstandes regelt. Die Vertragsart des Hauptvertrages können grundsätzlich sämtliche Vertragstypen sein.

Optionsvereinbarung und Hauptvertrag geschaffenen Rechtsbeziehungen verstanden werden.[170]

Vor dem Hintergrund der fehlenden gesetzlichen Definition ist die zutreffende dogmatische Einordnung der Option zivilrechtlich umstritten und es haben sich drei wesentliche Erklärungsmodelle herausgebildet unter den Bezeichnungen: Offerttheorie, Gestaltungsrechtstheorie und Bedingungstheorie.[171] Die Theorien diskutieren im Kern die Frage, ob die zweiphasige Struktur des Optionsgeschäftes rechtlich als einheitlicher Vertrag aufzufassen ist (Einheitstheorie, Einvertragstheorie) oder ob das Optionsgeschäft aus zwei rechtlich selbständigen Verträgen besteht (Trennungstheorie, Zweivertragstheorie).[172] Dabei steht die Gestaltungsrechtstheorie für die Aufspaltung des Optionsge-

---

[170] Vgl. Niemeyer, Markus, Bilanzierung und Ausweis von Optionsgeschäften nach Handelsrecht und Steuerrecht, 1990, S. 9.

[171] Vgl. Niemeyer, Markus, Bilanzierung und Ausweis von Optionsgeschäften nach Handelsrecht und Steuerrecht, 1990, S. 18–22; Herzig, Norbert/Briesemeister, Simone, Steuerbilanzielle Abbildung von Optionsgeschäften beim Stillhalter, in: DB 2002, S. 1571–1572. Die Bündelung der zahlreichen Einzelmeinungen zu drei Theorien ist das Ergebnis eines jahrzehntelangen Meinungsstreits über die zutreffende dogmatische Einordnung des Optionsrechtes. Eine Übersicht über veraltete Einordnungsversuche liefert Mader, Peter, Vorbemerkung zu §§ 456 ff, in: Staudingers Kommentar zum Bürgerlichen Gesetzbuch, 2004, Rz. 4, so findet die Annahme eines Vorvertrages, der zufolge Optionsrechte einräumende Rechtsgeschäfte als Vorverträge zu qualifizieren sind, heute keine Anhänger mehr, da bei einem Vorvertrag die für das Zustandekommen des Hauptvertrages erforderlichen Willenserklärungen beidseitig noch abzugeben sind, während beim Optionsgeschäft der Hauptvertrag unmittelbar durch einseitige Ausübung des Optionsrechtes herbeigeführt wird. Genauso lehnt die herrschende Meinung die Annahme eines Rücktrittsvorbehaltes ab (vgl. zur Abgrenzung zum Rücktritt oben Gliederungspunkt 3.3.2.1) wie die Annahme eines vertragsmäßigen Kontrahierungszwangs (auch Abschlusszwang, also die rechtliche Verpflichtung, mit einer anderen Partei ein Rechtsverhältnis zu begründen). Eine Übersicht der verschiedenen Einordnungsversuche liefert auch Klemp, Max, Der Kauf auf Wiederverkauf, 1925, S. 5–9.

[172] Vgl. zu den beiden Theorien Herzig, Norbert/Briesemeister, Simone, Steuerbilanzielle Abbildung von Optionsgeschäften beim Stillhalter, in: DB 2002, S. 1571; Beckenhaub, Claus, Einkommensteuerbarkeit von Optionsgeschäften, 2001, S. 14–146 und Lindner, Ariane, Besteuerung von Optionen, 2004, S. 36–38.

schäftes in zwei rechtlich selbständige Verträge; Bedingungstheorie wie auch Offerttheorie legen die Annahme eines einheitlichen Vertrages zugrunde.

Im Folgenden werden die drei genannten Theorien erläutert.

3.3.3.2 Offerttheorie

Die Offerttheorie sieht die Optionsvereinbarung als unwiderrufliches Vertragsangebot i. S. d. § 145 BGB, das bis zum Ablauf der vereinbarten Laufzeit befristet ist. Damit besteht bis zur Ausübung des Optionsrechtes lediglich ein bindendes Vertragsangebot mit verlängerter Annahmefrist gemäß § 148 BGB.[173] Der Hauptvertrag ist nach dieser Theorie noch nicht abgeschlossen und kommt erst mit einseitiger Erklärung des Optionsberechtigten als Angebotsempfänger zustande.[174]

Kritisch ist zur Offerttheorie anzumerken, dass die beteiligten Parteien mit der Begründung des Optionsrechtes bereits eine über das Stadium eines einseitigen Vertragsangebotes hinausgehende vertragliche Einigung über den Inhalt und die Durchführung des bei Ausübung des Optionsrechtes zustande kommenden Geschäftes treffen.[175] So ist der Inhalt des Hauptvertrages nicht wie bei einem Angebot einseitig fixiert, sondern stellt bereits das Ergebnis des Willens beider Parteien dar.[176] Die Offerttheorie wird demzufolge dem Wesen der Option nicht gerecht und kann vernachlässigt werden.[177]

---

173 Vgl. Häuser, Franz, Börsenmäßiges Optionsgeschäft und Differenzeinwand, in: DB 1985, S. 1170.

174 Zur Offerttheorie vgl. Lorenz, Werner, Vorzugsrechte beim Vertragsabschluss, in: Caemmerer, Ernst von/Nikisch, Arthur/Zweigert, Konrad (Hrsg.), Festschrift für Hans Dölle, 1963, S. 105–110 und Bötticher, Eduard, Besinnung auf das Gestaltungsrecht und das Gestaltungsklagerecht, in: Caemmerer, Ernst von/Nikisch, Arthur/Zweigert, Konrad (Hrsg.), Festschrift für Hans Dölle, 1963, S. 52–54. Vgl. auch OLG Düsseldorf vom 22.02.1979, in: BB 1979, S. 962.

175 Vgl. Häuser, Franz, Börsenmäßiges Optionsgeschäft und Differenzeinwand, in: DB 1985, S. 1170.

176 Vgl. Georgiades, Apostolos, Optionsvertrag und Optionsrecht, in: Paulus, Gotthard/Diederichsen, Uwe/Cararis, Claus-Wilhelm (Hrsg.), Festschrift für Karl Larenz, 1973, S. 415.

177 Vgl. so auch Herzig, Norbert/Briesemeister, Simone, Steuerbilanzielle Abbildung von Optionsgeschäften beim Stillhalter, in: DB 2002, S. 1571; Georgiades, Apostolos, Optionsvertrag und Optionsrecht, in: Paulus, Gotthard/Diederichsen, Uwe/Cararis, Claus-Wilhelm (Hrsg.), Festschrift für Karl Larenz, 1973, S. 411–419; Häuser, Franz, Börsenmäßiges Optionsgeschäft und Differenzeinwand, in: DB 1985, S. 1170. Vgl. im Ergebnis auch Niemeyer, Markus, Bilanzie-

3.3.3.3 Gestaltungsrechtstheorie (Trennungstheorie)

Die zweite Grundposition beschreibt das Optionsrecht als Gestaltungsrecht.[178] Allgemein sind Gestaltungsrechte subjektive Rechte, sie geben ihrem Inhaber die Befugnis, ein Rechtsverhältnis einseitig zu gestalten, sie verleihen dem Inhaber ein rechtliches Können.[179] Das Rechtsverhältnis kann zum Beispiel aufgehoben werden oder inhaltlich verändert werden.[180] Mit der Optionsvereinbarung erwirbt der Optionsberechtigte das Recht, einen unbedingten Anspruch durch eine Erklärung seinerseits zum Entstehen zu bringen. Das Recht der Gestaltung bezieht sich auf den Hauptvertrag.[181]

Darüber hinaus ordnet die Gestaltungsrechtstheorie die Optionsvereinbarung als gegenseitigen, rechtlich selbständigen Vertrag vorbereitender Natur ein, durch den das Gestaltungsrecht des Optionsnehmers begründet wird.[182] Die Gestaltungsrechtstheorie spaltet damit das Optionsgeschäft in zwei rechtlich selbständige Verträge auf: Zum

---

rung und Ausweis von Optionsgeschäften nach Handelsrecht und Steuerrecht, 1990, S. 18f, Fn. 45 mit weiteren Nachweisen.

[178] Vgl. Mader, Peter, Vorbemerkung zu §§ 456 ff, in: Staudingers Kommentar zum Bürgerlichen Gesetzbuch, 2004, Rz. 4. Als Begründer dieser Theorie wird hier *Schollmeyer* genannt.

[179] Vgl. Bötticher, Eduard, Besinnung auf das Gestaltungsrecht und das Gestaltungsklagerecht, in: Caemmerer, Ernst von/Nikisch, Arthur/Zweigert, Konrad (Hrsg.), Festschrift für Hans Dölle, 1963, S. 42.

[180] Vgl. Müssig, Peter, Wirtschaftsprivatrecht, 2007, S. 60. Beispiele für gesetzlich festgelegte Gestaltungsrechte sind Kündigung (§ 542 BGB) und Rücktritt (§ 346 BGB).

[181] Analog gelten diese Ausführungen für das Wiederverkaufsrecht, wobei die Ausübung des Wiederverkaufsrechtes den Zweit-Kaufvertrag zum Entstehen bringt. Die Ausübung hat auf den Erst-Kaufvertrag keinen Einfluss. Vgl. Stoppel, Jan, Das System des Wiederverkaufsrechts unter besonderer Berücksichtigung der Mängelhaftung durch den Wiederverkäufer, in: JZ 2007, S. 219 (unter Rücktritt).

[182] Vgl. Armbrüster, Christian, Vor § 158 BGB, in: Westermann, Harm Peter, (Hrsg.), Erman Bürgerliches Gesetzbuch Handkommentar, 2004, Rz. 15. Grundlegend Georgiades, Apostolos, Optionsvertrag und Optionsrecht, in: Paulus, Gotthard/Diederichsen, Uwe/Cararis, Claus-Wilhelm (Hrsg.), Festschrift für Karl Larenz, 1973, S. 424; Arnim, Rainer von, Die Option im Waren- und Aktienbereich, in: AG 1983, S. 40.

einen in die Optionsvereinbarung der ersten Phase und zum anderen in den Hauptvertrag der zweiten Phase des Optionsgeschäftes.[183] Jeder dieser beiden Verträge weist sämtliche Merkmale eines selbständigen gegenseitigen Vertrages auf (Synallagma).[184] In der Optionsvereinbarung wird dem Optionsnehmer gegen Zahlung der Optionsprämie das Optionsrecht eingeräumt.[185] Beim Hauptvertrag liegt das Gegenseitigkeitsverhältnis darin, dass der Optionsgegenstand übergeben und übereignet wird, gegen Zahlung eines Entgelts und Abnahme der Sache.[186]

Nach der Gestaltungsrechtstheorie führt erst die Ausübung des Optionsrechtes zur Entstehung des Hauptvertrages. Wird das Gestaltungsrecht nicht ausgeübt, entsteht der Hauptvertrag nicht. Dennoch werden aber bereits durch die Optionsvereinbarung über die Begründung des jeweiligen Rechtes hinaus sämtliche Regelungsinhalte des Hauptvertrages geschlossen. So einigen sich die Parteien in der Optionsvereinbarung vollständig über den Inhalt des Hauptvertrages und die Bestimmungsgrößen für dessen Ausführung.[187] Der gemeinsame Wille der Parteien hat somit bereits in der Optionsvereinbarung Ausdruck gefunden. Hierauf gründet die Kritik an der Gestaltungsrechtstheorie. Kritisiert wird, dass von der Notwendigkeit eines zweiten Vertrages (Hauptvertrag) ausgegangen wird, obwohl mit dem in der ersten Phase geschlossenen Vertrag sämtliche Vereinbarungen getroffen

---

[183] Vgl. Niemeyer, Markus, Bilanzierung und Ausweis von Optionsgeschäften nach Handelsrecht und Steuerrecht, 1990, S. 19f.

[184] Vgl. grundlegend zum Synallagma Gliederungspunkt 3.3.1.1.1.

[185] Vgl. Kümpel, Siegfried, Der Optionskauf beim deutschen börsenmäßigen Optionsgeschäft ein unwirksames Kassageschäft?, in: WM 1985, S. 73.

[186] Vgl. auch OLG Köln vom 15.06.1983, in: DB 1984, 1342. Das Gericht beschreibt für das börsenmäßige Optionsgeschäft zwei rechtlich selbständige Kaufverträge: den Optionsvertrag (entspricht der Optionsvereinbarung) und den durch Ausübung des Optionsrechtes zustande kommenden Wertpapierkaufvertrag.

[187] Vgl. Herzig, Norbert/Briesemeister, Simone, Steuerbilanzielle Abbildung von Optionsgeschäften beim Stillhalter, in: DB 2002, S. 1570. Siehe dazu ebenso die Untersuchung des beispielhaften Rahmenvertrages 0, die zeigt, dass vor – im Sinne der Gestaltungsrechtstheorie gesprochen – Ausübung des Gestaltungsrechts und damit vor Zustandekommen des Zweit-Kaufvertrages sämtliche Regelungsinhalte, inkl. des Preises, bereits im Rahmen der Wiederverkaufsvereinbarung getroffen werden.

wurden, die für die zweite Phase erforderlich sind.[188] Eine rechtliche Aufspaltung des Optionsgeschäftes in Optionsvereinbarung und Hauptvertrag wird somit vor dem Hintergrund der engen wirtschaftlichen und rechtlichen Verknüpfung der Verträge als sachfremd angesehen und die Gestaltungsrechtstheorie wird als Ausdruck einer rein formalrechtlichen Betrachtungsweise abgelehnt.[189]

---

[188] Vgl. Herzig, Norbert/Briesemeister, Simone, Steuerbilanzielle Abbildung von Optionsgeschäften beim Stillhalter, in: DB 2002, S. 1570.

[189] Siehe grundlegendes BGH-Urteil zur Thematik vom 22.10.1984, in: BGHZ 92, S. 323. Vgl. auch beispielsweise Rössner, Michael-Christian/Lachmair, Wilhelm, Die Wirksamkeit von Einschüssen bei Börsentermingeschäften, in: BB 1986, S. 1384 und Lindner, Ariane, Besteuerung von Optionen, 2004, S. 37, mit weiteren Nennungen.

3.3.3.4 Bedingungstheorie (Einheitstheorie)

Bedingungs- und Gestaltungsrechtstheorie unterscheiden sich voneinander hinsichtlich der Beurteilung der Optionsvereinbarung und der Wirkung der Optionsrechtsausübung. Während bei der Gestaltungsrechtstheorie die Optionsrechtsausübung erst zur Entstehung des Hauptvertrages führt, wird bei der Bedingungstheorie davon ausgegangen, dass der Hauptvertrag durch die Optionsvereinbarung bereits aufschiebend bedingt geschlossen wird und ihn die Optionsrechtsausübung dann wirksam werden lässt.[190]

Rechtsgeschäfte können bedingt abgeschlossen werden.[191] Wenn die Wirksamkeit des Rechtsgeschäftes vom Eintritt eines künftigen, ungewissen Ereignisses abhängt, liegt gemäß § 158 BGB eine Bedingung vor. Bei einer aufschiebenden Bedingung tritt die von der Bedingung abhängig gemachte Wirkung mit dem Eintritt der Bedingung ein, § 158 Abs. 1 BGB.[192] Bis zum Eintritt der Bedingung herrscht ein Schwebezustand.[193] Übt beim Optionsgeschäft der Optionsberechtigte das Optionsrecht (Bedingung) aus, wird der Hauptvertrag mit den Primärpflichten eines Kaufvertrages wirksam. Übt er das Optionsrecht nicht aus, ist der Hauptvertrag nicht wirksam entstanden.[194] Das Gleiche gilt für die aus dem Hauptvertrag als Verpflichtungsgeschäft fol-

---

[190] Vgl. Niemeyer, Markus, Bilanzierung und Ausweis von Optionsgeschäften nach Handelsrecht und Steuerrecht, 1990, S. 20; Herzig, Norbert/Briesemeister, Simone, Steuerbilanzielle Abbildung von Optionsgeschäften beim Stillhalter, in: DB 2002, S. 1572. Nicht die Optionsvereinbarung wird bedingt geschlossen, sondern die Optionsvereinbarung ist ein bedingter Hauptvertrag, vgl. Heinrich, Dieter, Vorvertrag, Optionsvertrag, Vorrechtsvertrag, 1965, S. 235.

[191] Einige Rechtsgeschäfte sind allerdings aus Gründen der Rechtssicherheit bedingungsfeindlich, so z. B. Kündigung (§ 542 BGB) oder Rücktritt (§ 346 und auch § 308 Nr. 3 BGB).

[192] Bei einer auflösenden Bedingung hingegen hängt das Fortbestehen des Rechtsgeschäftes vom zukünftigen Ereignis ab, vgl. Heinrichs, Helmut, Einf v § 158 BGB, in: Palandt, Bürgerliches Gesetzbuch, 2008, Rz. 1.

[193] Vgl. Rövekamp, Klaus, § 158 BGB, in: Bamberger, Heinz Georg/Roth, Herbert (Hrsg.), Kommentar zum Bürgerlichen Gesetzbuch, 2003, Rz. 21; Armbrüster, Christian, § 158 BGB, in: Westermann, Harm Peter (Hrsg.), Erman Bürgerliches Gesetzbuch Handkommentar, 2004, Rz. 3.

[194] Dazu allgemein Müssig, Peter, Wirtschaftsprivatrecht, 2007, S. 95.

genden Verfügungsgeschäfte. Die Verpflichtung zum Verfügungsgeschäft entsteht ebenfalls nicht, wenn das vorausgehende Verpflichtungsgeschäft nicht entsteht.[195] Die Bedingung ist eine von der Rechtsprechung anerkannte, aber in der Literatur umstrittene so genannte Wollensbedingung.[196]

Die Beurteilung des Optionsgeschäftes als einheitliches Geschäft durch die Bedingungstheorie kann in der zivilrechtlichen Rechtsprechung und im Schrifttum als herrschende Meinung bezeichnet werden.[197] Im

---

[195] Vgl. Armbrüster, Christian, § 158 BGB, in: Westermann, Harm Peter (Hrsg.), Erman Bürgerliches Gesetzbuch Handkommentar, 2004, Rz. 2. Es wird angenommen, dass sich die aufschiebende Bedingung nicht nur auf das schuldrechtliche Geschäft beschränkt.

[196] Bei Wollensbedingungen (in der zivilrechtlichen Literatur nicht einheitlich auch als Potestativbedingungen bezeichnet) erklärt eine Partei, das Geschäft gelten zu lassen. Diese Partei ist bei ihrer Willensbildung völlig frei. Vgl. Wolf, Manfred, Vor § 158 BGB, in: Soergel, Hans Theodor et al. (Hrsg.), Bürgerliches Gesetzbuch, 1999, Rz. 16 und 25. Als zweifelhaft wird in der literarischen Diskussion angesehen, ob Wollensbedingungen als echte aufschiebende Bedingungen i. S. v. § 158 Abs. 1 BGB und somit als bindende Verträge angesehen werden können. Zur Diskussion steht, dass eine Bindung, die erst bei Abgabe einer entsprechenden Erklärung einer Partei wirksam werden soll, in Wahrheit gar keine Bindung bedeutet. Vgl. Wolf, Manfred, Vor § 158 BGB, in: Soergel, Hans Theodor et al. (Hrsg.), Bürgerliches Gesetzbuch, 1999, Rz. 27 und Westermann, Harm Peter, § 158 BGB, in: Säcker, Franz Jürgen/Rixecker, Roland (Hrsg.), Münchener Kommentar zum BGB, 2008, Rz. 21. Allerdings ist die Wollensbedingung von der Rechtsprechung anerkannt, vgl. so z. B. BGH vom 09.11.1966, in: WM 1966, S. 1267; BGH vom 21.04.1967, in: BGHZ 47, S. 391 und BGH vom 28.06.1996, in: WM 1996, S. 1734. Die Zulässigkeit einer Wollensbedingung wird außerdem durch die Formulierung des § 454 Abs. 1 Satz 2 BGB gestützt, die beim Kauf auf Probe die im Belieben des Käufers liegende Billigung als aufschiebende Bedingung definiert.

[197] Siehe grundlegend BGH vom 22.10.1984, in: BGHZ 92, S. 323; der BGH lehnt in diesem Urteil die Trennungstheorie deutlich ab. Vgl. auch Herzig, Norbert/Briesemeister, Simone, Steuerbilanzielle Abbildung von Optionsgeschäften beim Stillhalter, in: DB 2002, S. 1572, Fn. 35 mit weiteren Nachweisen; Lindner, Ariane, Besteuerung von Optionen, 2004, S. 37 mit weiteren Nachweisen; Beckenhaub, Claus, Einkommensteuerbarkeit von Optionsgeschäften, 2001, S. 143 und 146. Vgl. auch Weber-Grellet, Heinrich, § 5, in: Drenseck, Walter (Hrsg.), Ludwig Schmidt, Einkommensteuergesetz, 2010, Rz. 270, der Finanzprodukte wie die Option als bedingte Termingeschäfte einordnet. Auch nach herrschen-

Sinne der Bedingungstheorie ist der Hauptvertrag in der ersten Phase des Optionsgeschäftes hinsichtlich seiner Wirksamkeit bedingt abgeschlossen. Er wird mit der Ausübung des Optionsrechtes zu einem wirksamen Vertrag der mit der zweiten Phase des Optionsgeschäftes beginnt. Das Gegenseitigkeitsverhältnis (Synallagma) der ersten Phase des Optionsgeschäftes wird bei der Bedingungstheorie im Sinne einer wirtschaftlichen Betrachtungsweise umfassender als bei der Gestaltungsrechtstheorie gesehen und setzt sich zusammen aus der Leistung des Optionsberechtigten, die in der Zahlung der Optionsprämie besteht und der Gegenleistung des Optionsverpflichten, die die Bindung an die Verpflichtung den Optionsgegenstand zum vereinbarten Basispreis zu liefern, darstellt.[198] Damit steht der wirtschaftliche Leistungs-

---

der wiederverkaufsrechtlicher Literaturmeinung stellt der Wiederverkaufsvertrag einen aufschiebend bedingten Zweit-Kaufvertrag dar. Vgl. so schon RG vom 17.10.1908, in: RGZ 69, S. 282; RG vom 02.07.1928, in: RGZ 121, S. 369f; Westermann, Harm Peter, § 456 BGB, in: Säcker, Franz Jürgen/Rixecker, Roland (Hrsg.), Münchener Kommentar zum BGB, 2008, Rz. 3 mit weiteren Nachweisen; Weidenkaff, Walter, § 456 BGB, in: Palandt, Bürgerliches Gesetzbuch, 2008, Rz. 4 und Mader, Peter, Vorbemerkung zu §§ 456 ff, in: Staudingers Kommentar zum Bürgerlichen Gesetzbuch, 2004, Rz. 4, der als Begründer dieser Ansicht neben dem RG *Enneccerus* nennt. Durchgesetzt hat sich die Bedingungstheorie allerdings nicht. Die Einordnung des Optionsrechtes als Gestaltungsrecht ist in einschlägigen Kommentaren zu finden, vgl. Kramer, Ernst A., vor § 145 BGB, in: Säcker, Franz Jürgen/Rixecker, Roland (Hrsg.), Münchner Kommentar zum BGB, 2008, Rz. 57; Heinrichs, Helmut, Einf v § 145 BGB, in: Palandt, Bürgerliches Gesetzbuch, 2008, Rz. 23. Auch Westphalen, Friedrich Graf von, Zur Unwirksamkeit von (leasingtypischen) Rückkaufverpflichtungen unter besonderer Berücksichtigung der Kfz-Branche, in: BB 2009, S. 2381; *Graf von Westphalen* ordnet das Optionsrecht als Gestaltungsrecht ein.

198 Vgl. Herzig, Norbert/Briesemeister, Simone, Steuerbilanzielle Abbildung von Optionsgeschäften beim Stillhalter, in: DB 2002, S. 1575. Die zivilrechtliche Erfüllung bei der Gestaltungsrechtstheorie ist mit der Optionsrechtseinräumung gegeben, während die hinausgeschobene zivilrechtliche Erfüllung im Sinne der Bedingungstheorie mit der tatsächlichen Leistungserbringung, die die Bindung bzw. Duldung bis zur Ausübung oder dem Verfall der Option darstellt, zusammenfällt. Letzteres folgt aus der Anwendung der wirtschaftlichen Betrachtungsweise als Interpretationsnorm des Zivilrechts. Insofern missverständlich bei *Hahne/Sievert*, die die zivilrechtliche Erfüllung stets mit Einräumung des Optionsrechtes als gegeben ansehen, und somit ein grundsätzliches Auseinanderfallen von „zivilrechtlicher Erfüllung (Einräumung des Optionsrechts) und der tatsächlichen Leistungserbringung (Duldung der Ausübung der Option)"

austausch, nicht der rein schuldrechtliche Leistungsaustausch im Mittelpunkt der Betrachtung.

Die enge wirtschaftliche und rechtliche Verknüpfung von Optionsvereinbarung und Hauptvertrag scheint einer Aufspaltung der Geschäfte auch vor dem Hintergrund des Parteiwillens entgegenzustehen. Allerdings wird teilweise der Parteiwille auch dahingehend interpretiert, dass für den Regelfall des Optionsgeschäftes die Parteien einen eigenständigen Optionsvertrag[199] wünschten.[200] Gerade bei börsenmäßigen Optionsgeschäften wollten die Parteien zunächst lediglich das Optionsrecht einräumen. Dieses stünde als selbständig handelbare Rechtsposition im Vordergrund. Die Gültigkeit des Hauptvertrages sei in diesem Stadium nicht gewollt. Die Annahme eines bereits bedingt geschlossenen Hauptvertrages erscheint *Niemeyer* nur dann zutreffend, wenn die Optionsvereinbarung eindeutige Anzeichen für einen Bindungswillen bezüglich des Hauptvertrages enthält, was bei nichtbörsenmäßigen Optionsgeschäften der Fall sein könne.[201] Diesem Argumentationsansatz muss entgegen gehalten werden, dass die Beurteilung des Bindungswillens der Parteien an den Hauptvertrag nicht als Begründung dafür herangezogen werden kann, ob mit Optionsvereinbarung und Hauptvertrag ein oder zwei Verträge vorliegen. „Gegenseitigen Verträgen ist es regelmäßig immanent, dass die Vertragsparteien kein isoliertes Interesse an Vertragsbestimmungen haben, die einen eigenen Nachteil begründen, sie sich diesen Bestimmungen gleichwohl unterwerfen, um das jeweils angestrebte Vertragsziel zu

---

bei Optionsgeschäften beschreiben, vgl. Hahne, Klaus D./Sievert, Jürgen, Abgrenzung von Drohverlustrückstellung und Rückstellung für ungewisse Verbindlichkeiten, in: DStR 2003, S. 1995.

199 Der Begriff Optionsvertrag entspricht der Optionsvereinbarung, die als eigenständiger Vertrag i. S. d. Gestaltungsrechtstheorie interpretiert wird.

200 Vgl. hier und im Folgenden Niemeyer, Markus, Bilanzierung und Ausweis von Optionsgeschäften nach Handelsrecht und Steuerrecht, 1990, S. 21. An der Börse kommt das Ausführungsgeschäft oft nicht zustande, denn nicht der Erwerb der Basiswerte, sondern das selbständig handelbare Optionsrecht steht im Mittelpunkt. Vgl. auch FG München vom 28.11.2000, in: EFG 2001, S. 275, welches als Argument für die Gestaltungsrechtstheorie anführt, dass der Optionsverpflichtete darauf spekuliert, dass die Option verfällt.

201 Vgl. Niemeyer, Markus, Bilanzierung und Ausweis von Optionsgeschäften nach Handelsrecht und Steuerrecht, 1990, S. 22.

erreichen."[202] In der Regel hat der Optionsverpflichtete kein Interesse an der Ausübung der Option durch den Optionsberechtigten, da das daraus folgende Geschäft auch zu seinem Nachteil sein kann. Er ist aber bereit, in die zweite Phase des Optionsgeschäftes einzutreten, um die Optionsprämie zu erhalten. Der Optionsberechtigte hingegen hat sehr wohl ein Interesse an der Ausübung der Option. Der Parteiwille ist demnach je nach Blickwinkel unterschiedlich und somit ungeeignet, um als Abgrenzungskriterium zu fungieren.

---

[202] Herzig, Norbert/Briesemeister, Simone, Steuerbilanzielle Abbildung von Optionsgeschäften beim Stillhalter, in: DB 2002, S. 1575.

3.3.3.5 Verbindung von Gestaltungsrechts- und Bedingungstheorie

Den Streit zwischen Gestaltungsrechts- und Bedingungstheorie versuchen Teile der juristischen Literatur gerade für den Fall des Wiederverkaufsgeschäftes dahingehend zu lösen, beide Grundpositionen miteinander zu verbinden, so dass die Bedingung des aufschiebend bedingten Kaufvertrages in der Ausübung des Gestaltungsrechtes des Wiederverkäufers gesehen werden kann.[203] Die Gestaltungserklärung macht den Zweit-Kaufvertrag von einem bedingten zu einem vollzugsfähigen Vertrag.[204] Mit der Ausübung des Gestaltungsrechtes durch den Erstkäufer wird der zuvor aufschiebend bedingt vereinbarte Wiederverkaufsvertrag unbedingt wirksam.[205] Dabei wird davon ausgegangen, dass die für den Wiederverkaufsvertrag erforderlichen Willenserklärungen bereits abgegeben sind.[206] Es fehlt lediglich am

---

203 Vgl. Mader, Peter, Vorbemerkung zu §§ 456 ff, in: Staudingers Kommentar zum Bürgerlichen Gesetzbuch, 2004, Rz. 7; Stoppel, Jan, Das System des Wiederverkaufsrechts unter besonderer Berücksichtigung der Mängelhaftung durch den Wiederverkäufer, in: JZ 2007, S. 221; Faust, Florian, § 456 BGB, in: Bamberger, Heinz Georg/Roth, Herbert (Hrsg.), Kommentar zum Bürgerlichen Gesetzbuch, 2003, Rz. 4.

204 Vgl. Mader, Peter, Vorbemerkung zu §§ 456 ff, in: Staudingers Kommentar zum Bürgerlichen Gesetzbuch, 2004, Rz. 14.

205 Vgl. Stoppel, Jan, Das System des Wiederverkaufsrechts unter besonderer Berücksichtigung der Mängelhaftung durch den Wiederverkäufer, in: JZ 2007, S. 221.

206 Vgl. Stoppel, Jan, Das System des Wiederverkaufsrechts unter besonderer Berücksichtigung der Mängelhaftung durch den Wiederverkäufer, in: JZ 2007, S. 221. Vgl. so auch allgemein zu aufschiebenden Bedingungen Armbrüster, Christian, § 158 BGB, in: Westermann, Harm Peter (Hrsg.), Erman Bürgerliches Gesetzbuch Handkommentar, 2004, Rz. 3. Eine andere Konstruktion könnte darin liegen, dass die erforderlichen übereinstimmenden Willenserklärungen erst mit der Ausübung der Bedingung zustande gebracht werden. Die Wiederkaufsabrede des Erstverkäufers stellt das Angebot dar, und erst die Ausübung des Gestaltungsrechtes durch den Wiederverkäufer stellt die Annahme dar. Ableitend aus der Regelung über die Formvorschriften des § 456 Abs. 1 Satz 2 BGB sind Theorien, nach denen die für den Wiederverkauf erforderlichen Willenserklärungen bei Vereinbarung des Wiederverkaufsrechtes zumindest teilweise noch nicht abgegeben wurden nach Stoppel, Jan, Das System des Wiederverkaufsrechts unter besonderer Berücksichtigung der Mängelhaftung durch den

Eintritt ihrer Rechtswirkung, die durch die Ausübung des Gestaltungsrechtes herbeigeführt wird.[207] Es scheint, dass dieser versuchte Brückenschlag letztendlich eine Entscheidung gegen die Gestaltungsrechtstheorie darstellt, da vom Vorliegen nur eines Vertrages ausgegangen wird. Für die weitere Untersuchung ist aufgrund dieser zivilrechtlichen Unschärfe die Unterscheidung der Theorien in Gestaltungsrechts- und Bedingungstheorie nicht länger sinnvoll. Für die nachfolgende bilanzrechtliche Untersuchung tritt ohnehin die Frage des Vorliegens einer Bedingung oder eines Gestaltungsrechtes neben der Tatsache in den Hintergrund, ob die beiden Phasen des Optionsgeschäftes separat oder als Einheit betrachtet werden. Um mit der Benennung der Theorie bereits einen Hinweis auf diese grundlegende Unterscheidung zu geben, wird im Folgenden ausschließlich die Bezeichnung Einheits- bzw. Trennungstheorie verwendet.

Wiederverkäufer, in: JZ 2007, S. 221, Fn. 33 nicht haltbar. Dieser Auffassung wird sich auch hier angeschlossen.

[207] „Es sollte daher diese im ganzen wenig fruchtbare Diskussion nicht weiter verfolgt werden." Grunewald, Barbara § 456 BGB, in: Westermann, Harm Peter (Hrsg.), Erman Bürgerliches Gesetzbuch Handkommentar, 2004, Rz. 3.

3.4 Zwischenfazit: Entsprechungen und Unterschiede von Option, Wiederverkauf und Leasingrückkauf bzw. Begriffsdefinitionen

Folgende Übersicht visualisiert die Analogie zwischen Leasingrückkaufgeschäft, Wiederverkaufsgeschäft und Optionsgeschäft und legt die verwendeten Begrifflichkeiten fest:

Abb. 5: Entsprechungen und Unterschiede von Option, Wiederverkauf und Leasingrückkauf[208]

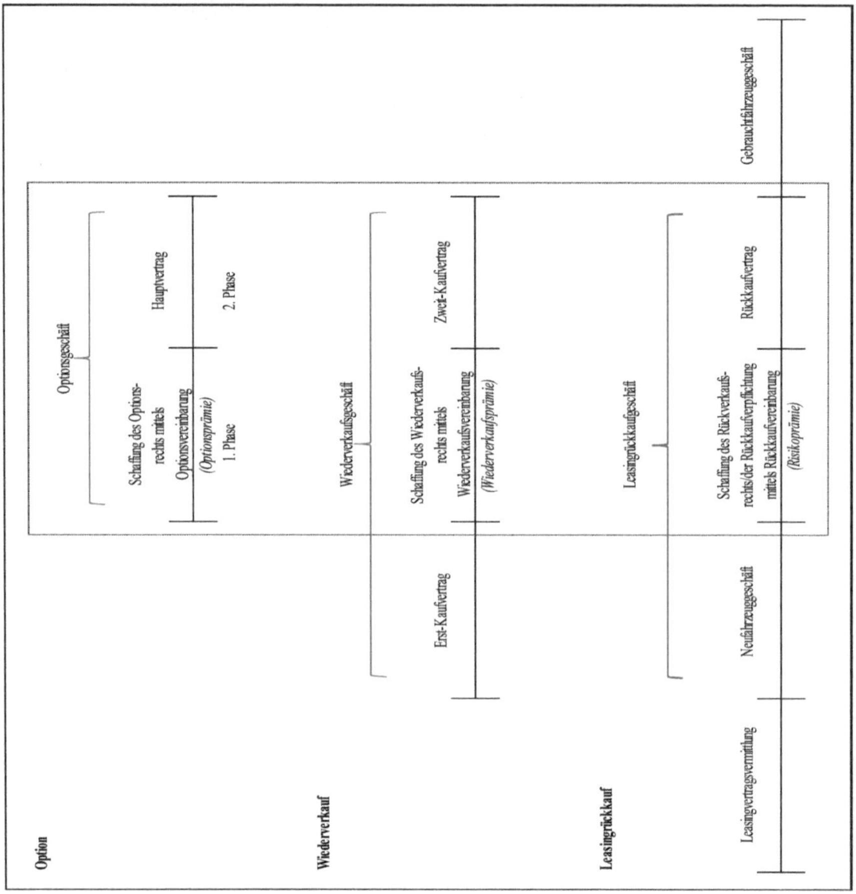

Quelle: Eigene Darstellung.

---

[208] Eine zeitliche Komponente wird in der Abbildung nicht dargestellt. So erstreckt sich z. B. die erste Phase des Optionsgeschäftes über mehrere Jahre, während die zweite Phase einen Zeitpunkt darstellen kann.

So entsprechen sich jeweils bei der Option, dem Wiederverkauf und dem Leasingrückkauf die Bezeichnungen Optionsvereinbarung, Wiederverkaufsvereinbarung und Rückkaufvereinbarung sowie Hauptvertrag, Zweit-Kaufvertrag und Rückkaufvertrag. Gleichermaßen ist der Inhalt des Begriffes Wiederverkaufsgeschäft identisch mit dem Begriff des Leasingrückkaufgeschäftes, da letzteres analog zum Erst-Kaufvertrag das Neufahrzeuggeschäft beinhaltet. Die Vergütung für die Schaffung des jeweiligen Rechtes soll als Optionsprämie, Wiederverkaufsprämie und Risikoprämie[209] bezeichnet werden. Unter dem Oberbegriff Leasingrückkauf sollen, über den Inhalt des Leasingrückkaufgeschäftes hinaus, Leasingvertragsvermittlung und Gebrauchtfahrzeuggeschäft zusammengefasst werden.

Aufgrund der Zugehörigkeit des Wiederverkaufsrechtes zur Familie der Optionsrechte verwundert es nicht, dass die Rechtsnatur des Wiederverkaufsrechtes genauso umstritten ist, wie die des Optionsrechtes. Die Diskussion über die dogmatische Einordnung des Optionsgeschäftes handelt teilweise auch den Wiederkauf oder den Vorkauf ab. Sämtliche den Wiederkauf betreffenden Erläuterungen treffen ebenso auf das Wiederverkaufsrecht zu[210] und müssen folglich auch für das Leasingrückkaufgeschäft gelten.

Im vierten Kapitel der Arbeit soll eine auf der zivilrechtlichen Einordnung des dritten Kapitels beruhende Bilanzierung des Leasingrückkaufgeschäftes und der Leasingvertragsvermittlung abgeleitet werden. Aufgrund der Verwandtschaft von Leasingrückkaufgeschäft und Optionsgeschäft ist die Bilanzierung des Optionsgeschäftes grundlegend für die Bilanzierung des Leasingrückkaufgeschäftes. Der zivil-

---

[209] Der Begriff Risikoprämie stellt das Pendant zur Optionsprämie beim Optionsgeschäft dar. Der Begriff wird in dieser Untersuchung geprägt, weil die einschlägige Literatur bisweilen keinen prägnanten Begriff für jenes Entgelt, das als Ausgleich für die Übernahme der Duldungs- und Bereitschaftsverpflichtung und der damit verbundenen Risiken gewährt wird, geprägt hat. Zur genaueren Beschreibung der Risikoprämie siehe Gliederungspunkt 4.3.3.1.

[210] Vgl. Stoppel, Jan, Das System des Wiederverkaufsrechts unter besonderer Berücksichtigung der Mängelhaftung durch den Wiederverkäufer, in: JZ 2007, S. 220f; Grunewald, Barbara, § 456 BGB, in: Westermann, Harm Peter (Hrsg.), Erman Bürgerliches Gesetzbuch Handkommentar, 2004, Rz. 3.

rechtliche Meinungsstreit bezüglich Einheits- oder Trennungstheorie führt auch bilanzrechtlich zu Unklarheiten und Meinungsverschiedenheiten, die ihren Ausfluss darin finden, dass sich die steuerbilanzielle Behandlung von Optionsgeschäften von der handelsbilanziellen unterscheidet. Das Ziel der vorliegenden Untersuchung besteht in der Ermittlung einer den Grundsätzen ordnungsmäßiger Buchführung (GoB) entsprechenden und somit bilanzzweckkonformen Bilanzierung von Leasingrückkaufgeschäften. Vor diesem Hintergrund sollen im Folgenden zunächst die theoretischen Grundlagen vorgestellt werden.

4 Ableitung von Bilanzierungsgrundsätzen für die Leasingvertragsvermittlung und das Leasingrückkaufgeschäft

4.1 Theoretische Grundlagen

4.1.1 Bilanzzweck und GoB-System des handelsrechtlichen Jahresabschlusses

Handels- und Steuerbilanzen können, in Abgrenzung zu internen betriebswirtschaftlichen Bilanzen, als Bilanzen im Rechtssinne begriffen werden.[211] Gesetzliche Normen bestimmen den Inhalt der Bilanz im Rechtssinne.[212] Das Gesetz enthält Regeln, so genannte Bilanzrechtsprinzipien, nach denen die Handelsbilanz aufgestellt werden soll. *Moxter* stellte die wechselseitige Abhängigkeit von Bilanzrechtsprinzipien und Bilanzaufgaben heraus.[213] Damit lässt sich aus den im geltenden Bilanzrecht kodifizierten Grundsätzen ordnungsmäßiger

---

[211] Vgl. statt vieler Knobbe-Keuk, Brigitte, Bilanz- und Unternehmenssteuerrecht, 1993, S. 15; Moxter, Adolf, Bilanzlehre, Band I, Einführung in die Bilanztheorie, 1984, S. 149–156.

[212] Die Handelsbilanz im Rechtssinne ist damit Bilanz nach den Vorschriften der §§ 238–263 HGB; Steuerbilanz im Rechtssinne ist eine einkommensteuerrechtliche Bilanz mit Verknüpfung über die Maßgeblichkeit zu handelsrechtlichen Vorschriften. Vgl. Böcking, Hans-Joachim, Verbindlichkeitsbilanzierung, 1994, S. 26; Moxter, Adolf, Bilanzlehre, Band I, Einführung in die Bilanztheorie, 1984, S. 156. Nach § 5 Abs. 1 Satz 1 EStG bildet grundsätzlich die nach den GoB aufgestellte Handelsbilanz die Grundlage für die steuerliche Gewinnermittlung, es sei denn, im Rahmen der Ausübung eines steuerrechtlichen Wahlrechts wird oder wurde ein anderer Ansatz gewählt.

[213] So genannte Interdependenzthese *Moxters*, Vgl. Moxter, Adolf, Wirtschaftliche Gewinnermittlung und Bilanzsteuerrecht, in: StuW 1983, S. 300–307; ders., Bilanzlehre, Band I, Einführung in die Bilanztheorie, 1984, S. 149–165; ders., Das Realisationsprinzip - 1884 und heute, in: BB 1984, S. 1780–1786; und ders., Zum Sinn und Zweck des handelsrechtlichen Jahresabschlusses nach neuem Recht, in: Havermann, Hans (Hrsg.), Festschrift für Reinhard Goerdeler, 1987, S. 361–374.

Buchführung der Bilanzzweck ableiten bzw. es lässt sich dem Gesetz eine Rangordnung von Bilanzaufgaben entnehmen.[214]

Allgemein sind unter GoB Regeln zu verstehen, nach denen der Kaufmann zu verfahren hat, um zu einer dem gesetzlichen Zweck entsprechenden Bilanz zu gelangen.[215] Dabei stellen sich die GoB als ein System von Regeln dar, in dem zwischen oberen und unteren GoB unterschieden wird.[216] Die GoB sind der Verweis des Gesetzgebers auf alle gesetzlichen und außergesetzlichen Normen und Erkenntnisquellen, die der Bilanzierende bei der Erstellung seiner Bilanz im Rechts-

---

214 Diese Vorgehensweise entspricht der hermeneutischen Methodenlehre, vgl. Larenz, Karl, Methodenlehre der Rechtswissenschaft, 1991, S. 131f. Vgl. zur Rangordnung der Bilanzaufgaben Moxter, Adolf, Bilanzlehre, Band I, Einführung in die Bilanztheorie, 1984, S. 157.

215 Der Gesetzgeber hat im HGB die Forderung nach Einhaltung der GoB den gesetzlichen Einzelvorschriften zur Buchführungspflicht (§ 238 Abs. 1 Satz 1 HGB) und zur Jahresabschlussaufstellung (§§ 243 Abs. 1, 264 Abs. 2 Satz 1 HGB) jeweils vorangestellt. Zudem ist ein Hinweis im Maßgeblichkeitsgrundsatz verankert (§ 5 Abs. 1, Satz. 1 EStG).

216 Vgl. Leffson, Ulrich, Die Grundsätze ordnungsmäßiger Buchführung, 1987, S. 30. Andere Autoren vertreten andere Systematisierungsversuche, vlg. hierzu Ballwieser, Wolfgang, Grundsätze ordnungsmäßiger Buchführung und neues Bilanzrecht, in: ZfB-Ergänzungsheft 1987, S. 9–11. Vgl. auch zur Darstellung der herrschenden Meinung bezüglich der Systematisierung Wehrheim, Michael/Renz, Anette, Die Handels- und Steuerbilanz, 2009, S. 23–28. Kodifizierte GoB lassen sich in formelle und materielle GoB unterteilen. Zu den formellen GoB gehören: Klarheit und Übersichtlichkeit (§§ 238 Abs. 1 Satz 2, 243 Abs. 2, 247 Abs. 1 HGB, bei Kapitalgesellschaften. durch die Gliederungsvorschriften der §§ 265, 266, 275 HGB ergänzt); Richtigkeit und Vollständigkeit der Dokumentation, Belegprinzip (§§ 238 Abs. 1 Satz 3, 238 Abs. 2, 239 Abs. 1 Satz 1, 239 Abs. 2, 239 Abs. 4 HGB); Bilanzierung in Inlandswährung (§ 244 HGB) und formelle Bilanzkontinuität (§ 252 Abs. 1 Nr. 1 HGB). Materielle GoB sind: Buchführungs- und Bilanzwahrheit (§§ 239 Abs. 2, 264 Abs. 2); Stichtagsprinzip (§ 242 Abs. 1 und 2 HGB); Vollständigkeit (§ 246 Abs. 1 HGB); Verrechnungsverbot (§ 246 Abs. 2 HGB); Bilanzidentität (§ 252 Abs. 1 Nr. 1 HGB); Fortführungsgrundsatz (§ 252 Abs. 1 Nr. 2 HGB); Einzelbewertung (§ 252 Abs. 1 Nr. 3 HGB); Vorsichtsprinzip inkl. Realisationsprinzip, Imparitätsprinzip und Niederstwertprinzip (§§ 252 Abs. 1 Nr. 4, 253 Abs. 2 und 3 HGB); Periodisierungsprinzip (§ 252 Abs. 1 Nr. 5 HGB); materielle Bilanzkontinuität/Bewertungsstetigkeit (§ 252 Abs. 1 Nr. 6 HGB) und Anschaffungswertprinzip (§ 253 Abs. 1 HGB).

sinne zu beachten hat.[217] Sie werden nach heutigem Verständnis als Rechtsnormen angesehen.[218] So sind als bei der Bilanzierung zu beachtende Quellen von GoB unter anderem die Rechtsprechung des BFH, die Stellungnahmen des IDW zur Rechnungslegung einschließlich der zugehörigen Hinweise und die gesicherten Erkenntnisse der betriebswirtschaftlichen Fachliteratur zu nennen. Auch die internationalen Rechnungslegungsgrundsätze wie die IAS/IFRS oder die Regelungen der US-GAAP können Anhaltspunkte geben.[219]

Während die Aufgabe der Steuerbilanz in der Feststellung der wirtschaftlichen Leistungsfähigkeit des Steuerpflichtigen in Form der Einkommensbemessung als Besteuerungsbasis feststeht, fehlt der Handelsbilanz bezüglich der Jahresabschlusszwecke diese Eindeutigkeit.[220]

Nach *Baetge* dient der handelsrechtliche Jahresabschluss drei Zwecken; es sind Rechenschaft, Kapitalerhaltung und Dokumentation[221] zu unterscheiden. Unter ihnen ist laut *Baetge* nach der These der Gleichrangigkeit der drei Gesetzeszwecke generell keine Dominanz eines der Zwecke zu erkennen. Die drei Zwecke werden durch sechs Gruppen

---

217 Zugleich ist der Verweis auf die GoB die Voraussetzung für eine Fortentwicklung und Anpassung an geänderte Verhältnisse, vgl. Leffson, Ulrich, Die Grundsätze ordnungsmäßiger Buchführung, 1987, S. 19.

218 Vgl. Moxter, Adolf, Grundsätze ordnungsmäßiger Buchführung – ein handelsrechtliches Faktum, von der Steuerrechtsprechung festgestellt, in: Der Präsident des Bundesfinanzhofs (Hrsg.), Festschrift 75 Jahre Reichsfinanzhof – Bundesfinanzhof, 1993, S. 534.

219 Vgl. zu einer umfassenden Auflistung von Entscheidungshilfen zur Ableitung von Grundsätzen ordnungsmäßiger Buchführung Gelhausen, Hans Friedrich, Abschnitt E, in: IDW (Hrsg.), WP Handbuch Band I, 2006, Rz. 5.

220 Zwar fehlt auch steuerlich eine gesetzliche Regelung über den Zweck, aber dieser ergibt sich eindeutig aus dem Inbegriff der Gewinnermittlungsvorschriften des Einkommensteuergesetzes. Vgl. Beisse, Heinrich, Zum Verhältnis von Bilanzrecht und Betriebswirtschaftslehre, in: StuW 1984, S. 8.

221 *Baetge* leitet den Zweck der Rechenschaft aus §§ 242, 243, 246 und 252 HGB, den der Kapitalerhaltung aus dem Wortsinn und dem Bedeutungszusammenhang des Vorsichts- und Imparitätsprinzips gemäß § 252 Abs. 1 Nr. 4 HGB sowie den Zweck der Dokumentation aus § 238 Abs. 1 HGB ab. Vgl. Baetge, Jörg, Grundsätze ordnungsmäßiger Buchführung, in: Küting, Karlheinz/Weber, Claus-Peter (Hrsg.), Handbuch der Rechnungslegung, 1990, S. 193–232.

von Grundsätzen ordnungsmäßiger Buchführung (GoB) konkretisiert: Dokumentationsgrundsätze, Rahmengrundsätze, Systemgrundsätze, Ansatzgrundsätze, Definitionsgrundsätze und Kapitalerhaltungsgrundsätze.[222] Das Realisationsprinzip gehört zusammen mit dem Grundsatz der Abgrenzung der Sache und der Zeit nach zu den Definitionsgrundsätzen für den Jahreserfolg.[223]

Unzweifelhaft kann der handelsrechtliche Jahresabschluss unterschiedlichen Zwecksetzungen entsprechen und die gesetzlichen Regelungen wollen mehreren Bilanzaufgaben gerecht werden. Anders als *Baetge* sieht *Siegel* aber den Zweck des handelsrechtlichen Jahresabschlusses nicht im Ausgleich divergierender Interessen von Jahresabschlussadressaten sondern darin, die Gläubiger über die Schuldendeckungsfähigkeit des Unternehmens zu informieren.[224] Wichtigster Grundsatz zur Gewährleistung eines so verstandenen Gläubigerschutzes ist das Vorsichtsprinzip, welches den Gewinnausweis auf eine Größe beschränken soll, bei deren Ausschüttung das Anfangs-Schuldendeckungspotential nicht angegriffen wird.[225]

Beisse und *Moxter* sehen die Primäraufgabe des handelsrechtlichen Jahresabschlusses demgegenüber nicht in der Information der Gläubiger über die Schuldendeckungsfähigkeit des Unternehmens.[226] Viel-

---

222 Vgl. Solmecke, Henrik, Auswirkungen des Bilanzrechtsmodernisierungsgesetzes (BilMoG) auf die handelsrechtlichen Grundsätze ordnungsmäßiger Buchführung, 2009, S. 29.

223 Hierbei geht *Baetge* davon aus, dass sich das Realisationsprinzip nicht primär am Vorsichtsprinzip orientiert, weil es den Gewinn an den Umsatz und nicht an den Zahlungszeitpunkt bindet. Welche Ausgaben den realisierten Erträgen im Sinne einer Mittel-Zweck-Beziehung zuzuordnen sind, wird nicht durch das Realisationsprinzip, sondern durch das Prinzip der Abgrenzung der Sache und der Zeit nach bestimmt. Vgl. Eibelshäuser, Manfred, Abschreibungen und Realisationsprinzip, in: Budde, Wolfgang Dieter et al. (Hrsg.), Festschrift für Heinrich Beisse, 1997, S. 155.

224 Vgl. Siegel, Theodor, Das Realisationsprinzip als allgemeines Periodisierungsprinzip?, in: BFuP 1994, S. 7f.

225 Vgl. Siegel, Theodor, Das Realisationsprinzip als allgemeines Periodisierungsprinzip?, in: BFuP 1994, S. 8.

226 Vgl. Beisse, in: DStR 1980, S. 245 und Moxter, Adolf, Bilanzlehre, Band II, Einführung in das neue Bilanzrecht, 1986, S. 16f.

mehr sollen die Gläubiger durch die Ermittlung eines Gewinns geschützt werden, der dem Unternehmen entzogen werden kann, ohne das haftende Kapital des Unternehmens anzugreifen.[227] Die Anhänger der Ausschüttungsstatik[228] *Moxters* leiten den Primärzweck der handelsrechtlichen Bilanzierung aus der im GoB-System gesetzlich vorgeschriebenen umsatzbezogenen, verlustantizipierenden und objektivierten sowie vereinfachten Gewinnermittlung ab und formulieren ihn als vorsichtige Bestimmung eines verteilungsfähigen und ausschüttbaren Gewinns.[229] „Der Kaufmann soll „sich nicht reich rechnen", sondern einen „verteilungsfähigen" Gewinn ausweisen."[230] Daneben stellt die Informationsgewährung ein sekundäres Jahresabschlussziel dar, welches zusammen mit Bilanz, Gewinn- und Verlustrechnung und Anhang als Einheit erfüllt wird.[231]

---

[227] Vgl. Moxter, Adolf, Zum Sinn und Zweck des handelsrechtlichen Jahresabschlusses nach neuem Recht, in: Havermann, Hans (Hrsg.), Festschrift für Reinhard Goerdeler, 1987, S. 368 so auch Eibelshäuser, Manfred, Abschreibungen und Realisationsprinzip, in: Budde, Wolfgang Dieter et al. (Hrsg.), Festschrift für Heinrich Beisse, 1997, S. 156.

[228] Von *Moxter* geschaffen und so bezeichnet, verbindet die Ausschüttungsstatik Elemente der statischen und dynamischen Bilanztheorie „und findet ihren Platz gleichberechtigt neben der Fortführungsstatik Herman Veit Simons und der dynamischen Bilanztheorie Eugen Schmalenbachs.", Hommel, Michael/ Schmidt, Reinhard H./Wüstemann, Jens, Adolf Moxter und die Grundsätze ordnungsmäßiger Rechnungslegung, in: WPg-Sonderheft 2004, S. S91. Zur Erläuterung von statischer und dynamischer Bilanztheorie vgl. ausführlich Oberbrinkmann, Frank, Statische und dynamische Interpretation der Handelsbilanz, 1990.

[229] Vgl. Moxter, Adolf, Zum Sinn und Zweck des handelsrechtlichen Jahresabschlusses nach neuem Recht, in: Havermann, Hans (Hrsg.), Festschrift für Reinhard Goerdeler, 1987, S. 374. Zum Grundgedanke der ‚Ausschüttungsstatik' *Moxters*, vgl. überblickartig, Hommel, Michael/Schmidt, Reinhard H./Wüstemann, Jens, Adolf Moxter und die Grundsätze ordnungsmäßiger Rechnungslegung, in: WPg-Sonderheft 2004, S. S90–S91. Vgl. auch unter vielen Böcking, Hans-Joachim, Der Grundsatz umsatzbezogener Gewinnrealisierung beim Finanzierungsleasing, in: ZfbF 1989, S. 495 mit ausführlichen Nachweisen.

[230] Euler, Roland, Grundsätze ordnungsmäßiger Gewinnrealisierung, 1989, S. 65.

[231] Vgl. Moxter, Adolf, Bilanzlehre, Band II, Einführung in das neue Bilanzrecht, 1986, S. 18. Die Informationsfunktion ist grundsätzlich mit der vorsichtigen Ermittlung einer Ausschüttungsrichtgröße nicht zu vereinbaren. Die Vermittlung

Das System der GoB wird geprägt von der Idee des Gläubigerschutzes und steht damit unter dem Vorsichtsprinzip als dem obersten Prinzip.[232] Dieses übergeordnete Vorsichtsprinzip wird durch so genannte Fundamentalprinzipien (obere GoB) konkretisiert. Die Fundamentalprinzipien Realisationsprinzip und Imparitätsprinzip werden durch eine Reihe nachgeordneter Objektivierungs- und Vereinfachungsgrundsätze, wie zum Beispiel das Einzelbewertungsprinzip oder das Stichtagsprinzip ergänzt.[233] Untere Grundsätze werden aus den oberen GoB konkretisiert und handeln spezielle, fallbezogene Materien ab.[234] Mit Hilfe der Fundamentalprinzipien kann ein Primärzweck des Jahresabschlusses abgeleitet werden. Die Bilanz im Rechtssinne erfüllt in Deutschland somit mit der Informationsfunktion der Kapitalmarktteilnehmer und der Ausschüttungsbemessung zwei Funktionen.

Nach der These der Zweckidentität von Bilanzen im Rechtssinne besteht in Handels- und Steuerbilanz eine Identität der (primären) Bilanzzwecke.[235] Aufgabe der Steuerbilanz ist es, den einkommensteuer-

---

eines den tatsächlichen Verhältnissen entsprechenden Bildes der Vermögens-, Finanz- und Ertragslage des Unternehmens unter Beachtung der GoB gemäß § 264 Abs. 2 HGB kann der Jahresabschluss lediglich in seiner Gesamtheit aus Bilanz, Gewinn- und Verlustrechnung und Anhang leisten. Der Anhang ist Träger der Informationsfunktion, so genannte Abkopplungsthese Moxters, vgl. Moxter, Adolf, Zum Verhältnis von handelsrechtlichen Grundsätzen ordnungsmäßiger Buchführung und True-and-fair-view-Gebot bei Kapitalgesellschaften, in: Förschle, Gerhart, et al. (Hrsg.), Festschrift für Wolfgang Dieter Budde, 1995, S. 426f.

232 Vgl. Hastedt, Uwe-Peter, Gewinnrealisation beim Finanzierungs-Leasing, 1992, S. 17, mit weiteren Nachweisen.

233 Vgl. Böcking, Hans-Joachim, Der Grundsatz umsatzbezogener Gewinnrealisierung beim Finanzierungsleasing, in: ZfbF 1989, S. 495.

234 Vgl. Adler, Hans/Düring, Walther/Schmaltz, Kurt, Rechnungslegung und Prüfung der Unternehmen, 2007, § 243, Rz. 9.

235 *Mellwig* hat gezeigt, dass sich die Jahresabschlusszwecke von Steuer- und Handelsbilanz objektivierungsbedingt angleichen lassen, vgl. Mellwig, Winfried, Bilanzrechtsprechung und Betriebswirtschaftslehre, BB 1983, S. 1613–1620. Vgl. auch Euler, Roland, Zur Verlustantizipation mittels des niedrigeren beizulegenden Wertes und des Teilwertes, in: ZfbF 1991, S. 193; ders., Der Ansatz von Rückstellungen für drohende Verluste aus schwebenden Dauerrechtsverhältnissen, in: ZfbF 1990, S. 1039 mit weiteren Nachweisen.

lich zu erfassenden Gewinn zu bestimmen.[236] Der Fiskus ist in diesem Zusammenhang mit einem Anteilseigner vergleichbar, der von dem handelsrechtlich ausschüttbaren Gewinn einen fairen Anteil fordert.[237] Das Steuerrecht will den im Sinne der handelsrechtlichen GoB ermittelten ‚vollen' Gewinn des Unternehmens erfassen[238] und damit nur das versteuern, was auch nach kaufmännischer Auffassung Ausdruck der Leistungsfähigkeit des Unternehmens darstellt. Die Steuervorschriften fordern grundsätzlich nicht mehr bzw. weniger, als handelsrechtlich noch zulässig ist.[239] Die innere Verwandtschaft der beiden Rechtsgebiete Steuerrecht und Handelsrecht kommt im Maßgeblichkeitsprinzip zum Ausdruck. In wieweit das Bilanzrechtsmodernisierungsgesetz (BilMoG)[240] mit seinem Versuch, die traditionellen HGB-Grundsätze mit angelsächsisch geprägter Informationsverbesserung zu verknüpfen, Auswirkungen auf den Maßgeblichkeitsgrundsatz entfaltet, wird im folgenden Gliederungspunkt einer genaueren Betrachtung unterworfen.

---

[236] Daneben verfolgt die Steuerbilanz aber auch in ganz erheblichem Maße wirtschaftspolitische Ziele, vgl. Robisch, Martin/Treisch, Corinna, Neuere Entwicklungen des Verhältnisses von Handelsbilanz und Steuerbilanz - Anhaltspunkte für eine Trendwende?, in: WPg 1997, S. 165. Wirtschaftspolitische Zielsetzungen sollen als Sekundärzweck der Steuerbilanz begriffen werden.

[237] Sogenannte Teilhaberthese. Begründet von *Döllerer*, vgl. Döllerer, Georg, Die Maßgeblichkeit der Handelsbilanz in Gefahr, in: BB 1971, S. 1334.

[238] Vgl. so die Festlegung im grundlegenden Beschluss des Großen Senats, BFH vom 03.02.1969, BStBl II 1969, S. 293.

[239] Vgl. Wehrheim, Michael/Fross, Ingo, Erosion handelsrechtlicher GoB durch das Bilanzrechtsmodernisierungsgesetz, in: ZfB 2010, S. 88f.

[240] Gesetz zur Modernisierung des Bilanzrechtes vom 25.05.2009, in: BGBl. I 2009, S. 1102–1137. Zu einer ausführlichen Darstellung der Ziele des BilMoG und dessen Änderungen siehe Solmecke, Henrik, Auswirkungen des Bilanzrechtsmodernisierungsgesetzes (BilMoG) auf die handelsrechtlichen Grundsätze ordnungsmäßiger Buchführung, 2009. Solmecke kommt zum Ergebnis, das das BilMoG keine Neuinterpretation einzelner Grundsätze erfordert und das bisherige GoB-System stärkt, in dem Sinne, dass GoB in den handelsrechtlichen Normen konsequenter umgesetzt werden.

4.1.2 Verhältnis von Handels- zu Steuerbilanz: Maßgeblichkeit und Einheitsbilanz

Gemäß § 5 Abs. 1 Satz 1 EStG ist für den Schluss des Wirtschaftjahres das Betriebsvermögen anzusetzen, „das nach den handelsrechtlichen Grundsätzen ordnungsmäßiger Buchführung auszuweisen ist, es sei denn, im Rahmen der Ausübung eines steuerlichen Wahlrechtes wird oder wurde ein anderer Ansatz gewählt". Demnach sind die handelsrechtlichen Rechnungslegungsvorschriften einschließlich der nichtkodifizierten GoB grundsätzlich auch für den Ansatz des Betriebsvermögens zum Zwecke der Besteuerung maßgebend. Insofern ist die handelsrechtliche Zuordnung in Anlage- bzw. Umlaufvermögen grundsätzlich steuerlich maßgeblich.[241] Nach dem Maßgeblichkeitsgrundsatz ist grundsätzlich auch für die steuerrechtliche Bewertung von der Handelsbilanz auszugehen, jedoch schränkt der steuerliche Bewertungsvorbehalt des § 5 Abs. 6 EStG diesen Grundsatz ein. Damit gehen steuerrechtliche Bewertungsbestimmungen den entsprechenden handelsrechtlichen Vorschriften für Zwecke der Steuerbilanz vor.

Als Folge der Maßgeblichkeit der Handelsbilanz für die Steuerbilanz entsteht die Besonderheit des Handelsbilanzrechtes, dass nur selten das oberste Zivilgericht, der BGH, handelsrechtliche Entscheidungen fällt, sondern der BFH Mitverantwortung für die Interpretation und Fortbildung des Handelsbilanzrechts trägt, weil handelsrechtliche Fragen in der Regel Vorfragen steuerrechtlicher Erkenntnisse darstellen.[242] Somit konkretisiert der BFH in vielen Fällen handelsrechtliche Sachverhalte und entwickelt damit Grundsätze ordnungsmäßiger Buchführung. Die Grundstruktur des GoB-Systems kann daher als

241 Vgl. Förschle, Gerhart/Usinger, Rainer, § 243, in: Ellrott, Helmut et al. (Hrsg.), Beck'scher Bilanz-Kommentar, 2010, Rz. 111.

242 Vgl. Beisse, Heinrich, Tendenzen der Rechtsprechung des Bundesfinanzhofes zum Bilanzrecht, in: DStR 1980, S. 252. Es wird an dieser Stelle davon ausgegangen, dass aufgrund der Zwecksetzung des BilMoG – die Vorzüge der Maßgeblichkeit des handelsrechtlichen Jahresabschlusses für die steuerliche Gewinnermittlung bewahren zu wollen – diese Aussage auch zukünftig zutrifft.

durch die Rechtsprechung des BFH hinreichend gefestigt angesehen werden.[243]

Durch das BilMoG wurde die umgekehrte Maßgeblichkeit abgeschafft, wodurch die formelle Maßgeblichkeit weggefallen ist.[244] Inhalt und Reichweite des in § 5 Abs. 1 Satz 1 EStG genannten Wahlrechtsvorbehalts sind umstritten.[245] Wird von einem Festhalten des Gesetzgebers an der materiellen Maßgeblichkeit ausgegangen, muss der Wahlrechtsvorbehalt in der Weise interpretiert werden, dass die steuerlichen Wahlrechte autonom ausgeübt werden können, welche sonst aufgrund der Abschaffung der umgekehrten Maßgeblichkeit GoB-widrig wären.[246] Für GoB-konforme steuerliche Wahlrechte bestünde nach dieser Interpretation aufgrund der materiellen Maßgeblichkeit kein steuerliches Wahlrecht und der bisherige Status quo wäre beizubehalten.[247] Die Finanzverwaltung und mit ihr die herrschende Mei-

---

243 Vgl. Beisse, Heinrich, Rechtsfragen der Gewinnung von GoB, in: BFuP 1990, S. 500f.

244 Vgl. Wehrheim, Michael/Renz, Anette, Die Handels- und Steuerbilanz, 2009, S. 141, die auch eine Darstellung des alten Rechtszustandes liefern.

245 Vgl. dazu ausführlich Wehrheim, Michael/Fross, Ingo, Plädoyer für eine Stärkung des Maßgeblichkeitsprinzips, in: DStR 2010, S. 1349f. Vgl. auch zur „wahren Flut" der Beiträge im Schrifttum Prinz, Ulrich, Materielle Maßgeblichkeit handelsrechtlicher GoB - ein Konzept für die Zukunft im Steuerbilanzrecht, in: DB 2010 Fn. 12.

246 Diese Interpretation folgt der Auslegung des § 5 Abs. 1 EStG im Sinne des Zwecks, den der Gesetzgeber mit der Neufassung im Rahmen des BilMoG verfolgte. Die Einfügung des Wahlrechtsvorbehaltes sollte sicherstellen, dass steuerliche Subventionstatbestände nicht wegfallen, sondern weiterhin genutzt werden können, indem diese zu von den handelsrechtlichen GoB abweichenden Wertansätzen führen. Vgl. Wehrheim, Michael/Fross, Ingo, Plädoyer für eine Stärkung des Maßgeblichkeitsprinzips, in: DStR 2010, S. 1349. Zur Beibehaltung der materiellen Maßgeblichkeit vgl. BilMoG-RegE, BT-Drucks. 16/100067, S. 124. Bezüglich der Teilwertabschreibung gemäß § 6 Abs. 1 Nr. 1 Satz 2 und Nr. 2 Satz 2 EStG vertritt die Bundesregierung entgegen der Auffassung des BMF die Ansicht, dass insoweit kein steuerliches Wahlrecht besteht und der handelsrechtliche Ansatz mit dem niedrigeren beizulegenden Wert gemäß § 253 Abs. 3 Satz 3 HGB (Niederstwertprinzip) vorzunehmen ist.

247 Vgl. Wehrheim, Michael/Fross, Ingo, Plädoyer für eine Stärkung des Maßgeblichkeitsprinzips, in: DStR 2010, S. 1349f und Schenke, Ralf P./Risse Markus, Das Maßgeblichkeitsprinzip nach dem Bilanzrechtsmodernisierungsgesetz, in:

nung im Schrifttum vertreten die abweichende Auffassung, dass dem Maßgeblichkeitsgrundsatz lediglich dann noch Bedeutung beizumessen ist, wenn eine steuerliche Vorschrift nicht existiert.[248] Steuerrechtliche Wahlrechte können nach dieser Auffassung autonom ausgeübt werden. Besteht sowohl handels- als auch steuerrechtlich ein Wahlrecht, kann somit das steuerrechtliche Wahlrecht unabhängig von der Entscheidung in der Handelsbilanz ausgeübt werden. Mit dieser Vorgehensweise entfernt sich aktuell - gewollt oder ungewollt - die Steuerbilanz weiter von der Handelsbilanz und „die Steuerbilanzpolitik emanzipiert sich gegenüber handelsbilanziellen Abbildungs- und Gestaltungsstrategien".[249] Grundsätzlich ist eine vereinheitlichte Wahlrechtsausübung in Handels- und Steuerbilanz aber weiterhin möglich um eine Einheitsbilanz zu generieren.[250] Strebt der Bilanzierende an, Sachverhalte in beiden Rechenlegungskreisen gleich zu behandeln, besteht der Anpassungsbedarf überwiegend in der Handelsbilanz, indem handelsrechtliche Wahlrechte und Ermessensspielräume so auszuüben sind, dass eine Anerkennung im Rahmen der steuerlichen Gewinnermittlung gewährleistet ist.[251]

Tragendes theoretisches Argument für die Einheitsbilanz war seit jeher *Döllerers* Teilhaberthese, nach der der Fiskus, mit einem Anteilseigner vergleichbar, lediglich Zugriff auf einen vorsichtig ermittelten

---

DB 2009, S. 1959. So auch Hennrichs, Joachim, Neufassung der Maßgeblichkeit gemäß § 5 Abs. 1 EStG nach dem BilMoG, in: Ubg 2009 S. 539, der nur „GoB-fremde Steuervergünstigungswahlrechte", also fiskalisch motivierte Wahlrechte unter § 5 Abs. 1 Satz 1, 2. Halbsatz EStG subsumiert.

248 Vgl. BMF-Schreiben vom 12.03.2010, in: BStBl. I 2010, S. 239-242, auch Förschle, Gerhart/Usinger, Rainer, § 243, in: Ellrott, Helmut et al. (Hrsg.), Beck'scher Bilanz-Kommentar, 2012, Rz. 112.

249 Prinz, Ulrich, Materielle Maßgeblichkeit handelsrechtlicher GoB - ein Konzept für die Zukunft im Steuerbilanzrecht, in: DB 2010, S. 2070.

250 Je nach anfallenden Geschäftsvorgängen können aber auch nicht vermeidbare Abweichungen zwischen Handels- und Steuerbilanz entstehen. Vgl. hierzu ausführlich Scheffler, Wolfram, Das Maßgeblichkeitsprinzip nach dem Bilanzrechtsmodernisierungsgesetz, in: IFSt-Schrift Nr. 474, S. 55f.

251 Vgl. Scheffler, Wolfram, Das Maßgeblichkeitsprinzip nach dem Bilanzrechtsmodernisierungsgesetz, in: IFSt-Schrift Nr. 474, S. 62.

ausschüttungsfähigen Jahresgewinn haben soll.[252] Dem Maßgeblichkeitsgrundsatz kam somit eine Schutzfunktion vor einem übermäßigen fiskalischen Zugriff zu.[253] Das Steuerrecht soll „in seinen Anforderungen grundsätzlich nicht weiter gehen, als handelsrechtlich eben noch akzeptabel ist."[254] Das BilMoG reduziert die Teilhaberthese erheblich in ihrer Bedeutung und stärkt die Steuerbilanz als eigenständiges Rechenwerk beträchtlich. Einer Wertung des Maßgeblichkeitsgrundsatzes als entwicklungsoffene Leitlinie, die bis an die „Grenze der Willkür zur Disposition des Gesetzgebers"[255] steht, ist kritisch zu begegnen.

Darüber hinaus ist vorauszusehen, dass die Einführung der sogenannten E-Bilanz durch ihre detaillierten Gliederungs- und Abgrenzungsvorschriften gerade für kleine und mittlere Unternehmen maßgeblich in die formale Gestaltung des handelsrechtlichen Jahresabschlusses ausstrahlen wird.[256]

---

[252] Vgl. Herzig, Norbert et al., Von der Einheitsbilanz zur E-Bilanz, in: DB 2011, S. 1; Döllerer, Georg, Die Maßgeblichkeit der Handelsbilanz in Gefahr, in: BB 1971, S. 1334. Siehe zur Teilhaberthese auch Gliederungspunkt 4.1. Vereinfachungsaspekte spielten ebenso eine Rolle.

[253] Vgl. Scheffler, Wolfram, Das Maßgeblichkeitsprinzip nach dem Bilanzrechtsmodernisierungsgesetz, in: IFSt-Schrift Nr. 474, S. 5.

[254] Beisse, Heinrich, Grundsatzfragen der Auslegung des neuen Bilanzrechts, in: BB 1990, S. 2009.

[255] Herzig, Norbert et al., Von der Einheitsbilanz zur E-Bilanz, in: DB 2011, S. 2.

[256] Vgl. Haller, Axel et al., Die „einheitliche" Erstellung von Handels- und Steuerbilanz, in: DB 2011, S. 889 und Herzig, Norbert et al., Von der Einheitsbilanz zur E-Bilanz, in DB 2011, S. 9.

4.1.3 Die Vorherigkeit des Zivilrechts

Die Auslegung und Subsumtion von Verträgen des dispositiven Schuldrechtes ist im Bilanzrecht von großer Bedeutung, denn im Sinne der „Vorherigkeit der Zivilrechtsstruktur“[257] bietet die Zivilrechtsstruktur von frei ausgehandelten Verträgen grundsätzlich einen ersten Anhaltspunkt für die bilanzrechtliche Einordnung.[258]

Es besteht aber keine ‚Maßgeblichkeit des Zivilrechtes'.[259] Dies liegt in den unterschiedlichen Zwecksetzungen von Zivilrecht auf der einen, und Handels- bzw. Steuerbilanzrecht auf der anderen Seite begründet.[260] Die wirtschaftliche Betrachtungsweise als teleologische Methode begrenzt eine Maßgeblichkeit zivilrechtlicher Regelungsinhalte.[261]

---

[257] Böcking, Hans-Joachim, Der Grundsatz umsatzbezogener Gewinnrealisierung beim Finanzierungsleasing, in: ZfbF 1989, S. 507.

[258] Vgl. Böcking, Hans-Joachim, Der Grundsatz umsatzbezogener Gewinnrealisierung beim Finanzierungsleasing, in: ZfbF 1989, S. 507.

[259] Vertreter der abzulehnenden Auffassung in der Literatur, dass Handels- oder Steuerrecht Annexrecht oder Folgerecht des Zivilrechtes darstellen nennt Lang, Joachim, § 1, in: Tipke, Klaus et al., Steuerrecht, 2010, Rz. 16.

[260] Das Zivilrecht verfolgt das Ziel der Abgrenzung der Rechtspositionen, vgl. Böcking, Hans-Joachim, Der Grundsatz umsatzbezogener Gewinnrealisierung beim Finanzierungsleasing, in: ZfbF 1989, S. 507, während das Bilanzrecht eine Ausschüttungsrichtgröße im Sinne der handelsrechtlichen Grundsätze ordnungsmäßiger Buchführung ermitteln will. Zur Zielsetzung des Bilanzrechts siehe oben unter 0.

[261] Vgl. Lang, Joachim, § 1, in: Tipke, Klaus et al., Steuerrecht, 2010, Rz. 19.

4.1.4 Begriff der wirtschaftlichen Betrachtungsweise

Die wirtschaftliche Betrachtungsweise ist eine juristische Interpretationsmethode[262] um zum einen Rechtsnormen, gesetzliche Tatbestände und die in ihnen verwendeten Begriffe sowie zum anderen die Beurteilung von Sachverhalten nach ihrem wirtschaftlichen Gehalt hin auszulegen.[263] Die wirtschaftliche Betrachtungsweise wird über sämtliche Rechtsgebiete hinweg angewendet. Sie ist somit zusammengefasst eine Form der rechtlichen Betrachtungsweise, die eine rechtliche Norm teleologisch nach ihrem wirtschaftlichen Zweck hin auslegt.[264]

Bei zivilrechtlich vorgeprägten Begriffen wie Miete, Eigentum, Kauf, Pacht etc. stellt sich die Frage, ob diese handelsrechtlich und damit aufgrund der Maßgeblichkeit auch steuerrechtlich im zivilrechtlichen Sinn oder nach wirtschaftlicher Betrachtungsweise zu verstehen sind.

---

[262] Die Gegenüberstellung von ‚rechtlicher' und ‚wirtschaftlicher' Betrachtungsweise ist somit nicht korrekt. Eine Verwechslung der wirtschaftlichen Betrachtungsweise mit betriebswirtschaftlicher Methode darf nicht erfolgen. Die wirtschaftliche Betrachtungsweise kann als eine Anwendungsform der allgemeinen juristischen Hermeneutik beschrieben werden, vgl. Beisse, Heinrich, Die wirtschaftliche Betrachtungsweise bei der Auslegung der Steuergesetze in der neueren deutschen Rechtsprechung, in: StuW 1981, S. 1 und 3; siehe auch Beisse, Heinrich, Tendenzen der Rechtsprechung des Bundesfinanzhofes zum Bilanzrecht, in: DStR 1980, S. 251. Die Hermeneutik, als von der Rechtswissenschaft übliche Methode zur Auslegung von Rechtsnormen, geht ganzheitlich anhand der Kriterien Wortlaut und Wortsinn, Bedeutungszusammenhang, Entstehungsgeschichte, Gesetzesmaterialien und Ansichten des Gesetzgebers, wirtschaftlichen und teleologischen Gesichtspunkten sowie Verfassungskonformität vor, vgl. Baetge, Jörg/Kirsch, Hans-Jürgen/Thiele, Stefan, Bilanzen, 2009, S. 107-111. Der BFH hat klargestellt, dass auch die wirtschaftliche Betrachtungsweise eine rechtliche ist, vgl. BFH vom 28.01.1965, in: BStBl. III 1965, S. 261.

[263] Vgl. Moxter, Adolf, Zur wirtschaftlichen Betrachtungsweise im Bilanzrecht, in: StuW 1989, S. 232.

[264] Im Handels- und Gesellschaftsrecht ist z. B. der Begriff des bilanzierungsfähigen Vermögensgegenstandes wirtschaftlich zu deuten, darüber hinaus wird wirtschaftliches, nicht rechtliches Eigentum für die Bilanzierung vorausgesetzt und kann das bilanzrechtliche Synallagma von Geschäften gegebenenfalls weiter zu fassen sein als das zivilrechtliche, vgl. Beisse, Heinrich, Die wirtschaftliche Betrachtungsweise bei der Auslegung der Steuergesetze in der neueren deutschen Rechtsprechung, in: StuW 1981, S.3 und 6.

Die Berücksichtigung des wirtschaftlichen Normzwecks bei der Rechtsfindung ist unumgänglich, weil handelsrechtlich vergleichbare wirtschaftliche Vorgänge ohne Rücksicht auf ihr rechtliches Gewand zu erfassen sind; steuerrechtlich gilt dies aufgrund des Grundsatzes der Gleichmäßigkeit der Besteuerung.[265] Die Aufgabe der wirtschaftlichen Betrachtungsweise im Handels- und Steuerbilanzrecht ist es somit, den wirtschaftlichen Gehalt von Vorgängen und Tatsachen herauszustellen, der unter Umständen hinter der formaljuristischen Gestaltung verborgen bliebe, denn für die Bilanzierung von Sachverhalten ist nicht die rechtliche Gestaltung, sondern der wirtschaftliche Kern bestimmend.[266]

---

[265] Vgl. Eibelshäuser, Manfred, Wirtschaftliche Betrachtungsweise im Steuerrecht – Herkunft und Bedeutung, in: DStR 2002, S. 1429f.

[266] Vgl. Hastedt, Uwe-Peter/Mellwig, Winfried, Leasing, 1998, S. 25.

4.1.5 Grundsätze der Gewinnrealisation

Die Gewinnrealisation wird durch das, im System der Grundsätze ordnungsmäßiger Buchführung als Fundamentalprinzip[267] zu bezeichnende, Realisationsprinzip bestimmt. Das Realisationsprinzip gehört zu den Definitionsgrundsätzen für den Jahreserfolg, mit deren Hilfe festgelegt wird, wann Geschäftsvorfälle entweder erfolgswirksam in der Gewinn- und Verlustrechnung oder erfolgsneutral in der Bilanz erfasst werden.[268] Nach dem in § 252 Abs. 1 Nr. 4 Halbsatz 2 HGB kodifizierten Realisationsprinzip sind Gewinne nur zu berücksichtigen, wenn sie am Abschlussstichtag realisiert sind. Das Realisationsprinzip knüpft den Gewinn damit an den Umsatzakt. „Umsatz im bilanzrechtlichen Sinne ist grundsätzlich gegeben, wenn der Bilanzierende seine (zivilrechtlich verstandene) Leistung in einer Weise erbracht hat, dass der Anspruch auf die Gegenleistung (die zu aktivierende Forderung) so gut wie sicher ist, und diesem Forderungszugang nicht etwa andere, von der eigenen Leistungserbringung unabhängige Risiken entgegenstehen."[269] Das Realisationsprinzip regelt damit zum einen, wann beispielsweise bei einem Veräußerungsgeschäft statt der Kaufsache die Gegenforderung oder der Erlös aus dem Verkauf auszuweisen ist (Umsatzrealisation) und zum anderen wann und unter welchen Bedingungen der aus dem Umsatzgeschäft resultierende positive Erfolgsbeitrag erfolgswirksam werden darf und muss (Gewinnrealisation). Der teilweise in der Literatur vorgeschlagenen dementsprechenden Unterscheidung zwischen Umsatz- und Gewinnreali-

---

[267] Siehe zum GoB-System oben unter 4.

[268] Vgl. Baetge, Jörg/Kirsch, Hans-Jürgen/Thiele, Stefan, 2009, Bilanzen, S. 128.

[269] Moxter, Adolf, Grundsätze ordnungsmäßiger Rechnungslegung, 2003, S. 43. Dies kann auch als ‚Sprung zum Absatzmarkt' bezeichnet werden, vgl. Baetge, Jörg/Kirsch, Hans.-Jürgen/Thiele, Stefan, 2009, Bilanzen, S. 131 und Knobbe-Keuk, Brigitte, Bilanz- und Unternehmenssteuerrecht, 1993, S. 49. *Woerner* prägte als erster die Formel „so gut wie sicher", Woerner, Lothar, Die Gewinnrealisierung bei schwebenden Geschäften, in: BB 1988, S. 773. *Woerner* knüpfte mit seiner Aussage an die von *Döllerer* aufgestellte Formel an, der für die Gewinnrealisierung forderte, dass der Anspruch auf die Gegenleistung „im Wesentlichen als gesichert erscheint", Döllerer, Georg, Zur Bilanzierung des schwebenden Vertrags, in: BB 1974, S. 1543.

sation[270] soll im Folgenden sprachlich nicht gefolgt werden, da in der Regel Umsatz- und Gewinnrealisation nicht auseinanderfallen. Die herrschende Meinung nimmt die Gewinnrealisation als Zeitpunkt des bilanzrechtlichen Entstehens von Forderungen an. Im Realisationszeitpunkt ist der abgehende Vermögensgegenstand auszubuchen und die Forderung auf die Gegenleistung zu aktivieren.[271] Dadurch kommt es zur Gewinnrealisierung, weil (bei Veräußerungsgeschäften) mit dem Ausweis der Kaufpreisforderung die stillen Reserven im Buchwert des veräußerten Gegenstandes aufgedeckt werden.

Mit der Bindung von Gewinnen an den Umsatzakt ist das Realisationsprinzip in erster Linie eine Regel zur Periodisierung von Erträgen. Ökonomisch besteht aber eine Beziehung zwischen Wertentstehung (Erträgen) und Wertverzehr (Aufwendungen). Befürworter der Alimentationsformel *Moxters* ordnen das Realisationsprinzip als umfassendes Periodisierungsprinzip ein. Damit bindet das Realisationsprinzip nicht nur den Ertrag, sondern im weiteren Sinne auch die Aufwendungen an die Realisation durch den Umsatzakt.[272]

Der Grundgedanke des Realisationsprinzips ist durch den Bilanzzweck vorgegeben, denn die Grundidee der Gewinnrealisation soll dem Vorsichtsprinzip Rechnung tragen. Es dient dem Gläubigerschutz, weil Gewinn im Sinne des Realisationsprinzips erst dann ausgewiesen werden darf, wenn mit hinreichender Sicherheit feststeht, dass er erzielt worden ist. Damit spielt die Risikolage bei einem Umsatzgeschäft eine entscheidende Rolle. Es ist immer auch abzuwägen, welche Risiken nach wirtschaftlicher Betrachtungsweise so gewichtig sind, dass sie einem Gewinnausweis generell entgegenstehen.[273]

---

[270] Vgl. Gelhausen, Hans Friedrich, Das Realisationsprinzip im Handels- und im Steuerbilanzrecht, 1985, S. 26–33 und S. 240–387.

[271] Vgl. Euler, Roland, Grundsätze ordnungsmäßiger Gewinnrealisierung, 1989, S. 120. Vgl. auch die einschlägigen Kommentare.

[272] *Moxter* spricht in diesem Zusammenhang davon, dass Erträge Aufwendungen alimentieren. Siehe dazu genauer Gliederungspunkt 4.1.7.2.3.

[273] Vgl. Gelhausen, Hans Friedrich, Das Realisationsprinzip im Handels- und im Steuerbilanzrecht, 1985, S. 406.

In der Bestimmung, wann der Anspruch auf die zu aktivierende Gegenleistung so gut wie sicher ist, zeigt sich der Zusammenhang des Zeitpunktes der Gewinnrealisierung mit der zugrunde gelegten Zivilrechtsstruktur.[274] Im Synallagma von Veräußerungsgeschäften ist ein quasisicherer Anspruch auf die Gegenleistung grundsätzlich dann entstanden, wenn die Preisgefahr auf den Vertragspartner übergegangen ist.[275] Bei Veräußerungsverträgen ist zwischen dem Übergang der Preisgefahr bei Vertragserfüllung und dem vorgezogenen Preisgefahrenübergang zu unterscheiden.[276] § 326 BGB, die allgemeine Regelung zur Preisgefahr, bestimmt, dass der Sachleistungsverpflichtete die Preisgefahr über den gesamten Erfüllungszeitraum trägt. Diese Risikoverteilung endet erst mit der vollständigen Vertragserfüllung.[277] Diese grundsätzliche Regelung der Preisgefahr wird aber unter anderem beim Kauf durch eine Sonderregelung durchbrochen, die den Preisgefahrenübergang vorzieht. Die Preisgefahr ist beim Kaufvertrag üblicherweise an die Übergabe geknüpft, § 446 BGB. Die Übergabe liegt regelmäßig vor dem Zeitpunkt der vollständigen Vertragserfüllung. Die zivilrechtliche Begründung hierfür ist, dass sich die Sache von diesem Zeitpunkt an in der Sphäre des Erwerbers befindet, der als

---

[274] Die Zivilrechtsstruktur bestimmt den Grad des Risikoabbaus, vgl. Moxter, Adolf, Bilanzrechtsprechung, 2007, S. 45f. Das Abstellen auf den Zeitpunkt eines so gut wie sicheren Forderungszugangs (Anspruch auf die Gegenleistung) entspricht einzig dem Vorsichtsprinzip. In Frage kommende abweichende Zeitpunkte, wie der Vertragsabschluss oder der Zeitpunkt der Rechnungserstellung etc. sind abzulehnen, da der Anspruch auf die Gegenleistung hierbei nur im Einzelfall sicher ist und vom individuellen Ermessen des Bilanzierenden abhängig wäre, vgl. Moxter, Adolf, Grundsätze ordnungsmäßiger Rechnungslegung, 2003, S. 43.

[275] Vgl. Moxter, Adolf, Bilanzrechtsprechung, 2007, S. 46; Gelhausen, Hans Friedrich, Das Realisationsprinzip im Handels- und im Steuerbilanzrecht, 1985, S. 162–166; Euler, Roland, Grundsätze ordnungsmäßiger Gewinnrealisierung, 1989, S. 81; Woerner, Lothar, Die Gewinnrealisierung bei schwebenden Geschäften, in: BB 1988, S. 775; Lüders, Jürgen, Der Zeitpunkt der Gewinnrealisierung im Handels- und Steuerbilanzrecht, 1987, S. 72–84. Siehe zur Definition der Preisgefahr Gliederungspunkt 2.4.

[276] Vgl. Euler, Roland, Grundsätze ordnungsmäßiger Gewinnrealisierung, 1989, S. 84.

[277] Vgl. so auch Hastedt, Uwe-Peter, Gewinnrealisation beim Finanzierungs-Leasing, 1992, S. 42.

Besitzer die tatsächliche Herrschaftsmacht über die Sache ausübt und berechtigt ist, die Nutzung zu ziehen sowie verpflichtet ist, die Lasten zu tragen.[278] Allerdings sind zivilrechtliche Regelungen über den Preisgefahrenübergang disponibel, so dass in Verträgen von zivilrechtlichen Regelungen abweichende Preisgefahrenübergänge vereinbart werden können.[279] *Euler* prägte in diesem Zusammenhang den Begriff ‚objektivierungsbedingte Quasiwahlrechte', zu denen es kommt, wenn aufgrund von eigentlich gewollten Objektivierungen (Ermessensspielraumbeschränkungen) eine Orientierung am Zivilrecht stattfindet, aufgrund der Vertragsfreiheit des Zivilrechtes aber keine Einheitlichkeit vorliegt und somit trotzdem quasi ein Wahlrecht besteht. Die erforderliche Objektivierung wird dann nicht erreicht. In solchen Fällen ist die Relativierung des Preisgefahrenübergangs als Realisationskriterium denkbar. *Euler* schlägt vor, wenn die wirtschaftliche Betrachtungsweise zu einem späteren Gewinnausweis als der nach Preisgefahrenübergang mit Übergabe führt, dann ist im Zweifel, mit Blick auf das Vorsichtsprinzip, der spätere Gewinnausweis geboten.[280]

Die Übergabe ist der Zeitpunkt, zu dem der Kaufmann die ihm nach dem Vertrag obliegende Lieferung oder Leistung erbringt. Mit der

---

[278] Vgl. Euler, Roland, Grundsätze ordnungsmäßiger Gewinnrealisierung, 1989, S. 88. Damit genügt die wirtschaftliche Erfüllung des Kaufvertrages, die sich an der Übergabe orientiert, der Eigentumsübergang als formalrechtliche Forderung ist für die Gewinnrealisation unerheblich. Somit hindert ein aufgeschobener Eigentumsübergang (Eigentumsvorbehalt) die Gewinnrealisierung nicht, vgl. Moxter, Adolf, Grundsätze ordnungsmäßiger Rechnungslegung, 2003, S. 44. Die Übergabe kann auch durch die Vereinbarung eines Besitzkonstituts ersetzt werden. Ausschlaggebend für die Sicherheit des Anspruchs ist, dass der Anspruch auf die Gegenleistung (Zahlung) bestehen bleibt, auch wenn die Sache durch Zufall untergeht oder sich verschlechtert.

[279] Vgl. Euler, Roland, Grundsätze ordnungsmäßiger Gewinnrealisierung, 1989, S. 91.

[280] Vgl. Euler, Roland, Grundsätze ordnungsmäßiger Gewinnrealisierung, 1989, S. 93. *Euler* schlägt vor, bei strittigen Zivilrechtsfragen, die zu Gewinnausweisen führen, die ggf. nicht mit dem Bilanzzweck überein-stimmen, ergänzend auf den Übergang des wirtschaftlichen Eigentums zurückzugreifen, vgl. Euler, Roland, Grundsätze ordnungsmäßiger Gewinnrealisierung, 1989, S. 86f und S. 102-112.

Lieferung und Leistung des betreffenden Gegenstandes liegt bei Veräußerungsgeschäften die wirtschaftliche Verfügungsgewalt über die Sache beim Erwerber; er besitzt in der Regel dann auch das wirtschaftliche Eigentum.[281] Zusammengefasst ist ein Gewinn bei Veräußerungsgeschäften dann realisiert, wenn der Anspruch auf Gegenleistung (Zahlung) so gut wie sicher ist, das heißt, wenn bei gegenseitigen Verträgen der Leistungsverpflichtete die Lieferung und Leistung wirtschaftlich im Wesentlichen erfüllt hat und die Forderung auf die Gegenleistung nur noch mit typischen Risiken belastet ist.[282]

Die Preisgefahr geht beim Dienstleistungsvertrag mit der Erfüllung, gegebenenfalls pro rata temporis über.[283] Bei Dienstleistungsverträgen ist die Forderung auf das Entgelt grundsätzlich dann zu bilanzieren, wenn die Leistung vertragsgemäß erbracht oder an den Gläubiger bewirkt ist und der Anspruch auf die Gegenleistung entstanden ist. Die Entstehung der Forderung kann aber auch von weiteren Ereignissen abhängen, auf deren Eintritt es dann ankommt.[284]

Bei Verträgen mit Widerrufs-, Rückgabe- oder Erklärungsfristen geht die Preisgefahr zivilrechtlich in der Regel erst mit Ablauf dieser Fris-

---

281 Vgl. zu den Bestimmungskriterien des wirtschaftlichen Eigentums Gliederungspunkt 4.2.1.1.

282 Der BFH verwendet diese Formulierung zur Beschreibung der Gewinnrealisierung, vgl. aktuell BFH vom 29.11.2007, in: BStBl. II 2008, S. 557–561. Das Risiko reduziert sich darauf, dass der Empfänger im Einzelfall Gewährleistungs- oder Schadensersatzansprüche geltend macht oder sich als zahlungsunfähig erweist. Diese Forderungsrisiken können einen dem Grunde nach so gut wie sicheren Forderungseingang der Höhe nach unsicher machen. Dies bestimmt dann den Wertansatz der Forderung, vgl. Moxter, Adolf, Grundsätze ordnungsmäßiger Rechnungslegung, 2003, S. 44. Die Gefahr von Gewährleistungsansprüchen wird durch erfolgswirksame Rückstellungsbildung berücksichtigt, Zahlungsrisiken werden durch Bildung einer Pauschalwertberichtigung oder durch Abwertung der einzelnen Forderung berücksichtigt, ohne den Gewinnrealisationszeitpunkt hinauszuschieben, vgl. Hommel, Michael, Grundsätze ordnungsmäßiger Bilanzierung für Dauerschuldverhältnisse, 1992, S. 29.

283 Vgl. Euler, Roland, Grundsätze ordnungsmäßiger Gewinnrealisation, 1989, S. 82.

284 Vgl. Ellrott, Helmut/Roscher, Klaus, § 247, in: Ellrott, Helmut et al. (Hrsg.), Beck'scher Bilanz-Kommentar, 2012, Rz. 99.

ten auf den Käufer über. Bilanzrechtlich kann es vorher somit nicht zur Gewinnrealisierung kommen.[285] Allerdings ist in diesen Fällen der veräußerte Vermögensgegenstand in der Bilanz des Veräußerers nicht mehr auszuweisen.[286] An seine Stelle tritt die Forderung auf die Gegenleistung oder die Gegenleistung selbst. Der Gewinnausweis ist durch geeignete Maßnahmen zu verhindern. Hierfür kommt entweder in Frage, die Forderung lediglich in Höhe des abgehenden Buchwertes des veräußerten Vermögensgegenstandes bzw. den Anschaffungs- oder Herstellungskosten der gelieferten Ware abzüglich „voraussichtlich anfallender Rücknahmekosten und abzüglich Wertminderungen infolge Beschädigungen zurückzunehmender Ware"[287] einzubuchen. Oder aber die Forderung kann zum Nennwert aktiviert werden und das Ergebnis wird durch Bildung einer Rückstellung korrigiert.[288] Mit beiden Vorgehensweisen wird im Ergebnis dem Bilanzzweck der Ermittlung eines ausschüttungsfähigen Gewinns Rechnung getragen.[289] Bei den von den gerade erläuterten Verträgen zu unterscheidenden Verträgen mit Rückkaufs-, Wiederkaufs- sowie Wiederverkaufsrechten und Pflichten ist ein grundsätzliches Hinausschieben des Realisationszeitpunktes bis zum Ablauf der enthaltenen Erklärungs-

---

[285] Vgl. Lüders, Jürgen, Der Zeitpunkt der Gewinnrealisierung im Handels- und Steuerbilanzrecht, 1987, S. 120–125.

[286] Unter der Voraussetzung, dass das rechtliche und wirtschaftliche Eigentum auf den Käufer übergegangen ist. Vgl. hierzu Knobbe-Keuk, Brigitte, Bilanz- und Unternehmenssteuerrecht, 1993, S. 249.

[287] Gelhausen, Hans Friedrich, Abschnitt E, in: IDW (Hrsg.), WP Handbuch Band I, 2006, Rz. 436.

[288] Für Versandhandelsunternehmen und Unternehmen mit statistisch zuverlässig ermittelbaren Rückgabequoten bietet sich diese von der herrschenden steuerrechtlichen Literatur präferierte Vorgehensweise an. Vgl. zur Bildung von Rückstellungen für Rücknahmeverpflichtungen Marx, Franz Jürgen/Köhlmann, Sarah, Bilanzielle Abbildung von Rücknahmeverpflichtungen nach HGB und IFRS, in: BB 2005, S. 2007–2011.

[289] Allerdings ist zu kritisieren, dass es bei der Rückstellungsvariante zu einem tendenziell zu hohen Umsatzausweis in der Gewinn- und Verlustrechnung kommt.

fristen nicht zu rechtfertigen. In diesen Fällen bedarf es einer sorgfältigen Auslegung der abgeschlossenen Verträge.[290]

Es bestehen keine steuergesetzlichen Vorschriften oder verfassungsrechtlichen Grundsätze, die eine abweichende steuerbilanzrechtliche Beurteilung des Realisationszeitpunktes erforderlich machen würden.[291]

---

290 Vgl. Lüders, Jürgen, Der Zeitpunkt der Gewinnrealisation im Handels- und Steuerbilanzrecht, 1987, S. 124f und Euler, Roland, Grundsätze ordnungsmäßiger Gewinnrealisation, 1989, S. 91.

291 So auch Lüders, Jürgen, Der Zeitpunkt der Gewinnrealisierung im Handels- und Steuerbilanzrecht, 1987, S. 11–13 und S. 85–94.

4.1.6 Grundsätze der Bilanzierung schwebender Geschäfte

Der bilanzrechtliche Begriff ‚schwebendes Geschäft' stellt einen unbestimmten Rechtsbegriff dar; das Gesetz liefert keine Definition dieses Begriffs.[292] Die bilanzrechtliche Literatur interpretiert in Übereinstimmung mit dem BFH schwebende Geschäfte allgemein als gegenseitig auf Leistungsaustausch gerichtete Verträge im Sinne der §§ 320ff. BGB (synallagmatisches Austauschverhältnis), die hinsichtlich der vereinbarten Sach- oder Dienstleistungspflicht noch nicht voll erfüllt sind.[293]

Für die bilanzrechtliche Beurteilung gegenseitiger Verträge gilt der Einzelbilanzierungsgrundsatz gemäß § 252 Abs. 1 Nr. 3 HGB. In diesem Sinne ist für die Abgrenzung von schwebenden Geschäften allerdings nach herrschender Meinung nicht die kleinste zivilrechtlich isolierbare Einheit ein Geschäft, sondern vielmehr ein durch einen einheitlichen Nutzungs- und Funktionszusammenhang gekennzeichnetes, wirtschaftlich abgrenzbares Austauschverhältnis.[294] Das schwebende Geschäft im Sinne des Bilanzrechts kann daher mehrere Rechtsgeschäfte, Verpflichtungen und Ansprüche umfassen, soweit diese in eben diesem wirtschaftlich abgrenzbaren Austauschverhältnis stehen. Bei der Abgrenzung des maßgeblichen Austauschverhältnisses ist nicht nur der Leistungsaustausch von Hauptpflichten aus dem gegen-

[292] § 249 Abs. 1 Satz 1 HGB formuliert lediglich eine Regelung betreffend „drohender Verluste aus schwebenden Geschäften".

[293] Vgl. ständige Rechtsprechung des BFH, z. B. Großer Senat vom 23.06.1997, in: BStBl. II 1997, S. 737. So auch Woerner, Lothar, Grundsatzfragen zur Bilanzierung schwebender Geschäfte, in: FR 1984, S. 491; Crezelius, Georg, Das sogenannte schwebende Geschäft in Handels-, Gesellschafts- und Steuerrecht, in: Knobbe-Keuk, Brigitte/Klein, Franz/Moxter, Adolf (Hrsg.), Festschrift für Georg Döllerer, 1988, S. 81. A. A., dass sich die Vertragspartner nicht im Sinne des gegenseitigen Vertrages der §§ 320 ff. BGB gegenüberstehen müssen, Adler, Hans/Düring, Walther/Schmaltz, Kurt, Rechnungslegung und Prüfung der Unternehmen, 2007, § 249 HGB, Rz. 140.

[294] Vgl. hier und im Folgenden vor allen Herzig, Norbert, Bilanzrechtliche Ganzheitsbetrachtung und Rückstellung bei Dauerrechtsverhältnissen, in: ZfB 1988, S. 215. Kritisch Crezelius, Georg, Das sogenannte schwebende Geschäft in Handels-, Gesellschafts- und Steuerrecht, in: Knobbe-Keuk, Brigitte/Klein, Franz/Moxter, Adolf (Hrsg.), Festschrift für Georg Döllerer, 1988, S. 92.

seitigen Vertrag mit einzubeziehen (schuldrechtliches Synallagma), sondern alle Nebenleistungen und sonstigen wirtschaftlichen Vorteile, die Gegenleistung für die vereinbarte Sach- oder Dienstleistung sind (bilanzrechtliches/wirtschaftliches Synallagma).[295]

Mit Abschluss eines schwebenden Geschäftes entstehen Ansprüche und Verpflichtungen, die nach den allgemeinen Grundsätzen als Forderung und Verbindlichkeit bei den Vertragspartnern auszuweisen wären.[296] Deren bilanzieller Ausweis wird aber grundsätzlich abgelehnt. Dieser Grundsatz der Nichtbilanzierung schwebender Geschäfte ist im Gesetz nicht kodifiziert und wird unterschiedlich begründet.[297] Für den Regelfall des Absatzgeschäftes, bei dem der Anspruch des Kaufmanns seine Verpflichtung aus dem Geschäft wertmäßig überwiegt, würde die Bilanzierung von Forderung und Verbindlichkeit im schwebenden Geschäft zur Bilanzierung eines lediglich erwarteten und damit nicht realisierten Gewinns führen und somit gegen das Realisationsprinzip gemäß § 252 Abs. 1 Nr. 4 HGB verstoßen.[298] In den Fällen, in denen sich Anspruch und Verbindlichkeit wertmäßig aus-

---

[295] Vgl. Herzig, Norbert/Briesemeister, Simone, Steuerbilanzielle Abbildung von Optionsgeschäften beim Stillhalter, in: DB 2002, S. 1574, BFH vom 23.06.1997, in: BStBl. II 1997, S. 738.

[296] Vorausgesetzt, die Aktivierungs- und Passivierungsfähigkeit der Ansprüche und Verpflichtungen ist gegeben. Vgl. zu den Aktivierungs- und Passivierungskriterien Baetge, Jörg./Kirsch, Hans-Jürgen/Thiele, Stefan, 2009, Bilanzen, S. 154–162 und 168–173.

[297] Vgl. zum Grundsatz der Nichtbilanzierung schwebender Geschäfte und dessen Begründungen Heddäus, Birgit, Handelsrechtliche Grundsätze ordnungsmäßiger Bilanzierung für Drohverlustrückstellungen, 1997, S. 48–62.

[298] Diese Begründung geht mit der so genannten Risikothese einher, demnach hat die Aktivierung und Passivierung von Ansprüchen und Verpflichtungen aus schwebenden Geschäften erst dann zu erfolgen, wenn der zur Sach- oder Dienstleistung Verpflichtete endgültig seine Leistung erbracht hat. Siehe auch die Erläuterungen zum Ende des schwebenden Geschäftes unten. Bis zur Lieferung oder Leistung müssen Risiken überwunden werden, die aus Sicht des Realisationsprinzips als gewinnausweishemmend einzustufen sind. Siehe oben Gliederungspunkt 4.1.5. Zur Risikothese vgl. z. B. Döllerer, Georg, Zur Bilanzierung des schwebenden Vertrages, in: BB 1974, S. 1543 oder Woerner, Lothar, Grundsatzfragen zur Bilanzierung schwebender Geschäfte, in: FR 1984, S. 491f. Vgl. hierzu noch weitergehend Heddäus, Birgit, Handelsrechtliche Grundsätze ordnungsmäßiger Bilanzierung für Drohverlustrückstellungen, 1997, S. 52f.

gleichen, was in der Regel bei Beschaffungsgeschäften der Fall ist,[299] wird die Nichtbilanzierung mit dem Aufblähungsargument begründet. Würden derart ausgeglichene Geschäfte bilanziert, wäre eine bloße zahlenmäßige Verlängerung der Aktiv- und Passivseite der Bilanz ohne Verbesserung der Aussage die Folge.[300] Bei Überlassung- oder Dienstleistungsgeschäften kann überdies von einer Vermutung mangelnder Bewertbarkeit des Anspruchs auf die Leistung ausgegangen werden; damit wird im Ergebnis ebenfalls eine Ausgeglichenheit des Rechtsgeschäftes unterstellt.[301] Lediglich in den Fällen, in denen die Verpflichtung des Kaufmanns aus dem schwebenden Geschäft seinen Anspruch auf Gegenleistung objektiviert übersteigt[302], ist eine Bilanzierung erforderlich und auch gesetzlich kodifiziert: für den in Höhe des Verpflichtungsüberschusses drohenden Verlust ist gemäß § 249 Abs. 1 Satz 1 HGB eine Drohverlustrückstellung auszuweisen. Für die Steuerbilanz besteht gemäß § 5 Abs. 4a EStG für Drohverlustrückstellungen ein Passivierungsverbot.

---

299 Beim Beschaffungsgeschäft wird der Anspruch auf den zu beschaffenden Vermögensgegenstand/das zu beschaffende Wirtschaftsgut durch seine Anschaffungskosten in Höhe der Entgeltverpflichtung bestimmt, so dass sich Anspruch und Verpflichtung ausgeglichen gegenüberstehen.

300 Die Aussagefähigkeit der Bilanz würde bei Erfassung von erfolgsneutralen Vorgängen aufgrund der daraus folgenden Unübersichtlichkeit ggf. sinken. Überdies stellen aus einem schwebenden Geschäft resultierende Verpflichtungen, die durch Ansprüche aus demselben Geschäft kompensiert werden, keine wirtschaftliche Belastung dar, die zu bilanzieren wäre, vgl. Baetge, Jörg/Kirsch, Hans-Jürgen/Thiele Stefan, Bilanzen, 2009, S. 438.

301 Die selbständige Verwertbarkeit bzw. Greifbarkeit und selbständige Bewertbarkeit solcher Ansprüche muss in diesen Fällen verneint werden. Damit stellt der Anspruch aus dem schwebenden Geschäft keinen Vermögensgegenstand/kein Wirtschaftsgut dar, vgl. Heddäus, Birgit, Handelsrechtliche Grundsätze ordnungsmäßiger Bilanzierung für Drohverlustrückstellungen, 1997, S. 60 mit weiteren Nachweisen von Rechtsprechung in diesem Zusammenhang.

302 Dies ist der Fall, wenn die dem schwebenden Geschäft zurechenbaren Aufwendungen (die eigenen Leistungsverpflichtungen) die zurechenbaren Erträge (den Anspruch auf die Gegenleistung) nicht mehr vollständig kompensieren, sondern übersteigen: Im Regelfall ist die Verpflichtung im schwebenden Geschäft, wie oben erläutert, als kompensiert zu betrachten.

Unabhängig vom Drohen eines Verlustes kann sich ein schwebendes Geschäft bilanziell auch niederschlagen, wenn das Gleichgewicht der gegenseitigen Vertragsbeziehungen durch Vorleistungen des einen und daraus resultierenden rückständigen Gegenleistungen des anderen Vertragspartners gestört ist.[303] Hierfür ist von der steuerrechtlichen Rechtsprechung der Begriff des Erfüllungsrückstandes geprägt worden.[304] Die Verpflichtung zum Ausgleich eines Erfüllungsrückstandes kann als ‚Unterfall einer Verbindlichkeit' definiert werden, die eine Vorleistung des Vertragspartners mit der Eignung zu einer partiellen Beendigung des schwebenden Geschäftes voraussetzt.[305] Erfüllungsrückstände bestehen insbesondere bei Dauerschuldverhältnissen. Davon abgesehen darf eine Verbindlichkeit als Bestandteil eines schwebenden Geschäftes nicht einseitig als solche oder in Form einer Verbindlichkeitsrückstellung ausgewiesen werden.[306]

Der Beginn eines schwebenden Geschäftes wird gewöhnlich mit dem rechtswirksamen Abschluss des Vertrages gleichgesetzt.[307] Dies

---

303 Vgl. BFH vom 05.04.2006, in: BStBl. II 2006, S. 594.

304 Eine gesetzliche Grundlage für Verpflichtungen zum Ausgleich von Erfüllungsrückständen existiert nicht. Zur Konzeption des wirtschaftlichen Erfüllungsrückstandes vgl. Moxter, Adolf, Künftige Verluste in der Handels- und Steuerbilanz, in: DStR 1998, S. 513.

305 Eine Definition nach aktuellem Stand der Rechtsprechung liefert *Christiansen*, vgl. Christiansen, Alfred, Zur Passivierung von Verbindlichkeiten: (Nicht-) Passivierung im Rahmen schwebender Geschäfte, in: DStR 2007, S. 872 mit weiteren Nachweisen zur Rechtsprechung. *Christiansen* definiert das Vorliegen einer Verpflichtung zum Ausgleich eines Erfüllungsrückstandes insoweit, als der Kaufmann eine Vorleistung seines Vertragspartners noch nicht entgolten hat, seine Gegenleistung daher hinter der nach dem Vertrag von ihm zu erbringenden Leistung zurückbleibt. Die Verpflichtung besteht also darin, eine einer vorangegangenen Periode zuzurechnende Gegenleistung nachzuholen. Der Charakter einer Verpflichtung zum Ausgleich eines Erfüllungsrückstandes ist somit retrospektiv. Zu den Voraussetzungen einer Verpflichtung aus Erfüllungsrückstand vgl. allgemein Weber-Grellet, Heinrich, § 5, in: Drenseck, Walter (Hrsg.), Ludwig Schmidt, Einkommensteuergesetz, 2010, Rz. 317.

306 Vgl. Christiansen, Alfred, Zur Passivierung von Verbindlichkeiten: (Nicht-) Passivierung im Rahmen schwebender Geschäfte, in: DStR 2007, S. 870.

307 Vgl. Baetge, Jörg/Kirsch, Hans-Jürgen/Thiele Stefan, Bilanzen, 2009, S. 438. Vgl. zum Beginn des Schwebezustandes auch FG Bremen vom 26.08.2004, in: EFG 2004, S. 1589 sowie die einschlägigen Kommentare.

schließt aber in wirtschaftlicher Betrachtungsweise nicht aus, dass vom Vorliegen eines schwebenden Geschäftes schon vor dessen zivilrechtlicher Entstehung ausgegangen werden kann, wenn der Vertrag wirtschaftlich entstanden ist. Denn es folgt aus dem Zweck der Regelung des § 249 Abs. 1 Satz 1 2. Halbsatz HGB, dass nicht nur solche Geschäfte als schwebend zu beurteilen sind, die durch den Abschluss eines gegenseitigen Vertrages bereits eingeleitet sind, sondern dass über diese formalrechtlichen Kriterien hinaus der bilanzrechtliche Schwebezustand vor Vertragsabschluss beginnen kann.[308] Ein schwebendes Geschäft kann im bilanzrechtlichen Sinne somit bereits vor der zivilrechtlichen Entstehung durch Vertragsabschluss mit der Abgabe eines bindenden Vertragsangebotes beginnen, wenn mit der Annahme des Angebotes mit Sicherheit (ernsthaft) zu rechnen ist.[309]

Das Ende eines schwebenden Geschäftes ist durch seine Erfüllung gegeben. Zivilrechtlich endet der Schwebezustand, wenn sämtliche

---

[308] Die Zugrundelegung einer zivilrechtlichen Definition schließt bilanzrechtlich die Anwendung der wirtschaftlichen Betrachtungsweise zur Bestimmung des Beginns des schwebenden Geschäftes nicht aus, vgl. Heddäus, Birgit, Handelsrechtliche Grundsätze ordnungsmäßiger Bilanzierung von Drohverlustrückstellungen, 1997, S. 45.

[309] So kann eine Drohverlustrückstellung vor Vertragsabschluss geboten sein, wenn die Annahme des Vertragsangebotes mit Sicherheit erwartet werden kann, vgl. BFH vom 16.11.1982, in: BStBl. II 1983, S. 363; IDW HFA, Stellungnahme zur Rechnungslegung: Zweifelsfragen zum Ansatz und zur Bewertung von Drohverlustrückstellungen (IDW RS HFA 4), in: IDW-Fachnachrichten 2010, Tz. 9f. Vgl. auch Heddäus, Birgit, Handelsrechtliche Grundsätze ordnungsmäßiger Bilanzierung für Drohverlustrückstellungen, 1997, S. 45f mit weiteren Nachweisen aus Literatur und Rechtsprechung Gleicher Auffassung auch Crezelius, Georg, Das sogenannte schwebende Geschäft in Handels-, Gesellschafts- und Steuerrecht, in:, Knobbe-Keuk, Brigitte/Klein, Franz/Moxter, Adolf (Hrsg.), Festschrift für Georg Döllerer, 1988, S. 89f, der feststellt, dass eine Drohverlustrückstellung begrifflich nicht unbedingt den rechtsverbindlichen Abschluss eines Austausch- oder Vorvertrages voraussetzt. Ein bindendes, aber noch nicht angenommenes Vertragsangebot oder ähnliches kann bereits eine Rückstellung erforderlich machen. Beurteilt werden soll das daran, ob die zivilrechtliche Lage einen Vertragsabschluss wahrscheinlich erscheinen lässt, S. 90. Damit wäre eine wirtschaftliche Verursachung vor der rechtlichen Vollentstehung gegeben, siehe zur wirtschaftlichen Verursachung und deren verschiedenen Auslegung Gliederungspunkt 4.1.7.2.

Leistungspflichten erfüllt und erledigt sind.[310] Bilanzrechtlich bestimmen sich die Erfüllung und damit das Ende des schwebenden Geschäftes aber in wirtschaftlicher Betrachtungsweise; entscheidend ist dabei, ob im bilanzrechtlichen Sinne Realisation eingetreten ist.[311] Die herrschende Meinung der Bilanzrechtsliteratur konkretisiert die Erfüllung und damit das Ende des schwebenden Geschäftes im Sinne des Realisationsprinzips mit der wesentlichen Erfüllung des Vertrages durch den zur Lieferung oder Leistung Verpflichteten.[312] Das Ende eines schwebenden Geschäftes falle nach dieser Auffassung mit der Gewinnverwirklichung des Sach- oder Dienstleistungsverpflichteten zusammen.[313] Ein schwebendes Geschäft bestehe also grundsätzlich fort, wenn lediglich die Gegenleistung in Form der Geldleistung erbracht würde. Geldvorleistungen führten grundsätzlich zu einer bloßen Vermögensumschichtung, die ergebnisneutral zu erfassen sei.[314]

---

[310] Für die zivilrechtliche Erfüllung reicht die einseitige Erbringung der vertragsgemäßen Leistung durch den zur Sach- oder Dienstleistung Verpflichteten nicht aus, vgl. Heddäus, Birgit, Handelsrechtliche Grundsätze ordnungsmäßiger Bilanzierung für Drohverlustrückstellungen, 1997, S. 47.

[311] Vgl. BFH vom 23.06.1997, BStBl. II 1997, S. 737. Dauerschuldverhältnisse bleiben auch bei beidseitiger teilweiser Erfüllung schwebende Geschäfte, soweit nach dem Bilanzstichtag noch von beiden Seiten Leistungen zu erwarten sind.

[312] Vgl. Woerner, Lothar, Grundsatzfragen zur Bilanzierung schwebender Geschäfte, in: FR 1984, S. 491; Babel, Mathias, Zum Saldierungsbereich bei Rückstellungen für drohende Verluste aus schwebenden Geschäften, in: ZfB 1998, S. 829f; Baetge, Jörg/Kirsch, Hans-Jürgen/Thiele Stefan, Bilanzen, 2009, S. 438. Dies kommt schon in der eingangs vorgestellten Definition des schwebenden Geschäftes zum Ausdrück. Auch, wenn lediglich noch unwesentliche Nebenleistungen ausstehen, liegt kein schwebendes Geschäft mehr vor. Der bilanzrechtliche Schwebezustand endet damit in der Regel mit der Erfüllung der Hauptleistungspflicht, die den Vertrag charakterisiert und die essentielle Leistungspflicht darstellt, so auch Knobbe-Keuk, Brigitte, Bilanz- und Unternehmenssteuerrecht, 1987, S. 145f.

[313] Vgl. hierzu auch Hahne, Klaus/Sievert, Jürgen, Abgrenzung von Drohverlustrückstellung und Rückstellung für ungewisse Verbindlichkeiten, in: DStR 2003, S. 1993. Zur Gewinnrealisation siehe Gliederungspunkt 4.1.5.

[314] Vorleistungen des Gegenleistungsverpflichteten sind als erhaltene Anzahlungen bzw. Rechnungsabgrenzungsposten zu neutralisieren. Vgl. Heddäus, Birgit, Handelsrechtliche Grundsätze ordnungsmäßiger Bilanzierung für Drohver-

Im Gegensatz dazu vertritt der BFH vereinzelt die Auffassung, ein schwebendes Geschäft sei auch in dem Fall beendet, in dem der zur Leistung des Entgeltes Verpflichtete gemäß § 320 BGB vorzuleisten hatte und seine Verpflichtung voll erfüllt hat.[315] In diesem Fall stehe sich nicht mehr die Verpflichtungen zur Leistung und Gegenleistung gegenüber, sondern es bestehe lediglich noch die Verpflichtung zur Sach- oder Dienstleistung, die in Höhe des Anschaffungsertrags in Form des zugeflossenen Entgelts oder in Höhe des Erfüllungsbetrages in Form der (ggf. höheren) bei der Erfüllung zu erwartenden Selbstkosten zu passivieren sei. Der zur Geldleistung Verpflichtete habe seinen Anspruch auf die Gegenleistung in Höhe der erbrachten Geldleistung zu aktivieren.[316] Voraussetzung für die Beendigung des Schwebezustandes durch die vorzeitige Erbringung der Entgeltleistung sei aber, dass diese keine Anzahlung darstelle.[317] Das Fehlen des Realisierungstatbestandes wird von *Christiansen* gerechtfertigt, indem er darauf verweist, dass für eine Realisierung der Anspruch auf das Entgelt ‚so gut wie sicher' sein müsse.[318] Im diskutierten Fall sei aber

---

lustrückstellungen, 1997, S. 48. Auch der BFH ist verschiedentlich dieser Meinung, vgl. statt vieler: BFH vom 23.06.1997, BStBl. II 1997, S. 737.

315 Im Gegensatz zum Regelfall, in dem der Sach- oder Dienstleistungsverpflichtete Zug um Zug (§ 274 Abs. 1 BGB) vorleisten muss. Vgl. zur Auffassung der Beendigung des Schwebezustandes durch vorzuleistendes Entgelt neben anderen BFH vom 18.12.2002, in: BStBl. II 2004, S. 128f und BFH vom 11.10.2007, in: BStBl. II 2009, S. 707. Allerdings hat der BFH verschiedentlich, wenn auch ohne zwingende Begründung, die Auffassung geäußert, ein schwebendes Geschäft bestehe fort, solange es hinsichtlich der vereinbarten Sach- oder Dienstleistung nicht voll erfüllt sei, siehe dazu den Beleg zur Definition eines schwebenden Geschäftes zu Beginn des Gliederungspunktes. Diese Aussage sei nach *Christiansen* in diesem Zusammenhang als regelmäßig geltender Grundsatz zu verstehen, der im erläuterten Ausnahmefall – der vollständigen Vorleistung des Entgeltverpflichten – nicht gelte, vgl. Christiansen Alfred, Zur Passivierung von Verbindlichkeiten: (Nicht-) Passivierung im Rahmen schwebender Geschäfte, in: DStR 2007, S. 870.

316 Vgl. Christiansen, Alfred, Zur Passivierung von Verbindlichkeiten: (Nicht-) Passivierung im Rahmen schwebender Geschäfte, in: DStR 2007, S. 870.

317 Diese wäre bei Nichterfüllung durch den Sach- oder Dienstleistungsverpflichteten zurückzugewähren und führt daher nicht zur Erfüllung der Zahlungsverpflichtung, vgl. Christiansen, Alfred, Zur Passivierung von Verbindlichkeiten: (Nicht-) Passivierung im Rahmen schwebender Geschäfte, in: DStR 2007, S. 870.

318 Siehe Gliederungspunkt 4.1.5.

das Entgelt bereits vollständig (nicht als Anzahlung) zugeflossen, daher bestehe - anders als bei einer durch Lieferung oder Leistung realisierten Geldforderung - kein Zahlungs- oder Bonitätsrisiko mehr. Damit ist ein der Realisierung zumindest gleichzusetzender Tatbestand eingetreten, bevor die Sach- oder Dienstleistung erbracht ist und ein Ende des betreffenden schwebenden Geschäfts sei anzunehmen.[319]

[319] Vgl. Christiansen, Alfred, Zur Passivierung von Verbindlichkeiten: (Nicht-) Passivierung im Rahmen schwebender Geschäfte, in: DStR 2007, S. 871.

4.1.7 Rückstellungen im Handelsrecht

4.1.7.1 Begriff der Rückstellungen

Rückstellungen als Passivposten der Bilanz stellen zusammen mit den Verbindlichkeiten die Schulden des Unternehmens dar.[320] Das Handelsgesetzbuch enthält keine allgemeine Definition von Rückstellungen. Aus den Gemeinsamkeiten der in § 249 HGB aufgezählten Rückstellungen kann eine Definition wie folgt abgeleitet werden: Rückstellungen sind Passivposten, die bezüglich ihrer Höhe, ihrer Entstehung oder ihres Anfallszeitpunktes nicht völlig, aber dennoch ausreichend sicher und quantifizierbar[321] sind, mit denen bestimmte künftige Ausgaben oder Einnahmenminderungen (die durch künftige Handlungen wie Zahlungen, Dienstleistungen, Lieferungen und Leistungen, Eigentumsübertragungen an Sachen und Rechten entstehen) gewinnmindernd erfasst werden.[322] Damit stellen Rückstellungen ein Instrument dar, Leistungsverpflichtungen des bilanzierenden Unternehmens, mit

---

[320] Gemäß des in § 246 Abs. 1 HGB enthaltenen Vollständigkeitsgebotes ist jeder Kaufmann verpflichtet, sämtliche Vermögensgegenstände, Schulden, Rechnungsabgrenzungsposten, Aufwendungen und Erträge im Jahresabschluss auszuweisen. Diese Vorschrift wird durch die in § 247 Abs. 1 HGB enthaltenen Anforderungen an den Inhalt der Bilanz ergänzt. Mit Hilfe von § 247 Abs. 1 HGB subsumiert der Gesetzgeber sämtliche Passivposten, die nicht Eigenkapital oder Rechnungsabgrenzungsposten sind, unter dem Begriff Schulden. Zum handelsrechtlichen Schuldbegriff gehören somit Verbindlichkeiten und Rückstellungen. Aus diesem Grund scheint es geboten, sich von der synonymen Verwendung der Begriffe ‚Schuld' und ‚Verbindlichkeit' zu distanzieren. Vgl. allgemein hierzu auch Hütteman, Ulrich, Grundsätze ordnungsmäßiger Bilanzierung für Verbindlichkeiten, 1976, S. 6f. Ebenso wird im Folgenden zwischen den Begriffen ‚Verbindlichkeit' und ‚ungewisse Verbindlichkeit' getrennt.

[321] Quantifizierbarkeit kann entweder punktuell oder lediglich im Rahmen einer Bandbreite vorliegen. Rückstellungen sind in der Regel aufgrund ihrer Ungewissheit nicht punktuell, sondern lediglich im Rahmen einer Bandbreite quantifizierbar. Hierbei ist z. B. eine Orientierung an Erfahrungswerten der Vergangenheit möglich, vgl. Baetge, Jörg/Kirsch, Hans-Jürgen/Thiele, Stefan, Bilanzen, 2009, S. 416.

[322] Vgl. Adler, Hans/Düring, Walther/Schmaltz, Kurt, Rechnungslegung und Prüfung der Unternehmen, 2007, § 249, Rz. 27; Kozikowski, Michael/Schubert, Wolfgang J., § 249, in: Ellrott, Helmut et al. (Hrsg.), Beck'scher Bilanz-Kommentar, 2012, Rz. 1.

denen eine wirtschaftliche Belastung[323] verbunden ist, die erst in einer späteren Periode zu Ausgaben oder Einnahmenminderungen führt, als Aufwand der Periode zuzuordnen, in der die wirtschaftliche Belastung herbeigeführt wurde. Die Kriterien ‚Leistungsverpflichtung', ‚wirtschaftliche Belastung' und ‚Quantifizierbarkeit' stellen Kriterien des allgemeinen Passivierungsgrundsatzes für Schulden dar.[324]

---

323 Eine wirtschaftliche Belastung liegt dann vor, wenn sich eine zukünftige Bruttovermögensminderung des bilanzierenden Unternehmens einstellt. Als Bruttovermögen wird die Summe aus Geldvermögen und Sachvermögen bezeichnet. Das Bruttovermögen mindert sich dann, wenn der Leistungsverpflichtung keine Gegenleistung gegenübersteht, sie also unkompensiert ist (unkompensierte Last), vgl. Baetge, Jörg/Kirsch, Hans-Jürgen/Thiele, Stefan, Bilanzen, 2009, S. 415. Eine kompensierte Last liegt vor, wenn das künftige ungewisse Ausgabenerfordernis durch ausreichende künftige Erträge gedeckt ist. Als Beispiel hierfür kann eine Schadenersatzverpflichtung dienen, bei der eine Versicherung zur Übernahme des Schadens von Seiten des Verpflichteten gegeben ist. In diesem Fall liegt keine wirtschaftliche Belastung des Vermögens des Unternehmens vor, vgl. Euler, Roland, Rückstellungskriterien im Vergleich - HGB versus IFRS, in: WPg-Sonderheft 2004, S. S144.

324 Sind die Kriterien des Passivierungsgrundsatzes kumulativ erfüllt, ist die betreffende Schuld abstrakt passivierungsfähig. Die Schuld ist aber nur dann konkret passivierungsfähig, wenn keine gesetzlichen Vorschriften entgegenstehen, welche die Kriterien abstrakter Passivierungsfähigkeit einengen. Vgl. genauer zum Passivierungsgrundsatz Baetge, Jörg/Kirsch, Hans-Jürgen/Thiele, Stefan, Bilanzen, 2009, S. 168–176.

4.1.7.2 Verbindlichkeitsrückstellung und Realisationsprinzip

4.1.7.2.1 Konkretisierungs- und Objektivierungskriterien für Verbindlichkeitsrückstellungen

Der Ansatz einer Verbindlichkeitsrückstellung erfordert zunächst gemäß § 249 Abs. 1 Satz 1 HGB das Bestehen einer dem Grunde und/oder der Höhe nach ungewissen Verbindlichkeit. Es kann aber nicht jede nur denkbare ungewisse Verbindlichkeit, die der Kaufmann subjektiv als wirtschaftliche Belastung empfindet, angesetzt werden, sondern lediglich objektivierte und durch Vergangenheitsereignisse konkretisierte.[325] Im Schrifttum, wie auch in der Rechtsprechung des BFH hat sich ein Kriterienkatalog zur Prüfung des Ansatzes von Verbindlichkeitsrückstellungen herausgebildet.[326] Zu diesen Konkretisierungs- und Objektivierungskriterien gehören, neben der grundsätzlich zu fordernden Erfüllung der Kriterien des Passivierungsgrundsatzes[327], das Vorliegen einer Außenverpflichtung[328], die Wahrscheinlichkeit des Be- oder Entstehens der Leistungsverpflichtung (‚Greifbarkeit') und die Inanspruchnahme des Schuldners[329] sowie das grundle-

---

325 Vgl. Moxter, Adolf, Bilanzrechtsprechung, 2007, S. 85f.

326 Die Konkretisierungs- und Objektivierungskriterien können als Grundsätze ordnungsmäßiger Bilanzierung von Verbindlichkeitsrückstellungen bezeichnet werden. Siehe so die Auflistung in einschlägigen Bilanzkommentaren, wie Kozikowski, Michael/Schubert, Wolfgang J., § 249, in: Ellrott, Helmut et al. (Hrsg.), Beck'scher Bilanz-Kommentar, 2012, Rz. 26–44.

327 Siehe Gliederungspunkt 4.1.7.1.

328 Eine Außenverpflichtung liegt dann vor, wenn eine Leistungsverpflichtung gegenüber einem Dritten existiert.

329 Aufgrund der vorliegenden Ungewissheit nicht nur über die Höhe, sondern ggf. auch über den Grund der Leistungsverpflichtung muss eine hinreichende Konkretisierung dahingehend gegeben sein, dass die Wahrscheinlichkeit des Bestehens (wenn nicht sicher ist, ob die Verpflichtung am Bilanzstichtag bereits entstanden ist) oder des künftigen Entstehens gegeben sein muss, vgl. Daub, Sebastian, Rückstellungen nach HGB, US GAAP und IAS, 2000, S. 74. Ein Beispiel für eine passivierungsfähige zukünftige Verpflichtung stellt eine aufschiebend bedingte Verpflichtung dar, vgl. z. B. BFH vom 17.07.1980, in: BStBl. II 1981, S. 670. Zur Prüfung des Vorliegens einer objektiven Mindestwahrscheinlichkeit hat der BFH mit Urteil vom 01.08.1984, in: BStBl. II 1985, S. 44–47 und dann in ständiger Rechtsprechung die Formel geprägt, dass eine Vorhersehbar-

gende Ansatzerfordernis zur Bestimmung des Passivierungszeitpunktes: die Verursachung der Leistungsverpflichtung vor dem Bilanzstichtag.[330] Es ist also die Aufgabe der Verbindlichkeitsrückstellung, den Aufwand aus einer Leistungsverpflichtung in der Berichtsperiode auszuweisen, in der die betreffende wirtschaftliche Belastung auch tatsächlich herbeigeführt, das heißt verursacht wurde. Das Objektivierungskriterium der Verursachung der Leistungsverpflichtung steht bis heute in der bilanzrechtlichen Diskussion. Die Deutung dessen, was unter ‚Verursachung' zu verstehen ist, brachte zwei sich unversöhnlich gegenüberstehende Auffassungen zutage, die aus den unterschiedlichen Vorstellungen über die Grundkonzeptionen der Bilanz

---

keit in dem Sinne vorliegen muss, dass mehr Gründe für als gegen das Be- oder Entstehen der Verpflichtung sprechen. Von der Wahrscheinlichkeit des Be- oder Entstehens kann das Kriterium der Wahrscheinlichkeit der Inanspruchnahme abgegrenzt werden. Mit der Inanspruchnahme muss ernsthaft zu rechnen sein. Die Wahrscheinlichkeitsprüfungen der beiden Kriterien stimmen im Wesentlichen überein, so dass in Rechtsprechung und Schrifttum überwiegend lediglich die Wahrscheinlichkeit der Inanspruchnahme geprüft wird und darauf verzichtet wird unter dem Punkt der hinreichenden Konkretisierung überhaupt von einer Wahrscheinlichkeit des Be- oder Entstehens zu sprechen, vgl. Daub, Sebastian, Rückstellungen nach HGB, US GAAP und IAS, 2000, S. 78. *Moxter* spricht im Zusammenhang mit der hinreichenden Konkretisierung von der ‚Greifbarkeit' einer wirtschaftlichen Belastung, vgl. Moxter, Adolf, Zum Passivierungszeitpunkt von Umweltschutzrückstellungen, in: Moxter, Adolf et al. (Hrsg.), Festschrift für Karl-Heinz Forster, 1992, S. 430. Genauso wie auf der Aktivseite der Bilanz lediglich selbständig bewertbare, greifbare Vermögensgegenstände angesetzt werden dürfen, kann auch nur eine greifbare Verpflichtung als Schuld gelten, vgl. Moxter, Adolf, Bilanzrechtsprechung, 2007, S. 86. So verwendet Baetge seit der 4. Auflage von ‚Bilanzen' die beiden Begriffe ‚hinreichende Konkretisierung' und ‚bilanzielle Greifbarkeit' synonym, vgl. Baetge, Jörg, Bilanzen, 1996, S. 165, Fn. 79; Baetge, Jörg/Kirsch, Hans-Jürgen/Thiele, Stefan, Bilanzen, 2009, S. 171, Fn. 80. Die exakte Grenzziehung zwischen Greifbarem und nicht Greifbarem ist nur schwer, wenn überhaupt möglich. „Jede Wahrscheinlichkeitsquantifizierung wäre wegen der Subjektivität der sie bestimmenden Erwartungen eine Scheinobjektivierung" Moxter, Adolf, Bilanzrechtsprechung, 2007, S. 86.

330 Vgl. so z. B. BFH vom 27.06.2001, in: BStBl. II 2003, S. 121. Vgl. zum darüber hinaus von *Siegel* geforderten Kriterium der Unentziehbarkeit Siegel, Theodor, Unentziehbarkeit als zentrales Kriterium für den Ansatz von Rückstellungen, in: DStR 2002, S. 1192-1196. Der BFH hat diesem Kriterium keine Zusage erteilt.

im Rechtssinne resultieren.[331] Einigkeit besteht darüber, dass im Sinne einer wirtschaftlichen Betrachtungsweise nicht nur rechtliche, sondern auch wirtschaftliche Tatbestände maßgebend sind. Ob allerdings beim Auseinanderfallen von wirtschaftlicher Verursachung und rechtlicher Vollentstehung die rechtliche Vollentstehung ohne die wirtschaftliche Verursachung maßgebender Zeitpunkt für die Passivierung sein soll, ist umstritten.[332] Überdies ist die Auslegung einer wirtschaftlichen Verursachung umstritten. Die beiden grundlegend unterschiedlichen Interpretationen können mit den Schlagworten „Wesentlichkeitskriterium[333]" sowie „Alimentationsformel" beschrieben werden. Auslöser der Gegensätze ist eine unterschiedliche Auffassung über die Reichweite des Realisationsprinzips.

---

331 Vgl. die Gegenüberstellung bei Kessler, Harald, Anpassungspflichten im Bilanzrecht: (Neue?) Grenzwerte für die wirtschaftliche Verursachung, in: DStR 2001, S. 1903–1912. Auch *Moxter* sieht den Streit über Rückstellungskriterien in den unterschiedlichen Grundpositionen begründet, vgl. Moxter, Adolf, Rückstellungskriterien im Streit, in: ZfbF 1995, S. 311.

332 Der BFH hat entschieden, dass beim Auseinanderfallen des Eintritts der rechtlichen Vollentstehung und der wirtschaftlichen Verursachung der frühere der beiden Zeitpunkte maßgebend ist. Das bedeutet, dass rechtlich voll entstandene Verbindlichkeitsrückstellungen unabhängig vom Zeitpunkt ihrer wirtschaftlichen Verursachung auszuweisen sind, vgl. BFH vom 27.06.2001, in: BStBl. II 2003, S. 122. A. A. Moxter, Adolf, Zum Passivierungszeitpunkt von Umweltschutzrückstellungen, in: Moxter, Adolf e. al. (Hrsg.), Festschrift für Karl-Heinz Forster, 1992, S. 432; Herzig, Norbert, Rückstellungen wegen öffentlich-rechtlicher Verpflichtungen, insbesondere Umweltschutz, in: DB 1990, S. 1346f.

333 Auch tatbestandsorientiertes Konzept des BFH genannt.

4.1.7.2.2 Wirtschaftliche Verursachung als Vorstufe der rechtlichen Entstehung – das ‚Wesentlichkeitskriterium' (klassisches Realisationsprinzip)

Die Anhänger des Wesentlichkeitskriteriums interpretieren die wirtschaftliche Verursachung im Sinne einer streng vermögensorientierten Verursachungskonzeption.[334] Ausgangspunkt der Beurteilung einer ungewissen Verbindlichkeit bleibt hierbei eine formalrechtliche Betrachtungsweise und damit die rechtliche Entstehungsstruktur der Verbindlichkeit. Die wirtschaftliche Verursachung ist nach dem Wesentlichkeitskriterium zu dem Zeitpunkt gegeben, zu dem sich eine ungewisse Verbindlichkeit so weit konkretisiert hat, dass ihre rechtliche Vollentstehung nur noch von wirtschaftlich unwesentlichen Merkmalen abhängt.[335] Die wirtschaftliche Betrachtungsweise besteht bei einer solchen Auffassung darin, dass gegenüber der Forderung der rechtlichen Vollentstehung ein Weniger an Tatbestandsmerkmalen genügt, damit die ungewisse Verbindlichkeit entstanden ist. Sprachlich anders ausgedrückt zielt dieser Ansatz auf die wirtschaftliche Entstehung einer ungewissen Verbindlichkeit als Vorstufe auf dem Weg zur endgültigen juristischen Tatbestandsverwirklichung.[336]

---

[334] Vgl. Kessler, Harald, Anpassungspflichten im Bilanzrecht: (Neue?) Grenzwerte für die wirtschaftliche Verursachung, in: DStR 2001, S. 1905.

[335] Vgl. BFH vom 01.08.1984, in: BStBl. II 1985, S. 44–47 und BFH vom 19.05.1987, in: BStBl. II 1987, S. 849. Die wirtschaftliche Verursachung einer Verbindlichkeitsrückstellung kommt als Kriterium für den BFH nur für solche Verpflichtungen in Frage, die erst künftig entstehen. Für dem Grunde nach bereits bestehende Verpflichtungen (lediglich dem Betrag nach ungewiss) ist es nicht erforderlich, dass der wirtschaftliche Bezugspunkt vor dem jeweiligen Bilanzstichtag liegt. Vgl. BFH vom 27.06.2001, in: BStBl. II 2003, S. 123.

[336] Vgl. Kessler, Harald, Anpassungspflichten im Bilanzrecht: (Neue?) Grenzwerte für die wirtschaftliche Verursachung, in: DStR 2001, S. 1905. Vgl. auch Döllerer, Georg, Ansatz und Bewertung von Rückstellungen in der neueren Rechtsprechung des Bundesfinanzhofs, in: DStR 1987, S. 67.

Die abzuprüfende Formel des Wesentlichkeitskriteriums stellt sich visualisiert wie folgt dar:

TM1 + TM2 + TM3

Wirtschaftliche Entstehung = wirtschaftliche Verursachung

Summe TM1 bis TM3 = Tatbestand = rechtliche Vollentstehung

Legende: TM = Tatbestandsmerkmal

Unter der Annahme, dass TM1 bis TM3 zwar rechtlich gleichwertig sind, aber TM3 wirtschaftlich unwesentlich ist, ist die wesentliche wirtschaftliche Tatbestandsverwirklichung und damit die wirtschaftliche Verursachung nach dem Wesentlichkeitskriterium mit Erfüllung von TM1 und TM2 gegeben.

4.1.7.2.3 Wirtschaftliche Verursachung als Ergebnis der Ausgabenperiodisierung nach dem Realisationsprinzip - die Alimentationsformel Moxters

Befürworter der Alimentationsformel ordnen das Realisationsprinzip als „grundlegendes Aktivierungs- und Passivierungsprinzip"[337] und damit als umfassendes Periodisierungsprinzip ein.[338] Das Realisationsprinzip besagt, dass Gewinne erst dann zu bilanzieren sind, wenn sie durch Umsatzakt realisiert sind. Das Realisationsprinzip ist damit in erster Linie eine Regel zur Periodisierung von Erträgen. Ökonomisch besteht aber eine Beziehung zwischen Wertentstehung (Erträgen) und Wertverzehr (Aufwendungen). Damit bindet das Realisationsprinzip nicht nur den Ertrag, sondern im weiteren Sinne auch die Aufwendungen an die Realisation durch den Umsatzakt. Die Zuordnung von Aufwendungen zu realisierten Erträgen erfolgt auf *Leffson* zurückgehend nach dem Kriterium der ‚Abgrenzung der Sache nach', in Ausnahmefällen, so zum Beispiel bei Fehlen entsprechender Erträge auch ‚der Zeit nach'.[339] Das bedeutet, den realisierten Erträgen werden sämtliche mit ihnen sachlich zusammenhängende Aufwendungen gegenüber gestellt. *Moxter* spricht in diesem Zusammenhang davon, dass Erträge Aufwendungen alimentieren.[340] Eine so verstandene Zuordnung von Aufwendungen und Erträgen zur selben Abrechnungsperiode (Periodisierung) erfolgt zum einen durch Aktivierung und anschließende Abschreibung, nämlich dann, wenn Ausgaben anfallen, bevor die mit ihnen sachlich zusammenhängenden Erträge entstehen, oder zum anderen durch Passivierung, wenn Ausgaben zeitlich nach den mit ihnen sachlich zusammenhängenden Erträgen anfallen. Ein Instrument, um zukünftigen Ausgabenanfall erfolgswirksam in die Periode zu antizipieren, in der die entsprechenden Erträge anfallen, ist die Verbindlichkeitsrückstellung. Die Passivierung von

---

337 Herzig, Norbert, Rückstellungen wegen öffentlich-rechtlicher Verpflichtungen, insbesondere Umweltschutz, in: DB 1990, S. 1344.

338 Vgl. grundlegend Moxter, Adolf, Das Realisationsprinzip - 1884 und heute, in: BB 1984, S. 1784.

339 Vgl. Leffson, Ulrich, Grundsätze ordnungsmäßiger Buchführung, 1987, S. 300.

340 Vgl. Moxter, Adolf, Grundsätze ordnungsmäßiger Rechnungslegung, 2003, S. 47.

Verbindlichkeitsrückstellungen lässt sich somit mittelbar durch das Realisationsprinzip erklären. Sie hat den Zweck, künftige Ausgaben den ihnen sachlich zugehörigen bereits realisierten Erträgen zuzuordnen.[341]

Der Zusammenhang zwischen künftigen Ausgabenerfordernissen und realisierten Erträgen kann mehr oder weniger eng sein. Es kann eine unmittelbare Zugehörigkeit künftiger Ausgabenerfordernisse zu bereits realisierten Erträgen bestehen oder aber eine mittelbare Zugehörigkeit, weil es sich um künftige Vermögensminderungen handelt, denen überhaupt kein Ertrag gegenüber steht, weil diese künftigen Ausgaben weder bereits realisierte noch erst künftige Erträge alimentieren.[342]

Vor diesem Hintergrund erfolgt die Interpretation des Kriteriums der wirtschaftlichen Verursachung entsprechend: Die wirtschaftliche Verursachung einer Rückstellung im Bilanzierungszeitpunkt setzt die konkretisierte Zugehörigkeit zukünftiger Ausgaben zu im Berichtszeitraum realisierten Erträgen voraus.[343]

Steht die künftige Vermögensminderung allerdings mit einer künftigen Vermögensmehrung in Zusammenhang, durch die sie vollständig kompensiert wird, liegt keine wirtschaftliche Belastung des Unternehmens vor und die Voraussetzungen zur Bildung einer Verbindlichkeitsrückstellung sind nicht gegeben.[344] Wenn die Entstehung

---

[341] Vgl. Moxter, Adolf, Neue Ansatzkriterien für Verbindlichkeitsrückstellungen? (Teil I), in: DStR 2004, S. 1058.

[342] Vgl. Moxter, Adolf, Bilanzrechtsprechung, 2007, S. 119. Künftige Aufwendungen, die umsatzunabhängig anfallen und somit weder realisierten noch künftigen Erträgen zugeordnet werden können, stellen z. B. bestimmte Schadenersatzverpflichtungen dar.

[343] Vgl. so z. B. Kupsch, Peter, Neuere Entwicklungen bei der Bilanzierung und Bewertung von Rückstellungen, in: DB 1989, S. 54.

[344] Bei einem schwebenden Geschäft wird grundsätzlich unterstellt, dass keine wirtschaftliche Belastung vorliegt (Ausgeglichenheitsvermutung siehe oben Gliederungspunkt 4.1.6). Bei schwebenden Beschaffungsgeschäften führen die zu leistenden Ausgaben (künftige Vermögensminderung) zum Kauf eines entsprechend werthaltigen Vermögensgegenstandes, wodurch keine wirtschaftliche Belastung entsteht.

(entsprechender) sachlich zuordenbarer Erträge in der Zukunft zu erwarten ist, liegt die wirtschaftliche Verursachung in der Zukunft. Stellt sich aber heraus, dass die künftigen, nach vernünftiger kaufmännischer Beurteilung zu erwartenden Erträge nicht ausreichen werden, um die künftigen Vermögensminderungen zu decken, droht ein Verlust. Der Verlust (Aufwendungsüberschuss) ist mittels einer Drohverlustrückstellung zu antizipieren. Der Aufwendungsüberschuss wird damit realisierten Erträgen zugeordnet (mittelbare Zugehörigkeit). Die wirtschaftliche Verursachung liegt in der Periode, in der die geänderten Erkenntnisse bekannt werden.[345]

Der BFH hat in einigen Fällen das Alimentationsprinzip angewendet.[346] In den meisten Fällen lehnt er diese Formel aber mit der Begründung ab, es gäbe keinen „Grundsatz ordnungsmäßiger Bilanzierung, der es gebietet, Einnahmen in eine spätere Zeit zu verlagern, in welcher die Ausgaben (Kosten) anfallen, zu deren Deckung sie dienen, noch einen solchen, der fordert, Ausgaben (Kosten) in das Jahr zu verlagern, in welchem die Einnahmen zufließen, aus denen die Ausgaben gedeckt werden sollen“[347]. Im Folgenden soll der Alimentationsformel im Hinblick auf die Bilanzierung von Leasingrückkaufgeschäften gefolgt werden, wenn sie zur Klärung von Abgrenzungsproblemen beiträgt.

---

[345] Vgl. Naumann, Klaus-Peter, Rechtliches Entstehen und wirtschaftliche Verursachung als Voraussetzung der Rückstellungsbilanzierung, in: WPg 1991, S. 531. Zur Drohverlustrückstellung siehe Gliederungspunkt 4.4.4.3.

[346] Vgl. BFH vom 25.08.1989, in: BStBl. II 1989, S. 895; BFH vom 04.02.1999, in: BFH/NV 1999, S. 1076. So auch BGH vom 28.01.1991, in: BB 1991, S. 508.

[347] BFH vom 27.06.2001, in: BStBl. II 2003, S. 121; begründet durch BFH vom 19.06.1973, in: BStBl. II 1973, S. 774.

4.1.7.3 Drohverlustrückstellung und Imparitätsprinzip

Das Imparitätsprinzip ist in § 252 Abs. 1 Nr. 4 HGB kodifiziert und fordert die Berücksichtigung aller vorhersehbaren Risiken und Verluste, die bis zum Bilanzstichtag entstanden sind. Das Vorsichtsprinzip kann auch als Imparitätsprinzip im weiteren Sinne bezeichnet werden. Hiernach sind grundsätzlich Risiken und Chancen imparitätisch zu behandeln, Risiken sind stärker zu gewichten als Chancen. Das Imparitätsprinzip im engeren Sinne[348] fordert die ungleiche Behandlung von positiven Gewinnkomponenten und negativen Gewinnkomponenten in der Hinsicht, dass Erträge erst mit der Realisierung angesetzt werden dürfen, bestimmte Aufwendungen „hat man dagegen bereits vor ihrer - umsatzgebundenen - Realisierung zu berücksichtigen"[349]. Das sind künftige Aufwendungen, denen im Zeitpunkt ihrer Realisierung die vollständige Deckung durch zugehörige Erträge vermutlich fehlen wird.[350] Das Imparitätsprinzip dient damit der Verlustantizipation, indem Aufwandsüberschüsse zukünftiger Geschäftsjahre in den gegenwärtigen Abschluss antizipiert werden, um eine Ausschüttung und Besteuerung von Gewinnen zu vermeiden, „die in der Totalperiode überhaupt nicht entstehen"[351]. Das eigentliche Verlustjahr bleibt durch diese Antizipation verlustfrei. Ausprägung des Im-

[348] Wenn im Folgenden der Begriff Imparitätsprinzip genannt wird, ist das Imparitätsprinzip im engeren Sinne gemeint, wenn vom Imparitätsprinzip im weiteren Sinne gesprochen wird, dann wird der Begriff Vorsichtsprinzip verwendet.

[349] Moxter, Adolf, Grundsätze ordnungsmäßiger Rechnungslegung, 2003, S. 55.

[350] Vgl. Moxter, Adolf, Grundsätze ordnungsmäßiger Rechnungslegung, 2003, S. 55.

[351] Herzig, Norbert/Rieck, Ulrich, Abgrenzung des Saldierungsbereiches bei Rückstellungen für drohende Verluste aus schwebenden Geschäften, in: Stbg 1995, S. 531. Sinn und Zweck des Imparitätsprinzips ist somit eine vorsichtige Erfolgsermittlung. Dem Imparitätsprinzip in diesem Zusammenhang eine Kapitalerhaltungsfunktion zuzuschreiben, vgl. u. a. Baetge, Jörg/Kirsch, Hans-Jürgen/Thiele, Stefan, Bilanzen, 2009, S. 134, erscheint zu weitgehend, denn mit der Verlustantizipation gelingt nicht automatisch die Erhaltung des am Geschäftsjahresbeginn vorhandenen Eigenkapitalbestandes. Diese hängt vielmehr von der Relation zwischen realisierten Erträgen, drohenden Verlusten und dem Eigenkapitalanfangsbestand ab, vgl. Heddäus, Birgit, Handelsrechtliche Grundsätze ordnungsmäßiger Bilanzierung für Drohverlustrückstellungen, 1997, S. 16.

paritätsprinzips ist neben dem Niederstwert- und Höchstwertprinzip die Passivierung von Drohverlustrückstellungen.

Rückstellungen für drohende Verluste aus schwebenden Geschäften (Drohverlustrückstellungen[352]) sind gemäß § 249 Abs. 1 Satz 1 zweite Alternative HGB zu bilden. Das Wort ‚drohend' impliziert bereits die Zukünftigkeit. Liegen am Abschlussstichtag Schuldverhältnisse aus schwebenden Geschäften vor, die nach vernünftiger kaufmännischer Beurteilung wirtschaftlich unausgeglichen, also verlustbedroht sind,[353] ist für den Betrag, in Höhe dessen die aus dem Vertrag resultierende Verpflichtung den resultierenden Wert des Anspruches übersteigt (Aufwandsüberschuss/Verlust), eine Drohverlustrückstellung zu bilden.

Mit Blick auf das im Folgenden zu untersuchende Leasingrückkaufgeschäft sollen besonders schwebende Beschaffungsgeschäfte Betrachtung finden. Die Verpflichtungskomponente eines schwebenden Beschaffungsgeschäftes besteht im Erfüllungsbetrag der eigenen Leistungsverpflichtung, die in der Regel dem vereinbarten Kaufpreis entspricht.[354] Dieser vereinbarte Kaufpreis zuzüglich ggf. darüber hinausgehender Kosten stellt die zukünftigen Anschaffungskosten des Vermögensgegenstandes dar. Bei normalem Geschehensverlauf entsprechen diese künftigen Anschaffungskosten dem Wert des Anspruchs aus dem Beschaffungsgeschäft also dem beizulegenden Wert des Vermögensgegenstandes.[355] Erst wenn dem nicht mehr so ist und die Aufwandskomponente (Anschaffungskosten) höher ist als der beizulegende Wert des Vermögensgegenstandes, droht aus dem schwebenden Beschaffungsgeschäft ein Verlust. Demnach dient die Drohverlustrückstellung für schwebende Beschaffungsgeschäfte der Vorwegnahme einer durch außerplanmäßige Abschreibung auf den

---

352 Oftmals auch Verlustrückstellungen genannt. In der vorliegenden Arbeit wird durchgehend der Begriff Drohverlustrückstellung verwandt.

353 Vgl. Moxter, Adolf, Grundsätze ordnungsmäßiger Rechnungslegung, 2003, S. 57.

354 Vgl. Heddäus, Birgit, Handelsrechtliche Grundsätze ordnungsmäßiger Bilanzierung für Drohverlustrückstellungen, 1997, S. 98.

355 Vgl. Heddäus, Birgit, Handelsrechtliche Grundsätze ordnungsmäßiger Bilanzierung für Drohverlustrückstellungen, 1997, S. 99.

niedrigeren beizulegenden Wert zu erfassenden Vermögensminderung.[356]

Der Aufwendungsüberschuss, den die Drohverlustrückstellung umfasst, ergibt sich somit als Saldogröße zwischen den künftigen Anschaffungskosten des Vermögensgegenstandes (Verpflichtungskomponente) und dem beizulegenden Wert des Vermögensgegenstandes im Anschaffungszeitpunkt (Anspruchskomponente). In den Saldierungs- oder Kompensationsbereich einzubeziehen sind sämtliche wechselseitigen Leistungen, die in wirtschaftlicher Betrachtungsweise zum Synallagma der Vertragspartner gehören.[357] Vor allem sind dies die Hauptleistungspflichten aus dem schuldrechtlichen Synallagma. Aber auch Vorteile, die anlässlich des Vertrages anfallen, bei denen aber kein Anspruch gegen den Hauptleistungsverpflichteten, sondern gegen einen Dritten besteht, sind mit einzubeziehen.

Der Grundsatz der Maßgeblichkeit der handelsrechtlichen Grundsätze ordnungsmäßiger Buchführung für die Steuerbilanz wird für Drohverlustrückstellungen durchbrochen, da mit § 5 Abs. 4a EStG eine steuerliche Sondervorschrift existiert. Die Bildung von Rückstellungen für drohende Verluste aus schwebenden Geschäften ist steuerbilanziell grundsätzlich verboten.[358]

---

356 Vgl. Kupsch, Peter, Neuere Entwicklungen bei der Bilanzierung und Bewertung von Rückstellungen, in: DB 1989, S. 56. Vgl. auch Mellwig, Winfried, Für ein bilanzzweckadäquates Teilwertverständnis, in: Ballwieser, Wolfgang et al. (Hrsg.), Festschrift für Adolf Moxter, 1994, S. 1088.

357 Vgl. hier und im Folgenden Kozikowski, Michael/Schubert, Wolfgang J., § 249, in: Ellrott, Helmut et al. (Hrsg.), Beck'scher Bilanz-Kommentar, 2012, Rz. 63f.

358 Zur Kritik hieran siehe z. B. Moxter, Adolf, Zur Abgrenzung von Verbindlichkeitsrückstellungen und (künftig grundsätzlich unzulässigen) Verlustrückstellungen, in: DB 1997, S. 1480.

4.1.7.4 Abgrenzung des Anwendungsbereiches von Verbindlichkeitsrückstellung und Drohverlustrückstellung

Das Realisationsprinzip kann als Grenzlinie zwischen den Anwendungsbereichen der beiden Rückstellungsarten bezeichnet werden.[359] Der Zeitpunkt der Realisation des Ertrages des zur Lieferung oder Leistung Verpflichteten entspricht in der Regel dem Ende des Schwebezustandes des Geschäftes. Solange der Realisationsvorgang noch nicht stattgefunden hat, sind Verpflichtungsüberschüsse aus schwebenden Geschäften nach dem Imparitätsprinzip als Drohverlustrückstellungen zu erfassen. Im Anschluss an die Realisation sind sämtliche Aufwendungen, die mit realisierten Erträgen zusammenhängen, als Verbindlichkeiten bzw. Verbindlichkeitsrückstellungen zu erfassen. Eine so gezogene Trennungslinie zwischen Drohverlustrückstellung und Verbindlichkeitsrückstellung mit Hilfe der Existenz eines schwebenden Geschäftes erweist sich allerdings für über den Regelfall hinausgehend als ungeeignet: „Zwar erfordert die Drohverlustrückstellung ein schwebendes Geschäft, aber das schwebende Geschäft schließt die Verbindlichkeitsrückstellung keineswegs aus."[360]

Die Drohverlustrückstellung wird von der herrschenden Meinung in der Literatur sowie der Rechtsprechung als Anwendungsfall bzw. Unterfall der Verbindlichkeitsrückstellung angesehen.[361] Dies geht

---

[359] Vgl. hier und im Folgenden Hahne, Klaus D./Sievert, Jürgen, Abgrenzung von Drohverlustrückstellung und Rückstellung für ungewisse Verbindlichkeiten, in: DStR 2003, S. 1992.

[360] Moxter, Adolf, Künftige Verluste in der Handels- und Steuerbilanz, in: DStR 1998, S. 513. Der BFH hat im Rekultivierungsfall eine Verbindlichkeitsrückstellung im schwebenden Geschäft des Kiesausbeutevertrages angenommen. Der BFH sah die Rekultivierungsverpflichtung als selbständige Belastung. Vgl. BFH vom 16.09.1970, in: BStBl. II 1971, S. 85. Siehe zum Erfüllungsrückstand Gliederungspunkt 4.1.6.

[361] Vgl. Adler, Hans/Düring, Walther/Schmaltz, Kurt, Rechnungslegung und Prüfung der Unternehmen, 2007, § 249 HGB Rz. 137 mit weiteren Nachweisen; Knobbe-Keuk, Brigitte, Bilanz- und Unternehmenssteuerrecht, 1993, S, 116; Kozikowski, Michael/Schubert, Wolfgang J., § 249, in: Ellrott, Helmut et al. (Hrsg.), Beck'scher Bilanz-Kommentar, 2012, Rz. 52; BFH vom 16.11.1982, in: BStBl. II 1983, S. 363. A. A. wohl Groh, Manfred, Verbindlichkeitsrückstellung

zurück auf die These *Döllerers,* wonach Drohverlustrückstellungen „ihrem Wesen nach nichts anderes sind als Rückstellungen für ungewisse Verbindlichkeiten“[362]. Begründet wird dies damit, dass Drohverlustrückstellungen für den Teil der Verpflichtung aus schwebenden Geschäften zu bilden sind, um den die Verpflichtung den Wert des eigenen Anspruchs gegenüber dem Vertragspartner übersteigt. Die Drohverlustrückstellung setzt somit ebenfalls eine Verbindlichkeit voraus. Sie gestattet jedoch entgegen dem Verrechnungsverbot eine Saldierung dieser Verbindlichkeit mit den niedriger zu bewertenden Forderungen aus dem schwebenden Geschäft.[363] Eine solche Saldierung wäre normalerweise unzulässig, was die explizite gesetzliche Erwähnung der Drohverlustrückstellung rechtfertigt.[364] Gerade aufgrund der Verwandtschaft von Drohverlustrückstellung und Verbindlichkeitsrückstellung ist eine Abgrenzung der beiden Rückstellungsarten teilweise mit Schwierigkeiten behaftet.[365]

Das entscheidende Unterscheidungsmerkmal zwischen den beiden Rückstellungsarten kann aus ihrer abweichenden dogmatischen Fundierung abgeleitet werden: Die Verbindlichkeitsrückstellung folgt dem Realisationsprinzip, während die Drohverlustrückstellung eine Ausprägung des Imparitätsprinzips darstellt. Soweit künftige Ausgaben mit bereits realisierten Erträgen in Zusammenhang gebracht werden, ist eine Verbindlichkeitsrückstellung zu bilden. Kann eine künftige Ausgabe bereits realisierten Erträgen nicht zugeordnet werden, son-

---

und Verlustrückstellung: Gemeinsamkeiten und Unterschiede, in: DB 1988, S. 27, der die Drohverlustrückstellung nicht als Unterfall der Verbindlichkeitsrückstellung sieht.

362 Döllerer, Georg, Zur Bilanzierung des schwebenden Vertrags, in: BB 1974, S. 1542.

363 Vgl. BFH vom 16.11.1982, in: BStBl. II 1983, S. 363.

364 Vgl. Knobbe-Keuk, Brigitte, Bilanz- und Unternehmenssteuerrecht, 1993, S. 116.

365 Vgl. Moxter, Adolf, Zur Abgrenzung von Verbindlichkeitsrückstellungen und (künftig grundsätzlich unzulässigen) Verlustrückstellungen, in: DB 1997, S. 1480.

dern wird sie durch künftige Erträge nicht vollständig kompensiert, ist eine Drohverlustrückstellung anzusetzen.[366]

Der zu den künftigen Ausgaben, nach dem Prinzip der Verknüpfung von Wertentstehung und Wertverzehr, sachlich zuordenbare Ertrag liegt bei Verbindlichkeitsrückstellungen in der Gegenwart, bei Drohverlustrückstellungen in der Zukunft.[367] Die zu antizipierenden zukünftigen Aufwendungen ergeben sich bei der Drohverlustrückstellung aus einer vorherigen Saldierung mit künftigen Erträgen (Aufwandsüberschuss/Verpflichtungsüberschuss). Bei der Verbindlichkeitsrückstellung wird die Gesamtverpflichtung antizipiert.

Beide Rückstellungsarten können aufgrund ihrer unterschiedlichen Zwecke und Zeitabschnitte „bei ein und demselben Sachverhalt nicht nebeneinander bestehen“[368]. Bei nicht lösbaren Konkurrenzverhältnissen der beiden Rückstellungsarten besteht nach herrschender Meinung ein Vorrang der Verbindlichkeitsrückstellung gegenüber der Drohverlustrückstellung.[369] Denn das ranghöhere Realisationsprinzip erzwingt zunächst die vollständige Erfassung aller umsatzbezogenen Aufwendungen im abgelaufenen Geschäftsjahr; erst danach erzwingt das insoweit rangniedrigere Imparitätsprinzip zusätzlich die Antizipation der künftigen Mehraufwendungen und bewirkt in diesem Sinne eine einseitige Ergänzung des vorgelagerten Realisationsprinzips.[370]

---

366 Vgl. Naumann, Thomas K., Zur Abgrenzung von künftig ertragsteuerlich nicht mehr zu bildenden Drohverlustrückstellungen, insbesondere bei Kreditinstituten, in: BB 1998, S. 528.

367 Vgl. Groh, Manfred, Verbindlichkeitsrückstellung und Verlustrückstellung: Gemeinsamkeiten und Unterschiede, in: DB 1988, S. 27.

368 Groh, Manfred, Verbindlichkeitsrückstellung und Verlustrückstellung: Gemeinsamkeiten und Unterschiede, in: DB 1988, S. 27.

369 Vgl. Kozikowski, Michael/Schubert, Wolfgang J., § 249, in: Ellrott, Helmut et al. (Hrsg.), Beck'scher Bilanz-Kommentar, 2012, Rz. 67; Groh, Manfred, Rechtsprechung zum Bilanzsteuerrecht, in: StuW 1994, S. 95 und BFH vom 15.04.1993, in: BFHE 171, S. 440.

370 Vgl. Böcking, Hans-Joachim, Der Grundsatz umsatzbezogener Gewinnrealisierung beim Finanzierungsleasing, in: ZfbF 1989, S. 501 und Moxter, Adolf, Fremdkapitalbewertung nach neuem Bilanzrecht, in: WPg 1984, S. 404.

4.2 Bilanzierung auf Grundlage der wirtschaftlichen Betrachtungsweise

4.2.1 Das Leasingrückkaufgeschäft als bilanzrechtliches Dauerschuldverhältnis?

In Kapitel zwei der Arbeit wurde gezeigt, dass die Risikoverteilung beim Leasingrückkaufgeschäft nicht mit der des typischen Kaufs vergleichbar ist.[371] Die Leasinggesellschaft hat sich von sämtlichen kauftypischen Risiken befreit und steht so betrachtet, mit vergleichbar wenigen Risiken belastet, der Risikostruktur des Mieters eines typischen Mietvertrages näher. Zivilrechtlich ist aber aufgrund des zivilrechtlichen Eigentumsübergangs jede andere Einordnung als die im kaufrechtlichen Bereich ausgeschlossen.[372] Aufgrund der Risikoverteilung und der vom typischen Kaufrecht abweichenden Einordnung des Leasingrückkaufgeschäftes als ‚Besondere Art des Kaufes' soll aber im Folgenden eine kritische Überprüfung des Übergangs des wirtschaftlichen Eigentums beim Neufahrzeuggeschäft im Rahmen des Leasingrückkaufgeschäftes vom Händler an die Leasinggesellschaft stattfinden.[373]

Nicht nur die Zuordnung von Vermögensgegenständen im Rahmen der Bilanzierung, sondern damit in Einklang stehend ebenso die gesamte bilanzielle Behandlung des Geschäftsvorfalles als Kauf (Veräußerungs- oder Anschaffungsgeschäft) oder Miete (Nutzungsüberlassung), richtet sich nicht nach dem zivilrechtlichen Eigentum, sondern danach, wer wirtschaftlicher Eigentümer des Vermögensgegenstandes ist. Verbliebe das wirtschaftliche Eigentum beim Leasingrückkaufgeschäft am zu verleasenden Neufahrzeug entgegen des rechtlichen Eigentumsübergangs beim Händler, würde das zivilrechtliche Kaufgeschäft bilanzrechtlich zu einem Mietverhältnis mit entsprechender

---

371 Vgl. Gliederungspunkt 2.3.2.4.

372 Vgl. Gliederungspunkt 3.3.1.2.

373 Denn es könnte sein, dass durch die Abwälzung immer weiterer Merkmale, die das wirtschaftliche Eigentum ausmachen, der verbleibende Rest einen solchen Torso darstellt, dass die Bejahung des wirtschaftlichen Eigentums bei der Leasinggesellschaft (ggf. ungewollt) nicht mehr gerechtfertigt ist.

Bilanzierung mutieren.[374] Zwischen dem Händler und der Leasinggesellschaft läge dann wirtschaftlich betrachtet eine Nutzungsüberlassung in Form eines Dauerschuldverhältnisses vor.[375] Verbliebe das wirtschaftliche Eigentum beim Händler, ergäbe sich eine Gebrauchsüberlassung des Neufahrzeuges vom Händler als Vermieter an die Leasinggesellschaft als Mieter. Nach Ablauf der Mietzeit würde die Rückgabe des Fahrzeuges erfolgen. Der Leasinggesellschaft als Mieter würde zusätzlich die Möglichkeit eingeräumt, die Mietsache nach Ablauf der Mietzeit zu erwerben. Damit besäße die Leasinggesellschaft als Mieter theoretisch eine Kaufoption.[376] Die Leasinggesellschaft als Mieter würde das Fahrzeug nicht selbst nutzen, sondern mit Zustimmung des Händlers als Vermieter an einen Dritten (Leasingnehmer) untervermieten.[377] Die Mietdauer bestimmte sich nach der Laufzeit des Untermietvertrages. Der Mietzins würde sich grob zusammensetzen aus dem Händlereinkaufspreis für das entsprechende Neufahrzeug abzüglich des vereinbarten Rückkaufpreises.[378] Der Mietzins würde abweichend zu typischen Mietvereinbarungen nicht pro rata temporis, sondern in einem Betrag zu Beginn des Mietverhältnisses gezahlt, wobei der gezahlte Betrag einen Geldbetrag vergleichbar mit einer Kaution enthielte, in Höhe des vereinbarten Rückkaufpreises. Diese ‚Kaution' wäre nach Ablauf der Mietzeit vom Händler an die Leasinggesellschaft zurückzugewähren. Der Mietzins entspräche bei der Einordnung des Leasingrückkaufgeschäfts als Mietverhältnis nicht nur formal, sondern auch inhaltlich nicht dem Leitbild der Miete. Denn er stellt so gesehen keine Gegenleistung für die tatsächliche zeitanteilige Gebrauchsgewährung dar, sondern die

---

[374] Vgl. Hastedt, Uwe-Peter/Mellwig, Winfried, Leasing, 1998, S. 26, so auch Hoffmann, Wolf-Dieter/Lüdenbach, Norbert, Umsatzrealisation bei strukturierten Geschäftsmodellen, in: DStR 2005, S. 1334.

[375] So im Ergebnis auch Hoffmann, Wolf-Dieter/Lüdenbach, Norbert, Umsatzrealisierung bei strukturierten Geschäftsmodellen, in: DStR 2005, S. 1336.

[376] Widersprüchlich wäre in diesem Zusammenhang, dass die Leasinggesellschaft als zivilrechtlicher Eigentümer die Kaufoption lediglich auf das wirtschaftliche Eigentum haben kann.

[377] Vgl. zur Untervermietung Gliederungspunkt 3.3.1.2.

[378] Die Leasingvertragsvermittlungsprovision stellt so gesehen die Gegenleistung für die Vermittlung des Untermietvertrags dar und ist nicht Bestandteil der Miete.

Miete wäre abhängig vom eingesetzten Kapital, also von den Anschaffungskosten des Objektes.[379] Im Fall des Leasingrückkaufgeschäftes amortisiert der oben definierte Mietzins den Kapitaleinsatz anteilig bis zum Zeitpunkt des Rückkaufes. Unter anderem aufgrund der der Leasinggesellschaft im Rahmen des Mietverhältnisses gewährten Kaufoption nach Ablauf der Mietzeit oder weil der Mietzins bei der Vereinbarung nicht vom Gebrauch, sondern vom Kapitaleinsatz bestimmt wird, könnte das Leasingrückkaufgeschäft (unter Voraussetzung des wirtschaftlichen Eigentums beim Händler) als atypischer Mietvertrag bezeichnet werden und fiele unter die Kategorie des Leasing. Damit wäre der Händler als Leasinggeber einzustufen und die Leasinggesellschaft in diesem Fall der Leasingnehmer. Der Abschluss des zusätzlichen Leasingvertrages mit dem Endkunden könnte dann als ‚sublease' bezeichnet werden.[380]

Im folgenden Abschnitt werden nunmehr die von Rechtsprechung und Schrifttum entwickelten Beurteilungskriterien zur Bestimmung und Auslegung des Tatbestandsmerkmales ‚wirtschaftliches Eigentum' erläutert. Im Anschluss daran findet auf der Grundlage dieser Beurteilungskriterien eine Identifizierung des wirtschaftlichen Eigentümers beim Leasingrückkaufgeschäft statt.

---

[379] Vgl. so auch für Finanzierungsleasing Hastedt, Uwe-Peter/Mellwig, Winfried, Leasing, 1998, S. 23.

[380] Vgl. Hoffmann, Wolf-Dieter/Lüdenbach, Norbert, Umsatzrealisierung bei strukturierten Geschäftsmodellen, in: DStR 2005, S. 1336.

4.2.1.1 Übergang des wirtschaftlichen Eigentums als Qualifikationsmerkmal

4.2.1.1.1 Handelsrechtliche Bestimmung des wirtschaftlichen Eigentums

Mit dem BilMoG ist in § 246 Abs. 1 Satz 2 HGB allgemein die Zurechnung von Vermögensgegenständen zum wirtschaftlichen Eigentümer formuliert. Dies intendiert laut dem Regierungsentwurf keine Veränderung des bisherigen Rechtsstandes.[381] Das heißt, die Auslegung des wirtschaftlichen Eigentums richtet sich weiterhin nach den Grundsätzen ordnungsmäßiger Buchführung, vor allem nach den von der Rechtsprechung erarbeiteten Beurteilungskriterien. Die steuerlichen Leasingerlasse spielen für die Bestimmung des wirtschaftlichen Eigentümers auch handelsrechtlich eine große Rolle, weil sie den Begriff des wirtschaftlichen Eigentums inhaltlich ausfüllen und als Arbeitshilfe für die Praxis hilfreiche Anhaltspunkte und Kriterien liefern. Gemäß § 246 Abs. 1 Satz 2 HGB gilt ein Regel-Ausnahme-Prinzip: Im Regelfall sind Vermögensgegenstände in der Bilanz des zivilrechtlichen Eigentümers aufzunehmen; ausnahmsweise kann eine abweichende Zuordnung geboten sein. Dem Regierungsentwurf lassen sich Hinweise entnehmen, wie das wirtschaftliche Eigentum festzustellen ist. Danach bedarf es der Prüfung, wie sich die aus dem zu bilanzierenden Vermögensgegenstand erwachsenden Chancen und Risiken auf die beteiligten unterschiedlichen Personen aufteilen. Derjenige, dem in wertender Betrachtung die Mehrheit der Chancen und Risiken zukommt, gilt als wirtschaftlicher Eigentümer.[382]

Das wirtschaftliche Eigentum lässt sich anhand positiver und negativer Tatbestandsmerkmale beschreiben. Dem wirtschaftlichen Eigentümer gehört faktisch das, was den wirtschaftlichen Gehalt des Vermögensgegenstandes ausmacht.[383] Danach ist entscheidend, dass der wirtschaftliche Eigentümer vollständig und auf Dauer die Substanz

---

[381] Vgl. BilMoG-RegE, BT-Drucks. 16/100067, S. 47.

[382] Vgl. Schulze-Osterloh, Joachim, Ausgewählte Änderungen des Jahresabschlusses nach dem Referentenentwurf eines Bilanzrechtsmodernisierungsgesetzes, in: DStR 2008, S. 65 mit weiteren Nachweisen.

[383] Vgl. Hastedt, Uwe-Peter/Mellwig, Winfried, Leasing, 1998, S. 32.

und den Ertrag eines Vermögensgegenstandes tatsächlich innehat. Der Inhaber des wirtschaftlichen Eigentums muss den Vermögensgegenstand nutzen dürfen, wie seinen eigenen und für einen etwaigen Verlust selbst haften.[384] Dem wirtschaftlichen Eigentümer sind Teilrechte des Eigentums, wie zum Beispiel das Nutzungsrecht oder das Erwerbsrecht übertragen worden. Wirtschaftlicher Eigentümer ist, wer Besitz, Gefahr, Nutzen und Lasten des Vermögensgegenstandes innehat.[385] Dazu gehört die Chance der Wertsteigerung ebenso wie das Risiko der Wertminderung. Das negative Tatbestandmerkmal des wirtschaftlichen Eigentums besteht in dem dauernden wirtschaftlichen Ausschluss anderer von der Einwirkung auf den Vermögensgegenstand. Ein Kennzeichen der auf Dauer ausgeschlossenen wirtschaftlichen Einwirkung stellt der Herausgabeanspruch des zivilrechtlichen Eigentümers dar. Dieser muss als nicht bestehend oder als praktisch bedeutungslos gewertet werden.[386]

---

[384] Vgl. hier und im Folgenden Baetge, Jörg/Kirsch, Hans-Jürgen/Thiele, Stefan, Bilanzen, 2009, S. 167.

[385] Vgl. Förschle, Gerhart/Kroner, Matthias, § 246, in: Ellrott, Helmut et al. (Hrsg.), Beck'scher Bilanz-Kommentar, 2012, Rz. 7.

[386] Zum negativen Moment des wirtschaftlichen Eigentums vgl. Hastedt, Uwe-Peter/Mellwig, Winfried, Leasing, 1998, S. 32. Zur Auslegung des Begriffs ‚auf Dauer' können die Leasingerlasse als Hilfsmittel herangezogen werden. Siehe dazu Gliederungspunkt 4.2.1.1.4.

4.2.1.1.2 IDW Stellungnahme zur Rechnungslegung: Einzelfragen zum Übergang von wirtschaftlichem Eigentum und zur Gewinnrealisierung nach HGB

Das IDW hat sich mit dem Übergang des wirtschaftlichen Eigentums bei Sale-and-buy-back-Geschäften beschäftigt und die im Folgenden erläuterten Kriterien - bislang lediglich in einem Entwurf - aufgestellt.[387]

Grundsätzlich stuft das IDW den Abgang des Vermögensgegenstandes und damit auch die Gewinnrealisierung beim Veräußerer im Rahmen eines Sale-and-buy-back-Geschäftes als fraglich ein, wenn die Veräußerung und der Rückerwerb von vornherein als Einheit vereinbart werden oder in einem engen zeitlichen oder sachlichen Zusammenhang stehen.

Die Ausbuchung des Vermögensgegenstandes und die dementsprechende Gewinnrealisierung kommen grundsätzlich, trotz der Übertragung des zivilrechtlichen Eigentums, nicht in Betracht, wenn aufgrund besonderer Vereinbarungen im Einzelfall wesentliche Elemente, die die Stellung des Eigentümers kennzeichnen, beim Veräußerer verbleiben. Überdies kommt eine Gewinnrealisierung nicht in Betracht, wenn bei wirtschaftlicher Betrachtung eine dauerhafte Übertragung der mit dem Vermögensgegenstand verbundenen Vorteile und Risiken und damit der wesentlichen Elemente des wirtschaftlichen Eigentums aus tatsächlichen Gründen zu verneinen ist.

Dem Eigentümer stehen bei wirtschaftlicher Betrachtungsweise für die wirtschaftliche Nutzungsdauer des Vermögensgegenstandes Besitz, Gefahr, Nutzungen und Lasten zu. Diese Elemente müssen nicht kumulativ gegeben sein und sind überdies nicht als gleichrangig zu be-

---

[387] Vgl. hier und im Folgenden IDW HFA, Entwurf einer Neufassung der IDW-Stellungnahme zur Rechnungslegung: Einzelfragen zum Übergang von wirtschaftlichem Eigentum und zur Gewinnrealisierung nach HGB (IDW ERS HFA 13 n. F.), in: IDW-Fachnachrichten 2007, S. 83–97. Der HFA hat beschlossen, den HFA 13 n. F. wegen ertragsteuerlicher Bedenken zunächst nicht als endgültige Verlautbarung zu verabschieden, sondern unverändert als Entwurf beizubehalten.

urteilen. Ihre wirtschaftliche Bedeutung ist von der Art des jeweiligen Vermögensgegenstandes abhängig. Das wirtschaftliche Eigentum umfasst laut IDW regelmäßig folgende Elemente:

- das Verwertungsrecht durch Nutzung oder Veräußerung des Gegenstandes,
- die Chancen und Risiken aus der laufenden Nutzung,
- die Chance der Wertsteigerung und
- das Risiko der Wertminderung bzw. des Verlustes einschließlich des Risikos des zufälligen Untergangs.

Unklarheiten entstehen, wenn einzelne dieser Elemente des wirtschaftlichen Eigentums dauerhaft oder zeitweise unterschiedlichen Rechtssubjekten zugeordnet werden. Hierbei ist es aber nicht möglich, vorrangig auf eines oder auf einzelne der genannten Elemente abzustellen, sondern es ist eine Gesamtbetrachtung der wirtschaftlichen Auswirkungen und ihrer Bedeutung in dem jeweiligen Sachverhalt erforderlich.

Das IDW nennt in seinem Entwurf als Beispiel für bedingte Sale-and-buy-back-Geschäfte so genannte unechte Pensionsgeschäfte[388]. Da diese genauso wie das Leasingrückkaufgeschäft als Put-Option eingeordnet werden können,[389] sollen die hierzu wesentlichen festgestellten Punkte kurz erläutert werden: Weil der Rückerwerb nicht von vornherein feststeht, gehen das Verwertungsrecht und die Chancen der Wertsteigerung auf den Erwerber über. Bei Gestaltungen, bei denen zwar rechtlich eine Put-Option für den Verkäufer vereinbart ist, aber aus sonstigen rechtlichen oder tatsächlichen Gründen abzuleiten ist, dass der Käufer unter Würdigung aller Umstände gezwungen ist, das

---

[388] Ein unechtes Pensionsgeschäft gemäß § 340b Abs. 1 und 3 HGB liegt vor, wenn der Pensionsgeber mit dem Pensionsnehmer nicht nur die Veräußerung von Vermögensgegenständen vereinbart, sondern zugleich im Kaufvertrag oder in einem separaten Vertrag festlegt, dass der Pensionsnehmer die Vermögensgegenstände zu einem bestimmten Preis zurückveräußern kann, aber nicht muss.

[389] Siehe Gliederungspunkt 2.3.2.2.

Rückveräußerungsrecht auch wahrzunehmen, geht das wirtschaftliche Eigentum nicht über. Solche Umstände sind vor allem dann gegeben, wenn bei Vertragsabschluss ein entsprechend hoher Rückveräußerungspreis vereinbart wurde, wenn der Käufer kein eigenes wirtschaftliches Interesse an dem Vermögensgegenstand hat oder ihn sogar auf keine andere Weise verwerten kann als durch Rückverkauf.[390]

---

[390] Wenn der Käufer also aufgrund von Gestaltungen rechtlich oder faktisch zu einem Rückverkauf angehalten wird. Der typische Geschehensablauf kann hierfür Anhaltspunkte liefern. Die weiteren detaillierten Regelungen zur Bilanzierung von unechten Pensionsgeschäften nach IDW ERS HFA 13 n. F. Rz. 24 sind auf das Leasingrückkaufgeschäft nicht anwendbar, da die Zeitspanne, die bis zum Rückkauf zugrunde gelegt wird (ein Jahr oder weniger) erheblich kürzer ist als beim Leasingrückkaufgeschäft.

4.2.1.1.3 Die steuerliche Definition des wirtschaftlichen Eigentums

§ 39 AO knüpft grundsätzlich am zivilrechtlichen Eigentum an (Abs. 1), definiert aber darüber hinaus in Abs. 2 Nr. 1 Satz 1, dass der zivilrechtliche Eigentümer im Regelfall für die gewöhnliche Nutzungsdauer von der Einwirkung auf das Wirtschaftsgut wirtschaftlich ausgeschlossen werden kann. Die Formulierung ‚im Regelfall' bedeutet hierbei, dass sich der Ausschluss des zivilrechtlichen Eigentümers von der tatsächlichen Sachherrschaft nicht zwingend für alle möglichen Geschehensabläufe und Entwicklungen ergeben muss. Es genügt, wenn sich bei typischem Geschehensablauf des Geschäftes ein Ausschluss von der Einwirkung auf das Wirtschaftsgut ergibt.[391] Der BFH bestätigt die Übereinstimmung der handelsrechtlichen aus den Grundsätzen ordnungsmäßiger Buchführung abgeleiteten Bestimmungen mit den steuerrechtlichen Regelungen mit Urteil vom 30.05.1984.[392]

Die Beurteilung des wirtschaftlichen Eigentums kann grundsätzlich nur nach den Umständen des Einzelfalls erfolgen. Bei gängigen Vertragsgestaltungen, wie dem Leasingvertrag, bei denen sich die Zurechnungsfrage stellt, wurden zunächst vom BFH, dann von der Finanzverwaltung Grundsatzfragen der Objektzurechnung geklärt und detaillierte Kriterien festgeschrieben. In einer typisierenden Betrachtungsweise entwickelten sich hieraus die steuerlichen Leasingerlasse, mit deren Hilfe für ein weites Spektrum von Vertragsgestaltungen rechtssichere, eindeutige Objektzurechnungsentscheidungen möglich sind. Damit wurden Rechtsfolgen aus Vertragsgestaltungen vorhersehbar und die in der Praxis vorherrschenden Vertragsgestaltungen daran angepasst.[393]

---

[391] Vgl. Hastedt, Uwe-Peter/Mellwig, Winfried, Leasing, 1998, S. 33. Diese Beurteilung kann grundsätzlich nur für den jeweiligen Einzelfall erfolgen.

[392] BFH vom 30.05.1984, in: BStBl. II 1984, S. 825.

[393] Vgl. Hastedt, Uwe-Peter/Mellwig, Winfried, Leasing, 1998, S. 34.

4.2.1.1.4 Die Leasingerlasse

Die Leasingerlasse regeln die Zuordnung des wirtschaftlichen Eigentums auf den Leasingnehmer bzw. den Leasinggeber. Es existieren vier Leasingerlasse, von denen im Folgenden mit Blick auf das Leasingrückkaufgeschäft lediglich der Vollamortisationserlass für Mobilien vom 19.04.1971[394] sowie der Teilamortisationserlass für Mobilien vom 22.12.1975[395] einer genaueren Betrachtung unterliegen sollen. Die Leasingerlasse können aber nicht ohne weiteres auf das Leasingrückkaufgeschäft angewendet werden, denn sie fordern als Ausgangspunkt eine zivilrechtliche Qualifikation des Vertragsverhältnisses als (atypisches) Mietverhältnis (Leasing) und damit den Leasinggeber als Träger des zivilrechtlichen Eigentums. Da beim Leasingrückkaufgeschäft zivilrechtlich ein Kaufvertrag vorliegt, liegt das zivilrechtliche Eigentum beim Leasingnehmer (Leasinggesellschaft). Dennoch liefern die Leasingerlasse einen Erkenntnisgewinn bezüglich des Leasingrückkaufgeschäftes, da sie eine Ableitung zulassen, welche Kriterien zur Beurteilung der Verteilung der wesentlichen Chancen und Risiken beachtet werden müssen und wem das wirtschaftliche Eigentum in Fällen einer typisierten Chancen- und Risikoverteilung zuzuweisen ist.

Die Unterscheidung zwischen Verträgen mit Voll- oder Teilamortisation hängt davon ab, ob in der (unkündbaren) Grundmietzeit eine Deckung aller Kosten des Leasinggebers durch die Leasingraten erfolgt oder nicht.[396]

Beim Vollamortisationsvertrag werden in der Grundmietzeit sämtliche Kosten des Leasinggebers inklusive dessen Gewinn in voller Höhe gedeckt indem sie der Leasingnehmer trägt.

Stimmt die Grundmietzeit des Leasingvertrages annähernd mit der betriebsgewöhnlichen Nutzungsdauer des Leasinggenstandes überein (Grundmietzeit > 90% der betriebsgewöhnlichen Nutzungsdauer), ist der Leasingnehmer in der Lage, den Leasinggeber nahezu vollständig von der Nutzung des Gegenstandes auszuschließen; damit ist der

---

[394] Siehe BMF-Schreiben vom 19.04.1971, in: BStBl. I 1971, S. 264–266.
[395] Siehe BMF-Schreiben vom 22.12.1975, in: DB 1976, S. 172f.
[396] Vgl. Hastedt, Uwe-Peter/Mellwig, Winfried, Leasing, 1998, S. 35.

Leasingnehmer laut Vollamortisationserlass in einem solchen Fall Träger des wirtschaftlichen Eigentums. Ist die Grundmietzeit des Leasingvertrages hingegen sehr kurz (Grundmietzeit < 40% der betriebsgewöhnlichen Nutzungsdauer), würde ein Leasingnehmer ohne vorteilhafte Nebenabsprachen einen Vollamortisationsvertrag mit den entsprechenden Kosten für eine solche, vergleichsweise kurze Zeit, nicht eingehen. Die Finanzverwaltung geht davon aus, dass günstige Anschlussbedingungen den Leasingnehmer dazu veranlassen werden, den Leasinggegenstand auch nach Ablauf der Grundmietzeit dauerhaft zu nutzen. Damit ist der Leasingnehmer wiederum in der Lage, den Leasinggeber dauerhaft von der Nutzung des Gegenstandes auszuschließen und ihm wird das wirtschaftliche Eigentum zugewiesen.[397]

Wird dem Leasingnehmer eine vertragliche Option eingeräumt (zum Beispiel in Form einer Kauf- oder Mietverlängerungsoption), bei der die Anschlusskonditionen so ausgestaltet sind, dass der Leasingnehmer dazu veranlasst wird, die Option wahrzunehmen, wird vom wirtschaftlichen Eigentum des Leasingnehmers ausgegangen. Denn auch hier wird unterstellt, dass der Leasingnehmer den Leasinggeber somit über die gesamte betriebsgewöhnliche Nutzungsdauer des Gegenstandes von dessen Nutzung ausschließt. Eine günstige Anschlusskondition für den Leasingnehmer stellt z. B. für eine Kaufoption ein Kaufpreis des Leasinggegenstandes dar, der niedriger ist als der lineare Restbuchwert oder der niedrigere gemeine Wert im Zeitpunkt der Veräußerung. Für eine Mietverlängerungsoption ist eine Anschlussmiete, die niedriger ist als der Wertverzehr im Verlängerungszeitraum berechnet auf der Basis des linearen Restbuchwertes oder des niedrigeren gemeinen Wertes als günstige Anschlusskondition zu sehen.[398]

Beim Teilamortisationsvertrag werden innerhalb der Grundmietzeit die Kosten des Leasinggebers nur teilweise amortisiert. Der Leasing-

---

397 Vgl. hier und im Folgenden Wehrheim, Michael/Renz, Anette, Die Handels- und Steuerbilanz, 2009, S. 191.

398 Ist der Leasinggegenstand speziell auf den Leasingnehmer zugeschnitten und ist eine anderweitige Verwendung des Gegenstandes damit ausgeschlossen, wird der Leasingnehmer von der Finanzverwaltung generell als Träger des wirtschaftlichen Eigentums qualifiziert.

geber ist bemüht, das verbleibende Restwertrisiko abzuwälzen. Muss der Leasingnehmer für den kalkulatorischen Restwert aufkommen, trägt dieser die vollen Kosten.[399]

Im Rahmen von Teilamortisationsverträgen legt die Finanzverwaltung die 40 bzw. 90%-Grenzen wie oben im Rahmen von Vollamortisationsverträgen beschrieben mit entsprechender Auswirkung fest. Wird ein Andienungsrecht des Leasinggebers an den Leasingnehmer vereinbart, kann der Leasinggeber den Leasinggegenstand nach Ablauf der Grundmietzeit an den Leasingnehmer verkaufen. Das bedeutet, dass der Leasinggeber die Möglichkeit hat, eine Wertsteigerungschance zu nutzen, indem er das Fahrzeug am Ende der Grundmietzeit gewinnbringend weiterveräußert. Das Wertminderungsrisiko trägt allein der Leasingnehmer. Dies wird von der Finanzverwaltung als Indiz gesehen, dass der Leasinggeber Träger des wirtschaftlichen Eigentums ist. Das Wertminderungsrisiko liegt auch bei Vereinbarung einer Mehrerlösbeteiligung grundsätzlich beim Leasingnehmer, allerdings partizipiert dieser, anders als beim Andienungsrecht, auch an einer ggf. eintretenden Wertsteigerung. Je nachdem in welcher Höhe der Leasingnehmer am Mehrerlös beteiligt ist, wird ihm das wirtschaftliche Eigentum zugeordnet oder nicht. Trägt der Leasingnehmer annähernd die gesamte Wertsteigerungschance (mehr als 75%), wird ihm das wirtschaftliche Eigentum zugeordnet. Beim kündbaren Vertrag hat der Leasingnehmer in der Regel eine Abschlusszahlung in der Höhe des zum Kündigungszeitpunkt noch nicht amortisierten Restwertes zu leisten. Da der Leasingnehmer bei einem derartigen Vertragstyp das Wertminderungsrisiko trägt und dem Leasinggeber die Wertsteigerungschance verbleibt, wird das wirtschaftliche Eigentum dem Leasinggeber zugeordnet.[400]

---

[399] Beim Leasingrückkaufgeschäft wälzt die Leasinggesellschaft (Leasinggeber gegenüber dem Endkunden/Leasingnehmer) das Restwertrisiko wie oben erläutert nicht an den Leasingnehmer, sondern den Händler ab. So wird der Leasingvertrag lukrativer für den Leasingnehmer. Siehe dazu Gliederungspunkt 2.3.2.1.

[400] Vgl. Wehrheim, Michael/Renz, Anette, Die Handels- und Steuerbilanz, 2009, S. 192f.

Zusammengefasst zeigt dies deutlich, dass das Kriterium des Innehabens der Wertsteigerungschance stärker gewichtet wird als das Wertminderungsrisiko. So reicht das alleinige Tragen des Wertminderungsrisikos, wie im Fall des Vertrages mit Andienungsrecht, nicht aus, um wirtschaftlicher Eigentümer zu werden. Selbst Wertminderungsrisiko und Partizipation an der Wertsteigerungschance führen erst zum wirtschaftlichen Eigentum, wenn die getragene Wertsteigerung größer als 75% ist. Überdies ist die Ausschlussmöglichkeit des Vertragspartners über annähernd die gesamte betriebsgewöhnliche Nutzungsdauer von der Einwirkung auf das Leasingobjekt Kennzeichen für das Tragen des wirtschaftlichen Eigentums.

4.2.1.2 Der Übergang des wirtschaftlichen Eigentums beim Leasingrückkaufgeschäft

Um eine genaue Zuordnung des wirtschaftlichen Eigentums beim Leasingrückkaufgeschäft vornehmen zu können, soll geprüft werden, wie Nutzen und Lasten sowie Risiken und Chancen auf die am Leasingrückkaufgeschäft beteiligten Parteien (Leasinggesellschaft und Händler) verteilt sind.

Gemäß IDW umfasst das wirtschaftliche Eigentum die oben aufgeführten Elemente.[401] Das Verwertungsrecht durch Nutzung oder Veräußerung des Gegenstandes hat im Fall des Leasingrückkaufgeschäftes die Leasinggesellschaft inne, denn sie nutzt das Neufahrzeug, indem sie es an den Leasingnehmer verleast und während der Dauer des Leasingvertrages die Fruchtziehung in Form der Leasingraten realisiert. Die Leasinggesellschaft besitzt außerdem das Recht zur Veräußerung des Fahrzeuges. Die Leasinggesellschaft kann das Fahrzeug nach Ablauf der Leasingvertragslaufzeit an den Händler oder an jeden Dritten verkaufen. Die Chancen aus der laufenden Nutzung des Neufahrzeugs fallen der Leasinggesellschaft in Form der Leasingraten zu, während sie die Risiken (z. B. in Form der Sachgefahr) aus der laufenden Nutzung an den Leasingnehmer abgewälzt hat. Die Chance der Wertsteigerung fällt ebenso der Leasinggesellschaft zu, denn sie hat die Möglichkeit, das Fahrzeug nicht an den Händler zurück zu verkaufen, und mit einer anderweitigen Verwertung die volle Wertsteigerung zu realisieren. Im Regelfall aber wird das Fahrzeug aufgrund der abgeschlossenen Rückkaufvereinbarung an den Händler verkauft. Entspricht hierbei der Rückkaufpreis nicht dem Marktpreis, hat der Händler die Chance, an einer Wertsteigerung des Fahrzeugs zu partizipieren. In jedem Fall trägt er aber das Risiko der Wertminderung bzw. des Verlustes. Das Risiko des zufälligen Untergangs des Fahrzeuges ist während der Leasinglaufzeit auf den Leasingnehmer abgewälzt. Mit Ende des Leasingvertrages und Rückgabe des Fahr-

---

[401] Siehe Gliederungspunkt 4.2.1.1.2.

zeuges vom Leasingnehmer an den Händler geht das Risiko des zufälligen Untergangs auf den Händler über.[402]

Der Leasinggesellschaft stehen somit zusammengefasst lediglich positive Faktoren aus dem Leasingrückkaufgeschäft zu. Von sämtlichen Risiken hat sich die Leasinggesellschaft befreit.

Die Frage, ob die bei der Leasinggesellschaft verbliebenen Elemente des wirtschaftlichen Eigentums ausreichen, um die Leasinggesellschaft als wirtschaftliche Eigentümerin zu qualifizieren, kann mit Hilfe der steuerlichen Leasingerlasse beantwortet werden. Im Rahmen der Leasingerlasse wird wie oben dargestellt[403] das Kriterium des Innehabens der Wertsteigerungschance stärker gewichtet als die Übernahme des Wertminderungsrisikos. In diesem Sinne kann das Tragen des Wertminderungsrisikos des Händlers im Rahmen des Leasingrückkaufgeschäftes nicht als ausreichend angesehen werden, um ihn als wirtschaftlichen Eigentümer zu qualifizieren. Selbst die Partizipation an der Wertsteigerungschance, die dem Händler zusteht, kann aufgrund der Vertragsausgestaltung des Leasingrückkaufgeschäftes nicht zum wirtschaftlichen Eigentum führen, weil es allein in der Entscheidungsgewalt der Leasinggesellschaft steht, ob dem Händler überhaupt eine Wertsteigerungschance zufällt. Im Rahmen von Leasing-Restwertmodellen, die mit dem Hersteller abgeschlossen werden, kann es überdies dazu kommen, dass die Übernahme des Wertminderungsrisikos reduziert wird oder komplett auf den Hersteller verlagert wird. Teilweise wird auch die Wertsteigerungschance im Rahmen solcher Modelle an den Hersteller abgegeben. Beim Händler verbleiben somit in Fällen, in denen Stützungsmaßnahmen mit dem Hersteller vereinbart wurden, keine bzw. vergleichsweise geringe Elemente des wirtschaftlichen Eigentums.[404]

Die Leasinggesellschaft besitzt mit dem Rückverkaufsrecht ein Andienungsrecht, vergleichbar mit dem Andienungsrecht beim erlasskon-

---

402 Vgl. zum Preisgefahrenübergang oben Gliederungspunkt 4.1.5.

403 Vgl. Gliederungspunkt 4.2.1.1.4.

404 Der Übergang des wirtschaftlichen Eigentums des Fahrzeugs auf die Leasinggesellschaft wird durch die Stützungsmaßnahme gestärkt, vgl. Gliederungspunkt 4.3.3.2.1.2.4.

formen Leasingvertrag mit Andienungsrecht. Der Unterschied besteht darin, dass dieses Andienungsrecht nicht gegenüber dem Leasingnehmer, sondern gegenüber dem Händler besteht. Im Rahmen der Leasingerlasse wird beim Vertrag mit Andienungsrecht grundsätzlich der Leasinggeber als wirtschaftlicher Eigentümer qualifiziert, weil dieser die Entscheidungsgewalt trägt. Da dem Händler keine Entscheidungsgewalt zukommt, kann in diesem Fall auch nicht aufgrund des typischen Geschehensablaufes davon ausgegangen werden, dass das Andienungsrecht wirtschaftlich wertlos ist.[405] Grundsätzlich ist es typisch für Teilamortisationsverträge, dass der Leasinggeber bemüht ist, das Restwertrisiko abzuwälzen. Das Leasingrückkaufgeschäft unterscheidet sich hiervon nur darin, dass das Restwertrisiko auf den Händler abgewälzt wird statt auf den Leasingnehmer. Eine abweichende Einordnung als die im Sinne des Teilamortisationserlasses beim Leasingvertrag mit Andienungsrecht scheint daher nicht gerechtfertigt.

Die Prüfung der Beurteilungskriterien zur Bestimmung und Auslegung des Tatbestandsmerkmals wirtschaftliches Eigentum führt zum Ergebnis, dass das wirtschaftliche Eigentum auf die Leasinggesell-

---

[405] Der typische Geschehensablauf des Leasingrückkaufgeschäftes ergibt sich aus den Beobachtungen der Vergangenheit. In der Regel übt die Leasinggesellschaft ihr Andienungsrecht positiv aus und der Rückkauf des gebrauchten Leasingfahrzeuges an den Händler findet statt. Damit liegt die Wertsteigerungschance in der Mehrzahl der abgewickelten Geschäfte beim Händler. Der Auffassung, dass aus diesem Grund keine Option besteht und daher die Grundsätze für echte Pensionsgeschäfte anzuwenden seien, wird nicht gefolgt, so wohl Wenk, Marc Oliver/Jagosch, Christian, Automotive: Umsatzrealisation bei Sale-and-buy-back-Transaktionen, in: KoR 2010, S. 37. Die Leasinggesellschaft ist nicht gezwungen, das Andienungsrecht positiv auszuüben. Der Rückkaufpreis wird nicht übertrieben hoch vereinbart, sondern mit dem kalkulierten Restwert in Anlehnung an den Marktpreis des Fahrzeuges im Rückkaufzeitpunkt. Überdies stellt das Fahrzeug keinen speziellen Vermögensgegenstand/Wirtschaftsgut dar, der für die Leasinggesellschaft nicht grundsätzlich von Interesse wäre oder den sie nicht verwerten könnte. Um einen Übergang des wirtschaftlichen Eigentums am typischen Geschehensablauf festzumachen, müsste die Entscheidungsgewalt über das Zustandekommen des Rückkaufes beim Händler liegen. Vgl. zum typischen Geschehensablauf Hastedt, Uwe-Peter/Mellwig, Winfried, Leasing, 1998, S. 33.

schaft übergeht.[406] Das Ergebnis stimmt mit der Bilanzierung von unechten Pensionsgeschäften gemäß § 340b Abs. 5 HGB überein.[407] Somit ist eine wie oben beschriebene[408] Interpretation des Leasingrückkaufgeschäftes als Mietverhältnis abweichend von der zivilrechtlichen grundsätzlichen Einordnung im kaufrechtlichen Bereich nicht möglich. Die Bilanzierung hat auf Grundlage der zivilrechtlichen Einordnung zu erfolgen.

406 A. A. Hoffmann, Wolf-Dieter/Lüdenbach, Norbert, Umsatzrealisierung bei strukturierten Geschäftsmodellen, in: DStR 2005, S. 1334, die das wirtschaftliche Eigentum beim Händler annehmen, weil dieser nicht von Risiken und Chancen, die das Fahrzeug für seine gewöhnliche Nutzungsdauer betreffen, ausgeschlossen ist. Dieser Auffassung kann aus oben erläuterten Gründen nicht gefolgt werden. Außerdem ergibt eine Analyse der betriebsgewöhnlichen Nutzungsdauer des Fahrzeuges, dass nicht davon ausgegangen werden kann, dass der Händler - in Analogie zum Vollamortisationserlass - fähig ist, die Leasinggesellschaft nahezu vollständig von der Nutzung des Gegenstandes auszuschließen.

407 Siehe zu unechten Pensionsgeschäften Gliederungspunkt 2.3.2.2 und 4.2.1.1.2. Die detaillierten Regelungen des IDW ERS HFA 13 n. F., Rz. 24 zur Bilanzierung von unechten Pensionsgeschäften hingegen, sind auf das Leasingrückkaufgeschäft nicht anzuwenden, weil dort von einer erheblich geringeren Zeitspanne bis zum Rückkauf (i. d. R. ein Jahr) ausgegangen wird.

408 Vgl. Gliederungspunkt 4.2.1.

4.3 Bilanzierung auf Grundlage der zivilrechtlichen Einordnung

4.3.1 Bilanzierung von Optionsgeschäften

4.3.1.1 Vorbemerkungen

Das Ergebnis des vorhergehenden Gliederungspunktes hat gezeigt, dass eine aufgrund der wirtschaftlichen Betrachtungsweise von der grundlegenden zivilrechtlichen Einordnung des Leasingrückkaufgeschäftes im kaufrechtlichen Bereich abweichende Einordnung nicht in Betracht kommt. So kommt die Einordnung des Leasingrückkaufgeschäftes als Miet- bzw. Leasingverhältnis nicht in Frage. Auch der BFH ordnet das im Rahmen des Leasingrückkaufgeschäftes bestehende Rückverkaufsrecht folgerichtig, in Einklang mit der zivilrechtlichen Beurteilung, als Optionsrecht ein.[409]

Vor dem Hintergrund der Zielsetzung der vorliegenden Untersuchung, die im Herleiten von Grundsätzen zur Bilanzierung von bedingten Sale-and-buy-back-Geschäften am Beispiel von Leasingrückkaufgeschäften besteht, werden im Folgenden ausnahmslos nichtbörsengehandelte Verkaufsoptionsgeschäfte im Hinblick auf ihre Bilanzierung betrachtet, deren Vertragstyp des Hauptvertrages einen Kaufvertrag darstellt, mit einer beweglichen, marktgängigen Sache als Optionsgegenstand. Die verwendeten Begrifflichkeiten sind entsprechend angepasst. Da es sich - wie oben eingeordnet[410] - beim Leasingrückkaufgeschäft um ein solches Verkaufsoptionsgeschäft handelt, trägt diese Vorgehensweise zur Systematik und Übersichtlichkeit bei.

---

[409] Vgl. BFH vom 11.10.2007, in: BStBl. II 2009, S. 705-708.

[410] Siehe Gliederungspunkt 3.3.2.3.

4.3.1.2 Bestandteile der Optionsprämie: Innerer Wert und Zeitwert

Der Optionspreis stellt den Wert der Option dar, das heißt im Fall der Verkaufsoption den Wert des Rechtes, in der Zukunft einen Optionsgegenstand zu einem festgelegten Preis (Ausübungspreis) zu kaufen. Der Optionspreis bestimmt sich über Angebot und Nachfrage.[411] Um das Optionsrecht zu erhalten, zahlt der Optionsberechtigte an den Optionsverpflichteten eine Vergütung, die so genannte Optionsprämie. Die Optionsprämie entspricht dem Optionspreis im Zeitpunkt des Vertragsabschlusses. Optionspreis bzw. Optionsprämie setzen sich aus zwei Wertbestandteilen zusammen: dem inneren Wert und dem Zeitwert. Der innere Wert definiert den aktuellen Vermögensschaden des Optionsverpflichteten, den dieser „im Zeitpunkt der Wertermittlung der Optionsprämie durch die Ausübung der Option zu erleiden hätte und den er sich durch die Optionsprämie ersetzen lassen möchte"[412]. Aus Sicht des Optionsberechtigten stellt der innere Wert die Vorteilhaftigkeit einer sofortigen Optionsausübung dar.[413] Der innere Wert ergibt sich aus der Differenz zwischen dem aktuellen Marktpreis des Optionsgegenstandes und dem Ausübungspreis, multipliziert mit dem Optionsverhältnis[414]. Ist der Marktpreis des Optionsgegenstandes größer oder gleich dem Ausübungspreis, befindet sich die Option – aus Sicht des Optionsberechtigten – ‚out of the money' bzw. ‚at the money' und der innere Wert beträgt null. Je weiter der Marktpreis des Optionsgegenstandes unter dem Ausübungspreis liegt (‚in the money'), desto größer ist der innere Wert der Option.[415]

---

[411] Vgl. Dreissig, Hildegard, Bilanzsteuerrechtliche Behandlung von Optionen, in: BB 1989, S. 1513.

[412] Rau, Stephan, Bilanzierung und Bewertung von Optionsgeschäften in der Steuerbilanz, in: BB 2002, S. 928.

[413] Vgl. hier und im Folgenden Beckenhaub, Claus, Einkommensteuerbarkeit von Optionsgeschäften, 2001, S. 124f.

[414] Das Optionsverhältnis gibt an, wie viele Optionsscheine pro Optionsgegenstand das Optionsrecht verbriefen.

[415] Vgl. hierzu auch Krause, Haiko, Die Besteuerung hybrider Finanzinstrumente, 2006, S. 69.

Der Zeitwert ermittelt sich als Differenz aus Optionspreis und innerem Wert. Er stellt den abgezinsten, je nach Blickwinkel, erwarteten Zuwachs bzw. die erwartete Verminderung des inneren Wertes in der Zukunft dar.[416] Der Zeitwert wird von unterschiedlichen Faktoren beeinflusst, wie u. a. der Restlaufzeit der Option, dem Marktzinsniveau und der Volatilität[417] des Optionsgegenstandes. Der Zeitwert berücksichtigt damit die Wahrscheinlichkeit von Marktpreisschwankungen des Optionsgegenstandes bis zur Fälligkeit der Option. Somit ist er eine Art ‚Unsicherheitsaufschlag'.[418] Je größer das Zeitintervall bis zur Fälligkeit der Option ist, desto eher wahrscheinlich ist, dass die Verkaufsoption aus dem Blickwinkel des Optionsberechtigten in den Bereich der Gewinnzone gelangt. Der Zeitwert nimmt in der Regel bei sonst konstanten Bedingungen im Zeitverlauf ab und erreicht mit Ende der Laufzeit der Option den Wert null, da in der Nähe des Ausübungszeitpunktes die Chance einer positiven Preisänderung des Optionsgegenstandes abnimmt. Der Wert der Option entspricht somit am Ende der Laufzeit dem inneren Wert.[419]

Aus Sicht des Optionsverpflichteten spiegelt der Zeitwert der Option das allgemeine Risiko wider, welches aus der Optionsvereinbarung resultiert, während der innere Wert das Risiko des drohenden Verlustes aus dem Hauptvertrag beschreibt.[420] Während der innere Wert

---

416 Vgl. Lindner, Ariane, Besteuerung von Optionen, 2004, S. 18.

417 Die Volatilität ist das Maß für die Häufigkeit und Intensität der Preisschwankungen eines Optionsgegenstandes. Wenn der Optionsgegenstand starken Schwankungen unterliegt, besteht eine hohe Volatilität. Ist die Schwankungsanfälligkeit des Optionsgegenstandes bzw. des Marktes groß, ergibt sich für den Optionsverpflichteten ein größeres Risiko und darum sind für diese Optionen höhere Preise zu zahlen. Vgl. Dreissig, Hildegard, Bilanzsteuerrechtliche Behandlung von Optionen, in: BB 1989, S. 1513.

418 Je kürzer die Restlaufzeit des Optionsscheins und je niedriger die Volatilität des Basiswertes, desto niedriger ist der Zeitwert.

419 Vgl. Beckenhaub, Claus, Einkommensteuerbarkeit von Optionsgeschäften, 2001, S. 124.

420 *Rau* beschreibt den Zeitwert als die ‚Stillhalterleistung widerspiegelnd' und den inneren Wert als ‚zukünftige Entwicklungen der Bedingungen der Folgehandlung', was die Zugehörigkeit des Zeitwertes zur Optionsvereinbarung belegt (nur da findet die Stillhalterleistung statt) und den inneren Wert in Zusammenhang mit dem Hauptvertrag (Folgehandlung) stellt. Vgl. Rau, Stephan, Zur

damit Marktpreisänderungen bis zum Bewertungsstichtag berücksichtigt, enthält der Zeitwert mögliche zukünftige Marktpreisänderungen.[421]

steuerlichen Behandlung von Zinsbegrenzungen und Optionen nach dem BFH-Urteil zur bilanziellen Behandlung erhaltener Stillhalterprämien, in: DStR 2003, S. 1774.

421 Vgl. Hahne, Klaus D./Liepolt, Petra, Steuerbilanzielle Bewertung von Stillhalterverpflichtungen aus Optionsgeschäften, in: DB 2006, S. 1331.

4.3.1.3 Bilanzierung beim Optionsverpflichteten

4.3.1.3.1 Meinungsstreit und Vorgehensweise

Die bilanzielle Abbildung von Optionsgeschäften auf der Seite des Optionsverpflichteten vor Ausübung des Optionsrechtes lässt sich grundlegend in zwei Teilbereiche gliedern: Zum einen betrifft sie Fragen bezüglich des Zeitpunktes der erfolgswirksamen Erfassung der Optionsprämie und zum anderen die Passivierung der Optionsverpflichtung bzw. des Optionsrisikos.[422]

Grundsätzlich kommen drei Varianten der erfolgswirksamen Erfassung der Optionsprämie in Frage.[423] Die Optionsprämie könnte entweder zum Zeitpunkt der Schaffung des Optionsrechtes oder im Zeitpunkt der Ausübung oder des Verfalls des Optionsrechtes, sowie auch über die Laufzeit des Optionsrechtes verteilt erfolgswirksam vereinnahmt werden.

In Schrifttum und Rechtsprechung existieren Stimmen für jede der drei Varianten.[424] Der Grund für dieses breite Meinungsspektrum ist

---

422 Vor allem das steuerbilanzielle Schrifttum diskutierte diese Themengebiete vor dem Hintergrund der BFH-Entscheidung über Optionsgeschäfte, siehe BFH vom 18.12.2002, in: BStBl. II 2004, S. 126–129 Vgl. statt vieler Herzig, Norbert/ Briesemeister, Simone, Steuerbilanzielle Abbildung von Optionsgeschäften beim Stillhalter, in: DB 2002, S. 1570–1579; Wehrheim, Michael/Krause, Haiko, Steuerbilanzielle Erfassung erhaltener Optionsprämien vor und nach dem BFH-Urteil vom 18.12.2002, in: BB 2003, S. 1552–1556 und Rau, Stephan, Zur steuerlichen Behandlung von Zinsbegrenzungen und Optionen nach dem BFH-Urteil zur bilanziellen Behandlung erhaltener Stillhalterprämien, in: DStR 2003, S. 1769–1775.

423 Im Folgenden wird unterstellt, dass sich das Optionsgeschäft über mehr als ein Wirtschaftsjahr erstreckt, so dass die Schaffung des Optionsrechts mit dem Zufluss der Optionsprämie und die Ausübung des Optionsrechts in verschiedene Wirtschaftsjahre fallen.

424 Für die sofortige erfolgswirksame Vereinnahmung: Vgl. FG München vom 28.11.2000, in: EFG 2001, S. 274–276; OFD Köln vom 11.03.1997, in: DStR 1997, S. 1084 und BFH vom 28.11.1990, in: BStBl. 1991, S. 300–305 (der BFH spricht sich in diesem Urteil für die Trennungstheorie aus, lässt Bilanzierungsfragen allerdings offen); Kümpel, Siegfried, Zur Abgrenzung des Börsentermingeschäfts vom Zeitgeschäft am Beispiel der Effektenkommission für Auslandsbör-

in der uneinheitlichen Beurteilung der zivilrechtlichen dogmatischen Einordnung des Optionsgeschäftes und damit der Rechtsnatur der Option in zivilrechtlichem Schrifttum und Rechtsprechung zu suchen.[425] Auch bezüglich der Erfassung des Optionsrisikos bestehen im Schrifttum unterschiedliche Auffassungen. Der so genannte Risikoüberhang aus dem Hauptvertrag kann unter anderem den Wert einer bereits passivierten Verbindlichkeit bzw. Verbindlichkeitsrückstellung erhöhen oder in Form einer Drohverlustrückstellung Eingang in die Bilanz finden.[426]

---

sen, in: WM 1982, Beilage 6, S. 17. Für die verteilt erfolgswirksame Vereinnahmung: Niemeyer, Markus, Bilanzierung und Ausweis von Optionsgeschäften nach Handelsrecht und Steuerrecht, 1990, S. 113f; ders., Ausweisfragen beim Optionsgeschäft, in: BB 1990, S. 1026; Häuselmann, Holger, Die Bilanzierung von Optionen aus handelsrechtlicher Sicht, in: DB 1987, S. 1745–1748 (später geänderte Meinung Häuselmanns, siehe im Folgenden). Für die erfolgswirksame Vereinnahmung zum Zeitpunkt der Ausübung oder des Verfalls des Optionsrechtes: Weber-Grellet, Heinrich, Kommentar zum BFH-Urteil vom 18.12.2002, in: FR 2003, S. 514f; Hoffmann, Wolf-Dieter, Passivierung von Optionsprämien beim Stillhalter als Verbindlichkeit, in: StuB 2003, S. 543–546; ders., Anmerkung zum BFH-Urteil vom 18.12.2002, in: DStR 2003, S. 681; Herzig, Norbert/Briesemeister, Simone, Steuerbilanzielle Abbildung von Optionsgeschäften beim Stillhalter, in: DB 2002, S. 1570–1579; Wehrheim, Michael/Krause, Haiko, Steuerbilanzielle Erfassung erhaltener Optionsprämien vor und nach dem BFH-Urteil vom 18.12.2002, S. 1552–1556; Kupka, Wilfried/Süß, Stefan, Steuerliche Behandlung von Optionsprämien im Betriebsvermögen, in: FR 2002, S. 445; Schumacher, Andreas, Optionsgeschäfte im Betriebsvermögen und Realisationsprinzip, in: DStR 1997, S. 1236–1238; IDW BFA, Stellungnahme zur Rechnungslegung: Handelsrechtliche Bilanzierung von Optionsgeschäften bei Instituten (IDW RS BFA 6), in: IDW-Fachnachrichten 2011, S. 700-702; Häuselmann, Holger/Wiesenbart, Thomas, Fragen zur bilanzsteuerlichen Behandlung von Geschäften an der Deutschen Terminbörse (DTB), in: DB 1990, S. 641–647; Dreissig, Hildegard, Bilanzsteuerrechtliche Behandlung von Optionen, in: BB 1989, S. 1517; so auch FG Hamburg vom 06.12.2001, in: EFG 2002, S. 559–562 und BFH vom 18.12.2002, in: BStBl. II 2004, S. 126–129.

425 Siehe Gliederungspunkt 3.3.3.

426 Theoretisch denkbar wäre darüber hinaus die Bildung einer eigenständigen Verbindlichkeitsrückstellung. Einen Überblick über den theoretisch möglichen Lösungsraum liefern Wehrheim, Michael/Krause, Haiko, Steuerbilanzielle Erfassung erhaltener Optionsprämien vor und nach dem BFH-Urteil vom 18.12.2002, in: BB 2003, S. 1555.

An der Art der propagierten Bilanzierung der Optionsprämie zeigt sich, welche zivilrechtliche Einordnung des Optionsgeschäftes zugrunde gelegt wird. Literaturmeinungen zum Thema können somit grob in Anhänger der Trennungstheorie und Anhänger der Einheitstheorie aufgeteilt werden. Im Folgenden soll die aus der Trennungstheorie sowie der Einheitstheorie resultierende Bilanzierung bezüglich des Realisationszeitpunktes der Optionsprämie, wie auch der Passivierung der Optionsverpflichtung bzw. des Optionsrisikos, dargestellt werden.[427] Im Ergebnis ist die Optionsprämie aus Sichtweise der Trennungstheorie sofort erfolgswirksam zu vereinnahmen, während sie aus Sicht der Einheitstheorie bis zur Ausübung bzw. dem Verfall des Optionsrechtes erfolgsneutral zu bilanzieren ist. Die Bilanzierung im Sinne der Einheitstheorie stimmt mit der herrschenden Meinung im handelsrechtlichen Schrifttum überein.[428] Im Anschluss an die Darstellung der Bilanzierung von Optionsgeschäften nach Trennungs- und Einheitstheorie wird die steuerrechtliche Bilanzierung von Optionsgeschäften vorgestellt, die aufgrund der Rechtsprechung des BFH als modifizierte Trennungstheorie eingeordnet werden kann.

---

[427] Die Offerttheorie wird hierbei vernachlässigt, zum einen, weil sie im Schrifttum Ablehnung erfährt, zum anderen, weil sie in ihrem Ergebnis (Vorliegen eines Vertrages) der Einheitstheorie entspricht, siehe Gliederungspunkt 3.3.3.2.

[428] Siehe zu Vertretern dieser Auffassung oben, Fn. 394.

4.3.1.3.2 Bilanzierung des Optionsgeschäftes im Sinne der Trennungstheorie

Wird das Optionsgeschäft mit seiner zweiphasigen Struktur vor dem Hintergrund der zivilrechtlichen Trennungstheorie gesehen, stellt die Optionsvereinbarung der ersten Phase einen gegenseitigen, rechtlich selbständigen Vertrag vorbereitender Natur dar. Genauso ist der Hauptvertrag als rechtlich selbständiger gegenseitiger Vertrag zu sehen.[429] Das Gegenseitigkeitsverhältnis (Synallagma) der Optionsvereinbarung besteht in der Zahlung der Optionsprämie für die im Gegenzug das Optionsrecht eingeräumt wird. Neben diesem Synallagma der ersten Phase des Optionsgeschäftes besteht das Gegenseitigkeitsverhältnis der zweiten Phase (Hauptvertrag) in der Zahlung des vereinbarten Optionspreises für den im Gegenzug der Optionsgegenstand geliefert wird. Nach der Trennungstheorie führt erst die Ausübung des Optionsrechtes zur Entstehung des Hauptvertrages. Wird das Optionsrecht negativ ausgeübt, entsteht der Hauptvertrag nicht. Vor diesem Hintergrund hat der Optionsverpflichtete seine schuldrechtliche Hauptleistungspflicht vollständig erfüllt, indem er das Optionsrecht eingeräumt hat.[430] Durch die Optionsprämie wird somit lediglich die Einräumung des Optionsrechtes abgegolten. Die Optionsprämie wird von Anhängern der Trennungstheorie auch als Bindungsentgelt bezeichnet, das allein durch die Vereinbarung der Bindungsdauer verdient worden ist.[431] Eine konsequente Umsetzung der Trennungstheorie führt zu einer Bilanzierung, bei der die Options-

---

[429] Daher auch die Bezeichnung Zweivertragstheorie. Die Trennungstheorie berücksichtigt damit keinerlei Zusammenhänge der beiden Phasen des Optionsgeschäftes; dies entspricht einer rein formalrechtlichen Betrachtungsweise. Vertreten wurde diese Auffassung, bis zur höchstrichterlichen Entscheidung des BFH vom 18.12.2002, in: BStBl. II 2004, S. 126–129, vor allem von der Finanzverwaltung, vgl. zuletzt FG München vom 28.11.2000, in: EFG 2001, S. 274–276.

[430] Vgl. FG München vom 28.11.2000, in: EFG 2001, S. 275, auch Kümpel, Siegfried, Zur Abgrenzung des Börsentermingeschäfts vom Zeitgeschäft am Beispiel der Effektenkommission für Auslandsbörsen, in: WM 1982, Beilage 6, S. 17.

[431] Ein Zusammenhang der Optionsprämie mit der Wertminderung, die sich ggf. aus dem Hauptvertrag ergibt wird abgelehnt, vgl. BFH-Urteil vom 28.11.1990, in: BStBl. II 1991, S. 303. Der BFH hat im genannten Urteil allerdings die Frage der bilanziellen Behandlung der vereinnahmten Optionsprämie offen gelassen.

prämie zum Zeitpunkt der Einräumung des Optionsrechtes vollständig erfolgswirksam zu verbuchen ist.[432] Geht man davon aus, dass die Optionsvereinbarung als eigenständiger Vertrag voll erfüllt ist, finden die Grundsätze der Nichtbilanzierung schwebender Geschäfte hierauf keine Anwendung. Die sofortige erfolgswirksame Vereinnahmung entspricht damit aus diesem Blickwinkel auch dem Realisationsprinzip: Leistung (Einräumung des Optionsrechts) und Gegenleistung (Zahlung der Optionsprämie) sind erbracht und die Optionsprämie verbleibt endgültig beim Optionsverpflichteten, sie ist nicht zurückzugewähren, unabhängig davon, ob das Optionsrecht ausgeübt wird oder nicht.[433]

Der Hauptvertrag ist im Sinne der Trennungstheorie grundsätzlich nicht zu bilanzieren, da er vor Ausübung des Optionsrechtes noch nicht entstanden ist. Von einer wirtschaftlichen Entstehung des Hauptvertrages kann aber ausgegangen werden, wenn die Annahme des durch die Optionsvereinbarung abgegebenen Vertragsangebotes aufgrund der Marktsituation mit Sicherheit erwartet werden kann.[434] Ist diese Sicherheit gegeben liegt bezüglich des Hauptvertrages ein schwebendes Geschäft vor. Eine passivierungsfähige wirtschaftliche Last liegt nach dem Imparitätsprinzip dann vor, wenn ein Verlust aus dem Hauptvertrag droht. In diesem Fall ist im Sinne der Trennungstheorie eine Drohverlustrückstellung gemäß § 249 Abs. 1 Satz 1 2. HS HGB in Höhe des Verpflichtungsüberschusses aus dem Hauptvertrag

---

[432] So auch Rau, Stephan, Bilanzierung und Bewertung von Optionsgeschäften in der Steuerbilanz, in: BB 2002, S. 930, der aus der rein zivilrechtlichen Vorgehensweise des Finanzgerichts München (siehe folgende Fußnote) die konsequente Umsetzung der Zweivertragstheorie herausarbeitet.

[433] Vgl. zur erläuterten Argumentation vor allem FG München vom 28.11.2000, in: EFG 2001, S. 276. Tritt der Fall ein, dass die Option verfällt, ist lt. BFH offenkundig, dass mit der verbleibenden Optionsprämie lediglich die Einräumung der Option abgegolten wurde, vgl. BFH vom 28.11.1990, in: BStBl. II 1991, S. 302.

[434] Vgl. zum Beginn eines schwebenden Geschäftes 0.

zu bilden. Die Drohverlustrückstellung umfasst hierbei das gesamte Risiko.[435]

Darüber hinaus kommt nach der Sichtweise der Trennungstheorie die Bilanzierung einer Verbindlichkeit oder Verbindlichkeitsrückstellung als Schuld aus der Duldungs- und Bereitschaftsverpflichtung des Optionsverpflichteten nicht in Betracht, weil aus der Optionsvereinbarung keine Verpflichtungen des Optionsverpflichteten mehr bestehen und bezüglich des Hauptvertrages ein schwebendes Geschäft vorliegt.

Werden, wie im Rahmen der Trennungstheorie, die schuldrechtlichen Leistungsbeziehungen in den Vordergrund gestellt und die beiden Phasen des Optionsgeschäftes in zwei eigenständige schuldrechtliche Verträge separiert, so führt dies zu einer Trennung des Optionsgeschäftes in Komponenten mit ausschließlich positivem bzw. negativem Erfolgsbeitrag. In der ersten Phase wird dem Optionsverpflichteten sein maximal erzielbarer Gewinn in Form der Optionsprämie als Gegenleistung für die Optionsrechtseinräumung zugeordnet. In der zweiten Phase, dem Hauptvertrag, können die Verpflichtungen hieraus zu einer Vermögensminderung führen, indem ein Ausübungspreis gezahlt werden muss, der unter dem Marktpreis liegt. Somit werden bei dieser Betrachtungsweise theoretische Maximalgewinne der Besteuerung unterworfen, deren wirtschaftliche Entstehung im Fall der Ausübung der Option bzw. deren Glattstellung[436] je nach

---

435 Eine kompensatorische Bewertung von drohendem Risiko aus dem Hauptvertrag und Optionsprämie, welche lediglich den Risikoüberhang zurückstellen würde, kommt im Rahmen der Sichtweise der Trennungstheorie nicht in Betracht, vgl. so auch Rau, Stephan, Bilanzierung und Bewertung von Optionsgeschäften in der Steuerbilanz, in: BB 2002, S. 932, da die beiden Phasen des Optionsgeschäftes wirtschaftlich nicht als zusammenhängend angesehen werden und die erste Phase mit Zahlung der Optionsprämie in sich als abgeschlossen gilt.

436 Der Begriff Glattstellung wird vornehmlich für börsengehandelte Optionsgeschäfte verwendet. Glattstellen bedeutet, dass die durch den Optionsverpflichteten eingegangene Verpflichtung durch ein Gegengeschäft vor dem Ausübungs- bzw. Verfallstag aufgehoben wird. Durch das Gegengeschäft bewirkt der Stillhalter eine Verklammerung seiner Verpflichtung in der Weise, dass sich Optionsgeschäft und Gegengeschäft rechtlich aufheben. Das Eingehen der gegenläufigen Position wird als ‚Closing Transaction' bezeichnet und stellt sich

Ausübungspreis und Marktpreisentwicklung teilweise oder vollständig ausgeschlossen ist.[437] Dies stellt den Hauptansatzpunkt der Kritik an der Trennungstheorie dar.[438]

---

aufgrund der niedrigeren Transaktionskosten im Gegensatz zur effektiven Erfüllung für den Stillhalter als günstiger dar.

437 Vgl. Herzig, Norbert/Briesemeister, Simone, Steuerbilanzielle Abbildung von Optionsgeschäften beim Stillhalter, in: DB 2002, S. 1574f.

438 Fraglich ist in diesem Zusammenhang, ob eine Besteuerung, die auf der Trennungstheorie fußt, verfassungsrechtlichen Bedenken begegnet, vgl. hierzu Kupka, Wilfried/Süß, Stefan, Steuerliche Behandlung von Optionsprämien im Betriebsvermögen, in: FR 2002, S. 445.

4.3.1.3.3 Bilanzierung des Optionsgeschäftes im Sinne der Einheitstheorie

Wird das Optionsgeschäft mit seiner zweiphasigen Struktur vor dem Hintergrund der zivilrechtlichen Einheitstheorie gesehen, ist davon auszugehen, dass der Hauptvertrag in der ersten Phase des Optionsgeschäftes hinsichtlich seiner Wirksamkeit bereits bedingt abgeschlossen ist. Er wird mit der Ausübung des Optionsrechtes in der zweiten Phase des Optionsgeschäftes zu einem wirksamen Vertrag.[439] Damit liegen zivilrechtlich keine zwei selbständigen Verträge vor, sondern es handelt sich um ein einheitliches Geschäft. Die Optionsvereinbarung ist in diesem Zusammenhang als bedingter Hauptvertrag anzusehen. Die Einheitstheorie stellt die Einheitlichkeit des zweiphasigen Rechtsgeschäftes in den Vordergrund. Das heißt bilanzrechtlich sind mit der Optionsvereinbarung und dem Hauptvertrag auch im Sinne der Einheitstheorie zwei Austauschverhältnisse abzugrenzen, die den beiden Phasen des Optionsgeschäftes entsprechen.[440] Durch die einheitstheoretische Betrachtung findet aber im Gegensatz zur Trennungstheorie der Zusammenhang der beiden Phasen des Optionsgeschäftes bilanzielle Berücksichtigung. Dies führt zu einer Bilanzierung im Sinne der wirtschaftlichen Betrachtungsweise, denn wirtschaftlich betrachtet lassen sich die Phasen des Optionsgeschäftes nicht voneinander lösen, so wie es vor dem Hintergrund der Trennungstheorie geschieht. Die Auftrennung des Optionsgeschäfts – als einheitlicher wirtschaftlicher

---

[439] Siehe Gliederungspunkt 3.3.3.1.

[440] A. A. *Beckenhaub*, der das einheitliche Geschäft auch bilanziell abbilden will, was im Ergebnis zur Bilanzierung einer Verbindlichkeitsrückstellung in Höhe einer fiktiven Glattstellung führt, die die tatsächliche Belastung des Stillhalters wiedergibt. Die Optionsprämie wird nach diesem Ansatz erfolgswirksam vereinnahmt. Vgl. Beckenhaub, Claus, Einkommensteuerbarkeit von Optionsgeschäften, 2001, S. 363. Eine darüber hinausgehende wirtschaftliche Last aus dem Hauptvertrag existiert aufgrund der Einheit des Geschäftes nicht. Da dieser Ansatz im Ergebnis der modifizierten Trennungstheorie entspricht, die Bilanzierung aber vor dem Hintergrund des schwebenden einheitlichen Geschäftes teilweise nicht nachzuvollziehen ist, wird dieser Ansatz hier nicht weiter verfolgt.

Vorgang - in zwei Rechtsgeschäfte[441] entspricht nicht der wirtschaftlichen Wirklichkeit, denn der Hauptvertrag ist lediglich unselbständige Folge der vorangehenden Optionsvereinbarung. Der Hauptvertrag kommt ohne den Optionsvertrag nicht zustande. Umgekehrt ist der alleinige Optionsvertrag ohne die den Verpflichtungsumfang des Hauptvertrages umschreibenden Leistungspflichten ohne konkreten Inhalt.[442] Damit führt die Bilanzierung im Sinne der Einheitstheorie dazu, dass das Gegenseitigkeitsverhältnis (Synallagma) der ersten Phase (Optionsvereinbarung) im wirtschaftlichen Sinn umfassender als bei der Trennungstheorie zu sehen ist: Die mit der Optionsprämie entgoltene Leistung des Optionsverpflichteten beschränkt sich nicht auf die bloße Einräumung des Optionsrechtes bzw. auf die Abgabe des Bindungsversprechens. Mit der Einräumung des Optionsrechts entsteht für den Optionsverpflichteten zum einen die Pflicht zur Hinnahme oder Duldung der Rechtsgestaltung durch den Optionsberechtigten und darüber hinaus eine Bereitschaftspflicht, um im Falle der Ausübung der Option die Leistung des Hauptvertrages zu bewirken.[443] Diese Pflichten stellen im schuldrechtlichen Sinn Nebenleistungspflichten aus dem Optionsvertrag dar: Duldung der Rechtsgestaltung durch den Optionsberechtigten und Bereitschaft zur Bewirkung der Leistung aus dem Hauptvertrag. Die schuldrechtlichen Nebenleistungspflichten sind im Fall des Optionsgeschäftes ihrem wirtschaftlichen Gehalt nach Hauptleistungspflichten im bilanzrechtlichen

---

441 Die Aufteilung erfolgt in ein reines Optionsverhältnis und einen Kaufvertrag (Hauptvertrag). Siehe hierzu und zum Synallagma der beiden Rechtsgeschäfte Gliederungspunkt 3.3.3.3.

442 Vgl. Kupka, Wilfried/Süß, Stefan, Steuerliche Behandlung von Optionsprämien im Betriebsvermögen, in: FR 2002, S. 440.

443 Das Finanzgericht Hamburg zieht in diesem Zusammenhang einen Vergleich mit einem Kaufvertrag: Der Verkäufer einer Sache hat seine Verpflichtung nicht bereits mit Vertragsabschluss erfüllt, durch den er dem Käufer den Anspruch auf Lieferung und Übereignung der Sache einräumt, sondern die Lieferung selbst muss erfolgen (Übergabe). Vereinnahmt der Verkäufer den Kaufpreis bevor die Lieferung stattfindet, muss er diesen als Verbindlichkeit/erhaltene Anzahlung passivieren. Der Stillhalter einer Put-Option befindet sich in einer wirtschaftlich vergleichbaren Lage: Auch er bleibt nach Abschluss der Optionsvereinbarung bis zum Verfall oder der Ausübung bzw. Glattstellung der Option verpflichtet, den Hauptvertrag zu schließen. Vgl. FG Hamburg vom 06.12.2001, in: EFG 2002, S. 561.

Synallagma und damit maßgebend für die Abgrenzung des Austauschverhältnisses des bilanzrechtlich zu berücksichtigenden Geschäftes.[444] Das bilanzrechtliche Synallagma setzt sich somit zusammen aus der Leistung des Optionsberechtigten, die in der Zahlung der Optionsprämie besteht und der Gegenleistung des Optionsverpflichteten, die die mit Einräumung des Optionsrechts begründete Bindung an die Verpflichtung zum vereinbarungsgemäßen Eintritt in die zweite Phase des Optionsgeschäftes (Duldungs- und Bereitschaftsverpflichtung), in der der Optionsgegenstand zum vereinbarten Basispreis abzunehmen ist, darstellt.[445] Die Lieferung des Optionsgegenstandes hingegen findet im Synallagma des Hauptvertrages statt. Das Gegenseitigkeitsverhältnis dieser zweiten Phase des Optionsgeschäftes setzt sich zusammen aus der Zahlung des vereinbarten Optionspreises, für den im Gegenzug der Optionsgegenstand geliefert wird.

Die oben beschriebene Bindung des Optionsverpflichteten an den Hauptvertrag entfällt erst mit der Ausübung oder dem Verfall des Optionsrechtes. Bis zum Zeitpunkt der Ausübung hat der Optionsverpflichtete seine Verpflichtung zumindest nicht voll erfüllt. Er hat zwar das Optionsrecht eingeräumt, der Akt des „sich bereit Haltens" und die Lieferung an sich, sind aber noch nicht erfolgt. Mit Einräumung des Optionsrechts ist der Optionsverpflichtete nicht frei, sondern kann, sollte er die Leistungserbringung verweigern, aus dem Optionsvertrag in Anspruch genommen werden.[446] Gemäß der Sichtweise der Einheitstheorie liegt somit keine vollständige wirtschaftliche Erfüllung[447] bis zum Zeitpunkt der Ausübung oder des Verfalls der Option

---

[444] Vgl. Herzig, Norbert/Briesemeister, Simone, Steuerbilanzielle Abbildung von Optionsgeschäften beim Stillhalter, in: DB 2002, S. 1576.

[445] Anstelle der Abnahme des Optionsgegenstandes zum vereinbarten Basispreis kann auch ein entsprechender Barausgleich geleistet werden (Glattstellung). Vgl. Herzig, Norbert/Briesemeister, Simone, Steuerbilanzielle Abbildung von Optionsgeschäften beim Stillhalter, in: DB 2002, S. 1575.

[446] Vgl. so z. B. BFH vom 18.12.2002, in: BStBl. II 2004, S. 127.

[447] Maßgebend ist die wirtschaftliche Erfüllung. Es müssen nicht nur die im zivilrechtlichen Synallagma stehenden Hauptleistungspflichten erfüllt sein, sondern die insgesamt geschuldeten Erfüllungsleistungen im wirtschaftliche Synallagma, so auch Kupka, Wilfried/Süß, Stefan, Steuerliche Behandlung von Optionsprämien im Betriebsvermögen, in: FR 2002, S. 441.

vor. Bei Zugrundelegung des, wie oben beschriebenen, bilanzrechtlichen Synallagmas verschiebt sich folglich, im Vergleich zur Trennungstheorie, die Erfüllung der Optionsvereinbarung zeitlich weiter nach hinten (hinausgeschobene Erfüllung).

Für die bilanzielle Behandlung bedeutet dies, dass eine ertragswirksame Vereinnahmung der Optionsprämie erst mit Ausübung oder Verfall der Option möglich ist. Die Optionsprämie ist im Zeitpunkt ihres Zuflusses erfolgsneutral zu vereinnahmen. Damit wird im Sinne des Realisationsprinzips ein Gewinn erst dann ausgewiesen, wenn der Vertrag „wirtschaftlich erfüllt" und die vereinbarte Leistung erbracht ist.[448] Dies stimmt auch mit den Grundsätzen der Bilanzierung von schwebenden Geschäften überein: Die abgrenzbaren Leistungsaustauschverhältnisse ‚Zahlung der Optionsprämie' und ‚Duldungs- und Bereitschaftsverpflichtung' einerseits wie auch ‚Zahlung des Optionspreises' und ‚Lieferung des Optionsgegenstandes' andererseits, grenzen jeweils ein schwebendes Geschäft im bilanzrechtlichen Sinne ab. Bis zur wirtschaftlichen Erfüllung im Zeitpunkt der Ausübung bzw. des Verfalls der Option, besteht die erste Phase des Optionsgeschäfts (Optionsvereinbarung) als schwebendes Geschäft fort.[449] Da die Optionsprämie im erläuterten Synallagma der Optionsvereinbarung die Geldleistung darstellt, ist das schwebende Geschäft mit Leistung der Optionsprämie nicht etwa beendet, sondern besteht fort. Da Ansprüche und Verpflichtungen aus schwebenden Geschäften nicht bilanziert werden[450], legt sich die herrschende Meinung zur gebotenen Neutralisation der Optionsprämie - als ‚Vorleistung' des Optionsberechtigten - auf den Ansatz einer anzahlungsähnlichen sonstigen Verbindlichkeit

---

[448] Vgl. zu dieser Auffassung unter anderen: Schumacher, Andreas, Optionsgeschäfte im Betriebsvermögen und Realisationsprinzip, in: DStR 1997, S. 1237; Herzig, Norbert/Briesemeister, Simone, Steuerbilanzielle Abbildung von Optionsgeschäften beim Stillhalter, in: DB 2002, S. 1576 sowie Kupka, Wilfried/Süß, Stefan, Steuerliche Behandlung von Optionsprämien im Betriebsvermögen, in: FR 2002, S. 441f.

[449] Vgl. zum Ende eines schwebenden Geschäftes Gliederungspunkt 4.1.6.

[450] Vgl. zur bilanziellen Ausgeglichenheitsvermutung von schwebenden Geschäften Gliederungspunkt 4.1.6.

in Höhe der erhaltenen Optionsprämie fest.[451] Der Grund der Bilanzierung einer sonstigen Verbindlichkeit ist in der bilanziellen Nähe dieses Postens zur erhaltenen Anzahlung zu suchen. Die Optionsprämie stellt keine Anzahlung dar, weist aber eine gewisse Ähnlichkeit zur Anzahlung auf.[452] Damit wird im Sinne der herrschenden Meinung im handelsrechtlichen Schrifttum keine Verpflichtung aus der Position des Optionsverpflichteten bilanziert, sondern eine Bilanzierung nach den Grundsätzen von Vorleistungen/Anzahlungen postuliert.[453] Da-

---

451 Vgl. Weber-Grellet, Heinrich, Kommentar zum BFH-Urteil vom 18.12.2002, in: FR 2003, S. 514f; Herzig, Norbert/Briesemeister, Simone, Steuerbilanzielle Abbildung von Optionsgeschäften beim Stillhalter, in: DB 2002, S. 1578; FG Hamburg vom 06.12.2001, in: EFG 2002, S. 559; Dreissig, Hildegard, Bilanzsteuerrechtliche Behandlung von Optionen, in: BB 1989, S. 1515; Windmöller, Rolf/Breker, Norbert, Bilanzierung von Optionsgeschäften, in: WPg 1995, S. 395 und IDW BFA, Stellungnahme zur Rechnungslegung: Handelsrechtliche Bilanzierung von Optionsgeschäften bei Instituten (IDW RS BFA 6), in: IDW-Fachnachrichten 2011, S. 700-702. Teilweise wird auch die Bildung einer Verbindlichkeitsrückstellung für möglich gehalten, vgl. hierzu Eisele, Wolfgang/Knoblock, Alois, Offene Probleme bei der Bilanzierung von Finanzinnovationen, in: DStR 1993, S. 584.

452 Es liegt mit der Geldvorleistung der Optionsprämie keine erhaltene Anzahlung vor. Bei einer Anzahlung im Sinne des § 266 Abs. 3 Abschnitt C. 3. HGB zahlt der zur Geldleistung verpflichtete Vertragspartner einen Teil des vereinbarten Entgelts bevor die Sach- oder Dienstleistung des Geschäftes erbracht ist. Die Anzahlung müsste bei Nichterfüllung der Leistungsverpflichtung zurückgewährt werden. Die Optionsprämie zahlt der Optionsberechtigte in voller Höhe bevor die Sach- oder Dienstleistung des Optionsgeschäftes erbracht ist. Sie ist bei Verfall der Option nicht zurückzugewähren. Die Geldvorauszahlung wird allgemein als Vorleistung gesehen, vgl. Hoffmann, Wolf-Dieter, Teil-Nichtanwendungserlass zur Optionsprämienbilanzierung, in: DStR 2004, S. 626. Auch bei Optionsanleihen wird (u. a. von der Finanzverwaltung) vertreten, dass das für die Einräumung des Optionsrechts erhaltene Entgelt als ‚Anzahlung' beim Emittenten passiviert werden kann, vgl. Kupka, Wilfried/Süß, Stefan, Steuerliche Behandlung von Optionsprämien im Betriebsvermögen, in: FR 2002, S. 442, die die unterschiedlichen Verfügungen in diesem Zusammenhang aufführen.

453 Vgl. zum Vorauszahlungscharakter der Optionsprämie z. B. Windmöller, Rolf/Breker, Norbert, Bilanzierung von Optionsgeschäften, in: WPg 1995, S. 395 und Schulze-Osterloh, Joachim, Kommentar zum BFH-Urteil vom 18.12.2002, in: BB 2003, S. 1009, der den Bilanzposten „erhaltene Anzahlungen" als buch-

mit stellt sich im Zusammenhang mit dem Ausweis nicht die Frage, ob ggf. eine Verbindlichkeitsrückstellung zu passivieren ist, denn Grund und Höhe der Optionsprämie sind sicher. Die Grundsätze der Bilanzklarheit und -übersichtlichkeit können es erforderlich machen, gemäß § 265 Abs. 5 HGB eine weitere Untergliederung der Bilanz vorzunehmen und in diesem Zusammenhang einen gesonderten Bilanzposten auszuweisen.[454]

Im Hinblick auf den Hauptvertrag bleibt zusätzlich zu prüfen, ob die Ausgeglichenheit dieses schwebenden Geschäftes ggf. gestört ist und nach einer Bilanzierung verlangt. Aber auch hierbei kann die Einheit von Optionsvereinbarung und Hauptvertrag nicht unberücksichtigt bleiben. Zu diesem Zweck soll eine Erläuterung des wirtschaftlichen Gehalts der Optionsprämie vorangestellt werden. Beim (Verkaufs-)Optionsgeschäft besteht für Optionsberechtigten und Optionsverpflichteten ein unterschiedliches Risikoprofil. Für den Optionsberechtigten begrenzt sich das Verlustrisiko auf die zu leistende Optionsprämie, während der maximale Gewinn den um die Optionsprämie gekürzten Ausübungspreis darstellt. Demgegenüber ist der Gewinn des Optionsverpflichteten in Höhe der Optionsprämie begrenzt, sein Verlust kann den Ausübungspreis abzüglich der erhaltenen Optionsprämie nicht übersteigen.[455] Für den Optionsverpflichteten ist die zweite Phase des Optionsgeschäftes in der Regel nachteilig. Im Falle der Verkaufsoption muss er wahrscheinlich zu einem Ausübungspreis über dem Marktpreis abnehmen. Als Ausgleich für die Übernahme der Bindung und der damit verbundenen Risiken erhält der Optionsverpflichtete die Optionsprämie.[456] Diese Prämie verkörpert den Betrag, den der Optionsverpflichtete nach Einschätzung des Markts bei

---

technisches Mittel bezeichnet, die Neutralität des schwebenden Geschäftes trotz der Anzahlung aufrechtzuerhalten.

454 Denkbar wäre bei Optionsrechten in wesentlichem Umfang eine neu kreierte Bilanzposition, betitelt z. B. mit ‚erhaltene Optionsprämien' als Unterposten zu ‚erhaltene Anzahlungen' oder auch ein ‚davon-Vermerk'.

455 Vgl. Herzig, Norbert/Briesemeister, Simone, Steuerbilanzielle Abbildung von Optionsgeschäften beim Stillhalter, in: DB 2002, S. 1574.

456 „Zweck dieses Entgeltes ist die Vergütung oder Entschädigung des Optionsgebers für die Bindung und die Risiken, die er durch die Begründung des Optionsrechtes eingeht", BFH vom 28.11.1990, in: BStBl. II 1991, S. 301.

Ausübung der Option einbüßen wird. Sie entspricht somit dem Barwert der künftigen Auszahlungsverpflichtung des Optionsverpflichteten.[457] Damit vergütet die Optionsprämie im Zeitpunkt des Vertragsabschlusses zum einen das Risiko, welches aus dem Hauptvertrag droht (innerer Wert) und enthält überdies noch einen Risikozuschlag (Zeitwert).[458]

Entwickelt sich über die Laufzeit der Option der Markt weiter, entspricht die Optionsprämie nicht länger dem Wert der Option (Optionspreis), denn der Wert der Option verändert sich in seiner Zusammensetzung bezüglich Zeitwert und innerem Wert. Über die Laufzeit nimmt der Zeitwert ab. Je nach Entwicklung des Marktes kann der innere Wert der Option steigen. Aus dem Blickwinkel des Optionsverpflichteten bedeutet ein Steigen des inneren Wertes ein erhöhtes Risiko aus dem Hauptvertrag. Mit dieser Entwicklung kann es über die Zeit zu einem so genannten Risikoüberhang aus der Option kommen. Das heißt die Optionsprämie stimmt nicht mehr mit dem aktuellen Wert der Option überein, sie reicht nicht mehr aus, um das (nun höhere) Risiko aus dem Hauptvertrag zu decken. Dieser Risikoüberhang muss im Rahmen des schwebenden Hauptvertrages nach dem Imparitätsprinzip als Drohverlustrückstellung berücksichtigt werden. Hierbei wird der Optionsprämie eine kompensatorische Wirkung zugeschrieben, sie ist bei der Bewertung der Drohverlustrückstellung - anzahlungsähnlich - mit einzurechnen.[459]

Hinsichtlich der Bewertung einer ggf. notwendigen Drohverlustrückstellung werden zwei Ansätze diskutiert: Ausübungsmethode und Glattstellungsmethode. Nach der Ausübungsmethode ist eine Drohverlustrückstellung zu bilden, wenn der Marktpreis des Optionsgegenstandes geringer ist als dessen Ausübungspreis. Soweit diese

457 Vgl. Herzig, Norbert/Briesemeister, Simone, Steuerbilanzielle Abbildung von Optionsgeschäften beim Stillhalter, in: DB 2002, S. 1574.

458 Siehe auch Gliederungspunkt 4.3.1.2 zu den Bestandteilen der Optionsprämie: innerer Wert und Zeitwert.

459 Vgl. IDW BFA, Stellungnahme zur Rechnungslegung: Handelsrechtliche Bilanzierung von Optionsgeschäften bei Instituten (IDW RS BFA 6), Tz. 24, in: IDW-Fachnachrichten 2011, Tz. 18. Betrachtet man die Optionsprämie als ‚Anzahlung' auf das Risiko, ist sie zwingend kompensatorisch zu berücksichtigen.

Differenz größer ist als die passivierte Optionsprämie muss sie in eine Drohverlustrückstellung eingestellt werden. Nach der Glattstellungsmethode ist eine Drohverlustrückstellung zu bilden, soweit die für ein fiktives glattstellendes Geschäft zu zahlende Prämie den Buchwert der passivierten Optionsprämie übersteigt.[460] Die Entscheidung für die eine oder andere Methode ist folgendermaßen zu treffen: grundsätzlich ist die Drohverlustrückstellung gemäß Ausübungsmethode zu bewerten, im Fall möglicher vorzeitiger Glattstellung (90% der Kontrakte werden glattgestellt), wird die Anwendung der Glattstellungsmethode als zulässig erachtet.[461]

Zusammengefasst schlägt die herrschende Meinung im bilanzrechtlichen Schrifttum folgende Bilanzierung bei Optionsgeschäften auf Seiten des Optionsverpflichteten vor: Im Zeitpunkt des Zuflusses der Optionsprämie ist diese erfolgsneutral als sonstige Verbindlichkeit zu passivieren. Nach herrschender Meinung wird damit keine Verpflichtung aus der Position des Optionsverpflichteten bilanziert, sondern eine Bilanzierung nach den Grundsätzen von Vorleistungen/Anzahlungen vertreten. Aus dem Hauptvertrag als schwebendes Geschäft kann eine Drohverlustrückstellung resultieren, deren Höhe aber lediglich den Risikoüberhang umfasst. Das heißt, die Optionsprämie wirkt bei der Bewertung der Drohverlustrückstellung im Sinne einer ‚Anzahlung auf das Risiko' kompensatorisch. Im Zeitpunkt der Ausübung oder des Verfalls des Optionsrechtes durch den Optionsberechtigten ist beim Optionsverpflichteten der gebildete Passivposten aufzulösen. Muss der Optionsverpflichtete wie im Fall der erläuterten Verkaufsoption bei Ausübung einen Vermögensgegenstand erwerben, ist die passivierte Optionsprämie anschaffungspreismindernd beim erworbenen Vermögensgegenstand zu berücksichtigen. Eine gegebenenfalls gebildete Drohverlustrückstellung ist mit einem aufgrund der

---

460 Vgl. Förschle, Gerhart/Usinger, Rainer, § 254, in: Ellrott, Helmut et al. (Hrsg.), Beck'scher Bilanz-Kommentar, 2012, Rz. 75.

461 Vgl. Gelhausen, Hans Friedrich, Abschnitt E, in: IDW (Hrsg.), WP Handbuch Band I, 2006, Rz. 140. *Kupka/Süß* postulieren die Anwendung der Glattstellungsmethode für börsengehandelte Optionen, vgl. Kupka, Wilfried/Süß, Stefan, Steuerliche Behandlung von Optionsprämien im Betriebsvermögen, in: FR 2002, S. 444.

Ausübung der Option eintretenden Verlust zu verrechnen. Ein nicht verbrauchter Rückstellungsbetrag ist erfolgswirksam aufzulösen.[462]

---

[462] Vgl. IDW BFA, Stellungnahme zur Rechnungslegung: Handelsrechtliche Bilanzierung von Optionsgeschäften bei Instituten (IDW RS BFA 6), in: IDW-Fachnachrichten 2011, Tz. 24.

4.3.1.3.4 Besonderheit im Steuerrecht: Modifizierte Trennungstheorie

Der BFH legt im so genannten Optionsprämienurteil zur bilanziellen Beurteilung von Optionsgeschäften die Trennungstheorie zugrunde,[463] modifiziert diese aber in wirtschaftlicher Betrachtungsweise hinsichtlich der Hauptleistungen aus der Optionsvereinbarung. Im Sinne der Trennungstheorie wäre die Hauptleistungspflicht des Optionsverpflichteten aus der Optionsvereinbarung mit der Einräumung des Optionsrechtes erfüllt. Die nach der Trennungstheorie im schuldrechtlichen Sinn als Nebenleistungspflicht zu bezeichnende Duldungs- und Bereitschaftspflicht beurteilt der BFH aber ihrem wirtschaftlichen Gehalt nach als Hauptleistungspflicht und damit als maßgebend für die Beurteilung des Leistungsumfangs des Optionsverpflichteten. Diese modifizierte Trennungstheorie nähert sich der Einheitstheorie (die zivilrechtlich das Resultat einer wirtschaftlichen Betrachtungsweise ist) wieder an.[464] Beide Theorien kommen somit zum Ergebnis einer hinausgeschobenen Erfüllung der Optionsvereinbarung.

Ein entscheidender Unterschied zur Bilanzierung im Sinne der Einheitstheorie besteht nach der BFH-Rechtsprechung darin, dass das Ende des schwebenden Geschäftes der Optionsvereinbarung mit Zufluss der Optionsprämie festgelegt wird. Zwar räumt der BFH ein, dass an anderer Stelle entschieden wurde, dass ein schwebendes Geschäft weiterhin besteht, wenn es hinsichtlich seiner vereinbarten Sach- oder Dienstleistungspflicht noch nicht voll erfüllt wurde.[465] Allerdings konkretisiert der BFH diesen Grundsatz dahingehend, dass er regelmäßig gilt - nämlich für den Regelfall, dass der zur Sach- oder Dienstleistung Verpflichtete „zumindest Zug um Zug (§ 274 Abs. 1 BGB) vorzuleisten hat“[466]. Zahlt der zur Geldleistung verpflichtete

---

[463] Begründet mit BFH-Urteil vom 28.11.1990, BStBl. II 1991, S. 300–305, sinngemäße Fortführung durch BFH vom 18.12.2002, BStBl. II 2004, S. 128.

[464] Vgl. Herzig, Norbert/Briesemeister, Simone, Steuerbilanzielle Abbildung von Optionsgeschäften beim Stillhalter, in: DB 2002, S. 1576.

[465] So entschieden statt vieler: BFH vom 23.06.1997, BStBl. II 1997, S. 737. Die Sach- oder Dienstleistungspflicht stellt bei der Optionsvereinbarung die Verpflichtung zur Bindung an den Hauptvertrag dar.

[466] BFH vom 18.12.2002, BStBl. II 2004, S. 128.

Vertragspartner bevor die Sach- oder Dienstleistung erbracht ist, stellt dies grundsätzlich eine Ausnahme vom Regelfall dar, die als Anzahlung im Sinne des § 266 Abs. 3 Abschnitt C. 3. HGB auf sein künftig zu erbringendes, bei dem Geschäft vereinbartes Entgelt anzusehen ist. Charakteristisch für Anzahlungen ist, dass sie bei Nichterfüllung der Sach- oder Dienstleistungsverpflichtung zurückgewährt werden müssen.[467] Im Gegensatz dazu ist die Geldleistung in Form der Optionsprämie - als vereinbartes Entgelt in der ersten Phase des Optionsgeschäftes - vertragsgemäß zeitlich vor der Leistung in Form der Duldungs- und Bereitschaftsverpflichtung und in voller Höhe zu leisten. Sie ist auch bei Verfall der Option nicht etwa zurückzugewähren. Die Optionsprämie stellt damit keine Anzahlung dar. Das erfordert eine Konkretisierung des Grundsatzes zum Fortbestand eines schwebenden Geschäftes. Der BFH stellt fest, dass in dem Fall, in dem der zur Geldleistung Verpflichtete ausnahmsweise vorzuleisten hat, mit Erbringen der vollen Geldleistung das schwebende Geschäft beendet ist. Mit Zahlung der Optionsprämie stehen sich somit Leistung und Gegenleistung nicht mehr ausgeglichen gegenüber, der Schwebezustand ist mit der einseitigen Erfüllung beendet.[468]

Mit der Beendigung des schwebenden Geschäftes besteht auch der Nichtbilanzierungsgrundsatz nicht mehr. Die Duldungs- und Bereitschaftsverpflichtung des Optionsverpflichteten, die darin besteht, den Optionsgegenstand zum vereinbarten Preis anzukaufen, ist daher zu passivieren.[469] Diese Verpflichtung ist laut BFH zum Zeitpunkt des Abschlusses_des Optionsgeschäftes einzustellen[470] und erst mit Ausübung oder Verfall der Option auszubuchen. Allerdings stellt der Zeitpunkt des Vertragsabschlusses den Beginn des schwebenden Geschäfts dar, welches nach den Grundsätzen des BFH erst mit Leistung

---

[467] Vgl. hier und im Folgenden BFH vom 18.12.2002, BStBl. II 2004, S. 128.

[468] Siehe zum Ende des schwebenden Geschäftes Gliederungspunkt 4.1.6.

[469] *Kupka/Süß* führen als Beweis für das Bestehen einer Verpflichtung des Optionsverpflichteten an, dass an der Börse regelmäßig Sicherheitsleistungen vom Stillhalter gefordert würden, vgl. Kupka, Wilfried/Süß, Stefan, Steuerliche Behandlung von Optionsprämien im Betriebsvermögen, in: FR 2002, S. 442.

[470] Der BFH formuliert, die Verpflichtung des Veräußerers solle „mit Abschluss des jeweiligen Put/Call-Optionsgeschäftes" passiviert werden, BFH vom 18.12.2002, in: BStBl. II 2004 S. 129.

und damit Zahlung der Optionsprämie endet. Damit ein mit der Realisierung zumindest gleichzusetzender Tatbestand der Beendigung des schwebenden Geschäftes angenommen werden kann, bevor die Sach- oder Dienstleistung (im Fall des Optionsgeschäftes die Duldungs- und Bereitschaftsverpflichtung) erbracht ist, muss das Entgelt (Optionsprämie) vollständig zugeflossen sein, damit keine Zahlungs- oder Bonitätsrisiken mehr bestehen.[471] Der Nichtbilanzierungsgrundsatz von schwebenden Geschäften verbietet damit eine Einstellung der Verpflichtung aus dem schwebenden Geschäft mit Vertragsabschluss. Erst mit Beendigung des schwebenden Geschäftes durch Zahlung der Optionsprämie kann die Passivierung erfolgen, dieser Zeitpunkt muss nicht, kann aber mit dem Zeitpunkt des Vertragsabschlusses des Optionsgeschäftes übereinstimmen.[472] Der allgemein gehaltene Leitsatz des Urteils wirft dieses Problem nicht auf.

Der BFH erläutert die Ausweisfrage nicht und fordert einen Ausweis der Verpflichtung als Verbindlichkeit. Aufgrund der fehlenden Begründung der Wahl des Postens Verbindlichkeit durch den BFH ist zu überprüfen, ob das abgegebene Duldungs- und Bereitschaftsversprechen durch den Optionsverpflichteten dem Grunde und der Höhe nach als sicher zu qualifizieren ist oder ggf. auch eine Verbindlichkeitsrückstellung in Frage käme.[473] Damit die Duldungs- und Bereit-

---

[471] Alles andere wäre eine Änderung der Grundsätze der Bilanzierung schwebender Geschäfte und würde nicht mit der formulierten Ausnahme betreffend die Beendigung von schwebenden Geschäften im BFH-Urteil vom 18.12.2002, in: BStBl. II 2004 S. 126–129, übereinstimmen. Siehe dazu auch die Erläuterungen zur Sichtweise des BFH bezüglich der Beendigung von schwebenden Geschäften im Gliederungspunkt 4.1.6.

[472] Zu den Fällen, in denen die Optionsprämie nicht mit Abschluss des Optionsvertrages fällig wird, sondern erst zu einem späteren Zeitpunkt, vgl. OFD Köln vom 11.03.1997, in: DStR 1997, S. 1084, die im Sinne der Trennungstheorie eine Einstellung einer Forderung in Höhe der Optionsprämie mit Vertragsabschluss fordern. Vgl. dazu auch Schumacher, Andreas, Optionsgeschäfte im Betriebsvermögen und Realisationsprinzip, DStR 1997, S. 1236.

[473] *Rau* spricht sich dafür aus, dass der BFH die Höhe der Schuld ggf. auch als ungewiss hätte einstufen können und somit der Ansatz einer Verbindlichkeitsrückstellung geboten wäre, vgl. Rau, Stephan, Zur steuerlichen Behandlung von Zinsbegrenzungen und Optionen nach dem BFH-Urteil zur bilanziellen Behandlung erhaltener Stillhalterprämien, in: DStR 2003, S. 1773. Nach *Hah-*

schaftsverpflichtung des Optionsverpflichteten als Schuld (Verbindlichkeit oder Rückstellung) passivierungsfähig ist, müssen die Passivierungskriterien für eine Verbindlichkeit, respektive Verbindlichkeitsrückstellung, erfüllt sein. Die Kriterien ‚Leistungsverpflichtung', ‚wirtschaftliche Belastung' und ‚Quantifizierbarkeit' stellen Kriterien des allgemeinen Passivierungsgrundsatzes für Verbindlichkeiten und Rückstellungen dar. Darüber hinaus müssen für den Ansatz einer Verbindlichkeitsrückstellung folgende Konkretisierungs- und Objektivierungskriterien vorliegen: eine Außenverpflichtung, die Wahrscheinlichkeit des Be- oder Entstehens der Leistungsverpflichtung (Greifbarkeit) sowie die Inanspruchnahme des Schuldners und die Verursachung der Leistungsverpflichtung vor dem Bilanzstichtag.[474]

Die Verpflichtung des Optionsverpflichteten wird im Sinne des Optionsprämienurteils des BFH als konkrete Leistungsverpflichtung angesehen, die gegenüber dem Optionsberechtigten besteht und sich daraus zusammensetzt, die Ausübung der Option zu dulden und sich zur Erfüllung der Abnahmepflichten bezüglich des Optionsgegenstandes bereitzuhalten.[475] Ein Zwang zur Leistungserfüllung liegt vor, weil sich der Optionsverpflichtete nicht ohne rechtliche Konsequenzen einseitig der Leistung entziehen kann. Eine wirtschaftliche Belastung kommt darin zum Ausdruck, dass von Seiten des Optionsverpflichteten die Duldungs- und Bereitschaftsleistung noch erbracht werden muss, während die Gegenleistung in Form der Optionsprämie bereits vom Optionsberechtigten erbracht ist, so dass sich der Optionsver-

---

ne/Sievert ist dem Bilanzposten der Verbindlichkeitsrückstellung vor dem der Verbindlichkeit der Vorzug zu geben. Vgl. Hahne, Klaus D./Sievert, Jürgen, Abgrenzung von Drohverlustrückstellungen und Rückstellungen für ungewisse Verbindlichkeiten, in: DStR 2003, S. 1993; Auch *Treuberg/Scharpf* qualifizieren die Stillhalterverpflichtung dem Grunde und der Höhe nach als ungewiss, da ihres Erachtens nicht sicher sei, ob und in welcher Höhe eine Verbindlichkeit entsteht, vgl. Treuberg, Hubert, Graf von/Scharpf, Paul, DTB-Aktienoptionen und deren Abbildung im Jahresabschluß von Industrieunternehmen, in: DB 1991, S. 665.

474 Siehe Gliederungspunkt 4.1.7.2.

475 Vgl. BFH vom 18.12.2002, in: BStBl. II 2004 S. 127.

pflichtete ‚in der Schuld' befindet.[476] Darüber hinaus ist die Duldungs- und Bereitschaftsverpflichtung quantifizierbar, weil sie in Höhe und Fälligkeit eindeutig bestimmt ist. Denn im Zeitpunkt des Vertragsabschlusses des Optionsgeschäftes kann die wirtschaftliche Belastung des Stillhalters exakt in Höhe der Optionsprämie ausgedrückt werden - durch Abschluss eines Gegengeschäftes könnte der Optionsverpflichtete die wirtschaftliche Belastung theoretisch wieder abwälzen.[477] Die Duldungs- und Bereitschaftsverpflichtung ist somit punktuell und nicht nur im Rahmen einer Bandbreite bestimmbar, damit ist die Höhe der Verpflichtung gewiss.[478] Auch dem Grunde nach ist die Verpflichtung sicher, denn die Ungewissheit der Inanspruchnahme ändert nichts an der bestehenden Duldungs- und Bereitschaftsverpflichtung, denn diese besteht über die Laufzeit unabhängig davon, ob der Optionsberechtigte am Ende der Laufzeit das Optionsrecht ausübt oder verfallen lässt.[479] Damit erfüllt die Duldungs- und Bereitschaftsver-

---

[476] Die Verpflichtung des Optionsverpflichteten besteht nicht in einer Zahlung, sondern stellt eine Handlung bzw. Dienstleistung dar. Gegenstand von Verbindlichkeiten können Leistungen aller Art sein, vgl. BFH vom 18.12.2002, in: BStBl. II 2004 S. 127. Der Optionsverpflichtete befindet sich aber nicht im Erfüllungsrückstand. A. A. vgl. Kupka, Wilfried/Süß, Stefan, Steuerliche Behandlung von Optionsprämien im Betriebsvermögen, in: FR 2002, S. 442. Per Definition liegt ein Erfüllungsrückstand vor, wenn das Gleichgewicht der gegenseitigen Vertragsbeziehungen durch Vorleistungen eines und daraus resultierenden rückständigen Gegenleistungen des anderen Vertragspartners gestört ist. Vgl. zum Erfüllungsrückstand auch Gliederungspunkt 4.4.3. Da die Verpflichtung des Optionsverpflichteten mit Abschluss des Optionsgeschäftes begründet wurde und inhaltlich unverändert bis zur Ausübung oder dem Verfall der Option weiterbesteht, kann vom Vorliegen eines Erfüllungsrückstandes nicht ausgegangen werden, vgl. Christiansen, Alfred, Zur Passivierung von Verbindlichkeiten: (Nicht-) Passivierung im Rahmen schwebender Geschäfte, in: DStR 2007, S. 871. Vom Optionsverpflichteten war vertraglich noch nichts fällig, die Duldungs- und Bereitschaftsleistung ist keine zeitraumbezogene Leistung.

[477] Vgl. hier und im Folgenden Günkel, Manfred, Bilanzielle Behandlung von Optionsprämien im Betriebsvermögen, in: JbFStR 1998/99, S. 224.

[478] An den darauffolgenden Bilanzstichtagen ist die Verpflichtung theoretisch mit Hilfe von finanzmathematischen Modellen und Optionspreismodellen genau bestimmbar. Zur Folgebewertung der Verpflichtung vgl. hinten.

[479] A. A. Treuberg, Hubert Graf von/Scharpf, Paul, DTB-Aktienoptionen und deren Abbildung im Jahresabschluß von Industrieunternehmen, in: DB 1991, S. 665, die eine Rückstellung bilanzieren wollen, weil sie die wirtschaftliche Be-

pflichtung im Ergebnis sämtliche Kriterien des Passivierungsgrundsatzes und ist aufgrund der Sicherheit von Grund und Höhe abstrakt als Verbindlichkeit passivierbar.[480] Es existieren darüber hinaus keine konkreten gesetzlichen Vorschriften, die einer Passivierung entgegenstehen würden.[481]

Die Leistungsverpflichtung des Optionsverpflichteten steht mit Abschluss des Optionsvertrages fest (ist aber erst mit Zahlung der Optionsprämie auszuweisen) und besteht ihrem Umfang nach in voller Höhe bis zur Ausübung oder dem Verfall des Optionsrechtes.[482]

Gemäß BFH entspricht die Höhe der einzustellenden Verpflichtung im Zeitpunkt der Erstbewertung (maßgeblicher Erfüllungsbetrag im Zeitpunkt des Zugangs) der Optionsprämie. Die Bewertung der Verpflichtung durch den BFH gründet somit auf § 6 Abs. 1 Nr. 3 i. V. m. Nr. 2 EStG, wonach die Anschaffungskosten maßgeblich sind. Diese entsprechen der jeweils vereinnahmten Optionsprämie.[483] Der Options-

---

lastung und die mögliche Inanspruchnahme des Optionsverpflichteten als ungewiss einstufen. Diese Auffassung resultiert aus einer Vermischung der beiden Phasen des Optionsgeschäftes: Nicht die Duldungs- und Bereitschaftsverpflichtung der Optionsvereinbarung ist ungewiss, sie besteht über die gesamte Laufzeit der Option, sondern die Verpflichtung zur Erfüllung des Hauptvertrages steht noch nicht fest. Der Hauptvertrag wird aber vom BFH nicht bilanziert.

480 Gegen den Ansatz einer Verbindlichkeit wird eingewandt, dass die Optionsprämie nicht zurückzuzahlen sei, vgl. Treuberg, Hubert Graf von/Scharpf, Paul, DTB-Aktienoptionen und deren Abbildung im Jahresabschluß von Industrieunternehmen, in: DB 1991, S. 665. Diesem Einwand ist entgegenzuhalten, dass der Optionsverpflichtete nicht die Rückzahlung der Optionsprämie schuldet, sondern die Duldungs- und Bereitschaftsleistung. Die Optionsprämie wurde vom Optionsberechtigten gezahlt, die Duldungs- und Bereitschaftsleistung wird vom Optionsverpflichteten dafür geschuldet.

481 Die Prüfung der darüber hinausgehenden Kriterien für Verbindlichkeitsrückstellungen ist daher an dieser Stelle nicht vorzunehmen, sie wird zu einem späteren Zeitpunkt nachgeholt, da im Rahmen der Bilanzierung des Leasingrückkaufgeschäftes die Höhe der Verpflichtung nicht als gewiss angesehen werden kann. Siehe Gliederungspunkt 4.3.3.2.1.2.3.

482 Vgl. hier und im Folgenden BFH vom 18.12.2002, in: BStBl. II 2004 S. 129.

483 „Steht die Entstehung der Verbindlichkeit in ursächlichem Zusammenhang mit dem Zufluss eines Ertrages, wird der den Anschaffungs"kosten" entsprechende

verpflichtete würde die Duldungs- und Bereitschaftsverpflichtung und das Risiko, welches sich aus dem festgelegten Preis ergibt, nicht ohne äquivalente Vergütung auf sich nehmen. Daher ist beim Abschluss des Optionsgeschäftes (Beginn des schwebenden Geschäftes) anzunehmen, dass die Optionsprämie dem Wert der Duldungs- und Bereitschaftsverpflichtung entspricht. Die wirtschaftliche Belastung des Optionsverpflichteten kann in Höhe der Optionsprämie ausgedrückt werden, denn wie oben bereits erläutert könnte der Optionsverpflichtete durch unmittelbaren Abschluss eines Gegengeschäftes diese Belastung abwälzen. Die Höhe der Verpflichtung bestimmt sich somit durch das Risiko aus dem Hauptvertrag, welches sich aufgrund des festgelegten Optionspreises ergibt (innerer Wert) und dem ‚Unsicherheitsaufschlag' für die Bindung des Optionsverpflichteten aus der Optionsvereinbarung (Zeitwert),[484] denn sowohl innerer Wert, wie auch Zeitwert sind in der Regel Bestandteile der Optionsprämie im Zeitpunkt des Abschlusses des Optionsgeschäftes. Aufgrund der Zusammengehörigkeit der beiden Phasen des Optionsgeschäftes kann davon ausgegangen werden, dass der Wert der Duldungs- und Bereitschaftsverpflichtung sowohl vom Zeit- wie auch vom inneren Wert bestimmt wird.[485]

Im Rahmen der Folgebewertung entspricht der maßgebliche Erfüllungsbetrag der Verpflichtung dem jeweiligen Wert der Option (Optionspreis).[486] Um die Höhe der Verpflichtung zu bestimmen ist an

---

Wert durch den Anschaffungs"ertrag" bestimmt." BFH vom 18.12.2002, BStBl. II 2004, S. 129.

484 Siehe genauer zu den Komponenten innerer Wert und Zeitwert der Optionsprämie 4.3.1.2.

485 *Rau* ist der Auffassung, dass allein der Zeitwert die Duldungs- und Bereitschaftsverpflichtung des Optionsverpflichteten widerspiegelt. Lediglich im Zeitpunkt des Abschlusses des Optionsvertrages deckt die Optionsprämie das Einnehmen der Duldungs- und Bereitschaftsposition betragsmäßig ab und diese wird von beiden Wertkomponenten bestimmt. Danach zerfällt der Wert der Option sofort in zwei Komponenten, dem in der Regel abnehmenden Zeitwert und dem inneren Wert. Vgl. Rau, Stephan, Zur steuerlichen Behandlung von Zinsbegrenzungen und Optionen nach dem BFH-Urteil zur bilanziellen Behandlung erhaltener Stillhalterprämien, in: DStR 2003, S. 1774.

486 Vgl. Herzig, Norbert/Briesemeister, Simone, Steuerbilanzielle Abbildung von Optionsgeschäften beim Stillhalter, in: DB 2002, S. 1579, Fn. 110; Hahne, Klaus

jedem Bilanzstichtag, genauso wie bei der Erstbewertung zu fragen, was der Optionsverpflichtete aufwenden müsste, um aus der Duldungs- und Bereitschaftsverpflichtung befreit zu werden,[487] das entspricht der Frage wie viel eine Glattstellung im entsprechenden Zeitpunkt kosten würde.[488] Nicht ausreichend zur Bestimmung des Wertes der Duldungs- und Bereitschaftsverpflichtung ist, die Frage zu stellen: „Was ist am Bilanzstichtag aufzuwenden, um den [Haupt-]Vertrag durch Lieferung zu erfüllen?"[489] Denn damit wäre nur die Komponente des inneren Wertes des Optionspreises bestimmt und Marktpreisänderungen bis zur Ausübung der Option blieben unberücksichtigt (Zeitwert).

Fällt der Wert der Option zum folgenden Bilanzstichtag unter den Betrag der Erstbewertung der Verpflichtung, führt dies gemäß der Forderung des § 253 Abs. 1 Satz 2 HGB nach dem Ansatz einer Verbindlichkeit mit ihrem Erfüllungsbetrag handelsrechtlich nicht zu einer Abwertung der Verpflichtung. Entsteht aber ein Risikoüberhang, weil der Wert der Option zum folgenden Bilanzstichtag über dem Betrag der Erstbewertung der Verpflichtung liegt, gilt handelsrechtlich das Höchstwertprinzip. Die Optionsprämie reicht in diesem Fall im Zeitpunkt der Folgebewertung nicht mehr aus, das nun höhere Risiko aus dem Hauptvertrag zu decken, es entsteht ein Risikoüberhang. Der Risikoüberhang führt nach dem Imparitätsprinzip gemäß § 252 Abs. 1 Nr. 4 HGB zu einem höheren anzusetzenden Wert der Verpflichtung des Optionsverpflichteten. Steuerlich bietet § 6 Abs. 1 Nr. 3 Satz 1 i. V. m. Nr. 2 Satz 2 EStG bei einer nicht nur aufgrund eines vorübergehenden Tatbestandes eingetretenen Teilwerterhöhung ein Wahlrecht.

D./Liepolt, Petra, Steuerbilanzielle Bewertung von Stillhalterverpflichtungen aus Optionsgeschäften, in: DB 2006, S. 1330.

[487] Vgl. Dreissig, Hildegard, Bilanzsteuerrechtliche Behandlung von Optionen, in: BB 1989, S. 1516.

[488] Vgl. Herzig, Norbert/Briesemeister, Simone, Steuerbilanzielle Abbildung von Optionsgeschäften beim Stillhalter, in: DB 2002, S. 1579, Fn. 110.

[489] Dreissig, Hildegard, Bilanzsteuerrechtliche Behandlung von Optionen, in: BB 1989, S. 1516.

Über das Maßgeblichkeitsprinzip muss dieser höhere Wert in das Steuerrecht übernommen werden.[490]

Der BFH deutet im Optionsprämienurteil an, dass ein die Höhe der Optionsprämie übersteigendes Risiko (Risikoüberhang) entweder zu einem höheren anzusetzenden Wert der Verbindlichkeit führen oder zusätzlich in Form einer Rückstellung für drohende Verluste aus schwebenden Geschäften Berücksichtigung finden kann.[491] Aufgrund der vom BFH festgelegten Beendigung des Schwebezustandes der Optionsvereinbarung kommt für die erste Phase des Optionsgeschäftes keine Drohverlustrückstellung in Betracht. Ein drohender Verlust könnte sich dennoch grundsätzlich aus dem Hauptvertrag ergeben, weil angenommen werden kann, dass der BFH den Schwebezustand der zweiten Phase nicht mit Zahlung der Optionsprämie als beendet

---

[490] Nach abweichender Auffassung können nach dem BilMoG Wahlrechte, die nur steuerrechtlich bestehen, unabhängig vom handelsrechtlichen Wertansatz ausgeübt werden. In diesem Sinne bestünde im oben beschrieben Fall steuerlich ein Wahlrecht zur Teilwerterhöhung. Vgl. dazu genauer Gliederungspunkt 4.2. Für die Teilwerterhöhung der Verbindlichkeit und gegen die Bilanzierung einer Drohverlustrückstellung für den Risikoüberhang sprechen sich ebenso aus: Hahne, Klaus D./Liepolt, Petra, Steuerbilanzielle Bewertung von Stillhalterverpflichtungen aus Optionsgeschäften, in: DB 2006, S. 1330; Herzig, Norbert/Briesemeister, Simone, Steuerbilanzielle Abbildung von Optionsgeschäften beim Stillhalter, in: DB 2002, S. 1579, Fn. 110; Wehrheim, Michael/Krause, Haiko, Steuerbilanzielle Erfassung erhaltener Optionsprämien vor und nach dem BFH-Urteil vom 18.12.2002, S. 1555; Günkel, Manfred, Bilanzielle Behandlung von Optionsprämien im Betriebsvermögen, in: JbFStR 1998/99, S. 224. A. A. *Rau*, der feststellt, dass spätere Veränderungen des Optionspreises nicht automatisch zu einer Korrektur des Bilanzansatzes der Verbindlichkeit führen. Die Kriterien der Stillhalteleistung veränderten sich seines Erachtens grundsätzlich nicht. Vgl. Rau, Stephan, Zur steuerlichen Behandlung von Zinsbegrenzungen und Optionen nach dem BFH-Urteil zur bilanziellen Behandlung erhaltener Stillhalterprämien, in: DStR 2003, S. 1774. A. A. ebenso BMF mit Schreiben vom 12.01.2004, in: BStBl. I 2004, S. 192. Das BMF befürwortet für die Folgebewertung die Einstellung des Risikoüberhangs in eine Drohverlustrückstellung.

[491] BFH vom 18.12.2002, BStBl. II 2004, S. 129. Diesem obiter dictum ist nur insoweit Bedeutung beizumessen, wie eine der genannten Alternativen zutrifft. Im Folgenden wird der Ansatz einer Drohverlustrückstellung abgelehnt, was damit aber nicht im Gegensatz zum BFH-Urteil steht.

ansieht.[492] Die Drohverlustrückstellung wäre in Höhe des Risikoüberhangs zu bewerten.[493]

Die Abbildung des Risikoüberhangs in einer Drohverlustrückstellung ist abzulehnen, weil der maßgebliche Erfüllungsbetrag der bilanzierten Verpflichtung des Optionsverpflichteten am Bilanzstichtag dem jeweiligen Wert der Option (Optionspreis) entspricht. Dieser Wert besteht aus Zeitwert und innerem Wert. Der Optionspreis beinhaltet mit dem inneren Wert somit das Risiko, das sich aus einem Ausübungspreis ergibt, der höher ist als der aktuelle Marktpreis des Optionsgegenstandes. Der so umschriebene künftige Aufwendungsüberschuss, der Inhalt einer Drohverlustrückstellung wäre, ist somit bereits im Optionspreis (und damit im Teilwert der Verbindlichkeit) berücksichtigt. Vertreter der Drohverlustrückstellungsvariante müssen also den Wert der Duldungs- und Bereitschaftsverpflichtung des Optionsverpflichteten als über die Optionslaufzeit konstant ansehen. Die im Sinne des BFH bilanzierte Verbindlichkeit wäre damit einer Folgebewertung nicht zugänglich, ansonsten würde der Risikoüberhang doppelt berücksichtigt.[494] Der Wert der im Sinne des BFH bilanzierten

---

492 So auch Hahne, Klaus D./Sievert, Jürgen, Abgrenzung von Drohverlustrückstellung und Rückstellung für ungewisse Verbindlichkeiten, in: DStR 2003, S. 1995.

493 Für den Ansatz einer so bewerteten Drohverlustrückstellung BMF mit Schreiben vom 12.01.2004, in: BStBl. I 2004, S. 192.

494 So nehmen *Kupka/Süß* das Bestehen der Leistungsverpflichtung des Optionsverpflichteten der Höhe nach im gleichen Umfang bis zur Beendigung des Optionsgeschäftes an und ziehen daher für die noch ausstehende Leistung des Optionsverpflichteten aus dem Hauptvertrag eine von der Optionsverpflichtung in obigem Sinne unabhängige Rückstellung in Betracht. Vgl. Kupka, Willfried/Süß, Stefan, Steuerliche Behandlung von Optionsprämien im Betriebsvermögen, in: FR 2002, S. 444. Diese Auffassung widerspricht nach Meinung der Verfasserin der vom BFH zugrunde gelegten modifizierten Trennungstheorie, sie stellt vielmehr Gedankengut der reinen Trennungstheorie dar, weil dabei die Zusammengehörigkeit der beiden Phasen des Optionsgeschäftes keine Beachtung findet. Es ist nicht einzusehen, warum der Wert der passivierten Duldungs- und Bereitschaftsverpflichtung als nur vom Zeitwert bestimmt anzusehen und konstant sein und das Risiko aus dem Hauptvertrag (innerer Wert) hiervon gänzlich separiert werden soll. Im Sinne der modifizierten Trennungstheorie muss davon ausgegangen werden, dass der Wert der Duldungs- und Bereitschaftsverpflichtung sowohl vom Zeit- wie auch vom inneren Wert

Verbindlichkeit entspricht aber, wie oben abgeleitet, zum Bilanzstichtag dem jeweiligen Wert der Option (Optionspreis). Der Risikoüberhang ist somit berücksichtigt. Damit ist vor dem Hintergrund der modifizierten Trennungstheorie kein Raum für die Bilanzierung einer Drohverlustrückstellung.[495]

Zur Bestimmung des Optionspreises ist wie oben erläutert zu fragen, was der Optionsverpflichtete aufwenden müsste, um aus der Duldungs- und Bereitschaftsverpflichtung befreit zu werden. Der Optionsverpflichtete kann sich durch Abschluss eines exakt gegenläufigen Optionsgeschäftes aus seiner Verpflichtung befreien (Glattstellung). Somit ist am Bilanzstichtag zu fragen, was der Optionspreis bzw. die zu zahlende Optionsprämie für ein solches gegenläufiges Optionsgeschäft ist.[496] Bei börsennotierten Optionen wird der Optionspreis fortlaufend notiert. Schwieriger stellt sich die Bestimmung des Optionspreises für einen bestimmten Zeitpunkt während der Laufzeit des Optionsgeschäftes bei nicht-börsengehandelten Optionen dar. Hierzu wurden verschiedene Optionswertmodelle entwickelt. Das bekannteste vollständige Gleichgewichtsmodell ist das Black-Sholes-Modell.[497]

---

bestimmt wird. Außerdem hat die Bewertung von Verbindlichkeiten gem. § 6 Abs. 1 Nr. 3 i. V. m. Nr. 2 EStG mit den Anschaffungskosten oder dem höheren Teilwert zu erfolgen. Die Erstbewertung hat in Höhe der Risikoprämie, die Folgebewertung hat zum ggf. höheren Teilwert zu erfolgen.

495 Der Ausweis der Verpflichtung des Optionsverpflichteten (erhöht jeweils um den Risikoüberhang) tritt bei Anwendung der modifizierten Trennungstheorie in Konkurrenz zum Ausweis einer Drohverlustrückstellung (in Höhe des Risikoüberhangs). Dieses Konkurrenzverhältnis ist zugunsten der Verbindlichkeitsrückstellung aufzulösen. Vgl. hierzu genauer Gliederungspunkt 4.4.4.4. A. A. BMF mit Schreiben vom 12.01.2004, in: BStBl. I 2004, S. 192.

496 Vgl. hier und im Folgenden Dreissig, Hildegard, Bilanzsteuerrechtliche Behandlung von Optionen, in: BB 1989, S. 1516. Die Vorgehensweise entspricht der vorne erläuterten Glattstellungsmethode, siehe Gliederungspunkt 4.3.1.3.3.

497 Das Black-Sholes-Modell ist eine Bewertungsformel mit den grundlegenden Annahmen eines Markovprozesses und eines risikolosen Zinssatzes. Der Wertverlauf des Optionsgegenstandes wird im Black-Sholes-Modell durch einen Markovprozess, genauer durch die Brownsche Bewegung modelliert. Die Brownsche Bewegung ist typisch für ein zufälliges Geschehen mit kontinuierlicher zeitlicher Entwicklung, bei dem die künftigen Zustände nur von dem aktuellen Zustand abhängen, nicht von früheren. Mit Hilfe der Brownschen Be-

Zusammengefasst postuliert der BFH folgende Bilanzierung bei Optionsgeschäften auf Seiten des Optionsverpflichteten: Die Optionsprämie ist im Zeitpunkt ihrer Zahlung vom Optionsverpflichteten voll ertragswirksam zu vereinnahmen. Diesem Ertrag wird die Duldungs- und Bereitschaftsverpflichtung des Optionsverpflichteten in Form einer Verbindlichkeit gegenübergestellt, so dass im Ergebnis im Jahr der Einstellung der Verpflichtung die Gewinnauswirkung neutralisiert wird. In den Folgejahren ist die Höhe der Verpflichtung an das ggf. gestiegene Risiko aus dem Hauptvertrag anzupassen. Im Zeitpunkt der Ausübung oder des Verfalls des Optionsrechtes durch den Optionsberechtigten ist beim Optionsverpflichteten der gebildete Passivposten aufzulösen.

---

wegung wird eine Wahrscheinlichkeitsverteilung des Preises des Optionsgegenstandes abgeleitet, mit deren Hilfe der Wert der Option in jedem beliebigen Zeitpunkt bestimmt werden kann. Vgl. ausführlich zum Black-Sholes-Modell Lindner, Ariane, Besteuerung von Optionen, 2004, S. 21–26. Für die praktische Anwendung kann die Berechnung durch den Einsatz entsprechender EDV-Programme erleichtert werden.

4.3.1.3.5 Exkurs: Ansatz eines passiven Rechnungsabgrenzungspostens

Eine weitere theoretisch mögliche Form der Erfassung der Optionsprämie stellt ihre zeitraumbezogene Erfassung dar. Vertreter dieser Auffassung sehen die Leistung des Optionsverpflichteten als zeitraumbezogene Leistung an.[498] Begründet wird dies unter anderem mit der Laufzeitabhängigkeit der Optionsprämie.[499] Die Leistung des Optionsverpflichteten besteht in der Bindung an die Verpflichtung, den Optionsgegenstand zum vereinbarten Basispreis anzukaufen. Wird diese Verpflichtung zeitraumbezogen interpretiert, besteht eine permanente Abnahmebereitschaft über den gesamten Optionszeitraum, die vom Optionsverpflichteten erbracht wird.[500] Wird ein zeitraumbezogener Charakter der Duldungs- und Bereitschaftsverpflichtung angenommen, hat der Optionsverpflichtete die erhaltene Optionsprämie zeitanteilig in den Wirtschaftsjahren zu erfassen, auf die sich die Leistungsverpflichtung erstreckt. Dies kann vor diesem Hintergrund mit einem passiven Rechnungsabgrenzungsposten gemäß § 250 Abs. 2 HGB bzw. § 5 Abs. 5 Satz 1 Nr. 2 EStG bewerkstelligt werden, indem die Optionsprämie, soweit sie Erlös folgender Wirtschaftsjahre darstellt, mit Hilfe des Rechnungsabgrenzungspostens neutralisiert wird. Der Rechnungsabgrenzungsposten ist über die Laufzeit der Optionsfrist kontinuierlich aufzulösen. Entscheidet sich der Optionsberechtigte gegen die Ausübung des Optionsrechts, kann eine vorzeitige Ertragsrealisierung erfolgen.

---

[498] Vgl. für diese Auffassung vor allem Niemeyer, Markus, Bilanzierung und Ausweis von Optionsgeschäften nach Handelsrecht und Steuerrecht, 1990, S. 113 auch Buciek, Klaus, Anmerkung zum BFH-Urteil vom 18.12.2002, in: DStZ 2003, S. 354.

[499] Vgl. die Erläuterung zum Ansatz der zeitraumbezogenen Erfassung Kupka, Wilfried/Süß, Stefan, Steuerliche Behandlung von Optionsprämien im Betriebsvermögen, in: FR 2002, S. 444.

[500] Überdies wird die Übernahme des Risikos des Wertverfalls für den Optionsgegenstand ebenfalls als für die Dauer der Optionsfrist erbracht angesehen, vgl. hier und im Folgenden Niemeyer, Markus, Bilanzierung und Ausweis von Optionsgeschäften nach Handelsrecht und Steuerrecht, 1990, S. 113.

Die Gegenmeinung lehnt einen Rechnungsabgrenzungsposten mit dem Argument ab, dass der Zeitraumbezug der Leistung des Optionsverpflichteten verneint wird. Dies beruht auf einem von der oben geschilderten Auffassung abweichenden Verständnis der durch den Optionsverpflichteten geschuldeten Leistung: Die Duldungs- und Bereitschaftsverpflichtung wird als während der gesamten Laufzeit des Optionsgeschäftes in vollem Umfang bestehend angesehen und kann daher nicht in periodisch abgrenzbare ‚Teilleistungen' des Optionsverpflichteten aufgeteilt werden.[501] Der Optionsverpflichtete schuldet „auf Verlangen des Optionsberechtigten einen einmaligen bestimmten Erfolg"[502]. Daher wird die Duldungs- und Bereitschaftsverpflichtung nach herrschender Meinung nicht als zeitlich oder periodisch aufteilbar angesehen; ihr Umfang bleibt über die gesamte Optionslaufzeit unverändert auf den Kauf des Optionsgegenstandes gerichtet. Die Duldungs- und Bereitschaftsverpflichtung wird nicht etwa schwächer, je länger die Laufzeit fortschreitet. Damit scheidet ein passiver Rechnungsabgrenzungsposten zur Bilanzierung der Optionsprämie aus.[503]

---

501 Vgl. Kupka, Wilfried/Süß, Stefan, Steuerliche Behandlung von Optionsprämien im Betriebsvermögen, in: FR 2002, S. 444.

502 BFH vom 18.12.2002, BStBl. II 2004, S. 128. Es besteht auch keine qualitativ gleichbleibende Dauerverpflichtung, die einem Wertverzehr unterliegen könnte. Vgl. auch Windmöller, Rolf/Breker, Norbert, Bilanzierung von Optionsgeschäften, in: WPg 1995, S. 395. Ablehnend ebenso Treuberg, Hubert Graf von/Scharpf, Paul, DTB-Aktienoptionen und deren Abbildung im Jahresabschluß von Industrieunternehmen, in: DB 1991, S. 665. Die oben erläuterte ‚permanente Abnahmebereitschaft' muss bei europäischen Optionen verneint werden.

503 Im Rahmen des in dieser Arbeit im Mittelpunkt stehenden Leasingrückkaufgeschäftes kann der Rückkauf der Fahrzeuge im Regelfall lediglich am Ende der Leasingvertragslaufzeit erfolgen (Bonität des Leasingnehmers vorausgesetzt). Der Umfang der Duldungs- und Bereitschaftsverpflichtung des Händlers bleibt während der gesamten Leasingvertragslaufzeit unverändert auf den Rückkauf der Fahrzeuge gerichtet, die Verpflichtung nimmt nicht ab. Hier wird das Schulden eines einmaligen bestimmten Erfolges des Optionsverpflichteten besonders deutlich. Daher wird im Folgenden auf die Darstellung des Ansatzes eines Rechnungsabgrenzungspostens im Rahmen der Bilanzierung des Leasingrückkaufgeschäftes verzichtet.

4.3.1.3.6 Zusammenfassung der Bilanzierungsalternativen und Ausschluss der Trennungstheorie

Die folgende Übersicht stellt die abgeleiteten Bilanzierungsalternativen eines Optionsgeschäftes auf Seiten des Optionsverpflichteten synoptisch gegenüber:

Abb. 6: Bilanzierungsalternativen des Optionsverpflichteten

Bilanzierung / Theorie	Optionsprämie im Zeitpunkt der Einräumung des Optionsrechts	Duldungs- und Bereitschaftsverpflichtung	Risikoüberhang aus dem schwebenden Hauptvertrag
Trennungstheorie	erfolgswirksam, weil Optionsvereinbarung mit Einräumung des Optionsrechts voll erfüllt ist	nicht existent, weil Optionsvereinbarung mit Einräumung des Optionsrechts voll erfüllt ist	als Drohverlustrückstellung aus Hauptvertrag in voller Höhe
Einheitstheorie	erfolgsneutral, Optionsvereinbarung ist noch nicht voll erfüllt (wirtschaftliche Betrachtungsweise), schwebendes Geschäft der Optionsvereinbarung besteht bis Ausübung oder Verfall des Optionsrechts fort, Neutralisation mit anzahlungsähnlichem Bilanzposten in Höhe der Optionsprämie	keine Bilanzierung, weil schwebendes Geschäft der Optionsvereinbarung bis Ausübung oder Verfall des Optionsrechts fortbesteht	als Drohverlustrückstellung in Höhe des Risikoüberhangs abzüglich Optionsprämie (kompensatorische Wirkung der Optionsprämie im Sinne einer Anzahlung auf das Risiko)
modifizierte Trennungstheorie	erfolgswirksam, zwar ist Optionsvereinbarung noch nicht voll erfüllt (wirtschaftliche Betrachtungsweise), das schwebende Geschäft der Optionsvereinbarung ist aber durch Zahlung der Optionsprämie beendet	Bilanzierung als Verbindlichkeit in Höhe des Wertes der Option (Erstbewertung in Höhe der Optionsprämie), schwebendes Geschäft der Optionsvereinbarung ist beendet	als Erhöhung der Verbindlichkeit um den Risikoüberhang

Quelle: Eigene Darstellung.

Die Auftrennung des Optionsgeschäfts – als einheitlicher wirtschaftlicher Vorgang – in zwei Rechtsgeschäfte wie im Rahmen der Trennungstheorie[504] entspricht nicht der wirtschaftlichen Wirklichkeit. Denn wirtschaftlich betrachtet lassen sich die Phasen des Optionsgeschäftes[505] nicht voneinander lösen, es besteht ein Zusammenhang, der auch bilanziellen Niederschlag finden muss. Aus diesem Grund ist die Trennungstheorie als eine der rein formalrechtlichen Betrachtungsweise folgende Bilanzierung abzulehnen. Mit einer wirtschaftlichen Betrachtungsweise ist nicht vereinbar, Ertrag im Jahr 01 als Gewinn zu berücksichtigen (Optionsprämie) und Aufwendungen, die während der Laufzeit des Geschäftes über die Jahre 02 bis 04 anfallen (Drohverlustrückstellung), als Verlust zu betrachten. Bilanzrechtlich sollte aus einem Optionsgeschäft nur entweder ein Gewinn oder ein Verlust resultieren, der sich nur einmal auswirkt.[506] Darüber hinaus ist dem Realisationsprinzip folgend eine sofortige Gewinnrealisation der Optionsprämie abzulehnen. Die Risikolage des Optionsgeschäftes steht einem Gewinnausweis entgegen, weil im Sinne des Vorsichtsprinzips und des Gläubigerschutzes der Ertrag in Form der Optionsprämie mit Risiken aus dem Hauptvertrag behaftet ist. Aus diesem Grund ist die Bilanzierung des Optionsgeschäftes im Sinne der Trennungstheorie abzulehnen und unterliegt im Folgenden keiner weiteren Betrachtung. Die beiden Bilanzierungsalternativen auf Seiten des Optionsverpflichteten (Einheitstheorie und modifizierte Trennungstheorie) sollen im Rahmen der weiteren Untersuchung einer Betrachtung der Bilanzierung des Optionsgeschäftes beim Optionsberechtigten gegenübergestellt werden, um eine konsistente und ganzheitliche Bilanzierung von Optionsgeschäften abzuleiten.

Daher folgt im Anschluss an dieses Kapitel eine Darstellung der Bilanzierung auf Seiten des Optionsberechtigten. Ziel ist das Herleiten einer in sich konsistenten Bilanzierung von Optionsgeschäften, die dann analog auf das Leasingrückkaufgeschäft angewendet werden kann.

---

[504] Die Aufteilung erfolgt in ein isoliertes Optionsverhältnis und einen Kaufvertrag (Hauptvertrag). Siehe hierzu und zum Synallagma der beiden Rechtsgeschäfte 0.

[505] Bzw. im Sinne der Trennungstheorie die zwei Verträge/Rechtsgeschäfte.

[506] Vgl. Kupka, Wilfried/Süß, Stefan, Steuerliche Behandlung von Optionsprämien im Betriebsvermögen, in: FR 2002, S. 444.

4.3.1.4 Bilanzierung beim Optionsberechtigten

4.3.1.4.1 Meinungsstreit und Vorgehensweise

Ebenso wie auf Seiten des Optionsverpflichteten lässt sich die bilanzielle Abbildung von Optionsgeschäften beim Optionsberechtigten vor Ausübung des Optionsrechtes in zwei Teilbereiche gliedern: Zum einen betrifft sie Fragen bezüglich der Erfassung der gezahlten Optionsprämie und zum anderen die bilanzielle Berücksichtigung des Hauptvertrages.

In Schrifttum und Rechtsprechung existiert bezüglich der Erfassung der gezahlten Optionsprämie ein breites Meinungsspektrum.[507] Die Stimmen reichen von einer Aktivierung des Optionsrechtes als immaterieller Vermögensgegenstand über dessen Aktivierung als Vorleistung bis hin zur sofortigen erfolgswirksamen Verrechnung der gezahlten Optionsprämie. Im Folgenden werden die genannten bilanziellen Möglichkeiten kurz vorgestellt. Der Vollständigkeit halber wird darüber hinaus in einem Exkurs die Bildung eines aktiven Rechnungsabgrenzungspostens dargestellt.

Bilanziell ist der Hauptvertrag aus Sicht des Optionsberechtigten grundsätzlich nicht zu erfassen. Der Hauptvertrag ist als schwebendes Geschäft zu qualifizieren.[508] Damit gilt grundsätzlich der Nichtbilan-

---

[507] Ein Überblick über die unterschiedlichen Auffassungen im Schrifttum liefert Lindner, Ariane, Besteuerung von Optionen, 2004, S. 52–58.

[508] Dies stimmt mit der Sichtweise der zivilrechtlichen Einheitstheorie wie auch der Trennungstheorie überein. Siehe dazu Gliederungspunkt 4.4.5.3. Im Sinne der Einheitstheorie liegt der Hauptvertrag bedingt ab Vertragsabschluss der Optionsvereinbarung vor. Somit ist der Beginn des schwebenden Geschäftes des Hauptvertrages zu diesem Zeitpunkt anzunehmen. Auch im Sinne der Trennungstheorie kann in wirtschaftlicher Betrachtungsweise vor Vertragsabschluss des Hauptvertrages durch Ausübung des Optionsrechtes ein schwebendes Geschäft bezüglich des Hauptvertrages angenommen werden, wenn die Annahme des durch die Optionsvereinbarung abgegebenen Vertragsangebotes aufgrund der Marktsituation mit Sicherheit erwartet werden kann. Vgl. dazu oben unter Gliederungspunkt 4.1.6. A. A. *Lindner*, die ein schwebendes Geschäft des Hauptvertrages im Sinne der Trennungstheorie/Zweivertragstheorie verneint. Vgl. Lindner, Ariane, Besteuerung von Optionen, 2004, S. 94.

zierungsgrundsatz, es sei denn, es droht ein Verlust aus dem Hauptvertrag, der im Rahmen des Imparitätsprinzips als Drohverlustrückstellung zu berücksichtigen wäre. Da der Optionsberechtigte entscheiden kann, und nicht verpflichtet ist, den Hauptvertrag abzuschließen, kann eine derartige Situation in der Regel nicht entstehen.[509] Aus diesem Grund wird die bilanzielle Berücksichtigung des Hauptvertrages vor Ausübung des Optionsrechtes im Folgenden nicht weiter thematisiert.

Im Anschluss an die Darstellung der Möglichkeiten einer Erfassung der gezahlten Optionsprämie beim Optionsberechtigten wird eine Entscheidung für eine der dargestellten Alternativen getroffen, die auch vor dem Hintergrund der korrespondierenden Bilanzierung beim Optionsverpflichteten eine widerspruchsfreie und einheitliche Behandlung des Optionsgeschäftes sicherstellt.

---

509 Vgl. zur Möglichkeit, dass aus dem gesamten Optionsgeschäft bei noch nicht gezahlter Optionsprämie ein Verlust droht, weil der Wert der Option nicht mehr der zu zahlenden Optionsprämie entspricht, Lindner, Ariane, Besteuerung von Optionen, 2004, S. 94.

4.3.1.4.2 Aktivierung des Optionsrechtes als immaterieller Vermögensgegenstand

Optionsrechte sind dann als immaterielle Vermögensgegenstände handelsrechtlich aktivierungsfähig, wenn sie selbständig verwertbar sind. Die selbständige Verwertbarkeit setzt die Einzelverwertbarkeit voraus.[510] Das Optionsrecht ist einzelverwertbar, wenn der Optionsbe-

---

[510] Der so genannte Aktivierungsgrundsatz legt Kriterien dafür fest, was als Vermögensgegenstand anzusehen ist und in der Bilanz unter den Aktiva angesetzt werden darf und muss. Es wird die abstrakte und die konkrete Aktivierungsfähigkeit von Vermögensgegenständen unterschieden. Ein Vermögensgegenstand ist nur dann konkret aktivierungsfähig, wenn keine gesetzlichen Vorschriften entgegenstehen, welche die Kriterien des abstrakten Aktvierungsgrundsatzes einengen. Grundsätzlich unterscheidet sich die zur Konkretisierung des Aktivierungsgrundsatzes entwickelte handelsrechtliche Aktivierungskonzeption von der steuerrechtlichen. Vgl. Baetge, Jörg/Kirsch, Hans-Jürgen/Thiele, Stefan, Bilanzen, 2009, S. 154–162 mit weiteren Nachweisen. Im handelsrechtlichen Schrifttum steht das Kriterium der ‚selbständigen Verwertbarkeit' als Aktivierungsmerkmal des Vermögensgegenstandes im Vordergrund. Die selbständige Verwertbarkeit ist dann gegeben, wenn ein Gut in Geld transformiert werden kann, so z. B. durch Veräußerung, Einräumung eines Nutzungsrechtes etc. Weitere Konkretisierungsvorschläge stellen die konkrete und die abstrakte Einzelveräußerbarkeit dar, wobei die abstrakte Einzelveräußerbarkeit (das Gut muss seiner Natur aus veräußerbar sein, die abstrakte Möglichkeit der Veräußerung reicht aus) für das Vorliegen eines (materiellen) Vermögensgegenstandes als ausreichend anzusehen ist. Vgl. Krag, Joachim/Mölls, Sascha, Rechnungslegung, 2001, S. 64. Selbständige Verwertbarkeit und abstrakte Einzelveräußerbarkeit führen trotz konzeptioneller Unterschiede zu fast identischen Ergebnissen.

Bei der steuerrechtlichen Aktivierungskonzeption hingegen steht nicht im Mittelpunkt, ob ein Gut in Geld transformiert werden kann, sondern vielmehr, ob die Übertragbarkeit zusammen mit dem Betrieb gegeben ist. Dieses allgemeine Kriterium wird mit Hilfe der Objektivierungskriterien ‚einmalige Ausgabe', ‚entgeltlicher Erwerb', ‚selbständige Bewertbarkeit' und ‚bilanzielle Greifbarkeit' konkretisiert. Vgl. hierzu vor allem Moxter, Adolf, Bilanzrechtsprechung, 2007, S. 6–9. Siehe zur Erläuterung der Kriterien auch Wehrheim, Michael/Renz, Anette, Handels- und Steuerbilanz, 2009, S. 179–181 und Weber-Grellet, Heinrich, § 5 EStG, in: Drenseck, Walter (Hrsg.), Ludwig Schmidt, Einkommensteuergesetz, 2010, Rz. 94ff.

Die Aktivierungsfähigkeit ist nicht von künftig eintretenden Wertentwicklungen abhängig, sondern ist einzig durch Subsumtion unter den Vermögensgerechtigte es am Markt in Geld transformieren kann. Nach herrschender Meinung sind alle Optionsrechte einzeln verwertbar, auch nichtbörsengehandelte oder nicht übertragbare, weil für den Inhaber des Optionsrechtes immer die Möglichkeit besteht, sich gegenüber einem Dritten gegen Entgelt zu verpflichten, die Option in dessen Sinne auszuüben.[511]

Niemeyer schränkt diese Aussage bezüglich der individualisierten Optionsrechte ein: Nur solche nicht-börsengehandelten Optionsrechte seien abstrakt aktivierungsfähig, bei denen der wirtschaftliche Vorteil, den das Optionsrecht verkörpert, für Dritte nutzbar gemacht werden kann. Das ist bei Optionsrechten, die sich auf marktgängige Waren beziehen, der Fall. Aufgrund der Marktgängigkeit des Optionsgegenstandes ist das Optionsrecht auch für andere Wirtschaftssubjekte von Interesse, was die Grundlage für eine selbständige Verwertbarkeit darstellt. Individualisierte Optionsrechte seien daher in der Regel nicht selbständig verwertbar.[512]

Aufgrund der von der herrschenden Meinung angenommenen selbständigen Verwertbarkeit, ist das Optionsrecht konkret aktivierungsfähig. Daher wird in der Literatur der Schluss gezogen, dass für den entgeltlichen Erwerb des immateriellen Vermögensgegenstandes Optionsrecht nach dem Vollständigkeitsprinzip (§ 246 Abs. 1 HGB) eine

---

genstandsbegriff zu entscheiden. Fragen der Aktivierung können nicht davon abhängig gemacht werden, ob das Optionsrecht am Ende der Laufzeit ausgeübt wird oder nicht. Bei ungünstiger Entwicklung des Optionsrechtes ist dieses wertlos und der Optionsberechtigte wird es verfallen lassen. Dies betrifft aber ausschließlich Bewertungsfragen. Vgl. Niemeyer, Markus, Bilanzierung und Ausweis von Optionsgeschäften nach Handelsrecht und Steuerrecht, 1990, S. 43.

511 Mittelbare Verwertung, bei der im Gegensatz zur unmittelbaren Verwertung der Inhaber das Optionsrecht nicht direkt auf einen Dritten überträgt. Auch *Dreissig* sieht die abstrakte Verkehrsfähigkeit erfüllt, wenn das Optionsrecht einen mittelbar realisierbaren Wert darstellt, vgl. Dreissig, Hildegard, Bilanzsteuerrechtliche Behandlung von Optionen, in: BB 1989, S. 1515.

512 Vgl. Niemeyer, Markus, Bilanzierung und Ausweis von Optionsgeschäften nach Handelsrecht und Steuerrecht, 1990, S. 45–47.

Ansatzplicht in Höhe der Anschaffungskosten besteht.[513] Die Anschaffungskosten bestehen beim Optionsrecht zum einen aus dem Optionspreis (welcher der gezahlten Optionsprämie entspricht) und darüber hinaus ggf. angefallenen Anschaffungsnebenkosten, wie z. B. Notarkosten, Beratungskosten, Provisionen oder sonstige Spesen. Optionsrechte sind zum Abschlussstichtag als Umlauf- oder Anlagevermögen zu bewerten. Will der Optionsberechtigte das Optionsrecht auf Dauer, also bis zum Untergang durch die Optionsrechtsausübung im Betrieb halten, wird es vor allem bei nicht-börsengehandelten Optionsrechten gemäß § 247 Abs. 2 HGB angezeigt sein, das Optionsrecht dem Anlagevermögen zuzuordnen.[514] Aufgrund der möglichen Zugehörigkeit zum Anlagevermögen wird teilweise in der Literatur die Möglichkeit der planmäßigen Abschreibung von Optionsrechten diskutiert.[515]

---

[513] Vgl. IDW BFA, Stellungnahme zur Rechnungslegung: Handelsrechtliche Bilanzierung von Optionsgeschäften bei Instituten (IDW RS BFA 6), in: IDW-Fachnachrichten 2011, Tz. 12; Günkel, Manfred, Bilanzielle Behandlung von Optionsprämien im Betriebsvermögen, in: JbFStR 1998/99, S. 219; Treuberg, Hubert Graf von/Scharpf, Paul, DTB-Aktienoptionen und deren Abbildung im Jahresabschluß von Industrieunternehmen, in: DB 1991, S. 663; Häuselmann, Holger/Wiesenbart, Thomas, Fragen zur bilanzsteuerlichen Behandlung von Geschäften an der Deutschen Terminbörse (DTB), in: DB 1990, S. 644: Häuselmann, Holger, Die Bilanzierung von Optionen aus handelsrechtlicher Sicht, in: DB 1987, S. 1746; Dreissig, Hildegard, Bilanzsteuerrechtliche Behandlung von Optionen, in: BB 1989, S. 1515. Aufgrund der Maßgeblichkeit in § 5 Abs. 1 EStG gilt das Anschaffungskostenprinzip auch für das Steuerrecht. Es ergeben sich keine Abweichungen hinsichtlich des Aktivierungsumfangs bei den Anschaffungskosten zwischen Handels- und Steuerrecht.

[514] Vgl. zur Zuordnung von Optionsrechten zum Anlagevermögen Niemeyer, Markus, Bilanzierung und Ausweis von Optionsgeschäften nach Handelsrecht und Steuerrecht, 1990, S. 136. Die herrschende Meinung, die das Optionsrecht dem Umlaufvermögen zuordnet, bezieht sich vor allem auf die Bilanzierung von börsengehandelten Optionen bei Banken. Grundsätzlich muss bei jedem Optionsrecht beurteilt werden, ob dieses dazu bestimmt ist, dauerhaft dem Geschäftsbetrieb zu dienen (Anlagevermögen) oder ob es zur Veräußerung angeschafft wurde (Umlaufvermögen). Bei Kreditinstituten gehören Optionsrechte in der Regel zum Umlaufvermögen, vgl. IDW BFA, Stellungnahme zur Rechnungslegung: Handelsrechtliche Bilanzierung von Optionsgeschäften bei Instituten (IDW RS BFA 6), in: IDW-Fachnachrichten 2011, Tz. 12.

[515] Nach *Niemeyer* unterliege das Optionsrecht einem von vorneherein zu erwartenden Wertverzehr der im abnehmenden Zeitwert begründet sei. Der innere

Nach herrschender Meinung werden aber planmäßige Abschreibungen abgelehnt,[516] weil das Optionsrecht selbst keinem geregelten Wertverzehr unterliegt.[517]

Bezüglich der Folgebewertung gilt für Optionsrechte im Umlaufvermögen das strenge Niederstwertprinzip gemäß § 253 Abs. 4 HGB.[518] Gehört das Optionsrecht zum Anlagevermögen und liegen am Stichtag Gründe für eine dauernde Wertminderung vor, muss gemäß § 253

Wert unterläge keinem von vornherein zu erwartenden, durch die Eigenart des Optionsrechtes bedingten wirtschaftlichen Wertverzehr. Der innere Wert steige oder falle vielmehr, je nach Entwicklung der Marktpreise für den Optionsgegenstand. Eine Aufteilung des Optionsrechtes in eine abnutzbare Wertkomponente (Zeitwert) und eine nichtabnutzbare (innerer Wert) komme aufgrund des einheitlichen Vermögensgegenstandes, welchen das Optionsrecht darstelle, nicht in Betracht. Abschreibungen bzw. steuerliche Absetzungen für Abnutzungen seien immer einheitlich vorzunehmen. Daher sei das Optionsrecht insgesamt abzuschreiben, was auch dem Vorsichtprinzip entspräche. *Niemeyer* kommt zusammengefasst zu dem Schluss, dass das Optionsrecht zwar über die gesamte Laufzeit seine volle Wirksamkeit behalte, nicht aber seinen vollen Nutzen, der nämlich im Zeitablauf mit dem sinkenden Zeitwert abnähme. Vgl. Niemeyer, Markus, Bilanzierung und Ausweis von Optionsgeschäften nach Handelsrecht und Steuerrecht, 1990, S. 57.

516 Vgl. Eisele, Wolfgang/Knobloch, Alois, Offene Probleme bei der Bilanzierung von Finanzinnovationen, in: DStR 1993, S. 583, Fleischer, Lothar, Bewertungsrechtliche Behandlung von DTB-Optionsscheinen und DTB-Futures, in: DB 1995, S. 1783. Die im Optionsrecht verkörperte Rechtsmacht nutzt sich nicht ab oder vermindert sich, so dass das Optionsrecht als nicht abnutzbares Wirtschaftsgut anzusehen ist, vgl. Häuselmann, Holger, Die Bilanzierung von Optionen aus handelsrechtlicher Sicht, in: DB 1987, S. 1746.

517 Vgl. Lindner, Ariane, Besteuerung von Optionen, 2004, S. 77–80. Lindner zeigt beispielhaft, dass eine Wertänderung der Option über die Verzinsung hinaus nicht durch einen systematischen, zeitabhängigen Wertverzehr des Zeitwertes und/oder des inneren Wertes verursacht wird. Wertänderungen von Optionen erfolgen vielmehr modelltheoretisch zufällig. Bei dem den Optionspreismodellen zugrunde liegenden Markovprozess erfolgen die Änderungen stochastisch unabhängig voneinander, vgl. dazu detailliert dies., Besteuerung von Optionen, 2004, S. 21–27.

518 Die steuerrechtliche Bewertung des Optionsrechtes entspricht hinsichtlich des Ausgangswertes und hinsichtlich des konkreten Stichtagsansatzes der handelsrechtlichen. Vgl. Niemeyer, Markus, Bilanzierung und Ausweis von Optionsgeschäften nach Handelsrecht und Steuerrecht, 1990, S. 99–101.

Abs. 3 Satz 3 HGB außerplanmäßig abgeschrieben werden und das Optionsrecht mit dem niedrigeren beizulegenden Wert ausgewiesen werden.[519] Übt der Optionsberechtigte sein Optionsrecht aus, bewirkt dies, dass der Vermögensgegenstand ‚Optionsrecht' untergeht. Der Restbuchwert des Optionsrechtes im Zeitpunkt der Ausübung ist für den Fall des Verkaufsoptionsrechtes aufwandswirksam auszubuchen. Dieser Aufwand ist als Veräußerungs(neben)kosten des Optionsgegenstandes zu qualifizieren[520] und kann mit den entsprechenden Veräußerungserlösen des Optionsgegenstandes saldiert werden.[521] Darüber hinaus bewirkt die Optionsrechtsausübung das Zustandekommen des Hauptvertrages (Trennungstheorie) bzw. das Wirksamwerden des bedingten Hauptvertrages (Einheitstheorie). Dies löst dann die entsprechenden bilanziellen Konsequenzen aus, wenn einer der am Hauptvertrag beteiligten Parteien seine Leistung erbringt. Lässt der Optionsberechtigte sein Optionsrecht verfallen, indem das Optionsrecht nicht ausgeübt wird (Verfall durch Fristablauf), oder rechtswirksam auf dessen Ausübung verzichtet wird, geht der Vermögensgegenstand ‚Optionsrecht' - ebenso wie im Fall der Ausübung des Optionsrechtes - unter. Der Restbuchwert des Optionsrechtes im Zeit-

---

[519] Für Optionen im Umlauf- wie im Anlagevermögen ist davon auszugehen, dass der niedrigere beizulegende Wert bzw. der Teilwert den Wiederbeschaffungskosten entspricht, diese wiederum werden durch den Börsenpreis bzw. mittels eines anerkannten mathematischen Modells beschrieben. Vgl. hierzu genauer Lindner, Ariane, Besteuerung von Optionen, 2004, S. 55f und 83–85. *Niemeyer* verneint für nicht-börsengehandelte Optionsrechte einen Wiederbeschaffungswert aufgrund ihrer Einmaligkeit. In diesen Fällen sei der beizulegende Stichtagswert/wirtschaftliche Wert aus dem Ertragswert abzuleiten. Vgl. Niemeyer, Markus, Bilanzierung und Ausweis von Optionsgeschäften nach Handelsrecht und Steuerrecht, 1990, S. 94f.

[520] So auch Eisele, Wolfgang/Knobloch, Alois, Offene Probleme bei der Bilanzierung von Finanzinnovationen, in: DStR 1993, S. 583.

[521] Bei Erträgen aus dem Abgang von Gegenständen des Anlagevermögens ist trotz des Verrechnungsverbots gemäß § 246 Abs. 2 HGB lediglich der Saldo als Ertrag bzw. Aufwand zu zeigen. Dies erfordert die Postenbezeichnung des § 275 HGB. Vgl. Förschle, Gerhart, § 275, in: Ellrott, Helmut et al. (Hrsg.), Beck'scher Bilanz-Kommentar, 2012, Rz. 95; Diese Saldierungs'erlaubnis' von Veräußerungskosten und Veräußerungserlösen kann aufgrund des langjährigen Handelsbrauches als Grundsatz ordnungsmäßiger Buchführung bezeichnet werden.

punkt des Verfalls ist im Fall des Verkaufsoptionsrechtes wiederum aufwandswirksam auszubuchen. Für den Fall, dass sich der Optionsberechtigte am Bilanzstichtag entschließt, das Optionsrecht nicht auszuüben, besteht das Optionsrecht weiter, ist aber im Rahmen der Bewertung auf den Erinnerungsbuchwert abzuwerten.

Mit Aktivierung eines immateriellen Vermögensgegenstandes ist zwangsläufig auch das schwebende Geschäft der Optionsvereinbarung als beendet anzunehmen.[522] Bezüglich des Zeitpunktes der Beendigung des Schwebezustandes stehen in diesem Zusammenhang zwei Möglichkeiten zur Diskussion. Zum einen wird vertreten, dass das Synallagma der Optionsvereinbarung aus Sicht des Optionsberechtigten aus der Optionsprämie als Geldleistung und der Einräumung des Optionsrechtes als Gegenleistung besteht. Mit Abschluss der Optionsvereinbarung wird somit das Optionsrecht eingeräumt. Nach dieser Sichtweise ist der Vertrag der Optionsvereinbarung mit Einräumung des Optionsrechtes damit einseitig erfüllt und das schwebende Geschäft beendet.[523] Zum anderen wird die Beendigung des Schwebezustandes mit Zahlung der Optionsprämie angenommen, da der Optionsberechtigte das Optionsrecht mit Zahlung der Optionsprämie anschafft.[524]

---

522 Wenn das Geschäft schwebt, kann kein Vermögensgegenstand ‚Optionsrecht' bilanziert werden. In diesem Sinn auch Hahne, Klaus D./Sievert, Jürgen, Abgrenzung von Drohverlustrückstellung und Rückstellung für ungewisse Verbindlichkeiten, in: DStR 2003, S. 1994. Trotz des Weiterbestehens des Schwebezustandes ist aber der Ansatz des Vermögensgegenstandes ‚geleistete Anzahlung' möglich. Siehe dazu die genaueren Erläuterungen im nachfolgenden Gliederungspunkt.

523 Vgl. so Niemeyer, Markus, Bilanzierung und Ausweis von Optionsgeschäften nach Handelsrecht und Steuerrecht, 1990, S. 48. Dies entspricht der Sichtweise der Trennungstheorie auf der Seite des Optionsverpflichteten, siehe Gliederungspunkt 4.3.1.3.2.

524 Diese Auffassung entspricht den festgelegten Grundsätzen zur Beendigung von schwebenden Geschäften gemäß des BFH-Urteils vom 18.12.2002, in: BStBl. II 2004, S. 128 (modifizierte Trennungstheorie). Siehe dazu auch Gliederungspunkt 4.3.1.3.4. Die einheitstheoretische Sichtweise, nach der das schwebende Geschäft der Optionsvereinbarung bis Ausübung bzw. Verfall des Optionsrech-

Der Ausweis eines Optionsrechtes im Anlagevermögen hat im Rahmen der Bilanzgliederung nach § 266 Abs. 2 HGB unter der Position ‚A. Anlagevermögen, I. Immaterielle Vermögensgegenstände, 2. entgeltlich erworbene Konzessionen, gewerblich Schutzrechte und ähnlich Rechte und Werte sowie Lizenzen an solchen Rechten und Werten' zu erfolgen.[525] Aus Gründen der Bilanzklarheit und -übersichtlichkeit kann es angezeigt sein - vor allem bei Optionsrechten von bedeutendem Wert - einen zusätzlichen Bilanzposten gemäß § 265 Abs. 5 HGB auszuweisen.[526] Optionsrechte, die zum Umlaufvermögen gehören, sind im Gliederungsschema des § 266 Abs. 2 HGB unter der Position ‚sonstige Vermögensgegenstände' auszuweisen. Auch hier kann es angezeigt sein, das Optionsrecht gesondert darzustellen.

---

tes fortbesteht, schließt die Aktivierung eines Vermögensgegenstandes ‚Optionsrecht' aus.

525 Denn Optionsrechte zählen zu den ähnlichen Rechten im Sinne dieser Vorschrift. Vgl. dazu ausführlich Niemeyer, Markus, Bilanzierung und Ausweis von Optionsgeschäften nach Handelsrecht und Steuerrecht, 1990, S. 136.

526 Für den Ausweis des zusätzlichen Postens kommen unterschiedliche Möglichkeiten in Betracht. Der Optionsberechtigte kann zum einen die Optionsrechte gesondert im Anschluss an die im Gesetz vorgesehenen drei Positionen unter ‚I. Immaterielle Vermögensgegenstände' ausweisen, indem er einen Punkt ‚5. Optionsrechte' hinzufügt. Die Position ‚3. Optionsrechte' zwischen ‚2. Entgeltlich erworbene Konzessionen, gewerbliche Schutzrechte usw.' und folglich dann ‚4. Geschäfts- oder Firmenwert' ist ebenso denkbar. Überdies ist denkbar die Position ‚2. Entgeltlich erworbene Konzessionen, gewerbliche Schutzrechte usw.' in ihre Bestandteile aufzuteilen und eine zusätzliche Position ‚Optionsrechte' anzufügen. Vgl. hierzu auch nach alter Rechtslage Niemeyer, Markus, Bilanzierung und Ausweis von Optionsgeschäften nach Handelsrecht und Steuerrecht, 1990, S. 137.

4.3.1.4.3 Aktivierung der gezahlten Optionsprämie als Vorleistung

Eine vergleichsweise selten vertretene Auffassung zur bilanziellen Behandlung von gezahlten Optionsprämien beim Optionsberechtigten stellt die Berücksichtigung der Optionsprämie als geleistete Anzahlung dar.[527] Grundlegend für diese Auffassung ist, dass der Fortbestand des schwebenden Geschäftes der Optionsvereinbarung bis zur Ausübung oder dem Verfall des Optionsrechtes angenommen wird.[528] Im Sinne dieser Auffassung wird die Vermögensgegenstandseigenschaft für die gezahlte Optionsprämie, wie oben,[529] als erfüllt angesehen. Da kein Aktivierungsverbot besteht, ist die gezahlte Optionsprämie als immaterieller Vermögensgegenstand aktivierungsfähig und auch aktivierungspflichtig - nur eben nicht qualifiziert als Recht, sondern als geleistete Anzahlung. Durch die Aktivierung der geleisteten Anzahlung wird der bis zur Beendigung des Schwebezustandes gebotenen Erfolgsneutralität im Rahmen des schwebenden Geschäftes

---

[527] Vertreterin dieser Meinung aus der aktuelleren Literatur Lindner, Ariane, Besteuerung von Optionen, 2004, S. 70–73.

[528] Die Begründung für diese Sichtweise wird zum einen aus dem Korrespondenzprinzip abgeleitet, das heißt weil das schwebende Geschäft beim Optionsverpflichteten nach herrschender handelsrechtlicher Meinung bis zur Ausübung oder zum Verfall des Optionsrechtes als bestehend angenommen wird, muss dies auch für den Optionsberechtigten gelten. Als nicht nachvollziehbar gilt insbesondere, warum sich dasselbe Optionsgeschäft auf der einen Seite - der des Optionsverpflichteten - noch in der Schwebe befinden soll, während es auf der anderen Seite - der des Optionsberechtigten - als erfüllt angesehen wird. Vgl. Lindner, Ariane, Besteuerung von Optionen, 2004, S. 72. Zum anderen vertritt *Lindner* die Theorie, dass der Abschluss der Optionsvereinbarung als Verpflichtungsgeschäft des Optionsgeschäftes anzusehen ist. Der Abschluss bzw. Nicht-Abschluss des Hauptvertrages stellt nach dieser Sichtweise das Erfüllungsgeschäft des Optionsgeschäftes dar. (Optionsvereinbarung und Hauptvertrag werden hier im Sinne der Einheitstheorie als ein einheitliches Geschäft gesehen - der Zusammenhang der beiden wird klar herausgestellt). Daher ist das Optionsgeschäft in Gänze bis zum Abschluss bzw. Nicht-Abschluss des Hauptvertrages als schwebendes Geschäft zu qualifizieren. Die gezahlte Optionsprämie kann daher nur eine Vorleistung auf das Erfüllungsgeschäft (= den Hauptvertrag) darstellen. Vgl. Lindner, Ariane, Besteuerung von Optionen, 2004, S. 70.

[529] Siehe Gliederungspunkt 4.3.1.4.2.

Rechnung getragen.[530] Da die gezahlte Optionsprämie nach dieser Auffassung als Vorleistung auf die noch zu erbringende Gegenleistung des Optionsverpflichteten verstanden wird, die im Bereithalten für den Abschluss bzw. Nicht-Abschluss des Hauptvertrages besteht,[531] scheint für eine Verkaufsoption der Ausweis der gezahlten Optionsprämie im gesetzlichen Gliederungsschema als immaterieller Vermögensgegenstand unter der Position ‚A. Anlagevermögen: I. immaterielle Vermögensgegenstände: 4. geleistete Anzahlungen' möglich.[532]

Für die Folgebewertung ist nachfolgendes festzuhalten: Geleistete Anzahlungen/Vorleistungen unterliegen keiner planmäßigen Abschreibung. Bezüglich außerplanmäßiger Abschreibungen wird auf den vorangegangenen Gliederungspunkt verwiesen. Genauso wie bei der Aktivierung eines immateriellen Vermögensgegenstandes ‚Optionsrecht' ist auch die aktivierte geleistete Anzahlung im Zeitpunkt der Ausübung bzw. des Verfalls bei Verkaufsoptionsrechten aufwandswirksam auszubuchen. Dieser Aufwand ist für den Fall der Ausübung als Veräußerungs(neben)kosten des Optionsgegenstandes zu qualifizieren und kann mit den entsprechenden Veräußerungserlösen des Optionsgegenstandes saldiert werden.[533]

---

530 Siehe zum Nichtbilanzierungsgrundsatz bei schwebenden Geschäften Gliederungspunkt 4.1.6.

531 Entspricht der Zeitpunkt der Ausübung bzw. dem Verfall des Optionsrechtes.

532 *Lindner* bezeichnet die gezahlte Optionsprämie als immaterielles Wirtschaftsgut (S. 73), lehnt aber dazu widersprüchlich die Aktivierung im Anlagevermögen ab (S. 77). Grundsätzlich scheint auch eine Aktivierung im Umlaufvermögen möglich (wenn die Verkaufsoption zur Weiterveräußerung bestimmt ist). Im gesetzlichen Gliederungsschema unter dem Sammelposten ‚B. Umlaufvermögen, II. Forderungen und sonstige Vermögensgegenstände, 4. sonstige Vermögensgegenstände'; es kann angezeigt sein, die gezahlte Optionsprämie als geleistete Anzahlung gesondert auszuweisen. *Lindner* lässt eine Erläuterung des Ausweises in ihrer Abhandlung vermissen. Vgl. Lindner, Ariane, Besteuerung von Optionen, 2004.

533 Die gezahlte Optionsprämie stellt im Falle einer Verkaufsoption Veräußerungsnebenkosten des Verkaufs des Optionsgegenstandes dar, was rein sprachlich dem Begriff ‚geleistete Anzahlung' widerspricht. *Niemeyer* lehnt aus diesem Grund eine Aktivierung der gezahlten Optionsprämie als geleistete Anzahlung

4.3.1.4.4 Sofortige aufwandswirksame Behandlung der geleisteten Optionsprämie

Wird die Vermögensgegenstandseigenschaft des Optionsrechtes, wie oben erläutert,[534] bejaht, besteht eine Aktivierungspflicht und die sofortige aufwandswirksame Verrechnung der Optionsprämie scheidet aus. Auch für den Fall der implizit oder explizit ausgeschlossenen Übertragbarkeit bei nicht-börsengehandelten Optionen ist die Optionsprämie nicht aufwandswirksam zu verbuchen. Denn bei ausgeschlossener Übertragung gegen Entgelt kann die Abrede getroffen werden, dass das Optionsrecht im Sinne eines Dritten ausgeübt wird. Daher wird die sofortige aufwandswirksame Behandlung von geleisteten Optionsprämien in dieser Untersuchung nicht weiter verfolgt.

---

ab. Für ihn kommt diese nur für den Fall der Kaufoption in Betracht, weil es bei einer Verkaufsoption an einem anzuschaffenden Optionsgegenstand fehle. Vgl. Niemeyer, Markus, Bilanzierung und Ausweis von Optionsgeschäften nach Handelsrecht und Steuerrecht, 1990, S. 82. Nach *Lindner* wird die gezahlte Optionsprämie aber als Vorleistung auf die Leistung ‚Abschluss bzw. Nicht-Abschluss des Hauptvertrages' verstanden. Dass diese geleistete Zahlung bei Ausübung der Option mittelbar zu Nebenkosten der Veräußerung wird, beeinflusst die Sichtweise der Aktivierung einer geleisteten Anzahlung nicht. Diese Vorgehensweise ist bei der Bilanzierung von Futures gängige Praxis, wo Initial- und Variationmarginzahlungen als erhaltene bzw. geleistete Anzahlungen bilanziert werden. Vgl. Lindner, Ariane, Besteuerung von Optionen, 2004, S. 72.

534 Siehe Gliederungspunkt 4.3.1.4.2.

4.3.1.4.5 Exkurs: Ansatz eines aktiven Rechnungsabgrenzungspostens

Eine Einstellung der geleisteten Optionsprämie in einen aktiven Rechnungsabgrenzungsposten käme gemäß § 250 Abs. 1 Satz 1 HGB i. V. m. § 5 Abs. 5 Nr. 1 EStG in Betracht, wenn die Ausgabe Aufwand für eine bestimmte Zeit nach dem Abschlussstichtag darstellt. Außerdem müsste die Vermögensgegenstands- bzw. Wirtschaftsguteigenschaft der gezahlten Optionsprämie verneint werden, weil der Ansatz eines Vermögensgegenstandes dem Ansatz eines aktiven Rechnungsabgrenzungspostens vorgeht.[535] Da der Aufwand in Form der geleisteten Optionsprämie nicht angemessen auf die Abrechnungsperioden zugeordnet werden kann und auch die Zahlung der Optionsprämie keine Ausgabe für eine ‚bestimmte Zeit nach dem Abschlussstichtag' darstellt, weil nicht vorhersehbar ist, ob (und wann) der Optionsberechtigte das Optionsrecht ausübt[536], kommt eine Aktivierung als Rechnungsabgrenzungsposten nicht in Frage und soll daher an dieser Stelle auch nicht weiter verfolgt werden. Die oben bestimmte Vermögensgegenstandseigenschaft der geleisteten Optionsprämie schließt eine Einstellung in einen aktiven Rechnungsabgrenzungsposten überdies aus.

---

535 Siehe § 246 Abs. 1 und § 247 Abs. 1 HGB. Das HGB beurteilt Rechnungsabgrenzungsposten nicht als Vermögensgegenstände bzw. Schulden.

536 Mit der Optionslaufzeit existiert lediglich eine Maximalzeit, die zur Erfüllung des Tatbestandsmerkmals der zeitlichen Bestimmtheit nicht ausreicht. Vgl. Niemeyer, Markus, Bilanzierung und Ausweis von Optionsgeschäften nach Handelsrecht und Steuerrecht, 1990, S. 87. Für amerikanische Optionen scheidet ein Rechnungsabgrenzungsposten daher eindeutig aus.

4.3.1.5 Zwischenfazit: Korrespondenzprinzip

Im Folgenden soll als Abschluss des Abschnitts über die Bilanzierung von Optionsgeschäften aus den vorgestellten Bilanzierungsmöglichkeiten, sowohl auf Seiten des Optionsverpflichteten, als auch auf Seiten des Optionsberechtigten, eine in sich geschlossene, konsistente Bilanzierung von Optionsgeschäften abgeleitet werden, bei der auf die Beachtung des Korrespondenzprinzips Wert gelegt wird.

Dabei steht im Mittelpunkt, dass die Grundsätze zur Bilanzierung von schwebenden Geschäften für beide beteiligten Parteien des Optionsgeschäftes einheitlich Gültigkeit besitzen. So ist es abzulehnen, dass für einen Geschäftspartner ein schwebendes Geschäft angenommen wird, und für den anderen Partner - der am gleichen Geschäft teilnimmt - dieses Geschäft als beendet unterstellt wird. Denn schwebende Geschäfte erfordern die Zweiseitigkeit,[537] fällt das Ende des Schwebezustandes auf der Aktiv- und der Passivseite auseinander, kommt es zu Widersprüchen in der Wertung ein und desselben wirtschaftlichen bzw. rechtlichen Tatbestandes.[538] Zwar existiert kein allgemein gültiges Korrespondenzprinzip im Bilanzrecht, dennoch besitzt ein Ereignis wie die Beendigung eines schwebenden Geschäftes zwangsläufig für beide an einem Geschäft beteiligten Seiten Gültigkeit.[539]

---

537 „Schwebende Geschäfte sind zweiseitig verpflichtende Verträge, die auf Leistungsaustausch gerichtet sind, […]" Woerner, Lothar, Grundsatzfragen zur Bilanzierung schwebender Geschäfte, in: FR 1984, S. 496. Siehe hierzu auch die Definition des schwebenden Geschäftes in Gliederungspunkt 4.1.6.

538 Vgl. Lindner, Ariane, Besteuerung von Optionen, 2004, S. 71, die hierin eine Verletzung der Tatbestandsmäßigkeit der Besteuerung und mittelbar der Gleichmäßigkeit der Besteuerung sieht.

539 In diesem Sinne auch Wehrheim, Michael/Krause, Haiko, Steuerbilanzielle Erfassung erhaltener Optionsprämien vor und nach dem BFH-Urteil vom 18.12.2002, in: BB 2003, S. 1554. vgl. auch Lindner, Ariane, Besteuerung von Optionen, 2004, S. 72. Das Korrespondenzprinzip kann nicht so weit gehen, dass gefordert wird, dass sich die Höhe der einzustellenden Aktiv- bzw. Passivposten bei Optionsberechtigtem und Optionsverpflichtetem entspricht. Dem stehen grundlegende Prinzipien wie das Anschaffungskosten-, Vorsichts- oder auch Imparitätsprinzip entgegen, welche auf Aktiv- und Passivseite unterschiedliche

Mit der auf Grundlage der Einheitstheorie im Schrifttum vorgenommenen Festlegung des Endes des schwebenden Geschäftes beim Optionsverpflichteten auf den Zeitpunkt der Ausübung oder des Verfalls des Optionsrechtes, ist genau dieser Zeitpunkt auch für den Optionsberechtigten als Ende des schwebenden Geschäftes anzunehmen. Diesem Grundsatz folgt aber die herrschende einheitstheoretische Meinung zur Bilanzierung von Optionsgeschäften nicht. Während auf der Seite des Optionsverpflichteten eine anzahlungsähnliche sonstige Verbindlichkeit in Höhe der Optionsprämie passiviert wird, die erst mit dem Ende des schwebenden Geschäftes im Zeitpunkt der Ausübung oder des Verfalls des Optionsrechtes ausgebucht wird, soll die gezahlte Optionsprämie auf Seiten des Optionsberechtigten als immaterieller Vermögensgegenstand ‚Optionsrecht' aktiviert werden.[540] Auf der Seite des Optionsberechtigten muss daher das schwebende Geschäft bereits beendet sein, sonst ist die Bilanzierung eines Vermögensgegenstandes nicht möglich. Es wird deutlich, dass im Rahmen der Einheitstheorie der Widerspruch besteht, dass für den Optionsverpflichteten das schwebende Geschäft der Optionsvereinbarung bis zur Ausübung oder dem Verfall des Optionsrechtes weiterläuft, während für den Optionsberechtigten dasselbe schwebende Geschäft mit Zahlung der Optionsprämie bzw. Einräumung des Optionsrechtes beendet ist.[541] Daher ist angezeigt, die bestehende einheitstheoretische Bilanzierungspraxis von der Aktivierung der gezahlten Optionsprämie beim Optionsberechtigten als ‚Optionsrecht', hin zur Bilanzierung

---

Ansätze verfolgen. Vgl. dazu auch Niemeyer, Markus, Bilanzierung und Ausweis von Optionsgeschäften nach Handelsrecht und Steuerrecht, 1990, S. 120.

[540] Als direkte Gegenüberstellung in einer Abhandlung vgl. IDW BFA, Stellungnahme zur Rechnungslegung: Handelsrechtliche Bilanzierung von Optionsgeschäften bei Instituten (IDW RS BFA 6), in: IDW-Fachnachrichten 2011, S. 700-702. Siehe auch Gliederungspunkte 4.3.1.4.2.

[541] Die Begründung hierfür kann unter Umständen darin bestehen, dass auf Seiten des Optionsverpflichteten die Beendigung des schwebenden Geschäftes mit Hilfe der wirtschaftlichen Betrachtungsweise bis zur Ausübung bzw. dem Verfall verlängert wurde (hinausgeschobene Erfüllung), siehe dazu oben Gliederungspunkt 4.3.1.3.3.

einer geleisteten Anzahlung zu überdenken, um den aufgezeigten Widerspruch zu beseitigen.[542]

Die auf der modifizierten Trennungstheorie basierende abweichende Auffassung geht davon aus, dass das schwebende Geschäft der Optionsvereinbarung mit Zahlung der Optionsprämie durch den Optionsberechtigten beendet ist.[543] Demgemäß hat der Optionsverpflichtete seine Duldungs- und Bereitschaftsverpflichtung aus der Optionsvereinbarung in Form einer Verbindlichkeit zu passivieren. In Einklang damit aktiviert der Optionsberechtigte ein immaterielles Wirtschaftsgut ‚Optionsrecht'. Da das schwebende Geschäft der Optionsvereinbarung beendet ist, steht der Aktivierung des Optionsrechtes nichts entgegen. Dieser Ansatz ist in sich schlüssig und konsistent, die Aktivierung und Passivierung erfolgt korrespondierend.[544]

Die Einheitstheorie soll im Folgenden als handelsrechtliche Variante der Bilanzierung von Optionsgeschäften bezeichnet werden, obwohl sie in der hier propagierten Abwandlung von der herrschenden Meinung im handelsrechtlichen Schrifttum im Hinblick auf die Bilanzierung der Optionsprämie beim Optionsberechtigten abweicht und eine Aktivierung dieser als Vorleistung statt als immateriellen Vermögensgegenstand befürwortet.[545]

Die modifizierte Trennungstheorie soll im Folgenden als steuerrechtliche Variante der Bilanzierung von Optionsgeschäften betrachtet werden, obwohl in der hier propagierten Abwandlung von der derzeit herrschenden Auffassung des BMF bezüglich der Folgebewertung der Verbindlichkeit abgewichen wird.[546]

---

542 Gleicher Auffassung Lindner, Ariane, Besteuerung von Optionen, 2004, S. 70. Siehe zur Bilanzierung einer geleisteten Anzahlung beim Optionsverpflichteten Gliederungspunkt 4.3.1.4.3.

543 Siehe Gliederungspunkt 4.1.6 und 4.3.1.3.4.

544 Auch der BFH führt als weiteren Grund, der für die Passivierung einer Verbindlichkeit spricht, die korrespondierende Bilanzierung an, vgl. BFH vom 18.12.2002, in: BStBl. II 2004, S. 129.

545 Siehe dazu Gliederungspunkt 4.3.1.4.2 und 4.3.1.4.3.

546 Vgl. BMF mit Schreiben vom 12.01.2004, in: BStBl. I 2004, S. 192.

Damit stehen zusammengefasst folgende, in Einklang mit dem Korrespondenzprinzip stehende Möglichkeiten der Bilanzierung von Optionsgeschäften zur Verfügung:

Abb. 7: Bilanzierung von Optionsgeschäften

Theorie \ Bilanzierung	Optionsverpflicheter	Optionsberechtigter
HANDELSRECHT Einheitstheorie: schwebendes Geschäft der Optionsvereinbarung besteht bis Ausübung/Verfall des Optionsrechts	Passivierung der Optionsprämie als anzahlungsähnliche Verbindlichkeit bis Ausübung/Verfall des Optionsrechts. Risikoüberhang als Drohverlustrückstellung.	Aktivierung der gezahlten Optionsprämie als Vorleistung/geleistete Anzahlung bis Ausübung/Verfall des Optionsrechts.
STEUERRECHT modifizierte Trennungstheorie: schwebendes Geschäft der Optionsvereinbarung endet mit Zahlung der Optionsprämie	Erfolgswirksame Vereinnahmung der Optionsprämie. Passivierung einer Verbindlichkeit aufgrund der Duldungs- und Bereitschaftsverpflichtung bis Ausübung/Verfall des Optionsrechts. Risikoüberhang als Teilwerterhöhung der Verbindlichkeit.	Aktivierung der gezahlten Optionsprämie als immateriellen Vermögensgegenstand 'Optionsrecht' bis Ausübung/Verfall des Optionsrechts.

Quelle: Eigene Darstellung.

Von diesen beiden theoretisch widerspruchsfreien korrespondierenden Bilanzierungsmöglichkeiten abweichende Ansätze sind, auch im Rahmen der Bilanzierung des Leasingrückkaufgeschäftes, abzulehnen.

4.3.2 Exkurs: Bilanzierung der Leasingvertragsvermittlung

Die Leasinggesellschaft als Leasinggeber tritt nicht direkt mit dem Leasingnehmer in Verbindung, sondern über den Automobilhandel als Vermittler. Der Händler verpflichtet sich dabei, den Abschluss von Finanzierungsleasingverträgen über Neufahrzeuge zwischen der Leasinggesellschaft und dem Leasingnehmer in die Wege zu leiten. Für seine Vermittlungsbemühungen und für die laufende Betreuungstätigkeit in Vertragsangelegenheiten erhält der Händler eine Vermittlungsprovision. Der Leasingvertragsvermittlung des Händlers liegt ein Dienstleistungsvertrag zugrunde. Hauptpflicht des Händlers im Rahmen dieses Dienstleistungsvertrages stellt seine Vermittlungsbemühung dar, während die Hauptpflicht der Leasinggesellschaft in der Zahlung der Leasingvermittlungsprovision besteht.[547] Die Forderung auf das Entgelt aus einem Dienstleistungsvertrag entsteht grundsätzlich dann, wenn die Leistung vereinbarungsgemäß erbracht wurde.[548] Wird der im Mittelpunkt der Vermittlungen stehende Leasingvertrag unterzeichnet, hat der Händler seine geschuldeten Vermittlungsbemühungen erfüllt. Allerdings hängt der Provisionsanspruch des Händlers noch mit weiteren Ereignissen zusammen, denn er entsteht nur, wenn der vermittelte Leasingvertrag tatsächlich zustande kommt. Das heißt, wenn der Leasingnehmer nicht von seinem Widerrufrecht gemäß § 355 BGB Gebrauch macht, die ersten Leasingraten vereinbarungsgemäß leistet und die Leasingverträge nicht ganz oder teilweise rückabgewickelt werden.[549] Der Leasingvertrag steht also unter der auflösenden Bedingung des Widerrufrechtes des Leasingnehmers. Der Zeitpunkt der Gewinnrealisation der Vermittlungsprovision verschiebt sich somit auf den Ablauf der Widerruffrist des Leasingnehmers.[550]

---

547 Siehe dazu Gliederungspunkt 3.2.

548 Vgl. Ellrott, Helmut/Roscher, Klaus, § 247, in: Ellrott, Helmut et al. (Hrsg.), Beck'scher Bilanz-Kommentar, 2010, Rz. 99.

549 Siehe Rahmenvertrag Abschnitt A. IV. II.

550 In der Regel beträgt diese bei Verbraucherverträgen zwei Wochen, siehe § 355 Abs. 1 Satz 2 BGB. Vgl. hierzu auch Gliederungspunkt 4.4.2.

Die genaue Ausgestaltung der Vermittlungsprovision ist grundsätzlich nicht im Rahmenvertrag geregelt, sondern wird individuell flexibel vereinbart. Ihre Höhe orientiert sich im Regelfall an der Marge eines Neufahrzeugverkaufes.[551] Wird das Neufahrzeuggeschäft zum Händlereinkaufspreis abgewickelt, orientiert sich die Höhe der Leasingvermittlungsprovision an der Handelsspanne eines vergleichbaren Verkaufsgeschäftes. Ist vertraglich für das Neufahrzeug der Endabnehmerpreis festgelegt, existiert keine vergleichbare Leasingvermittlungsprovision. Die Leasingvermittlung wird in diesem Fall bereits mit der im Endabnehmerpreis enthaltenen Marge vergütet.

Die Vermittlungsprovision ist beim Händler grundsätzlich als Ertrag aus Vermittlungstätigkeit in der Gewinn- und Verlustrechnung zu erfassen.[552] Dem Teil der Vermittlungsprovision, der die laufende Betreuungstätigkeit des Händlers in Vertragsangelegenheiten abgilt, steht aber eine Verpflichtung des Händlers gegenüber. Der Händler verpflichtet sich gegenüber der Leasinggesellschaft für einen bestimmten Zeitraum, den Leasingnehmer im Bedarfsfalle, z. B. in Vertragsangelegenheiten, zu betreuen. Für diese Verpflichtung hat der Händler eine Rückstellung für ungewisse Verbindlichkeiten in Höhe des Betreuungsanteils zu bilden.[553] Die Bestimmung der Höhe dieser Ver-

---

551 Dies ist der Fall, wenn das Neufahrzeug zum Händlereinkaufspreis an die Leasinggesellschaft verkauft wird. Ist vertraglich für das Neufahrzeug der Endabnehmerpreis festgelegt, wird die Leasingvermittlungsprovision im Rahmen einer individuellen Regelung unter der üblichen Marge eines Neufahrzeugverkaufs liegen.

552 Gemäß § 275 HGB kommt hier bei Anwendung des Gesamtkostenverfahrens wie auch des Umsatzkostenverfahrens die Position ‚Umsatzerlöse' in Frage.

553 In Anlehnung an die Vorgehensweise für künftige Nachbetreuungsleistungen eines Hörgeräte-Akustikers, vgl. BFH vom 05.06.2002, in: BFH/NV 2002, S. 1434–1436 und BMF-Schreiben vom 12.10.2005, in: BStBl. I 2005, S. 953f. Die Betreuungsverpflichtung des Händlers konkretisiert sich nicht ratierlich mit zunehmendem Zeitablauf, so dass eine Abgrenzung des betreffenden Teils der Vermittlungsprovision als Passiver Rechnungsabgrenzungsposten nicht in Frage kommt. Die Betreuungsleistung wird zwar in einem bestimmten Zeitraum erbracht, „die Laufzeit bestimmt jedoch nicht lediglich den zeitlichen Rahmen für eine wiederkehrende inhaltlich unveränderte Leistungsverpflichtung; die Dauerhaftigkeit haftet vielmehr der Leistungspflicht selbst an." BFH vom 05.06.2002, in: BFH/NV 2002, S. 1435.

bindlichkeitsrückstellung kann dabei mit Hilfe einer Aufteilungsprämisse ermittelt werden.[554]

Zusätzlich enthält die Vermittlungsprovision in dem Fall, in dem das Neufahrzeuggeschäft zum Händlereinkaufspreis abgewickelt wird, die so genannte Risikoprämie des Leasingrückkaufgeschäftes, die getrennt zu bilanzieren ist. Ausführliche Erläuterungen zur Risikoprämie und deren Bilanzierung folgen im anschließenden Abschnitt.

---

[554] Korrespondierend hat die Leasinggesellschaft die von ihr an den Händler gezahlte Leasingvermittlungsprovision grundsätzlich als Aufwand für den Abschluss von Leasingverträgen zu verbuchen. Die Leasingvermittlungsprovision stellt Vertragsbeschaffungskosten dar, die nicht aktivierbar sind.

4.3.3 Bilanzierung des Leasingrückkaufgeschäftes

4.3.3.1 Analogie zum Optionsgeschäft: Die verdeckte Risikoprämie

Beim Leasingrückkaufgeschäft erwirbt zunächst die Leasinggesellschaft das zu verleasende Neufahrzeug vom Händler (Neufahrzeuggeschäft) - in der Mehrzahl der Fälle zum Händlereinkaufspreis. Angestoßen wird dieser Kauf von der erfolgreichen Leasingvertragsvermittlung des Händlers an einen Kunden. Für die Vermittlungsleistung und weiteren ggf. anfallenden künftigen Aufwendungen im Zusammenhang mit der Leasingvertragsvermittlung erhält der Händler eine Leasingvermittlungsprovision, die sich in der Regel nach dem Gesamtvermittlungsverhältnis bemisst und der Handelsspanne in einem vergleichbaren Verkaufsgeschäft entspricht. Der hiervon abweichende Fall, dass der Händler der Leasinggesellschaft das Neufahrzeug in Höhe des Endabnehmerpreises verkauft und die Leasingvertragsvermittlung mit Zahlung dieses Endabnehmerpreises entgolten wird, besteht zusätzlich.

Zeitgleich mit dem Abschluss des Neufahrzeuggeschäftes wird der Händler dazu verpflichtet, das betreffende Fahrzeug nach Ablauf der Grundmietzeit des Leasingvertrages zu einem festgelegten Preis zurückzukaufen (Rückkaufverpflichtung). Die Leasinggesellschaft behält sich ein Rückverkaufsrecht vor, verpflichtet sich aber nicht dazu. Der Rückkaufpreis wird als kalkulatorischer Fahrzeugrestwert (Gebrauchtfahrzeugwert) ermittelt.[555] Nach erfolgtem Rückkauf erhält der Händler ein Gebrauchtfahrzeug, welches am Gebrauchtfahrzeugmarkt abzusetzen ist (Gebrauchtfahrzeuggeschäft). Der Händler trägt dabei das Risiko, keine angemessene Marge beim Gebrauchtfahrzeugverkauf erzielen zu können. Genauso ist der Händler aber berechtigt, eine gegebenenfalls entstehende Wertsteigerung aus dem Gebrauchtfahrzeuggeschäft zu vereinnahmen.

---

[555] Siehe zu einer genaueren Beschreibung der Ermittlung des Rückkaufpreises Gliederungspunkt 2.3.2.1.

Da die Leasinggesellschaft über das Zustandekommen des Rückkaufs entscheidet, liegt mit dem Rückverkaufsrecht ein sogenanntes zivilrechtliches Wiederverkaufsrecht vor, welches als Anwendungsfall der Option eingeordnet werden kann. Das Leasingrückkaufgeschäft entspricht einer Verkaufsoption, bei der dem Optionsberechtigten das Recht eingeräumt wird, zu einem bestimmten Zeitpunkt durch einseitige Willenserklärung den Optionsgegenstand zu einem vereinbarten Preis an den Optionsverpflichteten zu veräußern.[556] Eine Bilanzierung des Leasingrückkaufgeschäftes auf Grundlage der zivilrechtlichen Einordnung muss somit den Grundsätzen der Bilanzierung von Optionsgeschäften folgen. Der BFH bestätigt diesen Gedankengang. Er hatte mit Urteil vom 11.10.2007 über die Bilanzierung von Leasingrückkaufgeschäften zu entscheiden und ordnete die Rückkaufverpflichtung des Händlers, verkaufte Fahrzeuge nach Ablauf der Leasingzeit zu festgesetzten Preisen zurückzukaufen, aus Sicht der Leasinggesellschaft zutreffend als Rückverkaufsoption ein. Daher wendet der BFH die von ihm entwickelten Grundsätze zur Bilanzierung von Optionsgeschäften auf das Leasingrückkaufgeschäft an.[557]

Faktisch liegt beim Leasingrückkaufgeschäft genauso wie beim Optionsgeschäft eine zweiphasige Struktur vor. Die Parteien schaffen das Rückverkaufsrecht im Rahmen der Rückkaufvereinbarung (erste Phase). Durch Ausübung des Rückverkaufsrechtes entsteht die zweite Phase des Leasingrückkaufgeschäftes, in der der Rückkaufvertrag wirksam wird. Es sei an dieser Stelle auf die Übersicht in Kapitel 3.4 verwiesen, die durch den abgesetzten inneren Kasten die beschriebenen Parallelen visualisiert.

Das Rückverkaufsrecht der Leasinggesellschaft und die daraus resultierende Rückkaufverpflichtung können für den Händler je nach Marktentwicklung eine erhebliche wirtschaftliche Belastung darstel-

---

556 Siehe zur Einordnung des Leasingrückkaufgeschäftes als Option 3.3.2.3. Beim Leasingrückkaufgeschäft existiert lediglich ein bestimmter Zeitpunkt zur Ausübung des Rückverkaufsrechtes. Leasingrückkaufgeschäfte mit Rückverkaufsmöglichkeit während eines bestimmten Zeitraums kann es aufgrund des zugrundeliegenden Leasingvertrages nicht geben.

557 Vgl. BFH vom 11.10.2007, in: BStBl. II 2009, S. 705-708, vgl. auch Gliederungspunkt 4.3.3.2.1.2.3.

len. Der Händler erhält mit dem Eingehen der Rückkaufverpflichtung aber auch Vorteile: Zum einen würden die entsprechenden Neufahrzeuggeschäfte ohne das Verkaufsförderungsinstrument Leasing und dem davon bedingten Abschluss der Leasingrückkaufgeschäfte gar nicht zustande kommen, zum anderen entsteht durch den Rückkauf eine Kundenbindung, die die Möglichkeit eröffnet, ggf. weitere Fahrzeuge zu verkaufen. Darüber hinaus sichert sich der Händler durch die Rückkaufverpflichtung seine Stellung auf dem Gebrauchtfahrzeugmarkt, da sich hierdurch die Wahrscheinlichkeit, dass die Leasinggesellschaft die Gebrauchtfahrzeuge selbst vermarktet[558], verringert. So besteht für den Händler mit jedem zurückgekauften Fahrzeug die Chance, es am Gebrauchtfahrzeugmarkt gewinnbringend zu verkaufen - aber auch das Risiko, dass dieser Fall nicht eintritt. Das mit der Rückkaufverpflichtung verbundene mögliche Risiko würde der Händler, als Kaufmann, nicht ohne entsprechende Vergütung übernehmen.[559] Das Entgelt, welches dem Händler als Ausgleich für die Übernahme der Duldungs- und Bereitschaftsverpflichtung und die mit dem Rückkauf verknüpften Risiken gewährt wird, soll in dieser Untersuchung als Risikoprämie[560] bezeichnet werden. Die Risikoprämie des Leasingrückkaufgeschäftes stellt das Pendant zur Optionsprämie beim Optionsgeschäft dar. Die Risikoprämie ist wirtschaftlich betrachtet eine Gegenleistung für die Bindung des Händlers an die Verpflichtung zum vereinbarungsgemäßen Ankauf des Gebrauchtfahrzeugs nach Ablauf des Leasingvertrags zum vereinbarten Rückkaufpreis und

---

558 Das Risiko, dass die Leasinggesellschaft (und damit der Hersteller) in Konkurrenz zum Händler tritt, indem sie die Gebrauchtfahrzeuge über den Direktvertrieb am Gebrauchtfahrzeugmarkt veräußert, ist in Zeiten des Internet nicht unerheblich, weil mit vergleichsweise geringem Aufwand realisierbar.

559 So auch BFH vom 11.10.2007: „Im Geschäftsleben pflegt der eine dem anderen Partner in der Regel nichts zu ‚schenken'", BFH vom 11.10.2007, in: BStBl. II 2009, S. 707f. Vgl. dazu genauer im Folgenden.

560 Der Begriff Risikoprämie stellt das Pendant zur Optionsprämie beim Optionsgeschäft dar. Der Begriff wird in dieser Untersuchung geprägt, weil die einschlägige Literatur bisweilen keinen prägnanten Begriff für das Entgelt, was als Ausgleich für die Übernahme der Duldungs- und Bereitschaftsverpflichtung und der damit verbundenen Risiken gewährt wird, hervorgebracht hat.

das daraus entstehende Risiko.[561] Die Leasinggesellschaft zahlt mit der Risikoprämie für das Recht, vom Händler den Rückkauf zu verlangen. Der Wert des Rückverkaufsrechtes im Zeitpunkt des Vertragsabschlusses und damit die Höhe der Risikoprämie bestimmt sich in Analogie zur Optionsprämie aus zwei Wertbestandteilen: Zeitwert und innerer Wert. Wobei der Zeitwert einem Unsicherheitsaufschlag entspricht,[562] der dafür gewährt wird, dass sich der Händler an die Rückkaufvereinbarung bindet. Der innere Wert stimmt mit dem Risiko überein, welches aus dem Rückkaufvertrag droht. Damit verkörpert die Risikoprämie den Betrag, den der Händler nach Einschätzung des Marktes im Zeitpunkt des Vertragsabschlusses einbüßen würde, wenn die Leasinggesellschaft ihr Rückverkaufsrecht ausübt.[563]

Da das Zeitintervall bis zur Ausübung oder dem Verfall der Option beim Leasingrückkaufgeschäft vergleichsweise lang ist (in der Regel drei Jahre), ist die Wahrscheinlichkeit groß, dass aufgrund von Schwankungen der Marktpreise das Rückverkaufsrecht - aus Sicht der Leasinggesellschaft - gewinnbringend ist.[564] Der Zeitwert ist zu Beginn des Leasingrückkaufgeschäftes (Abschluss der Rückkaufvereinbarung) am höchsten; denn dann ist auch das Risiko der Rückkaufverpflichtung für den Händler am größten. Der Zeitwert nimmt bei konstanten Bedingungen im Zeitablauf ab, bis er am Ende der Laufzeit

---

561 Das Synallagma der Rückkaufvereinbarung besteht somit aus der Risikoprämie als Geldleistung und als Gegenleistung der Bereitschaftspflicht des Händlers zum vereinbarungsgemäßen Ankauf des Leasingfahrzeugs, wenn die Leasinggesellschaft das Rückverkaufsrecht positiv ausübt (Duldungs- und Bereitschaftsverpflichtung).

562 Der Zeitwert wird - auf das Leasingrückkaufgeschäft bezogen - von Faktoren bestimmt, wie z.B. die (Rest-)Laufzeit der Rückkaufvereinbarung oder die Intensität von Preisschwankungen des zugrundeliegenden Fahrzeugs. Der Zeitwert berücksichtigt damit vor allem die Wahrscheinlichkeit von Preisschwankungen des Fahrzeuges über die Laufzeit der Rückkaufvereinbarung. Der Zeitwert beinhaltet somit u. a. künftige mögliche Marktpreisänderungen des betreffenden Fahrzeuges.

563 Die Risikoprämie entspricht, wie die Optionsprämie, dem Barwert der künftigen Auszahlungsverpflichtung des Händlers.

564 Das heißt, die Leasinggesellschaft kann das gebrauchte Leasingfahrzeug zu einem höheren als dem im Rückkaufzeitpunkt herrschenden Marktwert an den Händler veräußern.

der Rückkaufvereinbarung den Wert null erreicht. Der innere Wert hingegen ergibt sich aus der positiven Differenz zwischen dem aktuellen Marktwert des gebrauchten Leasingfahrzeuges und dem vereinbarten Rückkaufpreis.[565] Aus Sicht des Händlers ist der damit umschriebene drohende Verlust aus dem Rückkaufvertrag der zweite Wertbestandteil des Rückverkaufsrechtes. Der innere Wert ist zu Beginn des Leasingrückkaufgeschäftes sehr gering bzw. in den meisten Fällen mit null anzusetzen. Der Grund dafür liegt darin, dass im Zeitpunkt des Vertragsabschlusses der Rückkaufvereinbarung die Rückkaufpreise in der Regel den geschätzten künftigen Marktwerten der Gebrauchtfahrzeuge (kalkulatorischer Fahrzeugwert) entsprechen.[566] Der innere Wert entwickelt sich je nach Marktlage, kann aber niemals negativ werden. Am Ende der Laufzeit, bei Ausübung oder Verfall des Rückverkaufsrechtes, wird der Wert des Rückverkaufsrechts einzig vom inneren Wert bestimmt, weil der Zeitwert gleich null ist.

Zusammengefasst setzt sich der Wert des Rückverkaufsrechtes über die Laufzeit wie folgt zusammen: Bei Vertragsabschluss besteht ein hoher Zeitwert und ein innerer Wert von nahe null. Die Summe der beiden Werte wird zu diesem Zeitpunkt durch die Risikoprämie vergütet. Im Zeitablauf sinkt der Zeitwert und je nach Marktentwicklung steigt der innere Wert bis bei Ausübung oder Verfall des Rückverkaufsrechtes der Zeitwert null ist und sich der Wert des Rückverkaufsrechtes nur noch durch den inneren Wert bestimmt.

Aus dem Beschriebenen ergibt sich zwingend, dass die Risikoprämie im Zeitpunkt des Vertragsabschlusses niemals gleich Null sein

---

[565] Im Gegensatz zur Optionsprämie, bei der sich der innere Wert aus der positiven Differenz zwischen dem aktuellen Marktpreis des Optionsgegenstandes und dem Ausübungspreis multipliziert mit dem Optionsverhältnis ergibt, kann bei der Risikoprämie das Optionsverhältnis vernachlässigt werden. Das Optionsverhältnis beschreibt, wie viele Optionsscheine pro Basiswert ausgegeben wurden. Ein Optionsschein verbrieft das Optionsrecht. Beim Leasingrückkaufgeschäft wird pro Fahrzeug lediglich ein Rückverkaufsrecht vereinbart, so dass das Optionsverhältnis 1 beträgt.

[566] Im Folgenden wird unterstellt, dass der Händler sich an die ‚Restwertvorgaben' hält und diese ‚Restwerte' den Marktpreisen entsprechen. Siehe dazu auch Gliederungspunkt 2.3.2.1.

kann,[567] denn auch, wenn der innere Wert im Zeitpunkt des Vertragsabschlusses null sein sollte, weil kein Risiko aus dem Rückkaufvertrag droht, so existiert der Zeitwert auf seinem Maximum. Damit wird die Risikoprämie im Zeitpunkt des Vertragsabschlusses in der Regel vom Zeitwert dominiert. Jedes künftige Geschäft mit heute festgelegtem Anschaffungspreis birgt aus Sicht des Händlers ein Risiko, denn der Marktwert am Ende der Leasinglaufzeit kann immer vom vereinbarten Rückkaufpreis abweichen.[568] Dieses Risiko wird vom Zeitwert beschrieben. Eine Risikoprämie im Zeitpunkt des Vertragsabschlusses in Höhe von Null bedeutet, die Existenz einer Risikoprämie zu verneinen. Das Synallagma der Rückkaufvereinbarung erfordert aber eine Risikoprämie. Eine Risikoprämie im Zeitpunkt des Vertragsabschlusses in Höhe von Null würde die Analogie zum Optionsgeschäft aufheben und eine völlig neue Einordnung des Leasingrückkaufgeschäftes erfordern. Die Annahme, die Risikoprämie könne im Zeitpunkt des Vertragsabschlusses den Wert Null annehmen, führt im Ergebnis zu einer Bilanzierung im Sinne der Trennungstheorie,[569] die wie oben erläutert nicht den Grundsätzen ordnungsmäßiger Buchführung entspricht, weil sie dem Realisationsprinzip und damit auch dem Bilanzzweck zuwiderläuft.[570]

Die Risikoprämie vergütet das Risiko, welches sich im Zeitpunkt des Vertragsabschlusses aus der Rückkaufverpflichtung ergibt. In der Regel müsste daher beim Vergleich eines regulären Neufahrzeuggeschäftes mit dem Neufahrzeuggeschäft im Rahmen des Leasingrückkaufgeschäftes dem Händler beim Leasingrückkaufgeschäft ein höherer Vorteil zufließen, da der Händler hierbei das Risiko des Rückkaufs übernimmt. Sucht man diesen Vorteil im Vergleich zwischen dem Neufahrzeuggeschäft im Rahmen eines Leasingrückkaufgeschäftes

---

[567] So aber wohl Klein, Evelyn, Passivierung von Rückkaufverpflichtungen eines Kfz-Händlers, in: DStR 2011, S. 1987, die vom unentgeltlichen Eingehen der Verpflichtung spricht.

[568] Diese Möglichkeit besteht grundsätzlich, auch wenn die Erfahrungen der Vergangenheit dies nicht gezeigt haben, oder im Regelfall die Gebrauchtfahrzeuggeschäfte mit Leasingrückläufern gewinnbringende Geschäfte sind.

[569] Denn dann würde der gesamte Ertrag aus der Leasingvermittlung und dem Neufahrzeuggeschäft sofort erfolgswirksam vereinnahmt.

[570] Siehe dazu Gliederungspunkt 4.3.1.3.6.

und einem regulären Neufahrzeuggeschäft, so zeigt sich, dass bei beiden Alternativen ein finanzieller Vorteil in Höhe der Marge erzielt wird. Daraus kann nicht geschlussfolgert werden, dass keine Risikoprämie im Zeitpunkt des Vertragsabschlusses existiert. Die Risikoprämie ist ein Teil der Marge (siehe unten). Der Händler setzt die Marge des Neufahrzeuggeschäftes im Rahmen des Leasingrückkaufgeschäftes ein, um das Risiko der übernommenen Rückkaufverpflichtung auszugleichen; er substituiert sozusagen mit seiner Marge.[571] Der Händler tut dies, weil für ihn aus dem Leasingrückkaufgeschäft zusätzliche Vorteile bestehen, die sich in nicht bilanzierbaren Faktoren ausdrücken. Der Händler ist bereit, seine Marge einzusetzen, um das Risiko aufzufangen, weil das entsprechende Neufahrzeuggeschäft ohne das Leasingrückkaufgeschäft gar nicht zustande kommen würde, und durch den Rückkauf eine Kundenbindung entsteht, die die Möglichkeit eröffnet, ggf. weitere Fahrzeuge zu verkaufen. Darüber hinaus sichert er sich mit jedem zurückgekauften Fahrzeug seinen Marktanteil am Gebrauchtfahrzeugmarkt und die Chance, das Gebrauchtfahrzeug gewinnbringend zu verkaufen. Aus den erläuterten Gründen wird im Folgenden die Möglichkeit der Nichtexistenz einer Risikoprämie im Zeitpunkt des Vertragsabschlusses abgelehnt. Grundsätzlich wird sich ein rational handelnder Kaufmann eine derartige Risikoübernahme, wie die der Rückkaufverpflichtung, vergüten lassen. Dazu kann er auch einen Teil der Marge - wie oben erläutert - einsetzen, um das Risiko aufzufangen. Gäbe es keine Vergütung (Risikoprämie), würde die Leasinggesellschaft das Recht, vom Händler einen Rückkauf zu verlangen, kostenlos bekommen. Die Rückkaufvereinbarung wäre dann eine Schenkung. „Im Geschäftsleben pflegt der eine dem anderen Partner in der Regel nichts zu `schenken`".[572] Der Grund dafür steckt im Gewinnstreben der Unternehmung. Das erwerbswirtschaftliche Prinzip muss ohne Einschränkung gelten, wenn

---

[571] So auch *Prinz*, der die vom Händler gewährte Option als margenreduzierend bezeichnet, vgl. Prinz, Ulrich, Verbindlichkeit statt Rückstellung für die Rückkaufverpflichtung eines Kraftfahrzeug-Händlers, in: StuB 2008, S. 190.

[572] BFH vom 11.10.2007, in: BStBl. II 2009, S. 707f.

sich der Unternehmer frei von Umweltzwängen befindet.[573] Würde von einem Kaufmann das Rückverkaufsrecht verschenkt, wäre eine Überprüfung angezeigt, ob der Händler gegebenenfalls unter Zwängen steht, die ihn zu diesem Verhalten drängen. Die Leasinggesellschaft müsste auf eine eventuelle marktbeherrschende Stellung hin geprüft werden. Ist dies gemäß § 19 GWB zu bejahen, ist eine missbräuchliche Ausnutzung dieser Marktmacht zu prüfen.[574] Eine missbräuchliche Ausnutzung der marktbeherrschenden Stellung soll im Folgenden nicht unterstellt werden.

Bei einer Überprüfung der Zahlungsströme zwischen Leasinggesellschaft und Händler fällt auf, dass eine Zahlung der Risikoprämie nicht offen erfolgt. Im vorliegenden beispielhaften Rahmenvertrag finden sich dazu keine Regelungen oder Preisabsprachen.[575] Daher muss die Risikoprämie in wirtschaftlicher Betrachtungsweise verdeckt in einer anderen Zahlung vorliegen.

Es existieren drei Zahlungsströme zwischen Leasinggesellschaft und Händler, die grundsätzlich dafür in Frage kommen, die Risikoprämie zu beinhalten:

- der Neufahrzeugpreis,
- der festgelegte Rückkaufpreis für das gebrauchte Leasingfahrzeug sowie
- die Vermittlungsprovision für die erfolgreiche Leasingvertragsvermittlung des Händlers.

---

[573] Vgl. zum so genannten ‚erwerbswirtschaftlichen Prinzip', Wöhe, Günter/Döring, Ulrich, Einführung in die Allgemeine Betriebswirtschaftslehre, 2008, S. 15–19.

[574] Ein Missbrauch liegt insbesondere dann vor, wenn ein oder mehrere marktbeherrschende Unternehmen Entgelte oder sonstige Geschäftsbedingungen fordern, die von denjenigen abweichen, die sich bei wirksamem Wettbewerb mit hoher Wahrscheinlichkeit ergeben würden, siehe § 19 GWB.

[575] Es existieren aber auch Fälle, in denen ein zusätzliches Entgelt für das Rückverkaufsrecht (Risikoprämie) dem Rahmenvertrag entnommen werden kann, so bei dem Fall, der dem Finanzgericht Münster vorlag, vgl. FG Münster vom 25.08.2009, in: EFG 2009, S. 1918–1922.

Wird nach vertraglicher Vereinbarung das Neufahrzeug an die Leasinggesellschaft zum Händlereinkaufspreis veräußert, und ist die Leasingvermittlungsprovision dementsprechend in Höhe der Marge aus einem vergleichbaren Neufahrzeuggeschäft bemessen, so wird mit dem Händlereinkaufspreis lediglich der Fahrzeugwert vergütet, ohne dass beim Händler aus diesem Geschäft ein Gewinn oder Verlust entsteht (Nullsummengeschäft). Der Neufahrzeugpreis kann dementsprechend in diesem Fall keine verdeckte Risikoprämie enthalten. In diesem Fall muss die Vermittlungsprovision wirtschaftlich betrachtet teilweise auch die Risikoprämie beinhalten.[576] Der Händler lässt sich mit der Vermittlungsprovision auch die Übernahme der Rückkaufverpflichtung bezahlen. Im davon abweichenden Fall, bei dem das Neufahrzeuggeschäft zwischen Händler und Leasinggesellschaft in Höhe des Endabnehmerpreises abgewickelt wird, ist die Risikoprämie wirtschaftlich betrachtet im Neufahrzeugpreis enthalten.[577]

Im Regelfall ist die Risikoprämie nicht Teil des Rückkaufpreises, indem dieser zum Beispiel einen verdeckten Preisnachlass enthält. Denn die Summe aus Rückkaufpreis, Leasingraten und Sonderzahlung entspricht in der Regel dem Fahrzeugwert, so dass keine Preisnachlässe zu erkennen sind. Daher beinhaltet der Rückkaufpreis die Risikoprämie nicht.

Die Risikoprämie als Teil der Vermittlungsprovision bzw. des Neufahrzeugpreises ist für die Bilanzierung gesondert zu betrachten. Die Bestimmung der Höhe der Risikoprämie muss dabei objektiviert erfolgen.[578]

---

576 Dabei ist die wirtschaftliche Betrachtungsweise zu bemühen, weil ein Teil der Provision für die Leasingvertragsvermittlung als zum Synallagma der Rückkaufvereinbarung gehörig angesehen wird.

577 Zu dieser Schlussfolgerung kommt der BFH mit Urteil vom 11.10.2007: „Die Zahlung des Kaufpreises für die Neuwagen war bei der insoweit gebotenen wirtschaftlichen Betrachtung teilweise auch Entgelt für die Übernahme der Rückkaufverpflichtung." BFH vom 11.10.2007, in: BStBl. II 2009, S. 707. Grundsätzlich ist in jedem Fall eine eingehende Überprüfung der vertraglichen Grundlagen angezeigt.

578 Siehe dazu Gliederungspunkt 4.3.3.2.1.2.2.5.

4.3.3.2 Bilanzierung beim Händler

4.3.3.2.1 Bilanzierung vor Ausübung des Rückverkaufsrechtes

4.3.3.2.1.1 Bilanzierung des Neufahrzeuggeschäftes

Nach erfolgreicher Leasingvertragsvermittlung findet das Neufahrzeuggeschäft zwischen Leasinggesellschaft und Händler statt. Bilanziell befindet sich das Neufahrzeug im Umlaufvermögen des Händlers, nachdem er es vom Hersteller erworben hat.[579] Um dem Leasingnehmer die eigentumslose Nutzung an einem Neufahrzeug zu ermöglichen, erwirbt die Leasinggesellschaft das Neufahrzeug vom Händler. Dieser berechnet der Leasinggesellschaft das Neufahrzeug je nach Vertragsgestaltung zum Händlereinkaufspreis, also zum identischen Preis, zu dem er das Neufahrzeug vorher vom Hersteller angeschafft hat, oder zum Endabnehmerpreis. Im ersten Fall entsteht somit kein Gewinn aus dem Neufahrzeuggeschäft.

Sowohl dem Neufahrzeugeinkauf, wie auch dem Neufahrzeugverkauf liegen zivilrechtlich typische Kaufverträge zugrunde. Das Verfahren beim Kaufvertragsabschluss über den Neufahrzeugverkauf umfasst auch Regelungen über den Rückkaufvertrag. Der Händler muss schon bei der Abgabe des Verkaufsangebotes seine Rückkaufverpflichtung bestätigen.[580] Dies kann aber keine zivilrechtliche oder wirtschaftliche

---

579 Beim Beschaffungsvorgang des Neufahrzeuges durch den Händler vom Hersteller erfolgt eine Aktivierung des Neufahrzeuges mit den Anschaffungskosten in der Bilanz des Händlers unter der Position Waren im Umlaufvermögen, gemäß § 266 Abs. 2 B I 3. Dem Aktivposten steht ein Aktivenabgang (Kasse oder Bank) bzw. eine Verbindlichkeit aus Fahrzeugfinanzierung gegenüber. Dies erfolgt unter der Annahme, dass der Händler kein Agent des Herstellers ist, denn dann stünden die vermittelten Neufahrzeuge nicht im Eigentum des Händlers.

580 Der vom Händler auszufüllende Vordruck ist mit „Verkaufsangebot mit Rückkaufverpflichtung“ betitelt, vgl. Anhang 2: Beispielhafter Rahmenvertrag (Endabnehmerpreis), Abschnitt B., I. 1.

Verbindung zwischen Neufahrzeuggeschäft und Rückkaufvereinbarung bzw. Rückkaufvertrag begründen.[581]

Der über das Neufahrzeug abgeschlossene Kaufvertrag steht gemäß vorliegendem beispielhaften Rahmenvertrag unter der auflösenden Bedingung, dass ein Leasingvertrag zwischen der Leasinggesellschaft und dem Leasingnehmer wirksam zustande kommt, insbesondere der Leasingnehmer den Leasingvertrag nicht gemäß § 355 BGB widerruft, und dass das Leasingfahrzeug an den Leasingnehmer übergeben wird.[582] Damit steht der Kaufvertrag über das Neufahrzeuggeschäft unter einer auflösenden Bedingung, aufgrund von Rücktrittsrisiken. Vor Ablauf des dem Leasingnehmer zustehenden Widerrufsrechtes[583] kann somit keine Forderung gegenüber der Leasinggesellschaft eingestellt werden, weil sie bis dahin nicht als quasisicher anzusehen ist.[584] Mit Ablauf der Widerrufsfristen des Leasingnehmers wird die Forderung gegen die Leasinggesellschaft in voller Höhe in die Bilanz des Händlers eingestellt. Diesen Umsatzerlösen aus dem Neufahrzeugverkauf werden im Rahmen der Ausbuchung des Neufahrzeuges aus der Bilanz die entsprechenden Materialaufwendungen (Wareneinsatz) gegenübergestellt.[585]

---

[581] Vgl. so im Ergebnis auch Rätke, Bernd, Rückstellungen für Rückkaufverpflichtungen im Kfz-Handel, in: StuB 2005, S. 218–221.

[582] Vgl. Anhang 2: Beispielhafter Rahmenvertrag (Endabnehmerpreis), Abschnitt B., I. 3.

[583] Gemäß § 355 BGB gilt ein Widerrufsrecht von zwei Wochen für Verbaucherverträge.

[584] Vgl. hierzu genauer im Gliederungspunkt 4.1.5. Der Preisgefahrenübergang ist beim Neufahrzeugverkauf im Zeitpunkt der Übergabe des Fahrzeugs an den Leasingnehmer gegeben. Mit dieser Übergabe ist die Forderung des Händlers aber noch nicht quasisicher entstanden, weil noch Widerrufsfristen bestehen. Vor Ablauf von Widerrufs- bzw. Rücktrittspflichten kann es nicht zu einer Gewinnrealisation kommen, vgl. Lüders, Jürgen, Der Zeitpunkt der Gewinnrealisation im Handels- und Steuerbilanzrecht, 1987, S. 120–124.

[585] Der bereits im Rahmen des Anschaffungsgeschäftes entstandene und verausgabte ‚Aufwand' in Form des Materialaufwandes wird somit erst dann zur negativen Gewinnkomponente, wenn sich die Erträge (positive Gewinnkomponenten) realisieren. Aufgrund der zivilrechtlich gebotenen Betrachtung des Neufahrzeuggeschäftes als Einzelgeschäft sind damit sämtliche Aufwendungen

Für den Fall, dass das Neufahrzeuggeschäft zum Händlereinkaufspreis abgewickelt wird, ist der Verkauf des Neufahrzeuges gemäß vertraglichen Vereinbarungen darauf ausgelegt, ausgeglichen zu sein. In diesem Fall erwirbt der Händler das Neufahrzeug zum Händlereinkaufspreis und verkauft es an die Leasinggesellschaft zum Händlereinkaufspreis weiter, so dass genau der Materialeinsatz abgegolten wird. Ergebnis der Gegenüberstellung von Ertrag und Aufwand im Rahmen des Neufahrzeuggeschäftes in der Gewinn- und Verlustrechnung ist in diesem Fall ein ausgeglichenes Ergebnis aus dem Neufahrzeuggeschäft.

Dies verdeutlichen folgende Buchungssätze mit Beispielbeträgen[586]:

Abb. 8: Buchungssätze Neufahrzeuggeschäft zum Händlereinkaufspreis

Vorgang	Kto. Soll	Betrag Soll	Kto. Haben	Betrag Haben	Ergebnisbeitrag (GuV)
Neufahrzeugeinkauf	Zugang Neufahrzeugbestand	27.000,00	Verbindlichkeit gegenüber Hersteller	27.000,00	0,00
Neufahrzeugverkauf	Forderung gegen Leasinggesellschaft	27.000,00	Erlös aus Neufahrzeugverkauf	27.000,00	+ 27.000,00
	Materialaufwand/ Wareneinsatz	27.000,00	Abgang Neufahrzeugbestand	27.000,00	- 27.000,00
					0,00

Quelle: Eigene Darstellung.

Wäre die Risikoprämie im oben dargestellten Fall der Abwicklung des Neufahrzeuggeschäftes zum Händlereinkaufspreis im Neufahrzeugpreis enthalten, so wäre ein Teil des Ertrages aus dem Neufahrzeugverkauf als Risikoprämie getrennt zu bilanzieren. Damit entstünde ein Verlust aus dem Neufahrzeugverkauf. Ein negativer Erfolgsbeitrag

---

aus dem Synallagma des Kaufvertrages erfasst und den Erträgen gegenübergestellt.

586 Im Folgenden werden Buchungssätze vereinfacht ohne Umsatzsteuerberücksichtigung dargestellt.

des Neufahrzeuggeschäftes entspricht nicht der wirtschaftlichen Wirklichkeit, verfälscht Analysen und Bilanzkennzahlen und muss daher abgelehnt werden. Dies zeigt deutlich, dass die Risikoprämie für den Fall der Abwicklung des Neufahrzeuggeschäftes zum Händlereinkaufspreis Teil der Leasingvermittlungsprovision sein muss. Ein detailliertes Studium der vertraglichen Ausgestaltungen ist somit unerlässlich.

Im davon abweichenden Fall der Berechnung des Neufahrzeuggeschäftes zum Endabnehmerpreis entsteht im Rahmen des Neufahrzeuggeschäftes ein Gewinn. Dies verdeutlichen folgende Buchungssätze mit Beispielbeträgen:

Abb. 9: Buchungssätze Neufahrzeuggeschäft zum Endabnehmerpreis

Vorgang	Kto. Soll	Betrag Soll	Kto. Haben	Betrag Haben	Ergebnisbeitrag (GuV)
Neufahrzeugverkauf	Forderung gegen Leasinggesellschaft	30.000,00	Erlös aus Neufahrzeugverkauf	30.000,00	+ 30.000,00
	Materialaufwand/ Wareneinsatz	27.000,00	Abgang Neufahrzeugbestand	27.000,00	- 27.000,00
					+ 3.000,00

Quelle: Eigene Darstellung.

Allerdings enthält wirtschaftlich betrachtet in diesem Fall der dargestellte Ergebnisbeitrag die Risikoprämie, die getrennt zu bilanzieren ist.[587]

[587] Der Buchungssatz, der die Ausbuchung der Risikoprämie darstellt, wird in Gliederungspunkt 4.3.3.2.1.2.2.5 hergeleitet.

4.3.3.2.1.2 Bilanzierung der Rückkaufvereinbarung und des Rückkaufvertrages

4.3.3.2.1.2.1 Vorbemerkungen

Da das Leasingrückkaufgeschäft als zivilrechtliches Wiederverkaufsgeschäft einen Anwendungsfall der Option darstellt, gelten für die beiden Teile des Leasingrückkaufgeschäftes, die dem Optionsgeschäft entsprechen[588] – Rückkaufvereinbarung und Rückkaufvertrag – die oben für das Optionsgeschäft abgeleiteten bilanziellen Grundsätze.[589] Eine in sich geschlossene, konsistente Bilanzierung von Optionsgeschäften kann sowohl auf Grundlage der handelsrechtlichen Einheitstheorie als auch auf Grundlage der dem Steuerrecht folgenden modifizierten Trennungstheorie abgeleitet werden. Daher sollen im Folgenden diese beiden verschiedenen Bilanzierungsmöglichkeiten sinngemäß auf das Leasingrückkaufgeschäft angewendet werden.

4.3.3.2.1.2.2 Bilanzierung im Sinne der Einheitstheorie

4.3.3.2.1.2.2.1 Synallagma von Rückkaufvereinbarung und Rückkaufvertrag

Bei der Bilanzierung der Rückkaufverpflichtung im Sinne der Einheitstheorie ist in Analogie zum Optionsgeschäft davon auszugehen, dass mit der Rückkaufvereinbarung und dem Rückkaufvertrag nicht zwei selbständige Verträge vorliegen, sondern es sich um ein einheitliches Geschäft handelt.[590] Dieses einheitliche Geschäft zerfällt lediglich faktisch in zwei Phasen: Rückkaufvereinbarung und Rückkaufvertrag. Die Einheitstheorie stellt die Einheitlichkeit des zweiphasigen Rechtsgeschäftes in den Vordergrund. Das heißt für das Leasingrückkaufgeschäft, dass bilanzrechtlich mit der Rückkaufvereinbarung und dem Rückkaufvertrag in Analogie zum Optionsgeschäft zwei Austauschverhältnisse abzugrenzen sind, die den beiden Phasen des Optionsge-

---

[588] Vgl. zu Entsprechungen von Optionsgeschäft und Leasingrückkaufgeschäft Gliederungspunkt 3.4, insbesondere Abbildung 4.

[589] Vgl. die Zusammenfassung in der Tabelle im Gliederungspunkt 4.3.1.5.

[590] Die Rückkaufvereinbarung ist als bedingter Rückkaufvertrag anzusehen.

schäftes entsprechen. Bei einheitstheoretischer Betrachtung muss aber auch der Zusammenhang der beiden Phasen bilanzielle Berücksichtigung finden.

Die Risikoprämie, als Entgelt für den Ausgleich der Übernahme der Risiken des Rückkaufes durch den Händler, stellt in diesem Sinne bei wirtschaftlicher Betrachtung die Gegenleistung für die Bindung an die Verpflichtung des Händlers zum vereinbarungsgemäßen Eintritt in die zweite Phase des Leasingrückkaufgeschäftes (Rückkaufvertrag) dar, in der der Händler das Leasingfahrzeug zum vorher festgelegten Preis anzukaufen hat. Das bilanzrechtliche Synallagma der Rückkaufvereinbarung setzt sich somit aus der Leistung der Leasinggesellschaft zusammen, die in der Zahlung der Risikoprämie besteht und der Gegenleistung des Händlers, die die mit Einräumung des Rückverkaufsrechts begründete Duldungs- und Bereitschaftsverpflichtung darstellt: Duldung der Rechtsgestaltung durch die Leasinggesellschaft und Bereitschaft zum Rückkauf des Fahrzeuges. Die Lieferung des gebrauchten Leasingfahrzeugs hingegen findet im Synallagma des Rückkaufvertrages statt. Das Gegenseitigkeitsverhältnis des Rückkaufvertrages setzt sich zusammen aus der Zahlung des vereinbarten Rückkaufpreises für den im Gegenzug das gebrauchte Leasingfahrzeug geliefert wird.

Die Bindung des Händlers an den Rückkaufvertrag entfällt erst mit der Ausübung oder dem Verfall des Rückverkaufsrechts. Bis zu diesem Zeitpunkt hat der Händler seine Verpflichtung zumindest nicht voll erfüllt. Mit Einräumung des Rückverkaufsrechts ist der Händler nicht frei, sondern kann, sollte er die Leistungserbringung verweigern, aus dem Rückkaufvertrag in Anspruch genommen werden.[591] Damit liegt keine vollständige wirtschaftliche Erfüllung der Rückkaufverein-

---

[591] Vorausgesetzt wird hier, dass in der kaufrechtlich ausgestalteten Rückkaufvereinbarung kein Verstoß gegen § 307 Abs. 2 Nr. 1 BGB (unangemessene Benachteiligung) zu sehen ist. Ist dies aufgrund der überlangen Bindungsfrist der Fall, so wäre der Händler berechtigt, den Abschluss der Rückkaufvertrages sanktionslos zu verweigern, vgl. dazu genauer Westphalen, Friedrich Graf von, Zur Unwirksamkeit von (leasingtypischen) Rückkaufverpflichtungen unter besonderer Berücksichtigung der Kfz-Branche, in: BB 2009, S. 2378–2385.

barung bis zum Zeitpunkt der Ausübung oder des Verfalls des Rückverkaufsrechts vor.

4.3.3.2.1.2.2.2 Beginn und Ende des schwebenden Geschäftes

Im Sinne der Einheitstheorie bestehen beim Leasingrückkaufgeschäft zwei abgrenzbare Leistungsaustauschverhältnisse: die Rückkaufvereinbarung und der Rückkaufvertrag. Zahlung der Risikoprämie und Duldungs- und Bereitschaftsverpflichtung einerseits (Rückkaufvereinbarung) wie auch Zahlung des Rückkaufpreises und Lieferung des gebrauchten Leasingfahrzeuges andererseits (Rückkaufvertrag) beschreiben jeweils ein synallagmatisches Austauschverhältnis eines gegenseitigen auf Leistungsaustausch gerichteten Vertrages. Ist der Vertrag hinsichtlich der vereinbarten Sach- oder Dienstleistungspflicht noch nicht voll erfüllt, liegt ein schwebendes Geschäft im bilanzrechtlichen Sinn vor. In wirtschaftlicher Betrachtungsweise findet die Erfüllung der Rückkaufvereinbarung im Zeitpunkt der Ausübung bzw. des Verfalls des Rückverkaufsrechtes statt.

Im Synallagma der Rückkaufvereinbarung stellt die Duldungs- und Bereitschaftsverpflichtung des Händlers an den Rückkaufvertrag die Sach- bzw. Dienstleistung dar. Die Zahlung der Risikoprämie durch die Leasinggesellschaft entspricht der Geldleistung. Der Beginn des schwebenden Geschäftes ist mit Vertragsabschluss der Rückkaufvereinbarung anzunehmen. Das Ende des schwebenden Geschäftes ist durch seine wirtschaftliche Erfüllung gegeben, die bei der Rückkaufvereinbarung mit Gewinnrealisation des Sach- oder Dienstleistungsverpflichteten zusammenfällt. Mit Erfüllung der Sach- bzw. Dienstleistung, die in der Duldungs- und Bereitschaftsverpflichtung des Händlers besteht, ist somit das schwebende Geschäft der Rückkaufvereinbarung beendet. Dies ist im Zeitpunkt der Ausübung bzw. des Verfalls des Rückverkaufsrechtes durch die Leasinggesellschaft der Fall. Die Zahlung der Risikoprämie ist im Sinne der Einheitstheorie als Geldvorleistung anzusehen, die das schwebende Geschäft der Rückkaufvereinbarung nicht beendet.[592]

Im Synallagma des Rückkaufvertrages stellt die Lieferung des gebrauchten Leasingfahrzeuges von der Leasinggesellschaft an den Händler die Sach- bzw. Dienstleistung dar. Die Zahlung des Rückkaufpreises vom Händler an die Leasinggesellschaft entspricht der Geldleistung. Im Sinne der Einheitstheorie wird die Rückkaufvereinbarung als bedingter Rückkaufvertrag angesehen. Das bedeutet, dass mit der Rückkaufvereinbarung bereits der Rückkaufvertrag abgeschlossen wird, dessen Wirksamkeit aber aufschiebend bedingt ist durch die Ausübung des Rückverkaufsrechts. Die Abhängigkeit von dieser Bedingung kann die Einordnung des Rückkaufvertrages als schwebendes Geschäft zumindest fraglich erscheinen lassen, weil es an einem bindenden Vertragsabschluss mangelt.[593] Wirtschaftlich betrachtet kann aber ein bilanzrechtlicher Schwebezustand vor Vertragsabschluss beginnen, wenn die Abgabe eines bindenden Vertragsangebotes vorliegt und mit der Annahme des Angebotes mit Sicherheit (ernsthaft) zu rechnen ist. Es ist davon auszugehen, dass bezüglich des Rückkaufvertrages die erforderlichen Willenserklärungen von Händler (Angebot zum Rückkauf) und Leasinggesellschaft (aufschiebend bedingte Annahme des Angebotes zum Rückkauf) bereits abgegeben sind.[594] Es fehlt aber am Eintritt der Rechtswirkung des Rückkaufvertrages, weil diese von der Ausübung des Rückverkaufsrechtes seitens der Leasinggesellschaft abhängt.[595] Ob also ein schwebendes Geschäft mit Abgabe des Vertragsangebotes zum Rückkauf durch den Händler begonnen hat, hängt von der Einschätzung

---

592 Andere Auffassung BFH vom 11.10.2007, in: BStBl. II 2009, S. 705–708, begründet mit BFH vom 18.12.2002, in: BStBl. II 2004, S. 126–129. Siehe hierzu nachfolgenden Gliederungspunkt.

593 Siehe Gliederungspunkt 4.1.6.

594 Wird an dieser Stelle die davon abweichende Annahme zugrunde gelegt, dass die erforderlichen Willenserklärungen erst mit der Ausübung der Bedingung zustande kommen, würde das Angebot mit der Wiederverkaufsabrede des Händlers vorliegen, während die Annahme durch die Leasinggesellschaft bis zur Ausübung des Gestaltungsrechtes nicht vorläge. Das im Folgenden Gesagte gilt dann ebenso.

595 Vgl. dazu Abschnitt 3.3.3.

der Wahrscheinlichkeit der Ausübung des Rückverkaufsrechtes durch die Leasinggesellschaft ab. Im Fall der Rückkaufverpflichtung muss der Händler im Rahmen der gebotenen Betrachtung nach dem Vorsichtsprinzip (bei für ihn gegebenenfalls nachteiligen Geschäften) davon ausgehen, dass die Rückkaufverpflichtung entstehen wird.[596] Außerdem zeigt der typische Geschäftsablauf bei Rückkaufverpflichtungen in der Vergangenheit, dass sich die Leasinggesellschaft im Regelfall für die Rückkaufverpflichtung entscheidet. Eine hinreichende Sicherheit der Annahme des Angebotes zum Rückkauf von Seiten der Leasinggesellschaft kann daher angenommen werden. Der Beginn des schwebenden Geschäftes des Rückverkaufsvertrages ist somit mit Abgabe des bindenden Vertragsangebotes des Händlers festzusetzen, das mit Vertragsabschluss der Rückkaufvereinbarung abgegeben wird. Der Beginn der schwebenden Geschäfte der Rückkaufvereinbarung und des Rückkaufvertrages entsprechen sich damit. Das Ende des schwebenden Geschäftes des Rückkaufvertrages ist mit der Gewinnrealisation des zur Sach- bzw. Dienstleistung Verpflichteten (Leasinggesellschaft) gegeben. Somit stellt die Lieferung des gebrauchten Leasingfahrzeuges den Zeitpunkt des Endes des schwebenden Geschäftes des Rückkaufvertrages dar.[597]

---

596 Vgl. so auch FG Bremen vom 26.08.2004, in: EFG 2004, S. 1589.

597 Vgl. FG Bremen vom 26.08.2004, in: EFG 2004, S. 1589f. Zu diesem Zeitpunkt geht in der Regel auch die Preisgefahr auf den Händler über. Die Zahlung des Rückkaufpreises bewirkt nicht die Beendigung des Schwebezustandes. Wenn die Zahlung des Rückkaufpreises zeitlich vor der Sachleistung erfolgt, stellt sie bilanziell beim Händler eine geleistete Anzahlung dar (entsprechend bilanziert die Leasinggesellschaft einen passiven Rechnungsabgrenzungsposten), vgl. FG Bremen vom 26.08.2004, in: EFG 2004, S. 1590. Die Lieferung des gebrauchten Leasingfahrzeuges findet in der Regel so statt, dass der Leasingnehmer das Fahrzeug beim Händler zurück gibt. Die für die Eigentumsübertragung notwendige Übergabe wird durch die Abtretung des Herausgabeanspruchs der Leasinggesellschaft gegen den Leasingnehmer an den Händler ersetzt. Entsprechende formularmäßige, in Rückkaufvereinbarungen enthaltene Klauseln, könnten unwirksam sein, wenn durch sie die Äquivalenz von Leistung und Gegenleistung des Rückkaufgeschäftes gestört ist, weil der Händler zur Zahlung des Rückkaufpreises verpflichtet bleibt, auch wenn der Leasingnehmer, aus welchen Gründen auch immer, das Fahrzeug nicht zurückgibt – wenn dem

Zusammengefasst beginnt das schwebende Geschäft der Rückkaufvereinbarung genauso wie das des Rückkaufvertrages im Zeitpunkt der Einräumung des Rückverkaufsrechtes durch den Händler; dies ist der Zeitpunkt des Vertragsabschlusses. Das Ende des bilanzrechtlichen Schwebezustandes von Rückkaufvereinbarung und Rückkaufvertrag fällt lediglich dann zusammen, wenn die Ausübung des Rückverkaufsrechtes durch die Leasinggesellschaft den Rückkauf nicht auslöst, das heißt der Rückkaufvertrag nicht wirksam wird (Verfall des Rückverkaufsrechts). Übt die Leasinggesellschaft das Rückverkaufsrecht aus und kommt das Rückkaufgeschäft zustande, endet der Schwebezustand der Rückkaufvereinbarung mit Ausübung des Rückverkaufsrechtes, während der Schwebezustand des Rückkaufvertrages erst mit Lieferung des gebrauchten Leasingfahrzeuges endet.

Händler also keine Gegenleistung zufließt. Vgl. dazu Leyens, Patrick C., BB-Kommentar zum BGH-Urteil vom 19.03.2003, in: BB 2003, S. 1530.

4.3.3.2.1.2.2.3 Bilanzielle Behandlung der Rückkaufvereinbarung

Aus der auf Grundlage der Einheitstheorie im handelsrechtlichen Schrifttum vorgenommenen Festlegung des Endes des schwebenden Geschäftes auf den Zeitpunkt der wirtschaftlichen Erfüllung der Rückkaufvereinbarung mit Ausübung bzw. Verfall des Rückverkaufsrechts, resultiert die bilanzielle Behandlung der Rückkaufvereinbarung: Die Risikoprämie ist im Zeitpunkt ihres Zuflusses erfolgsneutral zu vereinnahmen. Damit wird im Sinne des Realisationsprinzips ein Gewinn erst dann ausgewiesen, wenn der Vertrag wirtschaftlich erfüllt ist und die vereinbarte Leistung (die Duldungs- und Bereitschaftsleistung des Händlers) erbracht ist. Da Ansprüche und Verpflichtungen aus schwebenden Geschäften nicht bilanziert werden[598], ist die gebotene Neutralisation der Risikoprämie, die eine Vorleistung der Leasinggesellschaft darstellt, im Sinne der Einheitstheorie als anzahlungsähnlicher Passivposten in Höhe der erhaltenen Risikoprämie anzusetzen. Die Risikoprämie stellt keine Anzahlung dar, weist aber eine gewisse Ähnlichkeit zur Anzahlung auf.[599] In Analogie zum Optionsgeschäft ist die Bilanzposition sonstige Verbindlichkeiten geboten. Da die Risikoprämie aber im Gegensatz zur Optionsprämie verdeckt gezahlt wird, kann die Risikoprämie ihrer Höhe nach nicht als sicher eingestuft werden. Die Höhe der Risikoprämie stellt immer eine Schätzung dar, wenn sie nicht explizit vertraglich geregelt ist.[600] Damit ist für die Neutralisation der Risikoprämie der Bilanzposition ‚Verbindlichkeitsrückstellung' gegenüber dem Bilanzposten ‚sonstige Verbindlichkeiten' der Vorzug zu geben. Die Bilanzierung auf Grund-

---

598 Vgl. zur bilanziellen Ausgeglichenheitsvermutung von schwebenden Geschäften Gliederungspunkt 4.1.6.

599 Damit wird im Sinne der Einheitstheorie keine Verpflichtung aus der Position des Händlers bilanziert, sondern eine Bilanzierung nach den Grundsätzen von Vorauszahlungen postuliert. Vgl. zur analogen Vorgehensweise bei Optionsgeschäften 4.3.1.3.3.

600 Aufgrund der fehlenden vertraglichen Regelungen könnte die Risikoprämie überdies dem Grunde nach in Frage gestellt werden. Dies stimmt mit der Annahme überein, die Risikoprämie könne den Wert null annehmen. Argumente, die diese Annahme ablehnen, finden sich im Gliederungspunkt 4.3.3.1. Daher wird die Unsicherheit der Risikoprämie dem Grunde nach an dieser Stelle nicht weiter verfolgt.

lage der Einheitstheorie folgt den Grundsätzen von Vorauszahlungen. Die Leasinggesellschaft erbringt nach dieser Sichtweise eine Vorleistung in Höhe des Gesamtbetrages auf das schwebende Geschäft der Rückkaufvereinbarung. Der Händler hat seine Leistung noch nicht erbracht und behandelt die Vorauszahlung in Höhe der Risikoprämie daher erfolgsneutral.[601] Die Risikoprämie kann erst dann erfolgswirksam vereinnahmt werden, wenn das Rückverkaufsrecht ausgeübt wird, oder verfällt. Eine Anpassung der Höhe der Risikoprämie im Rahmen einer Folgebewertung ist nicht vorzunehmen.[602]

Im Folgenden wird der Buchungssatz dargestellt, der die beschriebene Neutralisation der Risikoprämie sicherstellt. Wie bereits oben erläutert (siehe Gliederungspunkt 4.3.3.1), besteht die Möglichkeit, dass die Risikoprämie entweder verdeckt in der Leasingvermittlungsprovision enthalten ist, oder dass sie Teil des Neufahrzeugpreises ist.

Abb. 10: Buchungssatz Risikoprämie

Vorgang	Kto. Soll	Betrag Soll	Kto. Haben	Betrag Haben
Buchung der Risikoprämie als Teil der Leasing-vermittlungsprovision bzw. des Neufahrzeugpreises	Erlösschmälerung Vermittlunsprovision bzw. Neufahrzeugverkauf	360,00	Verbindlichkeits-rückstellung	360,00

Quelle: Eigene Darstellung.

601 Auch im Sinne dieser Sichtweise ist kein Erfüllungsrückstand des Händlers festzustellen, denn vertraglich hatte der Händler seine Leistung noch nicht zu erbringen und bleibt daher nicht hinter der nach dem Vertrag von ihm zu erbringenden Leistung zurück. Die Verpflichtung des Händlers besteht nicht darin, eine einer vorangegangenen Periode zuzurechnende Gegenleistung nachzuholen, seine Duldungs- und Bereitschaftsleistung, die die Gegenleistung für die Risikoprämie darstellt, ist vom Zeitpunkt des Vertragsabschlusses aus gesehen erst zukünftig zu erbringen.

602 Vgl. dazu genauer im folgenden Gliederungspunkt.

4.3.3.2.1.2.2.4 Risikoüberhang als Drohverlustrückstellung

Das schwebende Geschäft des Rückkaufvertrages besteht für den Fall, dass das Rückverkaufsrecht von der Leasinggesellschaft positiv ausgeübt wird, vom Zeitpunkt der Einräumung des Rückverkaufsrechtes an bis zur Lieferung des gebrauchten Leasingfahrzeuges. Es gilt in diesem Zusammenhang an jedem Bilanzstichtag zusätzlich zu prüfen, ob die Ausgeglichenheit dieses schwebenden Geschäftes ggf. gestört ist und nach einer Bilanzierung verlangt. Dabei muss auch hier die Einheit von Rückkaufvereinbarung und Rückkaufvertrag Berücksichtigung erfahren.

Die Risikoprämie wird dem Händler bei wirtschaftlicher Betrachtung als Ausgleich für seine Duldungs- und Bereitschaftsverpflichtung und die damit verbundenen Risiken gewährt. Stimmt der Rückkaufpreis nicht mit dem Marktwert des gebrauchten Leasingfahrzeugs im Zeitpunkt des Rückkaufes überein bzw. ist dieser höher, kann es vorkommen, dass bei gebotenem Weiterverkauf des Gebrauchtfahrzeugs ein Verlust entsteht.[603]

Die Risikoprämie verkörpert den Wert der Rückkaufverpflichtung im Zeitpunkt des Vertragsabschlusses, die Prämie stellt somit zum einen das Risiko dar, welches aus dem Hauptvertrag droht (innerer Wert) und enthält überdies noch einen Risikozuschlag (Zeitwert).[604] Entwickelt sich über die Laufzeit der Rückkaufverpflichtung der Markt weiter, verändert sich die Zusammensetzung der Risikoprämie bezüglich Zeitwert und innerem Wert. Über die Laufzeit nimmt der Zeitwert ab. Je nach Entwicklung des Marktes kann der innere Wert steigen. Mit dieser Veränderung kann es über die Zeit zu einem so genannten Risikoüberhang aus dem Rückkaufvertrag kommen: Dann reicht die Risikoprämie nicht mehr aus, um das (nun höhere) Risiko aus dem Rückkaufvertrag zu decken. Dieser Risikoüberhang muss im Rahmen des schwebenden Rückkaufvertrages nach dem Imparitätsprinzip als drohender Verlust antizipiert werden.

---

[603] Zur genauen Ermittlung des Verlustes siehe 4.3.3.2.1.2.2.6.

[604] Vgl. dazu vorne Gliederungspunkt 4.3.1.2 und 4.3.3.1.

Hierbei kommt die Einheit von Rückkaufvereinbarung und Rückkaufvertrag zum Ausdruck, indem der Risikoprämie eine kompensatorische Wirkung zugeschrieben wird. Sie ist bei der Bewertung der Drohverlustrückstellung - anzahlungsähnlich - mit einzurechnen. Mit dieser kompensatorischen Wirkung hat die Risikoprämie, obwohl sie zum Synallagma der Rückkaufvereinbarung gehört, dennoch Auswirkungen auf den Rückkaufvertrag: die wirtschaftliche Einheit der beiden Geschäfte erfährt damit auch bilanziell Berücksichtigung.

4.3.3.2.1.2.2.5 Bestimmung der Höhe der Risikoprämie

Wie oben hergeleitet ist die Risikoprämie je nach vertraglicher Ausgestaltung entweder verdeckt in der Leasingvermittlungsprovision oder im Neufahrzeugpreis enthalten. Mit Zahlung der Vermittlungsprovision bzw. des Neufahrzeugpreises vergütet die Leasinggesellschaft nicht nur die erfolgreiche Leasingvertragsvermittlung bzw. das Neufahrzeuggeschäft, sondern erwirbt überdies auch ihr Recht, das betreffende Fahrzeug nach Ablauf des Leasingvertrages an den Händler zurück zu verkaufen (Rückverkaufsrecht). Die Risikoprämie stellt aus Sicht der Leasinggesellschaft den Kaufpreis für das Rückverkaufsrecht dar. Um die Höhe der Risikoprämie zu bestimmen, muss eine objektivierte Aufteilung der Vermittlungsprovision bzw. des Neufahrzeugpreises erfolgen.[605]

Ist die Risikoprämie als Teil der Leasingvermittlungsprovision anzusehen, weil das Neufahrzeuggeschäft zum Händlereinkaufspreis abgewickelt wird, ist die Leasingvermittlungsprovision zunächst um etwaige Vertriebs- und Verwaltungskosten zu kürzen.[606] Die Vertriebskosten beinhalten zum Beispiel Personalkosten, Verkaufseinzelkosten sowie direkte und indirekte Betriebskosten der Kostenstelle Neufahrzeuge, die für die Vermittlung des Leasingvertrages angefallen sind. Der Teil der Vermittlungsprovision, der diese Vertriebskosten umfasst, ist einzig der Vermittlung des Leasingvertrages zuzurechnen. Mit Kürzung der Vertriebskosten wird sichergestellt, dass aus der Leasingvertragsvermittlung kein negativer Ergebnisbeitrag entsteht.[607] In diesem Zusammenhang ist sicherzustellen, dass die angesetzten Vertriebskosten auch die für laufende Betreuungstätigkeiten anfallenden Kosten abgelten, die z. B. durch Leistungsstörungen

---

[605] Letztlich stellt aber jede Aufteilung, auch eine als objektiviert qualifizierte, eine Schätzung dar, wenn die Risikoprämie nicht explizit vertraglich vereinbart wurde. Einer konservativen Schätzung der Risikoprämie ist vor dem Hintergrund des Vorsichtsprinzips der Vorzug zu geben (im Zweifel ist also eine höhere Risikoprämie zu wählen).

[606] Die durchschnittlichen Vertriebs- und Verwaltungskosten lassen sich mit Hilfe der internen Kostenrechnung des jeweiligen Unternehmens ermitteln und sollen im Folgenden mit beispielhaften 8% angenommen werden.

[607] Siehe Gliederungspunkt 4.3.2 zur Bilanzierung der Leasingvertragsvermittlung.

oder Vertragsänderungen entstehen.[608] Der um die Vertriebskosten gekürzte Teil der Leasingvermittlungsprovision beinhaltet die Risikoprämie. Da im beschriebenen Fall die Vermittlungsprovision einer durchschnittlichen Marge entspricht, ist wirtschaftlich gesehen der Teil der um die Vertriebskosten gekürzten Marge als Risikoprämie zu neutralisieren, der mit Hilfe eines geeigneten Aufteilungsmaßstabes ermittelt wird.

Für den Fall, dass das Neufahrzeuggeschäft in Höhe des Endabnehmerpreises abgewickelt wird, ist anzunehmen, dass die Risikoprämie verdeckt im Neufahrzeugpreis enthalten ist. Auch in diesem Fall ist der Neufahrzeugpreis um Vertriebs- und Verwaltungskosten zu kürzen, um die entstandenen Vertriebskosten und die laufenden Betreuungskosten zu decken. Der um die Anschaffungskosten des Neufahrzeugs und um Vertriebskosten gekürzte Neufahrzeugpreis beinhaltet somit die Risikoprämie. Damit stellt die Risikoprämie auch in diesem Fall einen Teil der Marge aus dem Neufahrzeuggeschäft dar.

Zukünftige Vertriebskosten, die beim Weiterverkauf des im Rahmen des Rückkaufes erworbenen gebrauchten Leasingfahrzeuges entstehen, werden mit dem Gebrauchtfahrzeugverkaufspreis abgegolten. Diese Vertriebskosten sind im Rahmen der Ermittlung einer eventuellen Drohverlustrückstellung zu berücksichtigen (siehe nachfolgender Gliederungspunkt).[609]

Die um die Vertriebskosten gekürzte Leasingvermittlungsprovision bzw. der um die Anschaffungskosten und Vertriebskosten gekürzte Neufahrzeugpreis stellen die potentielle Obergrenze der Risikoprämie dar. Dem Händler steht maximal dieser Betrag zur Verfügung, um ein eventuelles Risiko, welches sich aus dem Rückkauf ergibt, abzufan-

---

608 Denn in Höhe dieser Kosten ist beim Händler eine Verbindlichkeitsrückstellung für die Betreuungstätigkeit zu bilden, siehe hierzu Gliederungspunkt 4.3.2.

609 Vertriebs- und Verwaltungskosten, die auf das Rückkaufgeschäft entfallen, gibt es nicht, da der Rückkauf ein Anschaffungsgeschäft ist. Daher ist unklar, warum *Jebens* die im Neuwagengeschäft einkalkulierten Vertriebs- und Verwaltungskosten, neben den Gewinnanteilen, auf das Neufahrzeuggeschäft und das Rückverkaufsrecht aufteilt. Vgl. Jebens, Carsten Thomas, Neue Gewinnabgrenzung bei Veräußerungen mit Rück-Erwerbsverpflichtungen, in: DB 2008, S. 833.

gen.[610] Das Minimum der Risikoprämie hingegen wird wie erläutert begrenzt durch den Zeitwert. Auf der Suche nach einem geeigneten Aufteilungsmaßstab der verbleibenden Vermittlungsprovision bzw. des verbleibenden Neufahrzeugpreises muss die grundsätzliche Festlegung der Risikoprämie in ihrer Maximal- oder Minimalhöhe abgelehnt werden. Dies würde keinen objektivierten Aufteilungsmaßstab darstellen, denn das tatsächlich bestehende Risiko würde systematisch über- oder unterschätzt.

Um die Höhe der Risikoprämie zu bestimmen, wird vereinzelt vorgeschlagen, auf die Bewertung des drohenden Verlustes aus dem Gebrauchtfahrzeuggeschäft zurückzugreifen.[611] Das Ergebnis einer geschätzten Ermittlung der Drohverlustrückstellung[612] aus dem Rückkaufvertrag würde dann als Aufteilungsmaßstab der um die Vertriebskosten gekürzten Vermittlungsprovision bzw. des gekürzten Neufahrzeugpreises dienen und mit der Höhe der Risikoprämie gleichgesetzt. Damit wäre eine schätzungsweise Annäherung an die Höhe der Risikoprämie gegeben. Dieser vorgeschlagene näherungsweise Aufteilungsmaßstab würde dazu führen, dass die Höhe der Risikoprämie lediglich von Verlustgeschäften bestimmt wird. Gebrauchtfahrzeuggeschäfte, die gewinnbringend sind, beeinflussen die Drohverlustrückstellung nicht.[613] Eine Risikoprämie existiert aber grundsätzlich auch für ein später gewinnbringendes Geschäft. Für den Fall, dass in der Grundgesamtheit bzw. repräsentativen Stichprobe keine Verlustgeschäfte vorhanden sind, wäre die Drohverlustrückstellung mit einem Wert in Höhe von Null anzusetzen. Das bedeutet, dass in diesem Fall ebenso die Risikoprämie den Wert Null annehmen würde. Ein Aufteilungsmaßstab, der in bestimmten Fällen zum Ergebnis führt, dass keine Risikoprämie zu passivieren ist, muss aus bereits

---

610 Wird das Risiko höher eingeschätzt, muss für den übersteigenden Teil (Risikoüberhang) eine Drohverlustrückstellung gebildet werden.

611 So z. B. Ammenwerth, Michael, Rückstellungen für Leasingverträge mit „Buyback-Verpflichtung" möglich, in: Auto Steuer Recht 2008, S. 7.

612 Zu detaillierten Erläuterungen bezüglich der Bewertung dieser Drohverlustrückstellung siehe nachfolgenden Gliederungspunkt.

613 Sind gewinnbringende Geschäfte in der Stichprobe, fällt die Drohverlustrückstellung vergleichsweise niedriger aus.

erläuterten Gründen als ungeeignet abgelehnt werden.[614] Nachfolgende Beispielrechnung soll die Untauglichkeit des näherungsweisen Aufteilungsmaßstabs Drohverlustrückstellung veranschaulichen[615]:

Prämissen:

1. Der Händler kauft vom Hersteller ein Neufahrzeug zum Händlereinkaufspreis von EUR 27.000,-. Der Endabnehmerpreis für dieses Fahrzeug beträgt EUR 30.000,-.[616]

2. Über das Neufahrzeug wird ein Leasingvertrag vermittelt. Die Leasingvermittlungsprovision entspricht, mit 12% der UPE, der Marge/Handelsspanne aus einem vergleichbaren Neufahrzeuggeschäft (8% Vertriebskosten, 4% Gewinnspanne) und beträgt EUR 3.600,- (EUR 2.400,- Vertriebskosten und EUR 1.200,- Gewinnspanne).

3. Das Neufahrzeug wird im Rahmen eines Leasingrückkaufgeschäftes zum Händlereinkaufspreis von EUR 27.000,- an die Leasinggesellschaft verkauft. Der festgelegte Rückkaufpreis stellt den prognostizierten Marktpreis des Fahrzeugs in drei Jahren dar und wird mit EUR 8.100,- festgelegt. Das entspricht 30% des Händlereinkaufspreises.

---

[614] Vgl. hierzu Gliederungspunkt 4.3.3.1. Eine Risikoprämie in Höhe von Null bedeutet, die Existenz einer Risikoprämie zu verneinen. Das Synallagma der Rückkaufvereinbarung erfordert aber eine Risikoprämie. Eine Risikoprämie von Null würde die Analogie zum Optionsgeschäft aufheben und eine völlig neue Einordnung des Leasingrückkaufgeschäftes erfordern. Wird die Annahme, die Risikoprämie könne den Wert Null annehmen, trotz Einordnung des Leasingrückkaufgeschäftes als Optionsgeschäft aufrecht erhalten, führt das im Ergebnis zu einer Bilanzierung im Sinne der Trennungstheorie, die - wie oben erläutert - nicht den Grundsätzen ordnungsmäßiger Buchführung entspricht, weil sie dem Realisationsprinzip und damit auch dem Bilanzzweck zuwiderläuft.

[615] Die Bewertung der Drohverlustrückstellung muss aber im Rahmen der Einheitstheorie in jedem Fall neben einem geeigneten Aufteilungsmaßstab zusätzlich erfolgen, um einen ggf. entstandenen Risikoüberhang zu identifizieren und anzusetzen.

[616] Beinhaltet annahmegemäß keinen Nachlass.

Daraus ergibt sich eine Obergrenze für die Risikoprämie in Höhe von EUR 1.200,- (Vermittlungsprovision abzgl. Vertriebskosten: EUR 3.600,- ./. EUR 2.400,- = EUR 1.200,-).

Die schätzungsweise Ermittlung des drohenden Verlustes aus dem Rückkaufgeschäft ergibt ein Risiko in Höhe von: a) EUR 4.000,-, b) EUR 500,- und c) EUR 0.

Ergebnis:

a) Es ergibt sich eine Risikoprämie in Höhe von EUR 1.200,-, darüber hinaus ist eine Drohverlustrückstellung in Höhe von EUR 2.800,- zu bilden.

b) Es ergibt sich eine Risikoprämie in Höhe von EUR 500,-, darüber hinaus ist keine Drohverlustrückstellung einzustellen.

c) Keine Risikoprämie, keine Drohverlustrückstellung.

Ein geeigneter Aufteilungsmaßstab kann lediglich ein solcher sein, der in jedem vereinbarten Leasingrückkaufgeschäft zur Ermittlung einer Risikoprämie führt.

Der folgende Vorschlag teilt die um die Vertriebskosten gekürzte Vermittlungsprovision bzw. den um die Anschaffungskosten und um Vertriebskosten gekürzten Neufahrzeugpreis im gleichen Verhältnis auf, wie der Anschaffungspreis des Neufahrzeugs (heutiger Anschaffungspreis des Neufahrzeugs vom Hersteller - aus Sicht des Händlers) zum vereinbarten Rückkaufpreis (zukünftiger Anschaffungspreis des Gebrauchtfahrzeugs von der Leasinggesellschaft – aus Sicht des Händlers) steht.[617] Dies ergibt einen prozentualen Aufteilungsmaßstab, der

---

[617] Einen ähnlichen Vorschlag unterbreitet *Jebens*, später auch *Becker*, der allerdings den Neufahrzeugverkaufspreis mit dem Rückkaufpreis ins Verhältnis setzt. Vgl. Jebens, Carsten Thomas, Neue Gewinnabgrenzung bei Veräußerungen mit Rück-Erwerbsverpflichtungen, in: DB 2008, S. 834; Becker, Stephan, Rückverkaufsoption im Kfz-Handel aus Sicht der Finanzverwaltung, in: NWB 2011, S. 3693. Der Neufahrzeugverkaufspreis des Händlers an die Leasinggesellschaft

bei hohen vereinbarten Rückkaufpreisen auch zu einer höheren Risikoprämie führt. Dies kommt der Realität nahe, da ein höherer vereinbarter Rückkaufpreis tendenziell ein höheres Risiko für das Gebrauchtfahrzeuggeschäft birgt.[618] Ist der Rückkaufpreis gering, wird auch die Risikoprämie entsprechend niedriger ausfallen.[619]

Beträgt der festgelegte Rückkaufpreis wie in obigem Beispiel 30% des ursprünglichen Anschaffungspreises, sind auch 30% der um die Vertriebskosten gekürzten Provision als Risikoprämie in die Verbindlichkeitsrückstellung einzustellen. Vor dem Hintergrund des obigen Beispiels bedeutet dies, dass von den aus der Kürzung der Vermittlungsprovision um die Vertriebskosten verbleibenden EUR 1.200,- (Gewinnspanne) 30%, also EUR 360,-, in die Risikoprämie einzustellen sind.

---

kann wie erläutert unterschiedlich ausgestaltet werden. Im Fall, dass das Neufahrzeuggeschäft zum Händlereinkaufspreis erfolgt, entspricht der Neufahrzeuganschaffungspreis dem Neufahrzeugverkaufspreis. Wird aber das Neufahrzeuggeschäft zum Endabnehmerpreis abgewickelt, wäre im obigen Beispiel nicht auf den Anschaffungspreis des Neufahrzeuges abzustellen, sondern auf dessen Endabnehmerpreis. Damit würde eine Aufteilung im Verhältnis von Verkaufspreisen, die eine Marge beinhalten (Endabnehmerpreis) mit Anschaffungspreisen (Rückkaufpreis) erfolgen. Im vorgestellten Vorschlag wurde darauf Wert gelegt, die ins Verhältnis gesetzen Zahlen vergleichbar zu machen. Daher wird auf reine Anschaffungspreise abgestellt, die keine Marge beinhalten. Der Anschaffungspreis unterscheidet sich von den Anschaffungskosten, indem keine Anschaffungsnebenkosten, Preisminderungen etc. mitberücksichtigt werden. Der vereinbarte Rückkaufpreis stellt ebenso einen reinen Anschaffungspreis dar; um die Anschaffungskosten des Gebrauchtfahrzeugs zu bestimmen, müssten dem Rückkaufpreis Reparaturkosten etc. hinzugerechnet werden.

618 Vgl. dazu Gliederungspunkt 2.1.

619 Ein Aufteilungsmaßstab stellt insofern immer ein Schätzung dar und kann daher nicht als richtig oder falsch beurteilt werden. *Troost* lehnt Verhältnisaufteilungen ab, weil kein wirtschaftlicher Zusammenhang zwischen der absoluten Höhe der Anschaffungskosten des Gebrauchtfahrzeugs und dem Wert der Risikoprämie besteht, vgl. Troost, Jürgen, Rückstellungen für Leasing-Rückläufer - Praxisempfehlungen zur Ermittlung der Höhe, in: ASR 2011, S. 3.

Damit ist die Vermittlungsprovision auf die Leasingvertragsvermittlung und die Rückkaufvereinbarung aufgeteilt.[620]

Damit ergibt sich eine Aufteilung der Vermittlungsprovision von EUR 3.600,- in einen sofort erfolgswirksam zu vereinnahmenden Teil in Höhe von EUR 3.240,- und einen nicht sofort erfolgswirksam zu vereinnahmenden Teil in Höhe von EUR 360,-.

Bezüglich der praktischen Vorgehensweise müsste der Händler somit in jedem Geschäftsjahr die abgeschlossenen Leasingrückkaufgeschäfte auflisten, wobei folgende Daten nebeneinander zu stellen sind: ursprünglicher Neufahrzeuganschaffungspreis vom Hersteller (Händlereinkaufspreis), vereinbarter Rückkaufpreis, erhaltene Vermittlungsprovision für das entsprechende Geschäft bzw. im Neufahrzeuggeschäft enthaltene Marge. Nach der Kürzung der Vermittlungsprovision um die Vertriebskosten bzw. der ggf. notwendigen Kürzung der Neufahrzeugmarge um Vertriebskosten, ist der verbleibende Betrag nach dem Verhältnis von Neufahrzeuganschaffungspreis und Rückkaufpreis aufzuteilen. In Höhe der so bestimmten Risikoprämie ist eine Verbindlichkeitsrückstellung anzusetzen.[621]

Grundsätzlich muss die Ermittlung der Höhe der Risikoprämie unternehmensindividuell erfolgen. Unterschiedliche administrative Kosten und das Nachlassverhalten des jeweiligen Händlers sowie Bonusprogramme der Hersteller beeinflussen die Ermittlungsparameter. Eine angemessene Dokumentation sollte vorgehalten werden.[622] Der vorgeschlagene Aufteilungsmaßstab stellt lediglich eine hilfsweise Schätzung der Risikoprämie dar. Aufgrund des hohen Verwaltungsaufwandes zur Generierung der Daten ist es ebenso nicht zu beanstan-

---

620 Für den Fall, indem das Neufahrzeug in Höhe des Endabnehmerpreises an die Leasinggesellschaft verkauft wird, stimmt das Ergebnis mit dem gerade ermittelten überein. Der um die Anschaffungskosten und Vertriebskosten gekürzte Neufahrzeugpreis beträgt EUR 600,- (EUR 30.000,- ./. EUR 27.000,- ./. EUR 2.400,-). Auch in diesem Fall bestimmt sich das Verhältnis bezogen auf den Anschaffungspreis des Händlers vom Hersteller mit 30%.

621 Vgl. dazu Gliederungspunkt 4.3.73.2.1.2.2.3.

622 So auch Rosen, Simone, Bilanzierung von Rückkaufsoptionen im Kfz-Handel, in: StuB 2012, S. 53.

den, einen vereinfachten Weg zu gehen. Z. B. können aus einer repräsentativen Stichprobe durchschnittliche Verhältnissätze und Vermittlungsprovisionen bzw. Neufahrzeugmargen berechnet werden und eine durchschnittliche Risikoprämie pro Leasingrückkaufgeschäft festgelegt werden.[623] Genauso bietet es sich an, einen Prozentsatz der UPE, z. B. in Abhängigkeit der Laufzeit des Leasingvertrages, festzulegen. Dies entspricht der Vorgehensweise des Herstellers bei Vereinbarungen von Stützungsmaßnahmen.[624] Für das obige Beispiel wäre bei einem angenommenen Prozentsatz von 2% eine Risikoprämie von EUR 700,- einzustellen.

Das BilMoG schreibt die Abzinsung von Rückstellungen nach § 253 Abs. 2 HGB verbindlich vor (Abzinsungsgebot). Demnach sind Rückstellungen mit einer Restlaufzeit von mehr als einem Jahr für Wirtschaftsjahre, die nach dem 31.12.2009 beginnen, abzuzinsen.[625] Das Abzinsungsgebot gilt auch für bereits in den Vorjahren gebildete Rückstellungen.[626] Die Abzinsung hat mit dem der Restlaufzeit entsprechenden durchschnittlichen Marktzinssatz der vergangenen sieben Jahre zu erfolgen. Diese Abzinsungssätze werden von der Deutschen Bundesbank ermittelt und monatlich bekanntgegeben.[627] Laut

---

[623] Vgl. Böhlk-Lankes, Michael, Nachvollziehbare Bewertungsmethode, in: Autohaus 2011, S. 51.

[624] In Leasing-Restwertmodellen existieren Absicherungsstufen des Prognoserisikos in wählbaren Stufen von 0%, 50%, 75% sowie 100%. Der Prozentsatz der UPE, welcher für eine 100%ige Absicherung von der Leasinggesellschaft verlangt wird, kann als Indiz für die Höhe der Risikoprämie verwendet werden. Vgl. genauer zur Ausgestaltung der Stützungsmaßnahmen in Leasing-Restwertmodellen Gliederungspunkt 4.3.2.2.1.2.4. Für eine Ableitung der Risikoprämie aus den Restwertmodellen der Hersteller auch Troost, Jürgen, Rückstellungen für Leasing-Rückläufer - Praxisempfehlungen zur Ermittlung der Höhe, in: ASR S. 1 und 3.

[625] Verbindlichkeiten sind gemäß § 253 Abs. 1 Satz 2 HGB mit ihrem Erfüllungsbetrag anzusetzen und nicht abzuzinsen, gleiches gilt für erhaltene Anzahlungen.

[626] Vor in Kraft treten des BilMoG durften Rückstellungen nur abgezinst werden, soweit die zugrunde liegende Verbindlichkeit einen Zinsanteil enthielt.

[627] Die Ermittlungsmethodik und die Veröffentlichungsmodalitäten sind in der Rückstellungsabzinsungsverordnung (RückAbzinsV) über das Bundesministerium für Justiz geregelt. Die aktuellen Abzinsungssätze finden sich auf der In-

Gesetzesbegründung sollen den Abschlussadressaten durch das Abzinsungsgebot realitätsnähere Informationen über die wahre Belastungswirkung ungewisser Verbindlichkeiten vermittelt werden, da die in der Rückstellung gebundenen Finanzmittel investiert und daraus Erträge realisiert werden können.[628] Aus dem Abzinsungsgebot ergibt sich somit eine Vorwegnahme künftiger Erträge und damit ein Verstoß gegen das Realisationsprinzip.[629] So würde auch eine Abzinsung der Verbindlichkeitsrückstellung in Höhe der Risikoprämie dazu führen, dass der abgezinste Teil der Risikoprämie als Ertrag vereinnahmt wird. Noch dazu entstünde die Besonderheit, dass eine Verpflichtung, die auf einer Vorausleistung beruht, lediglich aufgrund ihrer vertraglichen Ausgestaltung abgezinst würde.[630] Ihrem wirtschaftlichen Gehalt nach stellt die Verbindlichkeitsrückstellung eine Vorleistung dar, so dass in wirtschaftlicher Betrachtungsweise vertreten werden kann, keine Abzinsung vorzunehmen.

Demnach ist die im System der Einheitstheorie gebildete Verbindlichkeitsrückstellung in Höhe der erhaltenen Risikoprämie handelsrechtlich nicht abzuzinsen. Zwar besteht das zugrunde liegende Vertragsverhältnis des Leasingrückkaufgeschäftes in der Regel länger als ein Jahr, ihrem wirtschaftlichen Gehalt nach besteht aber Anzahlungsähnlichkeit.[631]

Im Rahmen der Folgebewertung sind die zurückgestellten Risikoprämien im Zeitpunkt des erfolgten Rückkaufes[632] aufzulösen. Bis zur

---

ternetseite der Deutschen Bundesbank unter dem Stichwort ‚Abzinsungssätze gemäß § 253Abs. 2 HGB'.

628 Vgl. BilMoG-RegE, in: BT-Drucks. 16/10067, S. 54.

629 Vgl. Arbeitskreis Bilanzrecht der Hochschullehrer Rechtswissenschaft, Stellungnahme zu dem Entwurf eines BilMoG: Einzelfragen zum materiellen Bilanzrecht, in: BB 2008, S. 209.

630 Wäre die Risikoprämie analog zur Optionsprämie vertraglich explizit vereinbart, könnte der Bilanzposten einer Verbindlichkeit gewählt werden, der dann folgerichtig nicht abzuzinsen wäre. Siehe hierzu Gliederungspunkt 4.3.1.3.4.

631 Steuerrechtlich ist die Ausnahme vom Abzinsungsgebot bei Verpflichtungen, die auf einer Anzahlung oder Vorausleistung beruhen, in § 6 Abs. 1 Nr. 3a Buchstabe e) i. V. m. Nr. 3 Satz 2 EStG festgeschrieben.

632 Dies umfasst auch den in der Praxis als selten einzustufenden Fall, dass die Leasinggesellschaft ihr Rückverkaufsrecht verfallen lässt.

Auflösung ändert sich an der Höhe der jeweils eingestellten Risikoprämie nichts. An jedem folgenden Abschlussstichtag ist somit zu prüfen, in welcher Höhe die eingestellte Verbindlichkeitsrückstellung aufgrund ausgeübter Rückverkaufsrechte durch die Leasinggesellschaft aufzulösen ist und ob und in welcher Höhe eine Zuführung zur Verbindlichkeitsrückstellung aufgrund neuer abgeschlossener Leasingrückkaufgeschäfte zu erfolgen hat.[633] Die Ergebnisse dieser Überprüfung können entsprechend im Rückstellungsspiegel dargestellt werden.[634] Darüber hinaus ist im Sinne der Einheitstheorie im Rahmen der Folgebewertung ein eventueller Risikoüberhang in eine Drohverlustrückstellung einzustellen, siehe dazu nachfolgenden Gliederungspunkt.[635] Zur Erläuterung der Auflösung der Risikoprämie nach Ausübung oder Verfall des Rückverkaufsrechtes siehe Gliederungspunkt 4.3.3.2.2.

---

[633] Bei der Bildung der Rückstellung ist zu empfehlen, in jedem Geschäftsjahr ein neues Konto für die Rückstellung anzulegen und in der Bezeichnung des Kontos die Jahreszahl der Bildung der Verbindlichkeitsrückstellung zu hinterlegen. So kann vereinfachungshalber, z. B. nach der durchschnittlichen Zahl von drei Jahren, das entsprechende Konto aufgelöst werden.

[634] Um die Transparenz der Berichterstattung zu erhöhen, empfiehlt die Bundesregierung, in Anlehnung an die internationale Praxis einen Rückstellungsspiegel in den Anhang aufzunehmen. Er soll die Zuführungs- und Auflösungsbeträge für die wesentlichen Rückstellungsarten aufzeigen und die Effekte aus der Auf- und Abzinsung gesondert darstellen. vgl. BilMoG-RegE, in: BT-Drucks. 16/10067, S. 55.

[635] Die Drohverlustrückstellung ist als eigene Rückstellungsart im Rückstellungsspiegel zu zeigen und je nach ermitteltem Risikoüberhang aufzulösen bzw. zuzuführen.

4.3.3.2.1.2.2.6 Bewertung der Drohverlustrückstellung

Ist die Höhe der Risikoprämie bestimmt, muss zusätzlich geprüft werden, ob eventuell ein Risikoüberhang besteht, der in eine Drohverlustrückstellung einzustellen ist. Die Bilanzierung einer Drohverlustrückstellung setzt voraus, dass der Wert der Leistungsverpflichtung des Händlers den Wert der Gegenleistungsverpflichtung übersteigt (Verpflichtungsüberschuss).[636] Im Fall des Leasingrückkaufgeschäftes bedeutet dies, dass die künftigen Anschaffungskosten des Händlers für das Gebrauchtfahrzeug, bestehend aus dem festgelegten Rückkaufpreis zuzüglich eventuell anfallender Anschaffungsnebenkosten, wie Reparaturkosten uns abzüglich Anschaffungspreisminderungen[637], den Marktpreis des Gebrauchtfahrzeugs übersteigen. Der Händler zahlt dann für das Gebrauchtfahrzeug mehr als er am Absatzmarkt dafür erzielen kann. Der drohende Verlust aus dem Rückkaufgeschäft, der sich im künftigen Gebrauchtfahrzeuggeschäft manifestieren wird, ist vom Händler zu antizipieren und begründet den Ansatz einer Drohverlustrückstellung dem Grunde nach.

Die beschriebene Bestimmung des Verpflichtungsüberschusses stimmt mit der Bewertung der Drohverlustrückstellung bei Optionsgeschäften überein, bei der entweder die Glattstellungsmethode oder die Ausübungsmethode anzuwenden ist.[638] Da es nicht üblich ist, Leasingrückkaufgeschäfte glattzustellen, ist die Ausübungsmethode vorzuziehen. Hierbei ist, wie in der Regel bei schwebenden Beschaffungsgeschäften, eine Drohverlustrückstellung zu bilden, wenn der Marktpreis des gebrauchten Leasingfahrzeuges im Zeitpunkt des Rückkaufes (Anspruch des Händlers aus dem Beschaffungsgeschäft) geringer ist als dessen künftige Anschaffungskosten (Leistungsverpflichtung des Händlers aus dem Beschaffungsgeschäft). Eine Drohverlustrückstellung ist aber nur zu bilden, soweit diese Differenz größer ist als die

---

[636] Vgl. zu den Grundlagen der Drohverlustrückstellung Gliederungspunkt 4.1.7.3.

[637] Anschaffungspreisminderungen stellen z. B. die Stützungsmaßnahmen aus Leasing-Restwertmodellen der Hersteller dar. Dafür eventuell zu entrichtende Beteiligungsbeträge sind als Anschaffungsnebenkosten zu werten. Vgl. dazu genauer Gliederungspunkt 4.3.3.2.1.2.4.

[638] Vgl. hierzu auch Gliederungspunkt 4.3.1.3.3.

passivierte Risikoprämie. Die Risikoprämie wirkt somit kompensatorisch.[639]

Zur Bestimmung des Marktpreises des Gebrauchtfahrzeuges soll im Folgenden eine Orientierung an dem Verwertungs- bzw. Veräußerungserlös des Absatzmarktes stattfinden, da Gebrauchtfahrzeuge Handelswaren darstellen, die zur direkten Weiterveräußerung bestimmt sind.[640] „Bei [...] Waren, allgemein: bei unmittelbar zur Veräußerung bestimmten Gegenständen, ist allein eine am Absatzmarkt ausgerichtete Verlustabschätzung angezeigt."[641] Der Beschaffungsmarkt bleibt aus diesem Grund im Folgenden unberücksichtigt.[642]

Die Schwierigkeit bei der Ermittlung der Drohverlustrückstellung besteht regelmäßig darin, dass zwar der künftige Rückkaufpreis als Anschaffungspreis für das gebrauchte Leasingfahrzeug eindeutig feststeht, etwaige sonstige zukünftige Aufwendungen, die zu den

---

639 Vgl. dazu Gliederungspunkt oben 4.3.1.3.3.

640 Vgl. im Ergebnis ebenso BFH vom 25.07.2000, in: BStBl. II 2001, S. 568, allerdings wird die Ermittlung des Teilwertes vom Absatzmarkt her vom BFH damit begründet, dass der künftige Wiederbeschaffungswert im Zeitpunkt der Bilanzaufstellung unbekannt und schwer zu schätzen ist. Vgl. zur Darstellung der beschaffungsmarkt- und der absatzmarktorientierten Argumentation zur Bestimmung des Marktpreises den Überblick bei Heddäus, Birgit, Handelsrechtliche Grundsätze ordnungsmäßiger Bilanzierung für Drohverlustrückstellungen, 1997, S. 100–106.

641 Mellwig, Winfried, Für ein bilanzzweckadäquates Teilwertverständnis, in: Ballwieser, Wolfgang et al. (Hrsg.), Festschrift für Adolf Moxter, 1994, S. 1086. Der Beschaffungsmarkt ist für die Bewertung nicht von Bedeutung.

642 Eine doppelte Maßgeblichkeit in dem Sinne, dass für Handelswaren sowohl der Beschaffungs- als auch der Absatzmarkt maßgeblich ist, d. h. der niedrigere der beiden Werte ist anzusetzen, ist abzulehnen. Vgl. Wehrheim, Michael, B 164, in: Böcking, Hans-Joachim et al. (Hrsg.), Beck'sches Handbuch der Rechnungslegung 2010, Rz. 115. Diese Auffassung unterstellt eine Verknüpfung von Preisen auf dem Absatz- und Beschaffungsmarkt derart, dass aus einer Beschaffungspreisminderung ein Verlust auf dem Absatzmarkt folge. Eine Bewertung zu gesunkenen Beschaffungspreisen führt nicht zu einer Verlustantizipation im Sinne des Niederstwertprinzips, es werden vielmehr künftige Gewinnschmälerungen (es hätte günstiger eingekauft werden können) vorweggenommen. Für die doppelte Maßgeblichkeit aber z. B. Gelhausen, Hans Friedrich, Abschnitt E, in: IDW (Hrsg.), WP Handbuch Band I, 2006, Rz. 3339 und Rz. 342.

Anschaffungskosten des Gebrauchtfahrzeuges gehören (wie z. B. Reparaturkosten) sind aber heute nicht bekannt, genauso ist der zukünftige Marktpreis des Gebrauchtfahrzeuges (beizulegender Wert) nicht bekannt.[643] Die Lösung dieses Problems besteht darin, die künftigen Werte nach den Verhältnissen am Bilanzstichtag zu ermitteln und nicht bekannte Werte zu schätzen. Dabei kann als Hilfsgröße davon ausgegangen werden, dass die Verhältnisse der jüngeren Vergangenheit den künftigen Verhältnissen entsprechen.[644]

Der BFH hat sich mit Urteil vom 25.07.2000[645] mit der Bewertung einer Drohverlustrückstellung aus einem Leasingrückkaufgeschäft beschäftigt.[646] Das im Folgenden vorgestellte Bewertungsbeispiel stimmt grundsätzlich mit der vom BFH vorgenommenen Berechnung der Rückstellung überein. Im Beispiel werden anhand einer repräsentativen Stichprobe[647] der jüngeren Vergangenheit[648] die Anschaffungskos-

---

[643] Ebenso sind die für eine Bestimmung des Marktpreises des Gebrauchtfahrzeuges mit Hilfe des Absatzmarktes benötigten künftig erzielbaren Verkaufserlöse unbekannt. DAT-Gutachten über die erzielbaren Verkaufspreise nach Ablauf der Leasingvertragszeit existieren zum Stichtag noch nicht; ein heutiges Gutachten von einem vergleichbaren Modell liefert keinen verlässlichen Wert, da der künftige Verkaufspreis aufgrund heute noch nicht abschätzbarer Marktfaktoren erheblich abweichen kann.

[644] Vgl. BFH vom 25.07.2000, in: BStBl. II 2001, S. 567.

[645] BStBl. II 2001, S. 566–570.

[646] Genanntes Urteil erfolgte im Anschluss an BFH vom 15.10.1997, in: BStBl. II 1998, S. 249–252. In den beiden Urteilen ging der BFH ohne Prüfung davon aus, dass für ein Leasingrückkaufgeschäft eine Drohverlustrückstellung zu bilden ist. Strittig war nur die Höhe dieser Drohverlustrückstellung. Es liegt kein Widerspruch zum BFH-Urteil vom 11.10.2007, in: BStBl. II 2009, S. 705–708 vor, da der BFH damals die zivilrechtliche Einordnung des Leasingrückkaufgeschäftes nicht geprüft hat und Fragen der Bilanzierung von Verpflichtungen aus der Rückkaufvereinbarung nicht beurteilte. Daher können an dieser Stelle die vom BFH im Urteil vom 25.07.2000 entwickelten Grundsätze als Richtschnur für die Ermittlung einer den Grundsätzen ordnungsmäßiger Buchführung entsprechender Bewertung der Drohverlustrückstellung im Rahmen der Einheitstheorie herangezogen werden.

[647] Eine Stichprobe ist dann repräsentativ, wenn sie ein verkleinertes, aber wirklichkeitsgetreues Abbild der Grundgesamtheit darstellt und diese Repräsentanz beweisbar ist. Bei der Stichprobenauswahl wird zwischen der Auswahl aufs Geratewohl, der bewussten Auswahl und der Zufallsauswahl unterschieden,

ten der aufgrund der Rückkaufverpflichtung angekauften Gebrauchtfahrzeuge mit den für sie erzielten Verkaufserlösen verglichen. Dieser Vergleich ergibt einen Gewinn oder Verlust aus dem jeweiligen Ge-

---

vgl. Marten, Kai-Uwe/Quick, Reiner/Ruhnke, Klaus, Wirtschaftsprüfung, 2003, S. 290–295. Nur bei einer repräsentativen Stichprobe besteht die Möglichkeit, bei vorgegebenem Sicherheitsgrad und mit vorbestimmter Genauigkeit vom Ergebnis der Stichprobenprüfung auf die Grundgesamtheit hochzurechnen, vgl. Schmidt, Gerd, Stichprobenprüfung mit bewusster Auswahl, in: Ballwieser, Wolfgang/Coenenberg. Adolf G./Wysocki, Klaus von (Hrsg.), Handwörterbuch der Rechnungslegung, 2002, S. 2280. Die Auswahl aufs Geratewohl ist rein willkürlich und muss abgelehnt werden. Bei der bewussten Auswahl werden die Elemente der Stichprobe nach subjektivem, aber pflichtgemäßem Ermessen des Abschlussprüfers ausgewählt. Die wichtigsten bewussten Auswahlverfahren sind die Auswahl nach dem Konzentrationsprinzip, die detektivische Auswahl und die Auswahl typischer Fälle. Die Stichprobe bei einer bewussten Auswahl ist nicht repräsentativ, sondern verzerrt, weil die Stichprobe nicht mit zufälligen Fehlern behaftet ist, die sich gegenseitig ausgleichen können, sondern mit einem systematischen Fehler; daher ist die Fehlerstruktur der Stichprobe nicht auf die Grundgesamtheit übertragbar. Vgl. Marten, Kai-Uwe/Quick, Reiner/Ruhnke, Klaus, Lexikon der Wirtschaftsprüfung, 2006, S. 139f auch zu den Vorteilen der bewussten Auswahl. Die bewusste Auswahl ist trotz ihrer Nachteile mit einer ordnungsmäßigen Berufsausübung vereinbar und als berufsübliches Verfahren anerkannt und gegenwärtig noch weit verbreitet. Sie stellt gerade bei kleinen und mittelgroßen Prüfungsgesellschaften und -mandanten die üblicherweise anzutreffende Vorgehensweise dar. Als Ursache hierfür kann auch die Einführung des risikoorientierten Prüfungsansatzes angenommen werden, bei dem einem Risiko einer unzutreffenden Urteilsbildung bereits bei der Prüfungsplanung verstärkt Rechnung getragen wird. Vgl. Schmidt, Gerd, Stichprobenprüfung mit bewusster Auswahl, in: Ballwieser, Wolfgang/Coenenberg. Adolf G./Wysocki, Klaus von (Hrsg.), Handwörterbuch der Rechnungslegung, 2002, S. 2286. Bei der Zufallsauswahl werden die Stichprobenelemente zufallsgesteuert ausgewählt, so dass jedem Stichprobenelement die gleiche Auswahlchance zukommt. Vgl. zur Zufallsauswahl Hömberg, Reinhold, Stichprobenprüfung mit Zufallsauswahl, in: Ballwieser, Wolfgang/Coenenberg. Adolf G./Wysocki, Klaus von (Hrsg.), Handwörterbuch der Rechnungslegung, 2002, S. 2288. Für die Bewertung der Drohverlustrückstellung kommen grundsätzlich die bewusste Auswahl und die Zufallsauswahl in Betracht, wobei aber – wenn möglich – der Zufallsauswahl der Vorzug zu gewähren ist.

648 Als optimal ist hier der werterhellende Bereich der Zeit vom Bilanzstichtag bis zur Aufstellung des Jahresabschlusses anzusehen.

schäft. Im Anhang ist dazu eine beispielhafte Stichprobe von fünfzig Fahrzeugen dargestellt.[649]

Die Anschaffungskosten der Gebrauchtfahrzeuge der Stichprobe setzen sich aus den jeweils geleisteten Rückkaufpreisen zuzüglich eventuell angefallener Reparaturkosten und sonstiger Anschaffungsnebenkosten zusammen.[650] Der Marktpreis des Gebrauchtfahrzeugs (beizulegender Wert), repräsentiert durch den Veräußerungserlös, stellt den erzielten Netto-Verkaufspreis[651] dar, gemindert um Erlösschmälerungen, Verkäufer- bzw. Vermittlungsprovisionen, sonstige Vertriebs- und Verwaltungskosten und Kapitaldienstkosten.[652] Dies entspricht

---

649 Siehe dazu Anhang 3: Beispielhafte Stichprobe.

650 Hierbei ist eine eventuell gewährte Stützungsmaßnahme des Händlers für das Fahrzeug von den Anschaffungskosten abzuziehen (Anschaffungspreisminderung), während gezahlte Beteiligungsbeträge für die Stützungsmaßnahme die Anschaffungskosten erhöhen (Anschaffungsnebenkosten). Siehe genauer zu den Stützungsmaßnahmen Gliederungspunkt 4.3.3.2.1.2.4.

651 Eine davon abweichende Vorgehensweise, bei der auf dem Absatzmarkt potenziell erzielbare Preise in Form der DAT-Verkaufswerte (DAT-VK) an Stelle der tatsächlich erzielten Verkaufspreise angesetzt werden, wird hier abgelehnt. Zum einen sind die DAT-VK Werte abänderbar, so dass sie keinen objektivierten Wert darstellen. Zum anderen berücksichtigt der erzielte Verkaufspreis auch unternehmensbezogene Komponenten wie die Qualität der Verkäufe, was der DAT-VK nicht leisten kann.

652 Vgl. Gelhausen, Hans Friedrich, Abschnitt E, in: IDW (Hrsg.), WP Handbuch Band I, 2006, Rz. 342. Ob auch ein durchschnittlicher Gewinnzuschlag abgezogen werden soll ist strittig, vgl. Krag, Joachim/Mölls, Sascha, Rechnungslegung, 2001, S. 221. In der vorliegenden Untersuchung wird vertreten, dass eine Gewinnspanne nicht abzuziehen ist, „denn das Niederstwertprinzip, auf Grund dessen der niedrigere Zeitwert zu berücksichtigen ist, soll lediglich künftige Verluste vorwegnehmen, nicht aber künftige Gewinne sichern", Knobbe-Keuk, Brigitte, Bilanz- und Unternehmenssteuerrecht, 1993, S. 198. Ein Abschlag für den Unternehmergewinn ist mit der handelsrechtlichen Bewertungskonzeption nicht vereinbar, vgl. Wehrheim, Michael, B 164, in: Böcking, Hans-Joachim et al. (Hrsg.), Beck'sches Handbuch der Rechnungslegung 2010, Rz. 114. Steuerlich ist gemäß EStR 6.8 Abs. 2 Satz 3 für die Ermittlung des niedrigeren steuerlichen Teilwertes auch ein Gewinnzuschlag mit einzubeziehen. Dem liegt die Annahme zugrunde, dass ein fiktiver Erwerber im Rahmen des Teilwertgedankens von einem Gewinnzuschlag auf die abgewerteten Wirtschaftsgüter ausgeht, der ihm zusteht. Vgl. Ellrott, Helmut/Roscher, Klaus, § 253, in: Ellrott, Helmut et al. (Hrsg.), Beck'scher Bilanz-Kommentar, 2012, Rz. 523. Vgl. dazu auch Mellwig,

einer Ermittlung in Anlehnung an die retrograde Bewertung von Waren.[653] Aus Vereinfachungsgründen ist gegen einen pauschalen prozentualen Abschlag nichts einzuwenden.[654]

Treten beim Vergleich der so ermittelten Werte Verlustgeschäfte auf, kann die Höhe der Drohverlustrückstellung wie folgt berechnet werden: Die Anzahl der mit Verlust verkauften Fahrzeuge in der Stichprobe wird zunächst festgestellt.[655] Auf den Gesamtverlust bezogen ergibt sich daraus ein durchschnittlicher Verlust pro Fahrzeug. Außerdem lässt sich die Verlustquote berechnen, indem die Anzahl der mit Verlust verkauften Fahrzeuge auf das Stichprobenvolumen bezogen wird. Um die künftigen Verlustgeschäfte zu ermitteln, wird die Verlustquote auf die insgesamt am Bilanzstichtag bestehenden Leasingrückkaufverpflichtungen angewandt. Die nun vorliegenden verlustbedrohten Verträge multipliziert mit dem durchschnittlichen Verlust pro Fahrzeug ergeben den geschätzten drohenden Verlust aus den

---

Winfried, Für ein bilanzzweckadäquates Teilwertverständnis, in: Ballwieser, Wolfgang et al. (Hrsg.), Festschrift für Adolf Moxter, 1994, S. 1087.

653 Vgl. zur retrograden Bewertung bei Waren übersichtsartig Ellrott, Helmut/Roscher, Klaus, § 253, in: Ellrott, Helmut et al. (Hrsg.), Beck'scher Bilanz-Kommentar, 2012, Rz. 521f; auch Wehrheim, Michael, B 164, in: Böcking, Hans-Joachim et al. (Hrsg.), Beck'sches Handbuch der Rechnungslegung 2010, Rz. 113. Eine Unterscheidung zwischen Ansatz und Bewertung der Drohverlustrückstellung wird im Folgenden nicht vorgenommen, da auch im Rahmen des Ansatzes detaillierte Bewertungsfragen geklärt werden müssen.

654 Vgl. BFH vom 25.07.2000, in: BStBl. II 2001, S. 566–570, in dem Urteil werden die Vertriebs- und Verwaltungskosten pauschal berücksichtigt. In diesem Sinne auch Gelhausen, Hans Friedrich, Abschnitt E, in: IDW (Hrsg.), WP Handbuch Band I, 2006, Rz. 249. Im Beispiel im Anhang werden die Vertriebs- und Verwaltungskosten mit 8% angesetzt. Dies stellt keine Richtgröße dar, die durchschnittlichen Vertriebs- und Verwaltungskosten lassen sich mit Hilfe der internen Kostenrechnung des jeweiligen Unternehmens ermitteln.

655 Dabei kann die Stichprobe um Sondertatbestände bereinigt werden. Dies entspricht dann dem Auswahlverfahren der bewussten Auswahl. Die Bereinigung von Sondertatbeständen widerspricht einer Zufallsauswahl. Zudem können im Rahmen der Abgrenzung der Grundgesamtheit, aus der die Stichprobe zu ziehen ist, so genannte ‚Durchläufer' ausgeschlossen werden. Das sind Verkaufsgeschäfte, bei denen in der Regel kein Verlust entsteht, weil der Leasingnehmer das Fahrzeug am Ende der Leasinglaufzeit zu einem vom Händler vorgegebenen Kaufpreis übernimmt.

Leasingrückkaufverpflichtungen. Ist der drohende Verlust höher als die bereits passivierte Risikoprämie, muss die Differenz in einer Drohverlustrückstellung bilanziert werden.

Folgende Berechnung verdeutlicht das beschriebene:[656]

		EUR
Stichprobenumfang (Anzahl Fahrzeuge):	50	
Anzahl mit Verlust verkaufter Fahrzeuge:	27	
Höhe des Verlustes:		23.038,18
Verlust pro Fahrzeug:		853,27
Verlustquote (Verlustfahrzeuge/Stichprobenumfang):		54,00%
Anzahl der Leasingverträge zum Bilanzstichtag:		800
Verlustbedrohte Verträge	54,00%	432

Stück		Verlust pro Fahrzeug EUR			EUR
432	x	853,27	=	rund	369.000,00

[656] Als Grundlage dieser Berechnung dient die Stichprobe im Anhang, siehe Anhang 3. Grundsätzlich ist von erläuterter Berechnung abweichend auch eine Berechnung der Verlustquote bezogen auf das Leasingvertragsvolumen statt auf die Stückzahl denkbar. Dabei ist das Leasingvertragsvolumen um das Volumen der Verträge ohne Verlust zu kürzen und aus dieser Bemessungsgrundlage dann mit Hilfe der ermittelten Verlustquote (Summe der Verluste (Verlustvolumen) bezogen auf die dazugehörigen Anschaffungskosten der Gebrauchtfahrzeuge) die Höhe des drohenden Verlustes zu ermitteln.

Darüber hinaus kann es unter Umständen sinnvoll sein, eine Gruppierung (Clusterung, Bündelung) der Fahrzeugtypen vorzunehmen. Existiert zum Beispiel ein verlustreicher Fahrzeugtyp, ist es angezeigt, diese Fahrzeugtypen separat auf ihren Verlust hin zu untersuchen. Die Stichprobe könnte unter Umständen keines dieser Fahrzeuge beinhalten und daher von der Realität in erheblichem Maße abweichen.[657]

Bei der Auswertung der Stichprobe ist der Einzelbewertungsgrundsatz gemäß § 252 Abs. 1 Nr. 3 HGB zu beachten. Aus diesem Grund ist jedes Geschäft einzeln auf einen drohenden Verlust hin zu untersuchen. Es können nicht Verluste, die aus einzelnen Rückkaufgeschäften erzielt werden, mit Gewinnen aus anderen Rückkaufgeschäften saldiert werden. Eine solche Saldierung widerspräche dem Einzelbewertungsgrundsatz und ist mit den Grundsätzen ordnungsmäßiger Buchführung nicht vereinbar.[658]

Im auf die erstmalige Einstellung der Rückstellung folgenden Wirtschaftsjahr muss die Drohverlustrückstellung daraufhin untersucht werden, ob Höhe und Grund der Rückstellung noch gegeben sind. Eine Auflösung kommt gemäß § 249 Abs. 2 Satz 2 HGB nur in Betracht, soweit der Grund für die Rückstellung entfallen ist. Dies ist dann der Fall, wenn die Rückstellung nicht oder nicht in der bisherigen Höhe neu gebildet werden könnte.[659] Zu jedem Bilanzstichtag ist somit im Rahmen der Folgebewertung eine gebildete Drohverlust-

---

[657] Wird die Grundgesamtheit um diesen Fahrzeugtyp gekürzt, bleibt die Stichprobe eine Zufallsstichprobe.

[658] So BFH vom 25.07.2000, in: BStBl. II 2001, S. 567f. Würde im Berechnungsbeispiel im Anhang über Gewinne und Verluste saldiert, ergäbe sich nach der Stückzahlberechnung lediglich eine Drohverlustrückstellung von weniger als der Hälfte des oben ermittelten Betrages. Eine solche Verletzung des Einzelbewertungsgrundsatzes ist nur in Fällen erlaubt, in denen eine Bewertungseinheit gemäß § 254 HGB gebildet werden kann. § 254 HGB ist bei Leasingrückkaufgeschäften an sich nicht anwendbar, so scheidet eine Saldierung von Gewinnen und Verlusten aus. Siehe zur Bildung von Bewertungseinheiten gem. § 254 HGB für Leasingrückkaufgeschäft und Stützungsmaßnahme des Händlers Gliederungspunkt 4.3.3.2.1.2.4.

[659] Vgl. Gelhausen, Hans Friedrich, Abschnitt E, in: IDW (Hrsg.), WP Handbuch Band I, 2006, Rz. 93 auch Kozikowski, Michael/Schubert, Wolfgang J., § 249, in: Ellrott, Helmut et al. (Hrsg.), Beck'scher Bilanz-Kommentar, 2012, Rz. 23.

rückstellung erneut anhand einer Stichprobe nach oben beschriebener Vorgehensweise auf veränderte Verhältnisse zu untersuchen. Dies kann zu neuen Erkenntnissen und damit zu einem neuen nach vernünftiger kaufmännischer Beurteilung anzusetzenden Erfüllungsbetrag gemäß § 253 Abs. 1 Satz 2 HGB führen.

Wenn nach Prüfung der Restlaufzeit der Drohverlustrückstellung davon ausgegangen werden kann, dass eine Restlaufzeit von länger als einem Jahr vorliegt, ist die Drohverlustrückstellung abzuzinsen.[660]

---

[660] Zur Bestimmung des Abzinsungszinssatzes siehe Gliederungspunkt 4.3.3.2.1.2.2.5.

4.3.3.2.1.2.3 Bilanzierung im Sinne der modifizierten Trennungstheorie

Der BFH hat mit Urteil vom 11.10.2007 entschieden, dass Leasingrückkaufgeschäfte gemäß den Bilanzierungsregeln für Optionsgeschäfte zu behandeln sind.[661] Damit ist auf das Leasingrückkaufgeschäft steuerbilanziell die modifizierte Trennungstheorie anzuwenden.[662] Im Sinne der modifizierten Trennungstheorie bestehen Rückkaufvereinbarung und Rückkaufvertrag als separate Verträge nebeneinander, das Synallagma der Rückkaufvereinbarung ist aber nicht rein formalrechtlich als mit der Schaffung des Rückverkaufsrechtes beendet anzusehen, sondern ebenso wie bei der Einheitstheorie ist die Erfüllung hinausgeschoben und erfolgt mit Ausübung oder Verfall des Rückverkaufsrechtes.

Mit Gültigkeit der Bilanzierungsregeln für Optionsgeschäfte wendet der BFH auch auf das Leasingrückkaufgeschäft die von ihm konkretisierten Grundsätze über schwebende Geschäfte an.[663] Danach endet der Schwebezustand der Rückkaufvereinbarung mit Erfüllung der Geldleistung, obwohl die Sach- oder Dienstleistung - beim Leasingrückkaufgeschäft in Form der Duldungs- und Bereitschaftsverpflichtung des Händlers- noch nicht erbracht ist. Die Geldleistung, die die Gegenleistung für die Duldungs- und Bereitschaftsverpflichtung des Händlers darstellt, ist in der Risikoprämie zu sehen.[664] Die Risikoprä-

---

661 Vgl. BFH-Urteil vom 11.10.2007, in: BStBl. II 2009, S. 705–708.

662 Vgl. BFH-Urteil vom 18.12.2002, in: BStBl. II 2004, S. 126-129 siehe auch Gliederungspunkt 4.3.1.3.4.

663 Siehe bezüglich einer ausführlichen Begründung der Beendigung des schwebenden Geschäftes mit der Geldleistung Gliederungspunkt 4.1.6; siehe dazu auch 4.3.1.5.

664 Die Risikoprämie - als vereinbartes Entgelt der Rückkaufvereinbarung - ist genauso wie die Optionsprämie bei einem Optionsgeschäft vertragsgemäß zeitlich vor der Leistung in Form der Duldungs- und Bereitschaftsverpflichtung und in voller Höhe zu leisten. Beim Leasingrückkaufgeschäft erfolgt die Zahlung der Leasingvermittlungsprovision bzw. die Zahlung des Neufahrzeugpreises, die die Risikoprämie enthalten, zeitlich vor der Erbringung der Gegenleistung durch den Händler. Die Risikoprämie ist auch bei Verfall des Rückverkaufsrechts nicht etwa zurückzugewähren. Die Risikoprämie stellt damit keine Anzahlung dar.

mie wird nicht offen gezahlt, sondern ist je nach vertraglicher Ausgestaltung in der Vermittlungsprovision oder dem Neufahrzeugpreis enthalten.[665] Mit Zahlung der Vermittlungsprovision bzw. des Neufahrzeugpreises von der Leasinggesellschaft an den Händler endet somit das schwebende Geschäft der Rückkaufvereinbarung.

Mit dem Ende des Schwebezustandes endet auch das Passivierungsverbot im Rahmen von schwebenden Geschäften und die Duldungs- und Bereitschaftsverpflichtung des Händlers zum Rückkauf des gebrauchten Leasingfahrzeuges muss passiviert werden.[666] Der BFH erläutert die Ausweisfrage nicht und fordert - vermutlich in Analogie zum Optionsgeschäft - einen Ausweis der Verpflichtung als Verbind-

---

[665] In wirtschaftlicher Betrachtung stellt die Vermittlungsprovision bzw. der Neufahrzeugpreis teilweise auch Entgelt für die Übernahme der Rückkaufverpflichtung dar (Risikoprämie). Schwierigkeiten birgt diese verdeckte Zahlung lediglich in Bezug auf die Ermittlung der Höhe der Risikoprämie. Dem BFH lag im Rahmen des Urteils vom 11.10.2007 eine vertragliche Ausgestaltung vor, die die Risikoprämie als Teil des Neufahrzeugpreises enthielt.

[666] Gemäß § 246 Abs. 1 HGB (Gebot der vollständigen Bilanzierung). Die Bilanzierung der Verpflichtung stellt keine Bilanzierung der künftigen Anschaffungskosten der gebrauchten Leasingfahrzeuge dar, dies widerspräche § 5 Abs. 4b Satz 1 EStG. Die Rückkaufverpflichtung stellt vielmehr eine eigenständig bewertbare Verpflichtung in Höhe der Wertes des Duldungs- und Bereitschaftsverpflichtung und des daraus resultierenden übernommenen Risikos dar. Der BFH legt im Urteil vom 11.10.2007 den Zeitpunkt der Passivierung der Verpflichtung zum Rückkauf „mit Abschluss des jeweiligen Kaufvertrages über ein Neufahrzeug" fest, BFH vom 11.10.2007, in: BStBl. II 2009, S. 707 unter II. D. 2. e) der Gründe. Genauso wie bereits im Rahmen des Optionsgeschäftes erläutert, ist aber der Zeitpunkt des Vertragsabschlusses der Beginn des schwebenden Geschäfts der Rückkaufverpflichtung. Das Ende dieses schwebenden Geschäftes ist gemäß den Grundsätzen des BFH erst mit Leistung und damit Zahlung der Risikoprämie anzunehmen. Damit ein mit der Realisierung zumindest gleichzusetzender Tatbestand der Beendigung des schwebenden Geschäftes angenommen werden kann, bevor die Sach- oder Dienstleistung (im Fall des Leasingrückkaufgeschäftes die Duldungs- und Bereitschaftsverpflichtung) erbracht ist, muss das Entgelt (Risikoprämie) vollständig zugeflossen sein, damit keine Zahlungs- oder Bonitätsrisiken mehr bestehen. Vgl. dazu Gliederungspunkt 4.4.5.3.5 auch 4.4.3 und 4.4.5.5. Praktisch ist diese Unterscheidung nur von Bedeutung, wenn die beiden Zeitpunkte des Vertragsabschlusses und der Zahlung der Risikoprämie nicht in einem Geschäftsjahr liegen.

lichkeit.[667] Aufgrund der fehlenden Begründung der Wahl des Postens Verbindlichkeit durch den BFH soll an dieser Stelle genauso wie bereits vorne beim Optionsgeschäft überprüft werden, ob das abgegebene Duldungs- und Bereitschaftsversprechen durch den Händler dem Grunde und der Höhe nach als sicher zu qualifizieren ist oder ob ggf. der Ansatz einer Verbindlichkeitsrückstellung vorzuziehen ist. Die beiden allgemeinen Passivierungskriterien des Passivierungsgrundsatzes ‚Leistungsverpflichtung' und ‚wirtschaftliche Belastung' sind beim Leasingrückkaufgeschäft genauso wie beim Optionsgeschäft erfüllt.[668] Die Duldungs- und Bereitschaftsverpflichtung des Händlers im Rahmen des Leasingrückkaufgeschäftes ist überdies auch quantifizierbar, denn im Zeitpunkt des Vertragsabschlusses des Leasingrückkaufgeschäftes kann die wirtschaftliche Belastung des Händlers exakt in Höhe der Risikoprämie ausgedrückt werden - durch Abschluss eines Gegengeschäftes könnte auch der Händler, in Analogie zum Optionsgeschäft, die wirtschaftliche Belastung theoretisch wieder abwälzen. Die Duldungs- und Bereitschaftsverpflichtung des Händlers ist aber nicht punktuell, sondern nur im Rahmen einer Bandbreite bestimmbar, weil im Regelfall keine vertraglichen Regelungen über die Höhe der Gegenleistung für die Verpflichtung existieren. Die Verpflichtung des Händlers ist somit der Höhe nach ungewiss, aber dem Grunde nach gewiss.[669] Damit liegt eine ungewisse Verbindlichkeit vor. Ob diese ungewisse Verbindlichkeit als Verbindlichkeitsrückstellung angesetzt werden kann, zeigt die Überprüfung der Konkretisierungs- und Objektivierungskriterien. Das Kriterium der Außenverpflichtung ist erfüllt, da die Duldungs- und Bereitschaftsverpflichtung gegenüber der Leasinggesellschaft, einem Dritten, besteht. Da die Duldungs- und Bereitschaftsverpflichtung des Händlers mit dem Zeitpunkt des Vertragsabschlusses der Rückkaufvereinbarung entsteht, sind ebenso die Kriterien der Wahrscheinlichkeit des Be- oder Entstehens der Leistungsverpflichtung (‚Greifbarkeit') und die Inan-

[667] Vgl. BFH-Urteil vom 11.10.2007, in: BStBl. II 2009, S. 126, im Leitsatz.

[668] Vgl. dazu in Analogie vorne Gliederungspunkt 4.3.1.3.4.

[669] Gewissheit dem Grunde nach liegt vor, weil die Duldungs- und Bereitschaftsverpflichtung des Händlers über die gesamte Laufzeit besteht, unabhängig von der Ungewissheit der Inanspruchnahme durch die Leasinggesellschaft. Vgl. dazu auch Gliederungspunkt 4.3.1.3.4.

spruchnahme des Schuldners mit der Sicherheit dem Grunde nach erfüllt. Die Duldungs- und Bereitschaftsverpflichtung ist nach dem Wesentlichkeitskriterium vor dem Bilanzstichtag verursacht, da mit dem Vertragsabschluss die rechtliche Vollentstehung gegeben ist.[670] Gemäß den Grundsätzen der Alimentationsformel Moxters ist die wirtschaftliche Verursachung der Duldungs- und Bereitschaftsverpflichtung des Händlers im Berichtszeitraum gegeben, da die Verpflichtung mit bereits realisierten Erträgen, in Form der Risikoprämie, konkret sachlich zusammenhängt.[671] Das Instrument um zukünftigen Ausgabenanfall erfolgswirksam in die Periode zu antizipieren, in der die entsprechenden Erträge anfallen, ist die Verbindlichkeitsrückstellung. Damit muss im Ergebnis für das Leasingrückkaufgeschäft im Gegensatz zur Bilanzierung von Optionsgeschäften die Bilanzposition Verbindlichkeitsrückstellung gegenüber dem Bilanzposten Verbindlichkeit für die Abbildung der Duldungs- und Bereitschaftsverpflichtung als geeigneter angesehen werden.[672]

Um im Synallagma der Rückkaufvereinbarung aus Sicht der Leasinggesellschaft das Rückverkaufsrecht zu erwerben, muss die Risikoprämie aufgewendet werden. Aus Sicht des Händlers fließt für die Bindung an den Rückkauf die Risikoprämie zu. Damit entspricht die Höhe der anzusetzenden Verbindlichkeitsrückstellung im Rahmen der Erstbewertung der vereinnahmten Risikoprämie. Da die Höhe der Risikoprämie vertraglich in der Regel nicht festgeschrieben ist, muss sie geschätzt werden. Die Höhe der Risikoprämie entspricht dem Wert des Rückverkaufsrechtes aus Sicht der Leasinggesellschaft, denn ohne die Vereinnahmung der Risikoprämie würde der Händler die Duldungs- und Bereitschaftsverpflichtung und damit auch das Risiko, welches sich aus dem festgelegten Rückkaufpreis ergibt, nicht auf sich

---

670 Vgl. hier und im Folgenden Gliederungspunkt 4.1.7.2.2 und 4.1.7.2.3.

671 Darüber hinaus ist auch das von *Siegel* geforderte Kriterium der Unentziehbarkeit erfüllt, denn der Händler kann sich der Duldungs- und Bereitschaftsverpflichtung nicht ohne Sanktionen entziehen.

672 Gleicher Auffassung Ammenwerth, Michael, Rückstellungen für Leasingverträge mit „Buy-back-Verpflichtung" möglich, in: Auto Steuer Recht 2008, S. 6. A. A. Prinz, Ulrich, Verbindlichkeit statt Rückstellung für die Rückkaufverpflichtung eines Kraftfahrzeug-Händlers, in: StuB 2008, S. 188–190.

nehmen.[673] Die Schätzung der Risikoprämie ist allerdings mit erheblichen Schwierigkeiten behaftet.

Hinweise auf den Wert des Rückverkaufsrechtes und damit die Höhe der Risikoprämie kann die Vergleichsziehung zur Optionsprämie bieten. Der Wert des Rückverkaufsrechtes bestimmt sich zum einen durch das Risiko aus dem Rückkaufvertrag, welches sich aufgrund des festgelegten Rückkaufpreises ergibt (innerer Wert) und zum anderen durch einen ‚Unsicherheitsaufschlag' für die Bindung, die der Händler mit der Rückkaufverpflichtung übernimmt (Zeitwert).[674] Um die Höhe der Verbindlichkeitsrückstellung und damit der Risikoprämie zu bestimmen, ist zu fragen, was der Händler aufwenden müsste, um aus der Duldungs- und Bereitschaftsverpflichtung befreit zu werden. Da das Rückverkaufsrecht nicht börsengehandelt ist und in der Regel nicht glattgestellt wird, ist eine exakte Festlegung der Höhe der Risikoprämie nur schwerlich abzuleiten. Grundsätzlich könnten Optionspreismodelle, wie das Black-Sholes-Modell, zur Bestimmung des Wertes des Rückverkaufsrechtes herangezogen werden. Da das Black-Sholes-Modell aufgrund seiner restriktiven Annahmen mit Schwächen behaftet ist und die unterstellte zufällige Entwicklung des Marktpreises nichts mit der Realität gemeinsam haben muss, wird die komplexe Ermittlung der Risikoprämie mit Hilfe des Black-Sholes-Modells an dieser Stelle nicht weiter verfolgt.[675]

Die je nach vertraglicher Ausgestaltung in der Vermittlungsprovision oder dem Neufahrzeugpreis enthaltene Risikoprämie besitzt ihr Maximum in Höhe der um die Vertriebskosten gekürzten Vermittlungsprovision bzw. der ggf. um Vertriebskosten gekürzten Marge des

---

[673] „Im Geschäftsleben pflegt der eine dem anderen Partner in der Regel nichts zu ‚schenken' ", BFH vom 11.10.2007, in: BStBl. II 2009, S. 707f, mit Verweis auf weitere BFH Urteile.

[674] Sowohl innerer Wert, wie auch Zeitwert sind in Analogie zur Optionsprämie als Bestandteile der Risikoprämie im Zeitpunkt des Abschlusses des Leasingrückkaufgeschäftes anzusehen. Der Zeitwert sinkt über die Laufzeit bis er im Zeitpunkt der Ausübung bzw. des Verfalls des Rückverkaufsrechtes den Wert Null annimmt.

[675] Siehe allgemein zur Kritik am Black-Sholes-Modell Lindner, Ariane, Besteuerung von Optionen, 2004, S. 23.

Neufahrzeuggeschäftes. Um davon den Teil zu bestimmen, der auf die Risikoprämie entfällt, kann als hilfsweiser Aufteilungsmaßstab die oben erläuterte Aufteilung nach dem Verhältnis von Anschaffungspreis des Neufahrzeugs (heutiger Anschaffungspreis des Neufahrzeugs) zum vereinbarten Rückkaufpreis (zukünftiger Anschaffungspreis des Gebrauchtfahrzeugs) herangezogen werden.[676] Damit ist im Rahmen der Erstbewertung die Höhe der Verbindlichkeitsrückstellung festgelegt.

Im Rahmen der Folgebewertung ist der Wert des Rückverkaufsrechtes aus Sicht der Leasinggesellschaft zum jeweiligen Bilanzstichtag zu bestimmen. Dieser entspricht aus Sicht des Händlers dem Teilwert der Rückkaufverpflichtung. Ist dieser gestiegen, ist der Teilwert der Verbindlichkeitsrückstellung entsprechend zu erhöhen. Denn hätten die Parteien den Rückkaufvertrag zum folgenden Bilanzstichtag abgeschlossen, hätte die Risikoprämie höher angesetzt werden müssen, um die Duldungs- und Bereitschaftsverpflichtung zu vergüten. Ein Erwerber des Betriebes zum folgenden Bilanzstichtag würde die Verpflichtung mit dem Teilwert ansetzen, der das Risiko aus dem Rückkaufvertrag zum Kaufzeitpunkt widerspiegelt. Vor dem Hintergrund der modifizierten Trennungstheorie kann es folglich systematisch nicht zur Berücksichtigung eines ermittelten Risikoüberhanges aus dem Rückkaufvertrag in Form einer Drohverlustrückstellung kommen. Denn der maßgebliche Erfüllungsbetrag der angesetzten Verpflichtung des Händlers am Bilanzstichtag entspricht dem jeweiligen Wert der Rückkaufverpflichtung. Dieser Wert besteht aus Zeitwert und innerem Wert. Mit dem inneren Wert ist im Erfüllungsbetrag der Verpflichtung somit das Risiko enthalten, was in einer Drohverlustrückstellung abgebildet würde (Ausübungspreis größer Marktpreis des Gebrauchtfahrzeuges). Würde zusätzlich eine Drohverlustrückstellung gebildet, würde sich der innere Wert auf zwei Bilanzpositio-

---

[676] Vgl. oben Gliederungspunkt 4.3.3.2.1.2.2.5. Auch im Rahmen der Bewertung einer Verpflichtung im Sinne der modifizierten Trennungstheorie ist der Aufteilungsmaßstab mit Hilfe der Drohverlustrückstellung nicht praktikabel, da diese Bewertung unter Umständen dazu führen würde, dass eine Risikoprämie in Höhe von Null und damit keine Verpflichtung anzusetzen wäre. Vgl. dazu auch Gliederungspunkt 4.3.3.1.

nen aufteilen, was abzulehnen ist, weil dies aufgrund der Einheitlichkeit der Wertkomponente ‚innerer Wert' nicht in Betracht kommt. Konkurrenzverhältnisse bezüglich des Rangverhältnisses von Verbindlichkeits- und Drohverlustrückstellung werden von der herrschenden Meinung in der bilanzrechtlichen Literatur im Ergebnis mit der Nachrangigkeit der Drohverlustrückstellung beantwortet.[677] Damit ist vor dem Hintergrund der modifizierten Trennungstheorie kein Raum für die Bilanzierung einer Drohverlustrückstellung.[678]

An den folgenden Bilanzstichtagen ist somit zu prüfen, ob ein Risikoüberhang besteht. Wird dies verneint, ändert sich der Wert der Verbindlichkeitsrückstellung nicht. Besteht ein Risikoüberhang, ist der Teilwert der Verbindlichkeitsrückstellung um den Risikoüberhang zu erhöhen.[679] Um Wertveränderungen der Rückkaufverpflichtung zu bestimmen und weiterhin eine komplexe Ermittlung mit Hilfe von Optionspreismodellen zu vermeiden, wird im Folgenden eine näherungsweise Bestimmung des Wertes der Rückkaufverpflichtung im Rahmen der Folgebewertung in Höhe des inneren Wertes vorgeschlagen. Der innere Wert lässt sich stets relativ einfach mit Hilfe der Ausübungsmethode bestimmen. Die Ausübungsmethode stellt eine Bewertungsmethode für Drohverlustrückstellungen dar und ermittelt die Differenz zwischen dem Marktpreis des von der Leasinggesellschaft verleasten Fahrzeuges und dem festgelegten Rückkaufpreis. Soweit diese Differenz größer ist als die passivierte Verbindlichkeits-

---

677 Vgl. dazu ausführlich Gliederungspunkt 4.1.7.4.

678 Während im Optionsprämienurteil der BFH noch die Möglichkeit der Teilwerterhöhung der Verbindlichkeit sowie die Bildung einer Drohverlustrückstellung für den Risikoüberhang dargestellt hat, vgl. BFH vom 18.12.2002, in: BStBl. II 2004, S. 129, hält sich der BFH im Urteil vom 11.10.2007 allgemeiner und lässt zur Prüfung offen, „ob aus den Rückkaufgeschäften noch Risiken bestehen, die ggf. zusätzlich in Form von Rückstellungen zu berücksichtigen sein könnten", BFH vom 11.10.2007, in: BStBl. II 2009, S. 708.

679 Insoweit schlägt die handelsrechtliche Pflicht zum Ansatz der Verpflichtung mit einem höheren Wert gemäß Imparitätsprinzip über die Maßgeblichkeit auf das Steuerrecht durch. Es besteht insoweit kein Wahlrecht gemäß § 6 Abs. 1 Nr. 3 Satz 1 i. V. m. Nr. 2 Satz 2 EStG bei einer nicht nur aufgrund eines vorübergehenden Tatbestandes eingetretenen Teilwerterhöhung. Zur abweichenden Auffassung, das steuerliche Wahlrechte autonom in der Steuerbilanz ausgeübt werden können, siehe vorne Gliederungspunkt 4.1.2.

rückstellung muss diese um den so ermittelten Risikoüberhang erhöht werden.[680] Bei einer solchen Vorgehensweise wird der Zeitwert vollständig vernachlässigt,[681] dies scheint jedoch im Fall des Leasingrückkaufgeschäftes vertretbar, weil davon ausgegangen werden kann, dass die ‚Nichtdeckung' der Duldungs- und Bereitschaftsverpflichtung durch die Risikoprämie aus der Zunahme des inneren Wertes resultiert.[682] Die Bewertung nach der Ausübungsmethode wird lediglich als Näherungshilfe im Rahmen der Folgebewertung herangezogen, um die Höhe der Verbindlichkeitsrückstellung ggf. anzupassen. Es erfolgt im Rahmen dieser Vorgehensweise aus oben erläutertem Grund kein Ansatz einer Drohverlustrückstellung.[683] Überdies ist klarzustellen, dass ein mit Hilfe der Ausübungsmethode ermittelter Risikoüberhang nicht zu einer Bewertung der Verbindlichkeitsrückstellung unter der ermittelten Höhe der Risikoprämie führen kann. Die Darstellung der Verbindlichkeitsrückstellung im Rückstellungsspiegel kann entsprechend der Erläuterungen zur Einheitstheorie in Gliederungspunkt 4.3.3.2.1.2.2.5 erfolgen.[684]

---

680 Siehe zur detaillierten Beschreibung der Ermittlung einer Drohverlustrückstellung Gliederungspunkt 4.3.3.2.1.2.2.6. Diese Vorgehensweise kann hier analog angewendet werden.

681 Siehe zur Kritik hieran bei Optionsgeschäften Gliederungspunkt 4.3.1.3.4. Hier wird die Frage ‚Was ist am Bilanzstichtag aufzuwenden, um den Rückkaufvertrag durch Lieferung zu erfüllen' als nicht ausreichend zur Bestimmung des Wertes der Duldungs- und Bereitschaftsverpflichtung eingestuft.

682 Außerdem nimmt der Zeitwert im Zeitablauf ab, so dass bei vorgeschlagener Vorgehensweise die Bestimmung des Wertes der Rückkaufverpflichtung in Höhe des inneren Wertes erst im zweiten Jahr erfolgt. Im zweiten Jahr dürfte der Zeitwert (bei einer unterstellten Laufzeit von drei Jahren) nicht mehr so erheblich wie im ersten Jahr ins Gewicht fallen.

683 Vgl. zur analogen Vorgehensweise bei Optionsgeschäften Gliederungspunkt 4.3.1.3.4.

684 Bezüglich der technischen Vorgehensweise ist bei Bilanzierung im Rahmen der modifizierten Trennungstheorie zu empfehlen, die Verbindlichkeitsrückstellung in zwei Teile zu spalten und den Teil der Risikoprämie und den Teil des Risikoüberhangs auf separate Konten zu buchen. Mit Aufnahme der Jahreszahl in die Kontenbezeichnung des Risikoprämienkontos kann die Risikoprämie dann übersichtlich z. B. nach drei Jahren aufgelöst werden, während der Risikoüberhang zu jedem Abschlussstichtag angepasst werden kann.

Zusammengefasst postuliert der BFH somit folgende Bilanzierung des Leasingrückkaufgeschäftes: Die Vermittlungsprovision bzw. der Neufahrzeugpreis ist vom Händler in voller Höhe ertragswirksam zu vereinnahmen. Diesem Ertrag wird die Duldungs- und Bereitschaftsverpflichtung des Händlers in Höhe der Risikoprämie gegenübergestellt. So dass im Ergebnis im Jahr der Einstellung der Verpflichtung keine Gewinnauswirkung stattfindet, weil die Höhe der Verpflichtung der Risikoprämie entspricht. Die Folgebewertung wird vom BFH nicht untersucht. Im Rahmen der vorliegenden Arbeit wird vertreten, dass der Teilwert der Verpflichtung zu erhöhen ist.

Steuerlich müssen Verbindlichkeitsrückstellungen gemäß § 6 Abs. 1 Nr. 3a Buchstabe e) i. V. m. Nr. 3 Satz 2 EStG mit einem Zinsbetrag von 5,5% abgezinst werden, wenn ihre Laufzeit länger als zwölf Monate beträgt und die Verpflichtung nicht auf einer Anzahlung oder Vorausleistung beruht. Die zur Erstbewertung angesetzte Verbindlichkeitsrückstellung besteht in der Regel für drei Jahre, was der durchschnittlichen Laufzeit eines der Rückkaufverpflichtung zugrunde liegenden Leasingvertrages entspricht. Da die Verpflichtung im Sinne der modifizierten Trennungstheorie im Gegensatz zur Einheitstheorie nicht als anzahlungsähnlich anzusehen ist, ist eine Abzinsung geboten.[685]

Das BMF hat mit Schreiben vom 12.08.2009 einen Nichtanwendungserlass zum BFH-Urteil vom 11.10.2007 veröffentlicht.[686] Damit war das Urteil vorerst nicht über den entschiedenen Einzelfall hinaus anzuwenden.[687] Als Grund nennt das BMF zum einen den scheinbaren

---

[685] A. A. Becker, Stephan, Rückverkaufsoption im Kfz-Handel aus Sicht der Finanzverwaltung, in: NWB 2011, S. 3693; ders., Rückverkaufsoptionen im Kfz-Handel, in: NWB 2011, S. 2958 auch Palmbeck, Sven/Braun, Thorsten, Überlegungen zur Bewertung von Rückkaufverpflichtungen im Kfz-Handel, in: DB 2012, S. 713. Was aber als Vermischung der Ansätze von Einheitstheorie und modifizierter Trennungstheorie abzulehnen ist.

[686] Vgl. BMF-Schreiben vom 12.08.2009, in: BStBl. I 2009, S. 890f.

[687] Damit entsteht die systematische Inkonsistenz, dass das BMF die Bilanzierung von Optionsgeschäften akzeptiert und anwendet – jedenfalls in Bezug auf die Passivierung der Stillhalterverpflichtung bis zur Ausübung oder Verfall des Optionsrechtes, vgl. dazu BMF-Schreiben vom 12.01.2004, in: BStBl. I 2004,

Widerspruch des Urteils vom 11.10.2007[688] zu einer bereits früher zum gleichgelagerten Sachverhalt ergangenen BFH-Entscheidung vom 15.10.1997.[689] Zum anderen stünde der Rückkaufverpflichtung des Händlers ein Anspruch auf Übertragung des betroffenen Fahrzeuges gegenüber, so dass das Passivierungskriterium der wirtschaftlichen Belastung nicht erfüllt sei. Dem ist entgegen zu halten, dass der BFH sich im aktuellen Urteil zum Verhältnis seiner Entscheidung in den Urteilen vom 11.10.2007, vom 15.10.1997 und vom 25.07.2000[690] geäußert hat und eine Abweichung der Urteile verneint, weil in den früheren Urteilen nicht über den Ansatz einer Verpflichtung aus der Rückkaufvereinbarung entschieden wurde, sondern davon ausgegangen wurde, dass eine Drohverlustrückstellung aus dem Rückkaufvertrag zu bilden ist.[691] Darüber hinaus verkennt das BMF die dogmatischen Grundlagen des BFH-Urteils vom 11.10.2007: Im Synallagma der Rückkaufvereinbarung stehen sich Risikoprämie und Duldungs- und Bereitschaftsverpflichtung gegenüber. Die Rückkaufverpflichtung steht nicht im Synallagma mit dem Anspruch auf die Lieferung des Fahrzeuges. Dieser Anspruch wird im Synallagma des Rückkaufvertrages mit Zahlung des Rückkaufpreises erworben.[692] Aufgrund des Nichtanwendungserlasses wurde vom FG Münster die Revision zugelassen, so dass der BFH mit Urteil vom 17.11.2010 erneut über den Sachverhalt entschieden hat und die Entscheidung vom 11.10.2007 vollumfänglich bestätigt hat.[693] Daraufhin hat das BMF mit Schreiben

---

S. 192; beim gleichgelagerten Sachverhalt des Leasingrückkaufgeschäftes aber eine Nichtanwendung festsetzt. Daraus ist zu folgern, dass das BMF dem Leasingrückkaufgeschäft die Analogie zu Optionsgeschäften abspricht.

688 BStBl. II 2009, S. 705–708.

689 Vgl. BFH vom 15.10.1997, in: BStBl. II 1998, S. 249–252.

690 Vgl. BFH vom 25.07.2000, in: BStBl. II 2001, S. 566–570.

691 Vgl. BFH vom 11.10.2007, in: BStBl. II 2009, S. 708. Die Urteile beschäftigen sich somit mit den unterschiedlichen Phasen des Leasingrückkaufgeschäftes. Allerdings impliziert dies den Ansatz einer zusätzlichen Drohverlustrückstellung für den Risikoüberhang aus dem Rückkaufvertrag, was in der vorliegenden Arbeit aus erläuterten Gründen abgelehnt wird. Siehe vorne.

692 Vgl. hierzu auch FG Münster vom 25.08.2009, in: EFG 2009, S. 1920.

693 Vgl. BFH vom 17.11.2010, in: BB 2011, S. 621-622.

vom 12.10.2011 seine oben erläuterte Position verlassen und beugt sich der Auffassung des BFH.[694]

[694] Vgl. BMF-Schreiben vom 12.10.2011, in: BStBl. 2011, S. 967. Das BMF-Schreiben stellt ein Anwendungsschreiben zum BFH-Urteil vom 17.11.2010 dar und hebt gleichzeitig den Nichtanwendungserlass vom 12.08.2009 auf.

4.3.3.2.1.2.4 Exkurs: Stützungsmaßnahmen aus Leasing-Restwertmodellen von Herstellern und ihr Einfluss auf die Bilanzierung des Leasingrückkaufgeschäftes

In der jüngeren Vergangenheit gehen die Automobilhersteller vermehrt dazu über, den Händlern Förderungsmaßnahmen anzubieten, um das Verwertungsrisiko des Händlers aus dem Leasingrückkaufgeschäft zu vermindern.[695] Aktuell bieten vier der fünf größten Automobilhersteller in Deutschland Leasing-Restwertmodelle in unterschiedlichster Ausgestaltung, mit dem Ziel der Absicherung des Prognoserisikos zwischen Leasingvertragsbeginn und Leasingvertragsende an.[696] Diese Förderungsmaßnahmen werden als Stützungsmaßnahmen aus Leasing-Restwertmodellen oder Restwert-Absicherungsmodellen bezeichnet. Die beim Leasingrückkaufgeschäft erläuterten vertraglichen Konstellationen bleiben auch bei Inanspruchnahme einer Stützungsmaßnahme unverändert bestehen.[697] Hinzu kommt eine zusätzliche Vereinbarung über das Restwertmodell, die zwischen dem Hersteller und dem Händler abgeschlossen wird. Die Regelungen der Stützungsmaßnahmen sind in der Praxis höchst unterschiedlich ausgestaltet und oftmals komplex: Teilweise wird ein Aktionszeitraum festgelegt, in dem bestimmte Fahrzeugmodelle bezuschusst werden. Es existieren aber auch Restwert-Absicherungsmodelle, bei denen der Händler, unabhängig vom Fahrzeugmodell, die Höhe der Absicherung (z. B. 0%, 50%, 75% oder 100%) wählen kann und dafür einen Beteiligungsbetrag zahlen muss sowie den Hersteller an einem eventuell entstehenden Gewinn entsprechend der gewählten Höhe der Absicherung beteiligen muss. Darüber hinaus sind andere Vereinba-

---

[695] Dass der Hersteller und nicht die Leasinggesellschaft diese Stützungsmaßnahmen gewährt, hängt mit der wirtschaftlichen Zusammengehörigkeit von Leasinggesellschaft und Hersteller zusammen. Siehe in diesem Zusammenhang zur Aufteilung der Leasinggesellschaften in herstellerabhängige und herstellerunabhängige Leasinggesellschaften Gliederungspunkt 2.2.

[696] Die VW Gruppe bietet Restwertmodelle für die Marken VW und Audi an (nicht alle Modelle). Von der Daimler AG, wie auch der BMW AG existieren Restwertstützungen für alle Modelle. Die Opel AG bietet eine so genannte ‚Rücknahmewertstütze' an. Für die Ford-Werke-GmbH ist derzeit kein vergleichbares Modell bekannt.

[697] Vgl. dazu Gliederungspunkt 2.3.

rungen so ausgestaltet, dass dem Händler bei jedem Leasingrückkauf der niedrigere DAT[698]-Händlereinkaufspreis garantiert wird. Es existieren Modelle, in denen für diese Garantie keine Gegenleistung verlangt wird, in anderen Fällen wird der Händler mit einem bestimmten Prozentsatz der UPE des Fahrzeuges an der Differenz zwischen vereinbartem Rückkaufpreis und niedrigerem DAT-Händlereinkaufspreis beteiligt.

Grundsätzlich kann zwischen Restwertmodellen mit und ohne Beteiligungsbetragszahlung unterschieden werden. Im Folgenden sollen Restwertmodelle mit Zahlung eines Beteiligungsbetrags einer genaueren Betrachtung unterzogen werden.

In Restwertmodellen mit Zahlung eines Beteiligungsbetrags gleicht der Hersteller einen Unterschiedsbetrag, der entsteht, weil der im Rahmen des Leasingrückkaufgeschäftes festgelegte Rückkaufpreis unter dem Gebrauchtfahrzeugwert[699] bei Vertragsende liegt, in vereinbarter Höhe aus. Im umgekehrten Fall muss der Händler den entsprechenden Betrag an den Hersteller abführen. Mit der Stützungsmaßnahme sichert sich der Händler somit ein Ausgleichsrecht von Seiten des Herstellers. Der Händler erwirbt zunächst das Gebrauchtfahrzeug nach Beendigung des Leasingvertrages zu dem im Rahmen des Leasingrückkaufgeschäftes festgelegten Rückkaufpreis. Liegt der jeweils gültige DAT-Händlereinkaufswert bei Vertragsende unter dem vereinbarten Rückkaufpreis wird der Unterschiedsbetrag in Höhe der

[698] Die Deutsche Automobil Treuhand GmbH (DAT) und die Eurotax Schwacke GmbH sind Herausgeber von monatlich aktualisierten Listen, die Fahrzeugbewertungen beinhalten. Die Bewertung eines Gebrauchtfahrzeuges erfolgt dabei anhand des in der Liste geführten Gebrauchtfahrzeugpreises, der auf einem Durchschnittsmodell je Fahrzeugtyp mit durchschnittlicher Laufleistung, durchschnittlichem Zustand und serienmäßiger Ausstattung basiert. Anhand von Korrekturtabellen wird der tatsächliche Wert des Gebrauchtfahrzeuges dann mit prozentualen Auf- oder Abschlägen für individuelle Laufleistung, Ausstattung etc. ermittelt. Die Listen sind frei im Internet unter www.dat.de; www.schwacke.de zugänglich.

[699] Der Gebrauchtfahrzeugwert wird dabei in der Regel anhand der DAT- oder Schwacke-Liste bestimmt.

gewählten Absicherungsstufe vom Hersteller ausgeglichen.[700] Für diese derart ausgestaltete Absicherung zahlt der Händler einen Beteiligungsbetrag in Höhe eines bestimmten Prozentsatzes bezogen auf die UPE, für jedes Fahrzeug, was er im Rahmen des Stützungsmodells abwickelt. Wie hoch dieser Prozentsatz ist, hängt von der Laufzeit des Leasingvertrages, wie auch von der gewählten Absicherungsstufe ab. Die Spannbreite liegt in derzeit angebotenen Restwertmodellen für Leasingverträge mit einer Laufzeit von bis zu drei Jahren zwischen ca. 0,9 bis ca. 2,5 Prozent und ist modellabhängig.[701] Der Beteiligungsbetrag ist nur dann an den Hersteller zu entrichten, wenn der Leasingvertrag sein vereinbartes Vertragsende erreicht bzw. weniger als drei Monate vor Vertragsende vorzeitig aufgelöst wird. Die jeweilige Stützungsmaßnahme ist in der Regel an die Voraussetzung gebunden, dass der Händler die ‚Restwertvorgaben' des Herstellerkonzerns eingehalten hat.[702]

Eine so beschriebene Stützungsmaßnahme stellt ein Absicherungsgeschäft dar, bei dem sich der Händler sowohl in einer Chancen-, als auch in einer Risikosituation befindet. Damit ist die Einstufung der Stützungsmaßnahme als typisches Versicherungsgeschäft fragwürdig, da eine wie oben beschriebene Chancensituation für ein Versicherungsgeschäft untypisch erscheint.[703] Grundsätzlich kann das Leasing-Restwertmodell als (unbedingtes) Termingeschäft eingeordnet werden, welches rechtlich als eigenes Rechtsgeschäft neben dem Leasin-

---

[700] Die Restwertstützung stellt eine nachträgliche Korrektur des Gebrauchtfahrzeugpreises dar und wird mit einem gesonderten Abrechnungsbeleg vergütet.

[701] *Böhlk-Lankes* nennt sogar eine Spannbreite von 0,9 bis 3,5 Prozent der UPE, vgl. Böhlk-Lankes, Michael, Keine Geschenke!, in: Autohaus 2011, S. 63.

[702] In festgelegten Restwertkorridoren kann von der Restwertempfehlung laut Kommission abgewichen werden. Siehe dazu auch vorne Gliederungspunkt 2.3.2.3.

[703] „Versicherungsgeschäfte liegen vor, wenn gegen Entgelt für den Falle eines ungewissen Ereignisses bestimmte Leistungen versprochen werden, wobei das übernommene Risiko auf eine Vielzahl durch die gleiche Gefahr bedrohter Personen verteilt wird […]." Wagner, Fred, Versicherung, in: Gabler Wirtschaftslexikon, http://wirtschaftslexikon.gabler.de/Archiv/55059/versicherung-v7.html (17.10.2013). Außerdem ist der Beteiligungsbetrag nur zu zahlen (am Ende der Leasingvertragslaufzeit), wenn der Leasingvertrag ordnungsgemäß beendet wird, was auch versicherungsuntypisch ist.

grückkaufgeschäft zu werten ist.[704] Auf Fragen der handels- und steuerrechtlichen Bilanzierung des Leasing-Restwertmodells soll im Rahmen dieser Untersuchung nicht vertiefend eingegangen werden.[705] Vielmehr sollen im Folgenden die Auswirkungen einer vereinbarten Stützungsmaßnahme auf die Bilanzierung des Leasingrückkaufgeschäftes beim Händler kurz dargestellt werden.

Der Fall einer gewählten Restwertstützung von 100% bedeutet für den Händler wirtschaftlich, dass für ihn durch die Stützungsmaßnahme die ‚verlustfreien Anschaffungskosten' sichergestellt werden. In An-

---

[704] Allgemein ist unter einem Termingeschäft eine Vereinbarung zu verstehen, die Regelungen über Art, Menge, Preis und Zeitpunkt zukünftiger Lieferungen oder Leistungen enthält, vgl. Eisele, Wolfgang/Knoblock, Alois, Offene Probleme bei der Bilanzierung von Finanzinnovationen, in: DStR 1993, S. 582. Eine darüber hinausgehende Einordnung des oben beschriebenen Leasing-Restwertmodells als Optionsgeschäft, bei dem der Händler gegen Verpflichtung zur Zahlung der Optionsprämie am Ende der Laufzeit ein entsprechendes Wertausgleichsrecht bzw. eine Wertausgleichsverpflichtung erwirbt, vgl. Troost, Jürgen, Das Leasing-Restwertmodell der Audi AG wird von der Finanzverwaltung falsch interpretiert, in: ASR 2012, S. 12, scheint fraglich, da es an der für ein Optionsgeschäft typischen einseitigen Willenserklärung (Bedingung) fehlt. Bedingte Termingeschäfte, zu denen das Optionsgeschäft gezählt wird, räumen grundsätzlich einem Partner das Recht ein, das Geschäft verfallen zu lassen, was in Leasing-Restwertmodellen nicht der Fall ist. Siehe zur Definition von Optionsgeschäften Gliederungspunkt 3.3.2.3 und 3.3.3.

[705] Im Einzelnen können bezüglich der Bilanzierung der Stützungsmaßnahme in beschriebener Ausgestaltung folgende Überlegungen angestellt werden: Da der für die Stützungsmaßnahme vom Händler an den Hersteller zu zahlende Beteiligungsbetrag zur Korrektur der Anschaffungskosten des Gebrauchtfahrzeuges gezahlt wird und somit in unmittelbarem Zusammenhang mit dem Erwerb des Gebrauchtfahrzeuges steht, stellt er Anschaffungsnebenkosten des Gebrauchtfahrzeugs dar. Die Bildung einer Verbindlichkeit/Rückstellung für die künftig fälligen Beteiligungsbeträge scheidet somit aus. Vgl. auch OFD-Verfügung Frankfurt vom 07.03.2012, Bildung von Rückstellungen im Kfz-Handel bei Teilnahme am Leasing-Restwertmodell der Audi AG, S 2137 A - 67 - St 210, http://beck-online.de, BeckVerw 259670 (14.10.2013). Die mit dem Beteiligungsbetrag erworbene Restwertabsicherung führt grundsätzlich je nach Marktentwicklung entweder zu einem Anspruch (Restwert > DAT-Händlereinkaufswert) oder zu einer Verpflichtung (Restwert < DAT-Händlereinkaufswert) gegenüber dem Hersteller. Bis zum Ende des betreffenden Leasingvertrages besteht ein schwebendes Geschäft.

lehnung an die verlustfreie Bewertung im Vorratsvermögen ist darunter zu verstehen, dass der Händler das Gebrauchtfahrzeug nach dem Erwerb nicht oder nur in einem unwesentlichen Umfang wertberichtigen muss, da die Anschaffungskosten dem Marktwert des Gebrauchtfahrzeuges entsprechen.[706] Mit der Stützung verringert sich somit das vom Händler zu tragende Verwertungsrisiko, für den Fall, dass der Gebrauchtfahrzeugwert unter dem vereinbarten Rückkaufpreis liegt. Es kann allerdings trotz der Restwertabsicherung dazu kommen, dass das entsprechende Gebrauchtfahrzeug mit Verlust verkauft wird, denn unternehmensspezifische Risikofaktoren bestehen trotz der Stützung weiterhin.

Grundsätzlich ist das neben dem Leasingrückkaufgeschäft gesondert vereinbarte Leasing-Restwertmodell gesondert zu beurteilen und zu bilanzieren. Es gilt gemäß § 253 Abs. 1 Satz 4 HGB der Einzelbewertungsgrundsatz, so dass die Risiken und Chancen aus dem Leasingrückkaufgeschäft wie auch die Risiken und Chancen aus dem Leasing-Restwertmodell einzeln zu bewerten sind. Dies hat jeweils unter Beachtung des Realisations- bzw. Imparitätsprinzips (§ 252 Abs. 1 Nr. 3 und 4 HGB) zu erfolgen, so dass grundsätzlich eine imparitätische Behandlung von positiven und negativen Wertänderungen aus Leasingrückkaufgeschäft und Leasing-Restwertmodell vorzunehmen ist, obwohl die Stützungsmaßnahme negative Wertentwicklungen des Leasingrückkaufgeschäftes wirtschaftlich ausgleicht. Eine solche Vorgehensweise führt dazu, dass hohe Passivposten im Rahmen des Leasingrückkaufgeschäftes ausgewiesen werden, obwohl diese bewusst durch das Leasing-Restwertmodell abgesichert werden. Eine Forderung aus dem Leasing-Restwertmodell darf gemäß Realisationsprinzip erst ausgewiesen werden, wenn der Leasingvertrag beendet ist, da der Anspruch ansonsten verfällt. Je nach Größenordnung der abgeschlossenen Leasingrückkaufverträge kann davon ausgegangen werden, dass dies zu einer nicht den tatsächlichen Verhältnissen entsprechenden (negativen) Darstellung der Vermögens- und Ertragslage führt. In diesem Fall ist die Anwendung der Vorschrift des § 254 HGB über die

[706] Der an den Hersteller für die Stützungsmaßnahme gezahlte Beteiligungsertrag erhöht die Anschaffungskosten, so dass die Anschaffungskosten regelmäßig in dieser Höhe vom Marktwert abweichen.

Bildung einer Bewertungseinheit zu empfehlen.[707] Das Leasingrückkaufgeschäft stellt in dieser Betrachtungsweise das (abzusichernde) Grundgeschäft dar, während das Leasing-Restwertmodell als Sicherungsgeschäft eingestuft werden kann, welches in der Absicht abgeschlossen wurde, negative Risiken aus dem Leasingrückkaufgeschäft zu vermeiden bzw. zu reduzieren.[708] Für gebildete Bewertungseinheiten sind gemäß § 254 Satz 1 HGB der Einzelbewertungsgrundsatz, das Realisations-, wie auch das Imparitätsprinzip in dem Umfang und für den Zeitraum nicht anzuwenden, in dem die gegenläufigen Wertänderungen oder Zahlungsströme sich ausgleichen. Soweit ein Ausgleich ausgeblieben ist (sog. Ineffektiver Teil), finden die allgemeinen Bilanzierungs- und Bewertungsmethoden Anwendung.[709] Das führt im Ergebnis dazu, dass aus dem Grundgeschäft eingetretene Wertminderungen oder drohende Verluste mit gegenläufigen Effekten aus dem Sicherungsgeschäft außerbilanziell zu verrechnen sind und lediglich verbleibende negative Saldoüberhänge bilanziell erfasst werden.[710]

---

707 Vgl. IDW HFA, Stellungnahme zur Rechnungslegung: Handelsrechtliche Bilanzierung von Bewertungseinheiten (IDW RS HFA 35), in: IDW-Fachnachrichten 2011, S. 445, Tz. 12. Nach herrschender handelsrechtlicher Meinung ist bei der Bildung von Bewertungseinheiten gem. § 254 HGB von einem Wahlrecht auszugehen, vgl. Förschle, Gerhart/Usinger, Rainer, § 254, in: Ellrott, Helmut et al. (Hrsg.), Beck'scher Bilanz-Kommentar, 2012, Rz. 5. Auch *Toost* gelangt im Ergebnis zur Bilanzierung einer Bewertungseinheit von Leasingrückkaufgeschäft und Leasing-Restwertmodell, vgl. Troost, Jürgen, Das Leasing-Restwertmodell der Audi AG wird von der Finanzverwaltung falsch interpretiert, in: ASR 2012, S. 12.

708 Gemäß § 254 Satz 2 sind Termingeschäfte über den Erwerb oder die Veräußerung von Waren - und als solches wurde das Leasing-Restwertmodell eingeordnet, siehe oben - als Finanzinstrumente anzusehen. Zu den Anforderungen an Sicherungsinstrumente/Finanzinstrumente im Sinne der Vorschrift vgl. Förschle, Gerhart/Usinger, Rainer, § 254, in: Ellrott, Helmut et al. (Hrsg.), Beck'scher Bilanz-Kommentar, 2012, Rz. 20-21.

709 Gerhart/Usinger, Rainer, § 254, in: Ellrott, Helmut et al. (Hrsg.), Beck'scher Bilanz-Kommentar, 2012, Rz. 50.

710 Diese Vorgehensweise wird als sog. Methode der kompensatorischen Bewertung bzw. auch Einfrierungs- oder Festbewertungsmethode bezeichnet. Vgl. Gerhart/Usinger, Rainer, § 254, in: Ellrott, Helmut et al. (Hrsg.), Beck'scher Bilanz-Kommentar, 2012, Rz. 52. Die Einfrierungsmethode wird als in der Praxis vorherrschende Methode empfohlen, vlg. IDW HFA, Stellungnahme zur Rech-

Das bedeutet für die Bilanzierung nach der Einheitstheorie, dass sich dem Grunde nach an der eingestellten Risikoprämie als anzahlungsähnlichem Passivposten nichts ändert. Die Risikoprämie vergütet die vom Händler eingegangene Bindung an die Rückkaufverpflichtung und das daraus entstehende Risiko. Der Händler hat auch mit Abschluss des Restwertmodells die Pflicht, die Rechtsgestaltung durch die Leasinggesellschaft zu dulden und muss die Bereitschaft aufbringen, das Fahrzeug auf Wunsch der Leasinggesellschaft zurückzukaufen (Duldungs- und Bereitschaftspflicht). Die Risikoprämie besteht somit dem Grunde nach unverändert trotz Stützungsmaßnahme weiter. Die Höhe der Risikoprämie verringert sich aber aufgrund der Stützungsmaßnahme, da der Wertbestandteil des inneren Wertes - das Risiko welches sich aus dem Rückkaufvertrag ergibt - kleiner wird. Der Zeitwert als Unsicherheitsaufschlag bleibt aber unverändert bestehen, so dass eine abgeschlossene Restwertsicherung von 100% einen Ansatz der Risikoprämie in Höhe von Null nicht begründen kann. Darüber hinaus kann die Bemessung einer eventuellen Drohverlustrückstellung geringer ausfallen, wenn sich in der Stichprobe aufgrund der Stützungsmaßnahme weniger Verlustgeschäfte ergeben. Die mit der Restwertsicherung in Zusammenhang stehenden Beträge gehen in die Ermittlung der Drohverlustrückstellung ein.[711]

Eben Erläutertes gilt genauso für die Bilanzierung im Rahmen der modifizierten Trennungstheorie. Die Verpflichtung des Händlers aus dem Rückkauf (Duldungs- und Bereitschaftsverpflichtung) besteht weiterhin dem Grunde nach trotz Stützungsmaßnahme in Höhe der

---

nungslegung: Handelsrechtliche Bilanzierung von Bewertungseinheiten (IDW RS HFA 35), in: IDW-Fachnachrichten 2011, Tz. 76. Grundsätzlich hat der Gesetzgeber die Technik der Abbildung einer Bewertungseinheit offen gelassen, so dass auch die so genannte Durchbuchungsmethode Anwendung finden kann, bei der sämtliche Änderungen des Grund- und Sicherungsgeschäftes bilanziell zu erfassen sind.

711 So stellt der für die Stützung gezahlte Beteiligungsbetrag Anschaffungsnebenkosten des Gebrauchtfahrzeugs dar, während die Stützungszahlungen des Herstellers, für den Fall, dass der vereinbarte Rückkaufpreis größer ist als der DAT-Händlereinkaufswert des Fahrzeuges, Anschaffungspreisminderungen darstellen. Zur genauen Ermittlung des Verpflichtungsüberschusses im Rahmen der Bewertung der Drohverlustrückstellung vgl. Gliederungspunkt 4.3.3.2.1.2.2.6.

Risikoprämie. Aber auch hier wird sich aufgrund einer Berücksichtigung der Verringerung des Verwertungsrisikos eine geringere Risikoprämie ergeben. Auch wird die Stützungsmaßnahme eine Verringerung der eventuell erforderlichen Erhöhung der Verpflichtung an den darauffolgenden Bilanzstichtagen herbeiführen.

Die durch die Stützungsmaßnahme bewirkte Verringerung des Verwertungsrisikos des Händlers führt letztlich auch dazu, dass sich die Übernahme des Wertminderungsrisikos im Rahmen der Beurteilung des Übergangs des wirtschaftlichen Eigentums verschiebt.[712] Die Leasinggesellschaft trägt - wirtschaftlich betrachtet aufgrund ihrer Konzernzugehörigkeit zum Hersteller - nunmehr einen größeren Teil des Wertminderungsrisikos als ohne Stützungsmaßnahme. Damit verschiebt sich die Risikostruktur hin zu einem typischen Kaufvertrag. Der Übergang des wirtschaftlichen Eigentums auf die Leasinggesellschaft wird durch die Stützungsmaßnahme nicht geändert, er wird vielmehr gestärkt.

---

712 Vgl. zur Prüfung des Übergangs des wirtschaftlichen Eigentums beim Leasingrückkaufgeschäft Gliederungspunkt 4.2.1.2.

4.3.3.2.1.3 Angabepflichten im Anhang

Aus der Gesamtheit der Angabepflichten im Anhang kommen für die Rückkaufverpflichtung des Händlers im Rahmen des Leasingrückkaufgeschäftes grundsätzlich die Informationspflichten nach § 285 Nr. 3 und Nr. 3a HGB[713] in Betracht. Außerdem sind die Bilanzierungs- und Bewertungsmethode der für das Leasingrückkaufgeschäft gebildeten Rückstellungen zu erläutern (§ 284 Abs. 2 Nr. 1 HGB[714]) und ggf. sonstige Rückstellungen gem. § 285 Nr. 12 HGB aufzuführen. Darüber hinaus kommen Angaben über Bewertungseinheiten gemäß § 285 Nr. 23[715] in Betracht, wenn der Händler Leasingrückkaufgeschäfte durch Leasing-Restwertmodelle absichert.[716]

Die Aufgabe des Anhangs ist es, die Bilanz und die Gewinn- und Verlustrechnung so zu erläutern oder zu ergänzen, dass der Jahresabschluss insgesamt die gesetzlich gewollten Informationen über die Vermögens-, Finanz- und Ertragslage vermittelt.[717] Um ein den tatsächlichen Verhältnissen entsprechendes Bild der Finanzlage zu vermitteln, müsste der Jahresabschluss allerdings einen Finanzplan enthalten, der Informationen über künftige Mittelabflüsse vermittelt.[718]

---

[713] Entspricht § 314 Abs. 1 Nr. 2 und Nr. 2a HGB für den Konzern.

[714] Entspricht § 313 Abs. 1 Nr. 1 HGB für den Konzern.

[715] Entspricht § 314 Abs. 1 Nr. 15 HGB für den Konzern.

[716] Zu Leasing-Restwertmodellen siehe Gliederungspunkt 4.3.3.2.1.2.4. Darüber hinaus könnten sich aus § 289 Abs. 2 Nr. 2a HGB Erläuterungspflichten im Rahmen der Bilanzierung von Sicherungsgeschäften im Lagebericht ergeben. Da das Leasingrückkaufgeschäft als unechtes Pensionsgeschäft eingestuft werden kann, würde darüber hinaus eine Angabepflicht gemäß § 340b Abs. 5 HGB in Frage kommen (Angabe unter der Bilanz). Wird allerdings eine Angabe gem. § 285 Nr. 3 oder Nr. 3a HGB im Anhang aufgeführt kann die Angabe unter der Bilanz entfallen.

[717] Vgl. Moxter, Adolf, Bilanzlehre, Band II, Einführung in das neue Bilanzrecht, 1986, S. 98. Gemäß § 264 Abs. 1 Satz 1 HGB bilden Bilanz, Gewinn- und Verlustrechnung und Anhang bei Kapitalgesellschaften eine Einheit, die insgesamt die Generalnorm des § 264 Abs. 2 HGB „ [...] ein den tatsächlichen Verhältnissen entsprechendes Bild der Vermögens-, Finanz- und Ertragslage zu vermitteln" erfüllen sollen.

[718] Vgl. zur Finanzplanorientierten Rechnungslegung Moxter, Adolf, Grundsätze ordnungsmäßiger Rechnungslegung, 2003, S. 251–264.

Anhangangaben wie § 285 Nr. 3 und 3a HGB sollen in diesem Zusammenhang wichtige Hinweise auf die Beurteilung der Finanzlage liefern, indem sie Art und Zweck, Risiko und Vorteile sowie Verpflichtungen als künftige Zahlungsansprüche Dritter zum Bilanzstichtag aufführen, die aus Bilanz und Gewinn- und Verlustrechnung allein nicht abgeleitet werden können. Die Angabepflichten folgen somit der Informationsfunktion des Jahresabschlusses.[719] Die Pflicht zur Aufstellung eines Anhangs haben gemäß § 264 Abs. 1 HGB Kapitalgesellschaften und Personenhandelsgesellschaften i. S d. § 264a HGB. Für kleine und mittelgroße Kapitalgesellschaften und Personenhandelsgesellschaften i. S. d. § 264a HGB hat der Gesetzgeber einzelne Vereinfachungsregeln festgelegt.

Gemäß § 285 Nr. 3 HGB sind im Anhang Art und Zweck sowie Risiken und Vorteile von nicht in der Bilanz enthaltenen Geschäften (so genannten außerbilanziellen Geschäften[720]) anzugeben, soweit diese Angabe für die Beurteilung der Finanzlage als notwendig erachtet wird. Die Angabepflicht gilt vollumfänglich für große Kapitalgesellschaften und Personenhandelsgesellschaften i. S. d. § 264a HGB.[721] Kleine Kapitalgesellschaften und Personenhandelsgesellschaften i. S. d. § 264a HGB sind gemäß § 288 Abs. 1 HGB hiervon befreit und bei mittelgroßen Kapitalgesellschaften und Personenhandelsgesellschaften i. S. d. § 264a HGB sind gemäß § 288 Abs. 2 Satz 1 HGB lediglich Art und Zweck der Geschäfte darzustellen.

§ 285 Nr. 3a HGB fordert die Angabe des Gesamtbetrages der sonstigen finanziellen Verpflichtungen im Anhang, die nicht in der Bilanz erscheinen und nicht nach § 251 i. V. m. § 268 Abs. 7 HGB und Nr. 3 zu

---

719 Siehe zum Informationszweck des Jahresabschlusses Gliederungspunkt 4.1.1. Vgl. außerdem zu den Zwecken des Anhangs (Interpretationsfunktion, Entlastungsfunktion, Ergänzungsfunktion) Wehrheim, Michael/Renz, Anette, Die Handels- und Steuerbilanz, 2009, S. 121.

720 Mit diesem Tatbestandsmerkmal der Vorschrift versucht der Gesetzgeber den im angelsächsischen Raum verbreiteten Terminus der ‚Off-balance sheet transaction' auch im deutschen Rechtskreis einzuführen. Vgl. Oser, Peter et al., Ausgewählte Neuregelungen des Bilanzrechtsmodernisierungsgesetzes (BilMoG) - Teil 1, in: WPg 2008, S. 60.

721 Die Größendefinition findet sich in § 267 Abs. 1 bis 3 HGB.

vermerken sind. Diese Verpflichtungen sind aber lediglich anzugeben, sofern sie für die Beurteilung der Finanzlage von Bedeutung sind. Die Anhangspflichtangabe des Gesamtbetrages der sonstigen finanziellen Verpflichtungen besteht für mittelgroße und große Kapitalgesellschaften und Personenhandelsgesellschaften i. S. d. § 264a HGB. Kleine Kapitalgesellschaften und Personenhandelsgesellschaften i. S. d. § 264a HGB sind nach § 288 HGB von der Berichterstattungspflicht ausgenommen.

Das Rangverhältnis der Angabepflichten nach Nr. 3 und Nr. 3a ist mit dem Zusatz in Nr. 3a „die nicht nach […] Nr. 3 HGB anzugeben sind" im Gesetz eindeutig geregelt: Finanzielle Verpflichtungen sind vorrangig nach Nr. 3 anzugeben. Der Begriff ‚Risiko' im Sinne von Nr. 3 ist in Abgrenzung zum Begriff der ‚finanziellen Verpflichtungen' nach Nr. 3a weiter zu verstehen. Während ‚finanzielle Verpflichtungen' gemäß Definition im Regelfall zum Ressourcenabfluss führen,[722] umfasst der Begriff ‚Risiko' auch einen derzeit noch unwahrscheinlichen Ressourcenabfluss, wie z.B. eine Leistungspflicht, die unter einer aufschiebenden Bedingung steht und deren Eintritt als unwahrscheinlich gilt. Bezüglich der Beurteilung der Finanzlage ist hingegen die Angabepflicht nach Nr. 3 enger zu verstehen, da diese die ‚Notwendigkeit' für die Beurteilung der Finanzlage fordert, während nach Nr. 3a die Angabe für die Beurteilung der Finanzlage lediglich ‚von Bedeutung' sein muss.

Ein außerbilanzielles Geschäft liegt vor, wenn aufgrund eines Rechtsgeschäftes oder einer Maßnahme Vorteile oder Risiken übernommen werden, die nicht zum Ansatz von Vermögensgegenständen oder Schulden in der Bilanz führen.[723] Das sind vor allem Ansprüche und Verpflichtungen aus schwebenden Geschäften oder Dauerschuldverhältnisse, die (noch) keinen Niederschlag in der Bilanz gefunden haben. Für diese außerbilanziellen Geschäfte sollen deren Art und

---

[722] Vgl. hierzu unten.

[723] Vgl. hier und im Folgenden IDW HFA, Entwurf IDW Stellungnahme zur Rechnungslegung: Anhangangaben nach §§ 285 Nr. 3, 314 Abs. 1 Nr. 2 HGB zu nicht in der Bilanz enthaltenen Geschäften (IDW ERS HFA 32), in: IDW Fachnachrichten, 2009, S. 675.

Zweck sowie Risiken und Vorteile in Bezug auf die finanziellen Auswirkungen angegeben werden, damit zukünftige Liquiditätsauswirkungen zu erkennen sind. Somit sind künftige Finanzmittelzuflüsse und -abflüsse (Zahlungsströme) darzustellen. Lässt sich ein Zahlungsbetrag nicht ermitteln, kann eine Angabe in Bandbreiten oder eine verbale Beschreibung der möglichen betragsmäßigen Auswirkungen ausreichen.

Eine finanzielle Verpflichtung liegt vor, wenn ein Zwang zur Leistungserbringung besteht.[724] Dieser Leistungszwang muss hinreichend konkretisiert sein, das heißt er muss nicht sicher sein, es genügt, wenn der Leistungszwang mit einer bestimmten objektivierten Mindestwahrscheinlichkeit vorliegt.[725] Hier zeigt sich, wie bereits oben beschrieben, dass eine finanzielle Verpflichtung im Regelfall zu einem Ressourcenabfluss führt, während der Begriff Risiko weiter zu verstehen ist.

Für das Leasingrückkaufgeschäft kommen grundsätzlich beide Angabepflichten gemäß § 285 Nr. 3 und 3a in Betracht.

Der Rückkaufvertrag stellt grundsätzlich ein außerbilanzielles Geschäft dar. Vor Ausübung des Rückverkaufsrechtes durch die Leasinggesellschaft bzw. dessen Verfall befindet sich der Rückkaufvertrag in der Schwebe. Ansprüche und Verpflichtungen der Vertragspartner stehen sich unerfüllt und ausgeglichen gegenüber. Die Verpflichtung des Händlers aus dem Rückkaufvertrag besteht in der Zahlung des vereinbarten Rückkaufpreises für das Fahrzeug; dieser Verpflichtung steht der Anspruch auf das Fahrzeug gegenüber. Die Verpflichtung zur Zahlung ist vor Ausübung bzw. Verfall des Rückverkaufsrechtes nicht in der Bilanz enthalten, da der entsprechende Liquiditätsabfluss künftige Anschaffungskosten darstellt, die nicht passiviert werden

---

724 Das Unternehmen unterliegt einem Zwang, wenn es sich aus rechtlichen oder faktischen Gründen der Leistungserbringung nicht entziehen kann. Subjektive pessimistische Erwartungen des Kaufmanns genügen für die Annahme einer Verpflichtung nicht, vgl. so z. B. BFH vom 01.08.1984, in: BStBl. II 1985, S. 46.

725 Vgl. zur hinreichenden Konkretisierung und zum Kriterium der objektivierten Mindestwahrscheinlichkeit oben Gliederungspunkt 4.1.7.2.2.

dürfen.[726] Damit stellt die Verpflichtung aus dem Rückkaufvertrag grundsätzlich eine finanzielle Verpflichtung dar.

Im Folgenden wird anhand einer genaueren Betrachtung entschieden, welcher der beiden genannten Angabepflichten gefolgt werden muss.

Die Rückkaufverpflichtung des Händlers stellt eine Leistungsverpflichtung dar, die unter der aufschiebenden Bedingung der Ausübung des Rückverkaufsrechtes auf Seiten der Leasinggesellschaft steht. Der aus der Rückkaufverpflichtung resultierende Ressourcenabfluss fällt somit unter den weiten Begriff des ‚Risikos' gemäß § 285 Nr. 3 HGB.

Eine finanzielle Verpflichtung hingegen kann dann angenommen werden, wenn der Zwang zum Ressourcenabfluss mit einer objektivierten Mindestwahrscheinlichkeit vorliegt. Ein Zwang liegt bei der Rückkaufverpflichtung vor, da der Händler sich seiner Verpflichtung nicht einseitig entziehen kann. Dennoch ist dieser Leistungszwang nicht sicher, denn die Leasinggesellschaft behält sich neben dem Rückkauf an den Händler einen Verkauf an Dritte vor, das heißt die Möglichkeit, dass sie ihr Rückverkaufsrecht nicht ausübt, besteht. Daher ist zu prüfen, ob mit einer ernsthaften Inanspruchnahme des Rückverkaufsrechtes durch die Leasinggesellschaft zu rechnen ist und die Rückkaufverpflichtung somit vorhersehbar ist. Dies ist zu bejahen, weil die Leasinggesellschaft als Konzerngesellschaft des Herstellers grundsätzlich daran interessiert ist, Fahrzeuge an den Händler zurückzugeben, da damit die Aussicht auf einen neuen Leasing- oder Finanzierungsvertrag mit dem Leasingnehmer oder auf ein sonstiges Neufahrzeuggeschäft verbunden ist. Daher ist es als typischer Geschäftsablauf zu bezeichnen, dass die Leasinggesellschaft ihr Rückverkaufsrecht ausübt. Dass die Leasinggesellschaft an einen Dritten veräußert, kann als Ausnahmefall bezeichnet werden. Der im Regelfall

---

[726] Dieser Grundsatz ist steuerrechtlich in § 5 Abs. 4b EStG festgeschrieben.

eintretende Ressourcenabfluss fällt daher unter den Begriff der sonstigen finanziellen Verpflichtung gemäß § 285 Nr. 3a HGB.[727]

Ob die Zahlungsverpflichtungen aus den einzelnen Rückkaufverträgen gemäß § 285 Nr. 3 oder Nr. 3a HGB im Anhang anzugeben sind, richtet sich danach, ob die Angabe der Rückkaufpreise für die Beurteilung der Finanzlage ‚notwendig' (Nr. 3), das heißt unbedingt erforderlich ist, oder lediglich ‚von Bedeutung' (Nr. 3a) ist. Dies ist nach den Verhältnissen des Einzelfalls zu entscheiden.[728]

Betreffend die schon länger bestehende Regelung des § 285 Nr. 3a HGB besteht in der bilanzrechtlichen Literatur Uneinigkeit darüber, ob es auf jede einzelne finanzielle Verpflichtung und ihre Bedeutung für die Finanzlage ankommt, oder ob die Wesentlichkeit des Gesamtbetrages aller für das Unternehmen bestehenden finanziellen Verpflichtungen zum Abschlussstichtag entscheidend ist.[729] Diese Diskussion kann auf die ‚Notwendigkeit' für die Beurteilung der Finanzlage gemäß Nr. 3 übertragen werden. Außerdem ist bei finanziellen Verpflichtungen, die sich über mehrere Jahre erstrecken, die Beurteilung der Bedeutung für die Finanzlage für jede einzelne Jahresangabe zu untersuchen.[730]

---

[727] Der für finanzielle Verpflichtungen geforderte Liquiditätsabfluss zeigt sich im Zeitpunkt der Fälligkeit der Rückkaufverpflichtung, da es dann zum Abfluss des vereinbarten Rückkaufpreises kommt.

[728] Vgl. Adler, Hans/Düring, Walther/Schmaltz, Kurt, Rechnungslegung und Prüfung der Unternehmen, 2007, § 285, Rz. 44.

[729] Dafür, dass der Gesamtbetrag der finanziellen Verpflichtungen insgesamt für die Finanzlage von Bedeutung sein muss: Gelhausen, Hans Friedrich, Abschnitt F, in: IDW (Hrsg.), WP Handbuch Band I, 2006, Rz. 668; Selchert, Friedrich Wilhelm, Die sonstigen finanziellen Verpflichtungen, in: DB 1987, S. 548; Adler, Hans/Düring, Walther/Schmaltz, Kurt, Rechnungslegung und Prüfung der Unternehmen, 2007, § 285, Rz. 74. A. A., dass es auf die Wesentlichkeit jeder einzelnen Verpflichtung ankommt, Ellrott, Helmut, § 285, in: Ellrott, Helmut et al. (Hrsg.), Beck'scher Bilanz-Kommentar, 2010, Rz. 51.

[730] Vgl. Ellrott, Helmut, § 285, in: Ellrott, Helmut et al. (Hrsg.), Beck'scher Bilanz-Kommentar, 2010, Rz. 51. Das kann dazu führen, dass ein an sich bedeutender Gesamtbetrag auf die Zukunft verteilt für die Beurteilung der Finanzlage soweit an Bedeutung verliert, dass die Anhangangabe völlig unterbleiben kann,

Führt die Prüfung der ,Notwendigkeit' für die Beurteilung der Finanzlage zu dem Ergebnis, dass eine Anhangangabe im Sinne des § 285 Nr. 3 HGB einzustellen ist, bietet sich für die geforderte Angabe der Geschäftsarten die Nennung des Vertragstyps an, so dass der Begriff ,Sale-and-buy-back-Geschäft' in Form eines Leasingrückkaufgeschäftes erwähnt werden sollte.[731] Als Zweck eines Leasingrückkaufgeschäftes kann allgemein die Tätigung des Neufahrzeugverkaufsgeschäftes sowie des Gebrauchtfahrzeuganschaffungsgeschäftes (Zweck des Rückkaufvertrages i. e. S.) genannt werden. Die sich aus dem Rückkaufvertrag ergebenden angabepflichtigen Risiken und Vorteile für die Finanzlage des Händlers sind zum einen die zu zahlenden vereinbarten Rückkaufpreise[732] sowie das zukünftige je nach Marktentwicklung aus den festgelegten Rückkaufpreisen resultierende Verlustpotential bzw. Gewinnpotential. Weitere Vertragsbedingungen wie Stützungsmaßnahmen des Herstellers sind ebenso zu nennen. Die erwarteten Verluste sind im Rahmen der Einheitstheorie bereits Bestandteil der Drohverlustrückstellung. Diesen drohenden Verlusten können im Anhang die Vorteile (erwartete Gewinne) aus den Gebrauchtfahrzeuggeschäften gegenübergestellt werden, um dem Bilanzleser so einen umfassenderen Einblick in das Leasingrückkaufgeschäft zu liefern.[733]

---

vgl. Gelhausen, Hans Friedrich, Abschnitt F, in: IDW (Hrsg.), WP Handbuch Band I, 2006, Rz. 668.

731 Vgl. hier und im Folgenden IDW HFA, Entwurf IDW Stellungnahme zur Rechnungslegung: Anhangangaben nach §§ 285 Nr. 3, 314 Abs. 1 Nr. 2 HGB zu nicht in der Bilanz enthaltenen Geschäften (IDW ERS HFA 32), in: IDW Fachnachrichten, 2009, S. 676.

732 Es empfiehlt sich bei der Darstellung eine Unterteilung nach Fristigkeiten in Anlehnung an die Fristengliederung der Verbindlichkeiten nach §§ 268 Abs. 5 Satz 1 und 285 Nr. 1 Buchstabe a HGB.

733 Im Rahmen der Literaturdiskussion über die Angabepflicht der sonstigen finanziellen Verpflichtungen gemäß § 285 Nr. 3a HGB besteht die Auffassung, drohende Verluste bei schwebenden Geschäften, die bereits durch die Bildung einer Drohverlustrückstellung in der Bilanz berücksichtigt sind, vom Betrag der Verpflichtung abzusetzen, der im Anhang anzugeben ist. Im Anhang wird somit ein entsprechend geminderter Betrag ausgewiesen. Insgesamt informiert der Jahresabschluss dann über die gesamte Höhe der Rückkaufverpflichtung. Vgl. Selchert, Friedrich Wilhelm, Die sonstigen finanziellen Verpflichtungen, in:

Ist bezüglich des Rückkaufvertrages eine Angabe gemäß § 285 Nr. 3a HGB in den Anhang einzustellen, weil die Angabe für die Beurteilung der Finanzlage lediglich ‚von Bedeutung', aber nicht ‚notwendig' ist, sind als sonstige finanzielle Verpflichtungen aus Leasingrückkaufgeschäften die zu zahlenden vereinbarten Rückkaufpreise anzugeben.[734]

Darüber hinaus können sich Angabepflichten im Anhang bezüglich der gebildeten Rückstellung ergeben.[735] Die auf die Rückstellung angewandten Bilanzierungs- und Bewertungsmethoden sind gemäß § 284 Abs. 2 Nr. 1 HGB von jeder Kapitalgesellschaft und von jeder Personenhandelsgesellschaft i. S. d. § 264a HGB unabhängig von ihrer Größe anzugeben. Mittelgroße und große Gesellschaften müssen außerdem eine Rückstellung von nicht unerheblichem Umfang, die unter dem Bilanzposten ‚sonstige Rückstellungen' nicht gesondert ausgewiesen wird, gemäß § 285 Nr. 12 HGB im Anhang angeben.[736]

DB 1987, S. 547. Dies muss auch für außerbilanzielle Geschäfte im Sinne des § 285 Nr. 3 HGB Gültigkeit besitzen. Allerdings ist aus Gründen der Übersichtlichkeit vorzuziehen, den Gesamtbetrag im Anhang darzustellen. Der bereits in der Bilanz berücksichtigte Teil kann ggf. als ‚davon-Ausweis' abgebildet werden. *Ellrott* ist der Auffassung, dass stets der Gesamtbetrag der künftigen Ausgaben anzuzeigen ist, vgl. Ellrott, Helmut, § 285, in: Ellrott, Helmut et al. (Hrsg.), Beck'scher Bilanz-Kommentar, 2010, Rz. 54.

[734] Auch hier empfiehlt sich bei der Darstellung eine Unterteilung nach Fristigkeiten in Anlehnung an die Fristengliederung der Verbindlichkeiten nach §§ 268 Abs. 5 Satz 1 und 285 Nr. 1 Buchstabe a HGB. Die im Rahmen der Einheitstheorie gebildete Drohverlustrückstellung bildet bereits einen Teil des Rückkaufpreises ab, da sie für künftige Verluste gebildet wird, die daraus entstehen, dass der Preis, der auf dem Gebrauchtfahrzeugmarkt erzielt werden kann unter dem vereinbarten Rückkaufpreis liegt. Eine Minderung des im Anhang anzugebenden Betrages um die Höhe der Drohverlustrückstellung ist aus Gründen der Übersichtlichkeit abzulehnen. Es ist zu empfehlen, den Gesamtbetrag der sonstigen finanziellen Verpflichtungen im Anhang darzustellen, der bereits in der Bilanz berücksichtigte Teil kann ggf. als ‚davon-Ausweis' abgebildet werden.

[735] Das gilt sowohl für eine im Rahmen der Einheitstheorie gebildete Drohverlustrückstellung, wie auch für die ggf. im Rahmen der modifizierten Trennungstheorie gebildete Verbindlichkeitsrückstellung.

[736] Diese Aufgliederung müssen kleine Kapitalgesellschaften nicht zeigen, gemäß Erleichterungsvorschrift in § 288 Abs. 1 HGB.

Schließt der Händler mit dem Hersteller ein Leasing-Restwertmodell ab und bewertet das Leasingrückkaufgeschäft zusammen mit den Stützungsmaßnahmen müssen im Anhang umfangreiche Angaben zu Bewertungseinheiten gem. § 285 Nr. 23 HGB gemacht werden. Der Angabepflicht unterliegen Kapitalgesellschaften und Personenhandelsgesellschaften i. S. d. § 264a HGB unabhängig von ihrer Größe. Die Vorschrift ist notwendig, weil die Verknüpfung von Grund- und Sicherungsgeschäft bei Bewertungseinheiten außerhalb der Bilanz erfolgt und dokumentiert wird und somit nicht in Bilanz oder Gewinn- und Verlustrechnung erkennbar ist. Die Angabe konkretisiert die Berichterstattung über angewandte Bewertungsmethoden (§ 284 Abs. 2 Nr. 1 HGB) und erläutert die Abweichung vom Einzelbewertungsgrundsatz gem. § 284 Abs. 2 Nr. 3 HGB.[737]

[737] Vgl. Ellrott, Helmut, § 285, in: Ellrott, Helmut et al. (Hrsg.), Beck'scher Bilanz-Kommentar, 2012, Rz. 400.

4.3.3.2.2 Bilanzierung nach Ausübung oder Verfall des Rückverkaufsrechtes

Mit Ausübung des Rückverkaufsrechtes durch die Leasinggesellschaft ist die erste Phase des Leasingrückkaufgeschäftes abgeschlossen. Der im Rahmen der Einheitstheorie angenommene Schwebezustand der Rückkaufvereinbarung ist beendet. Der Händler hat seine Duldungs- und Bereitschaftsverpflichtung erbracht. Die im Sinne der modifizierten Trennungstheorie bilanzierte Verpflichtung ist nicht mehr existent. Die für diesen ersten Abschnitt des Leasingrückkaufgeschäftes gebildeten Bilanzposten sind somit aufzulösen. Im Sinne der Einheitstheorie bedeutet dies, dass die für die Risikoprämie gebildete anzahlungsähnliche Verbindlichkeitsrückstellung sowie eine ggf. gebildete Drohverlustrückstellung aufzulösen sind. Im Sinne der modifizierten Trennungstheorie bedeutet dies, dass die für die Verpflichtung eingestellte Verbindlichkeitsrückstellung aufzulösen ist. Das Gleiche gilt, wenn die Leasinggesellschaft das Rückverkaufsrecht nicht ausübt, sondern verfallen lässt.

Überdies wird im Falle der Ausübung des Rückverkaufsrechtes der Rückkaufvertrag ausgelöst. Inhalt des Rückkaufvertrages ist das Anschaffungsgeschäft des Gebrauchtfahrzeuges. Dieses führt beim Händler zu einem typischen Beschaffungsvorgang mit entsprechender Bilanzierung; Solange das Gebrauchtfahrzeug nicht weiterverkauft ist, erfolgt eine Aktivierung mit den Anschaffungskosten unter der Position ‚Fertige Erzeugnisse und Waren' im Umlaufvermögen, gemäß § 266 Abs. 2 B I 3 HGB. Mit diesem Aktivposten korrespondiert ein Aktivenabgang (Kasse oder Bank) bzw. eine Verbindlichkeit gegenüber der Leasinggesellschaft auf der Passivseite.

Nach § 253 Abs. 4 HGB ist bei Vermögensgegenständen des Umlaufvermögens das strenge Niederstwertprinzip anzuwenden. Damit besteht die Pflicht zur außerplanmäßigen Abschreibung auf den niedrigeren Wert, der sich aus dem Börsen- oder Marktpreis am Abschlussstichtag ergibt bzw. auf den niedrigeren beizulegenden Wert. Die Abschreibungsregelung des § 253 Abs. 4 HGB basiert auf dem Imparitätsprinzip, das eine verlustfreie Bewertung des Bilanzvermögens gebietet.[738] Deckt der nach retrograder Bewertung ermittelte erwartete Erlös aus dem Verkauf des Gebrauchtfahrzeuges den Buchwert nicht, ist das Fahrzeug somit handelsrechtlich wertzuberichtigen. Im Steuerrecht besteht für Wertminderungen von Wirtschaftsgütern des Umlaufvermögens, die voraussichtlich dauernd sind, ein Abschreibungswahlrecht auf den niedrigeren Teilwert gemäß § 6 Abs. 1 Nr. 2 Satz 2 EStG. Im Umkehrschluss besteht für Wertminderungen, die nur vorübergehend sind, ein steuerliches Abschreibungsverbot. Ob über das Maßgeblichkeitsprinzip aus dem erläuterten rein steuerlichen Abschreibungswahlrecht ein Abschreibungsgebot wird ist umstritten.[739] Zum Abschlussstichtag ist somit zu prüfen, ob das von der Leasinggesellschaft angeschaffte Gebrauchtfahrzeug abgewertet werden muss.

Die Anschaffungskosten des Gebrauchtfahrzeuges setzen sich zusammen aus dem Rückkaufpreis zuzüglich etwaiger Reparaturkosten und ggf. anfallender Anschaffungsnebenkosten abzüglich Anschaffungspreisminderungen.

Im Sinne der Einheitstheorie ist der Ertrag aus der Auflösung der passivierten (anzahlungsähnlichen) Verbindlichkeitsrückstellung (entspricht der Risikoprämie), als Anschaffungspreisminderung des Gebrauchtfahrzeuges anzusehen.[740] Dies spiegelt die der Einheitstheorie zugrunde liegende Einheit von Rückkaufvereinbarung und Rückkaufvertrag wider.[741] Die Risikoprämie wurde in diesem Sinne als ‚Anzah-

---

[738] Vgl. dazu genauer hier und im Folgenden Wehrheim, Michael, B 164, in: Böcking, Hans-Joachim et al. (Hrsg.), Beck'sches Handbuch der Rechnungslegung 2010, Rz. 55 und Rz. 113.

[739] Siehe genauer zu den unterschiedlichen Auffassungen Gliederungspunkt 4.1.2.

[740] Vgl. zur analogen Vorgehensweise bei Optionsgeschäften IDW BFA, Stellungnahme zur Rechnungslegung: Handelsrechtliche Bilanzierung von Optionsgeschäften bei Instituten (IDW RS BFA 6), in: IDW-Fachnachrichten 2011, Tz. 24. Für die praktische Vorgehensweise bietet sich in diesem Zusammenhang an, die Risikoprämie nicht für jedes Leasingrückkaufgeschäft separat zu bestimmen, sondern eine durchschnittliche Risikoprämie pro Leasingrückkaufgeschäft festzulegen. Damit ist dann auch die anzusetzende Anschaffungspreisminderung des Gebrauchtfahrzeuges bestimmt.

[741] Im Rahmen des Optionsgeschäftes wird die anschaffungspreismindernde Berücksichtigung der Optionsprämie beim Optionsgegenstand unter anderem

lung' auf das Risiko aus dem Gebrauchtfahrzeuggeschäft gesehen und führt mit ihrer anschaffungspreismindernden Berücksichtigung zu einer Verringerung eines ggf. entstehenden Verlustes (damit des Risikos) aus eben diesem Gebrauchtfahrzeuggeschäft. Eine ggf. im Rahmen der Einheitstheorie gebildete Drohverlustrückstellung für einen über die Höhe der Risikoprämie hinausgehenden drohenden Verlust aus dem Gebrauchtfahrzeuggeschäft ist ertragswirksam aufzulösen. Dieser Ertrag neutralisiert eine eventuell erforderliche handelsrechtliche außerplanmäßige Abschreibung.

Im Rahmen der modifizierten Trennungstheorie ist die eingestellte Verbindlichkeitsrückstellung ertragswirksam aufzulösen.[742] Die modifizierte Trennungstheorie betrachtet Rückkaufvereinbarung und Rückkaufvertrag grundsätzlich als getrennte Rechtsgeschäfte; eine Anschaffungspreisminderung des Gebrauchtfahrzeuges kommt unter diesem Gesichtspunkt nicht in Betracht. Das angeschaffte Gebrauchtfahrzeug ist auch hier zunächst mit seinen Anschaffungskosten im Umlaufvermögen zu bilanzieren und handelsrechtlich auf den niedrigeren beizulegenden Wert abzuschreiben. In der Steuerbilanz kann das aktivierte Gebrauchtfahrzeug, wie bereits oben erläutert, wahlweise am Bilanzstichtag auf seinen niedrigeren Teilwert abgeschrieben werden, wenn die Wertminderung von Dauer ist. Wird abgeschrieben, führt die Auflösung der Verbindlichkeitsrückstellung dazu, dass die Teilwertabschreibung keine Ergebnisauswirkung hat.

---

von *Niemeyer* kritisiert, mit dem Argument, dass der Optionsprämie die zur Qualifikation als Minderung der Anschaffungskosten im Sinne des § 255 Abs. 1 HGB notwendige Zweckrichtung fehle. Vgl. Niemeyer, Markus, Bilanzierung und Ausweis von Optionsgeschäften nach Handelsrecht und Steuerrecht, 1990, S. 129f m. w. N.

[742] So auch BMF-Schreiben vom 12.10.2011, in: BStBl. I 2011, S. 967.

4.3.3.3 Bilanzierung bei der Leasinggesellschaft

4.3.3.3.1 Vorgehensweise

Im Folgenden werden - im Anschluss an die Darstellung der Bilanzierung des Neufahrzeuggeschäftes - zwei Möglichkeiten der Bilanzierung des Leasingrückkaufgeschäftes bei der Leasinggesellschaft vorgestellt. Diese Bilanzierungsmöglichkeiten entsprechen der oben[743] im Rahmen der Beurteilung von Optionsgeschäften hergeleiteten Bilanzierung und stehen somit mit dem Korrespondenzprinzip in Einklang.

4.3.3.3.2 Bilanzierung vor Ausübung des Rückverkaufsrechtes

4.3.3.3.2.1 Bilanzierung des Neufahrzeuggeschäftes (Anschaffungsgeschäft)

Beim Leasingrückkaufgeschäft erwirbt die Leasinggesellschaft das Neufahrzeug, über welches mit dem Leasingnehmer ein Leasingvertrag abgeschlossen wurde, vom Händler. Dieses Neufahrzeuggeschäft wird entweder zum Händlereinkaufspreis oder zum Endabnehmerpreis abgewickelt. Das Neufahrzeuggeschäft stellt für die Leasinggesellschaft ein gewöhnliches Anschaffungsgeschäft dar. In der Regel sind die gängigen Fahrzeugleasingverträge so ausgestaltet, dass die Bilanzierung des Fahrzeugs beim Leasinggeber erfolgt.[744] Die Leasinggesellschaft wird das erworbene Fahrzeug im Anlagevermögen aktivieren. Die Bilanzierung erfolgt mit den Anschaffungskosten. Im Rahmen der Folgebewertung ist das Fahrzeug planmäßig über die Nutzungsdauer, die in der Regel die Grundmietzeit des Leasingvertrages darstellen wird, abzuschreiben. Gegebenenfalls kommen auch außerplanmäßige Abschreibungen in Betracht.

---

743 Vgl. Gliederungspunkt 4.3.1.5.

744 Die Aktivierung des Leasingobjektes in der Bilanz des Leasinggebers ist aufgrund steuerlicher Überlegungen ein Anliegen der Leasinggesellschaften, vgl. Hastedt, Uwe-Peter/Mellwig, Winfried, Leasing, 1998, S. 25–30.

Für den Fall, dass das Neufahrzeuggeschäft zum Endabnehmerpreis abgewickelt wird, enthält der Neufahrzeugpreis allerdings die Risikoprämie des Leasingrückkaufgeschäftes, die getrennt zu bilanzieren ist. Siehe zur Bilanzierung der Risikoprämie Gliederungspunkt 4.3.3.1.

4.3.3.3.2.2 Bilanzierung des Rückverkaufsrechtes

4.3.3.3.2.2.1 Der Wert des Rückverkaufsrechtes: Die verdeckte Risikoprämie

Zeitgleich mit dem Abschluss des Neufahrzeuggeschäftes vereinbart die Leasinggesellschaft mit dem Händler eine Rückkaufverpflichtung, die besagt, dass der Händler nach dem Willen der Leasinggesellschaft das betreffende Fahrzeug nach Ablauf der Grundmietzeit des Leasingvertrages zu einem festgelegten Preis zurückkaufen muss. Die Leasinggesellschaft kann über das Zustandekommen dieses Rückkaufes entscheiden. Das Rückverkaufsrecht der Leasinggesellschaft stellt ein Verkaufsoptionsrecht dar, weil die Leasinggesellschaft das Recht besitzt, am Ende der Laufzeit des Leasingvertrages das betreffende Fahrzeug durch einseitige Willenserklärung zu einem vereinbarten Preis an den Händler zu veräußern. Damit der Händler die mit der Rückkaufverpflichtung zusammenhängende Duldungs- und Bereitschaftsverpflichtung und das daraus resultierende Risiko eingeht, fordert er eine entsprechende Vergütung: die Risikoprämie.[745] Die Leasinggesellschaft zahlt mit der Risikoprämie für das Rückverkaufsrecht. Aus Sicht der Leasinggesellschaft entsprechen der Wert des Rückverkaufsrechtes und damit die Höhe der Risikoprämie dem Aufwand, den die Leasinggesellschaft ohne die Verkaufsoption tragen müsste. Die Leasinggesellschaft müsste die Vermarktung des Gebrauchtfahrzeugs nach Ablauf des Leasingvertrages selbst übernehmen. Das heißt, ein ggf. absehbarer Verlust aus dem Gebrauchtfahrzeuggeschäft sowie bei der Verwertung des Fahrzeuges anfallende Vertriebs- und Verwaltungskosten stellen den Aufwand dar, den die Leasinggesellschaft ohne die Verkaufsoption tragen müsste.[746] Wie auf Seiten des Händlers kann somit auch bei der Leasinggesellschaft davon ausgegangen werden, dass sich die Risikoprämie aus den Wert-

[745] Vgl. zur Risikoprämie auch Gliederungspunkt 4.3.3.1.

[746] Vgl. Ammenwerth, Michael, Rückstellungen für Leasingverträge mit „Buyback-Verpflichtung“ möglich, in: ASR 2008, S. 6.

komponenten innerer Wert (Risiko aus dem Gebrauchtfahrzeuggeschäft) und Zeitwert (Unsicherheitsaufschlag) zusammensetzt.[747]

Die Zahlung der Risikoprämie von der Leasinggesellschaft an den Händler erfolgt verdeckt. Die Risikoprämie ist wie bereits erläutert[748] je nach Ausgestaltung des Neufahrzeuggeschäftes entweder in der Leasingvermittlungsprovision oder im Neufahrzeugpreis enthalten. Wird das Neufahrzeuggeschäft zum Händlereinkaufspreis abgewickelt, muss die Leasingvermittlungsprovision wirtschaftlich betrachtet teilweise auch die Risikoprämie beinhalten.[749] Ist der Neufahrzeugpreis in Höhe des Endabnehmerpreises bemessen, ist die Risikoprämie wirtschaftlich betrachtet im Neufahrzeugpreis enthalten.

---

[747] Vgl. zu den Bestandteilen der Risikoprämie innerer Wert und Zeitwert Gliederungspunkt 4.3.3.1 und auch 4.3.1.2.

[748] Vgl. Gliederungspunkt 4.3.3.1.

[749] Vgl. dazu auch Gliederungspunkt 4.3.2.

4.3.3.3.2.2.2 Aktivierung des Rückverkaufsrechtes als immaterielles Wirtschaftsgut (Bilanzierung im Sinne der modifizierten Trennungstheorie)

Wird die Beendigung des schwebenden Geschäftes der Rückkaufvereinbarung in Einklang mit der Anwendung der modifizierten Trennungstheorie beim Händler mit Zahlung der Risikoprämie angenommen, ist auch bei der Leasinggesellschaft ab dem Zeitpunkt der Zahlung der Risikoprämie ein immaterieller Vermögensgegenstand/ein immaterielles Wirtschaftsgut ‚Rückverkaufsrecht' zu aktivieren.[750] Die dafür vorauszusetzende selbständige Verwertbarkeit des Rückverkaufsrechtes ist gegeben, da für die Leasinggesellschaft theoretisch die Möglichkeit besteht, das Rückverkaufsrecht (und damit die Option auf den Verkauf eines Fahrzeuges über seinem Marktwert) an einen Dritten weiter zu veräußern. Da mit dem verleasten Fahrzeug eine marktgängige Ware vorliegt, ist das Rückverkaufsrecht unter Umständen auch für einen Dritten von Interesse. Damit ist der wirtschaftliche Vorteil, den das Rückverkaufsrecht verkörpert, grundsätzlich für Dritte nutzbar zu machen. Gemäß beispielhaftem Rahmenvertrag (Endabnehmerpreis), Abschnitt G., II. (siehe Anhang 2) ist die Abtretung der Rechte und Ansprüche an Dritte zulässig.

Die gezahlte Risikoprämie stellt die Anschaffungskosten des Rückverkaufsrechtes dar.[751] Wie oben dargestellt ist die Risikoprämie entweder verdeckt im Neufahrzeugpreis oder in der Leasingvermittlungsprovision enthalten. Mit Zahlung der Leasingvermittlungsprovision bzw. des Neufahrzeugpreises vergütet die Leasinggesellschaft nicht nur die erfolgreiche Leasingvertragsvermittlung bzw. das Neufahrzeuggeschäft, sondern erwirbt auch ihr Rückverkaufsrecht. Um die Höhe der Risikoprämie zu bestimmen, muss auf Seiten der Leasinggesellschaft, genauso wie beim Händler, eine objektivierte Aufteilung

---

[750] Vgl. so auch BMF mit Schreiben vom 12.10.2011, in: BStBl. I 2011. S. 967. Eine Aktivierung mit der Begründung abzulehnen, dass der Wert des Rückverkaufsrechtes nicht ermittelbar sei, ist nicht nachvollziehbar, so aber Becker, Stephan, Rückverkaufsoptionen im Kfz-Handel, in: NWB 2011, S. 2956.

[751] Zusätzlich könnten an dieser Stelle noch etwaige Anschaffungsnebenkosten für den Erwerb des Rückverkaufsrechtes anfallen, wie z. B. Beratungskosten oder Ähnliches.

der Leasingvermittlungsprovision bzw. des Neufahrzeugpreises erfolgen, indem die gezahlten Beträge auf die Leasingvertragsvermittlung bzw. das Neufahrzeuggeschäft und den Erwerb des Rückverkaufsrechtes aufgeteilt werden.[752]

Als hilfsweiser Aufteilungsmaßstab kann der Leasinggesellschaft z. B. die oben im Rahmen der Bilanzierung beim Händler erläuterte Aufteilung nach dem Verhältnis von Anschaffungspreis des Neufahrzeuges (Händlereinkaufspreis) und vereinbartem Rückkaufpreis dienen.[753] Die Schätzung der Risikoprämie ist auch auf Seiten der Leasinggesellschaft mit Schwierigkeiten behaftet und kann nur näherungsweise erfolgen. Grundsätzlich kann auch auf Seiten der Leasinggesellschaft die Ermittlung der Höhe der Risikoprämie unternehmensindividuell erfolgen. Neben dem oben vorgeschlagenen Aufteilungsmaßstab bietet sich ebenso an, einen Prozentsatz der UPE in Abhängigkeit von z. B. der Laufzeit des Leasingvertrages als Risikoprämie festzulegen. Das entspricht der Vorgehensweise der Hersteller bei Vereinbarungen von Stützungsmaßnahmen mit dem Händler.[754] Es ist davon auszugehen, dass die ermittelte Höhe der Risikoprämie von Leasinggesellschaft und Händler in der Regel nicht übereinstimmen werden.[755] Dies ist jedoch auch nicht zu fordern, da das Korrespondenzprinzip nicht so weit gehen kann, dass sich die Höhe der einzustellenden Aktiv- und Passivposten bei beiden beteiligten Parteien des Leasingrückkaufgeschäftes entsprechen müssen. Denn schon die von Händler und Leasinggesellschaft anzuwendenden grundlegend unterschiedlichen bilanzrechtlichen Prinzipien stehen dem entgegen.[756] Da sich für die

---

752 Vgl. zur analogen Vorgehensweise beim Händler Gliederungspunkt 4.3.3.2.1.2.2.5.

753 Vgl. Gliederungspunkt 4.3.3.2.1.2.2.5. Die Bestimmung des drohenden Verlustes aus dem Gebrauchtfahrzeuggeschäft muss auch auf Seiten der Leasinggesellschaft als Aufteilungsmaßstab abgelehnt werden, weil dieser unter Umständen dazu führen würde, dass keine Risikoprämie existiert. Vgl. dazu ausführlich Gliederungspunkt 4.3.3.1 und 4.3.3.2.1.2.2.5.

754 Vgl. Gliederungspunkt 4.3.3.2.1.2.4.

755 A. A. BMF vom 12.10.2011, in: BStBl. I 2011, S. 967. Das BMF fordert, dass sich die bilanzierten Werte von Händler und Leasinggesellschaft entsprechen.

756 So hat der Händler z. B. das Imparitätsprinzip/Höchstwertprinzip zu beachten, während die Leasinggesellschaft gemäß Anschaffungskostenprin-

Leasinggesellschaft Abzinsungsfragen auf der Aktivseite der Bilanz nicht stellen,[757] während beim Händler eine Abzinsung in der Regel geboten sein dürfte,[758] können sich Aktiv- und Passivposten von Leasinggesellschaft und Händler schon aus diesem Grund nicht entsprechen.

Da die Leasinggesellschaft das Rückverkaufsrecht in der Regel auf Dauer, also bis zur Ausübung bzw. zum Verfall des Rückverkaufsrechtes beibehalten will, ist das Rückverkaufsrecht dem Anlagevermögen zuzuordnen.

Der Ansatz des Rückverkaufsrechtes der Höhe nach ist im Rahmen der Folgebewertung nicht zu ändern, da das erworbene Recht der Leasinggesellschaft unverändert bis zur Ausübung oder dessen Verfall bestehen bleibt. Auch unterliegt das Rückverkaufsrecht keinem geregelten Wertverzehr. Es ist somit nicht planmäßig abzuschreiben. Liegen am Stichtag Gründe für eine dauernde Wertminderung des Rückverkaufsrechtes vor (z. B. die Leasinggesellschaft entschließt sich dazu, das Rückverkaufsrecht nicht auszuüben), muss eine außerplanmäßige Abschreibung vorgenommen werden.[759]

Der Ausweis eines Rückverkaufsrechtes im Anlagevermögen hat im Rahmen der Bilanzgliederung nach § 266 Abs. 2 HGB unter der Position ‚A. Anlagevermögen, I. Immaterielle Vermögensgegenstände, 2. entgeltlich erworbene Konzessionen, gewerblich Schutzrechte und ähnliche Rechte und Werte sowie Lizenzen an solchen Rechten und Werten' zu erfolgen.[760] Aus Gründen der Bilanzklarheit und Bilanzwahrheit kann es angezeigt sein – vor allem bei Rückverkaufsrechten

---

zip/Niederstwertprinzip bilanziert. Vgl. so auch für das Optionsgeschäft Niemeyer, Markus, Bilanzierung und Ausweis von Optionsgeschäften nach Handelsrecht und Steuerrecht, 1990, S. 120.

757 Vgl. Prinz, Ulrich, Verbindlichkeit statt Rückstellung für die Rückkaufverpflichtung eines Kraftfahrzeug-Händlers, in: StuB 2008, S. 190.

758 Vgl. vorne Gliederungspunkt 4.3.3.2.1.2.3.

759 Vgl. zur analogen Vorgehensweise beim Optionsrecht Gliederungspunkt 4.3.1.4.2.

760 Denn das Rückverkaufsrecht zählt zu den ähnlichen Rechten im Sinne dieser Vorschrift.

von bedeutendem Wert - einen zusätzlichen Bilanzposten gemäß § 265 Abs. 5 HGB auszuweisen.[761]

[761] Zu den verschiedenen Ausweismöglichkeiten in diesem Zusammenhang siehe oben Gliederungspunkt 4.3.1.4.2.

4.3.3.3.2.2.3 Aktivierung des Rückverkaufsrechtes als Vorleistung (Bilanzierung im Sinne der Einheitstheorie)

Wird die Beendigung des schwebenden Geschäftes der Rückkaufvereinbarung, in Einklang mit der Anwendung der Einheitstheorie beim Händler, mit Ausübung oder Verfall des Rechtes zum Rückkauf angenommen, besteht bis zu diesem Zeitpunkt auch für die Leasinggesellschaft ein schwebendes Geschäft, was grundsätzlich bilanziell nicht zu berücksichtigen ist. Dies steht der Aktivierung des Rückverkaufsrechtes als immaterieller Vermögensgegenstand entgegen; an der Eigenschaft als immaterieller Vermögensgegenstand der gezahlten Risikoprämie hat sich aber nichts geändert. Unter diesen Voraussetzungen kann die von der Leasinggesellschaft gezahlte Risikoprämie- in Analogie zur bilanziellen Behandlung von geleisteten Optionsprämien beim Optionsberechtigten[762] - als Vorleistung erfasst werden. Durch die Aktivierung einer geleisteten Anzahlung wird der bis zur Beendigung des Schwebezustandes gebotenen Erfolgsneutralität im Rahmen des schwebenden Geschäftes Rechnung getragen.

Die geleistete Anzahlung besteht in Höhe der gezahlten Risikoprämie. Nach dieser Auffassung wird die gezahlte Risikoprämie als Vorleistung auf die noch zu erbringende Gegenleistung des Händlers verstanden, die im Bereithalten für den Abschluss bzw. Nicht-Abschluss des Rückkaufvertrages besteht.[763]

Wie bereits erläutert ist die Risikoprämie entweder verdeckt im Neufahrzeugpreis oder in der Leasingvermittlungsprovision enthalten. Die Bemessung der Höhe der Risikoprämie muss unternehmensindividuell und mit Hilfe einer näherungsweisen Schätzung erfolgen. Bezüglich eines hilfsweisen Aufteilungsmaßstabs kann auf die Ausführungen im vorangegangenen Gliederungspunkt verwiesen werden.

Da die Leasinggesellschaft in der Regel im normalen Geschäftsablauf beabsichtigt, bis zum Ende des Leasingvertrages mit dem Leasingnehmer abzuwarten, um dann das Fahrzeug dem Händler zurück zu

[762] Siehe zur analogen Bilanzierung von Optionsgeschäften oben Gliederungspunkt 4.3.1.5.

[763] Vgl. Gliederungspunkt 4.3.1.4.3.

verkaufen, kann die geleistete Anzahlung als Anlagevermögen eingestuft werden. Eine Weiterveräußerungsabsicht liegt in der Regel nicht vor.

Der Ausweis der gezahlten Risikoprämie als geleistete Anzahlung hat im gesetzlichen Gliederungsschema unter der Position ‚A. Anlagevermögen, I. Immaterielle Vermögensgegenstände, 4. geleistete Anzahlungen' zu erfolgen.

4.3.3.3.2.3 Angabepflichten im Anhang

Grundsätzlich ist auch bei der Leasinggesellschaft § 284 Abs. 2 Nr. 1 und 3 HGB einschlägig und es ist über Bilanzierungs- und Bewertungsmethoden sowie Abweichungen davon in Bezug auf die Geschäfte mit Optionen, zu denen das Leasingrückkaufgeschäft zählt, zu berichten. Daneben sind nach § 285 Nr. 19 HGB Angaben für nicht zum beizulegenden Zeitwert bilanzierte Optionen zu machen.[764]

Auch für die Leasinggesellschaft kommt die bereits oben erläuterte Informationspflicht nach § 285 Nr. 3 oder 3a HGB in Betracht.[765] Grundsätzlich müssten hierunter Zahlungsverpflichtungen aus dem Rückkaufvertrag angegeben werden. Da solche aber für die Leasinggesellschaft regelmäßig nicht entstehen und die Leasinggesellschaft mittels des Rückverkaufsrechtes selbst darüber entscheiden kann, ob diese Zahlungsverpflichtung entsteht - die Zahlungsverpflichtung damit nicht unvermeidbar ist - ergeben sich für die Leasinggesellschaft aus dem Leasingrückkaufgeschäft nach § 285 Nr. 3 oder 3a HGB keine besonderen Angabepflichten im Anhang.

---

[764] Vgl. IDW BFA, Stellungnahme zur Rechnungslegung: Handelsrechtliche Bilanzierung von Optionsgeschäften bei Instituten (IDW RS BFA 6), in: IDW-Fachnachrichten 2011, Tz.15f. Siehe dort auch weitere Angabepflichten für als Kreditinstitute einzustufende Gesellschaften, die über am Stichtag noch nicht abgewickelte Optionsgeschäfte zu berichten haben.

[765] Vgl. Gliederungspunkt 4.3.3.2.1.3.

4.3.3.3.3 Bilanzierung nach Ausübung oder Verfall des Rückverkaufsrechtes

Ist das Rückverkaufsrecht bzw. die geleistete Anzahlung als immaterieller Vermögensgegenstand bilanziert und macht die Leasinggesellschaft von ihrem Rückverkaufsrecht durch Ausübung Gebrauch bzw. lässt es verfallen[766], geht die Vermögensposition Rückverkaufsrecht bzw. geleistete Anzahlung unter und ist aufwandswirksam auszubuchen.[767] Im Falle des Leasingrückkaufgeschäftes, bei dem die Ausübung des Rückverkaufsrechtes die Veräußerung eines Vermögensgegenstandes des Anlagevermögens zum Gegenstand hat (Verkauf des gebrauchten Leasingfahrzeuges an den Händler), ist der auszubuchende (Rest-)Buchwert des Rückverkaufsrechtes als Veräußerungs(neben)kosten anzusehen und kann mit den entsprechenden Veräußerungserlösen des Fahrzeuges saldiert werden.[768] Zusätzlich sind die Abgänge des Anlagevermögens mit ihren historischen Anschaffungskosten im Anlagegitter[769] zu erfassen.

---

[766] Das Rückverkaufsrecht kann entweder durch Fristablauf verfallen oder die Leasinggesellschaft verzichtet rechtswirksam auf dessen Ausübung,

[767] So auch das BMF mit Schreiben vom 12.10.2011, in: BStBl. I 2011, S. 967.

[768] Vgl. dazu auch vorne Gliederungspunkt 4.3.1.4.2.

[769] Gemäß § 268 Abs. 2 HGB.

4.4 Synoptische Zusammenfassung der abgeleiteten Bilanzierungsalternativen für das Leasingrückkaufgeschäft

Folgende Übersicht stellt die in dieser Untersuchung befürwortete, aus den Grundlagen der Einheitstheorie und der modifizierten Trennungstheorie abgeleiteten beiden Bilanzierungsalternativen des Leasingrückkaufgeschäftes dar:

Abb. 11: Bilanzierungsalternativen für das Leasingrückkaufgeschäft

Bilanzierung / Theorie	Händler	Leasinggesellschaft
HANDELSRECHT Einheitstheorie: schwebendes Geschäft der Rückkaufvereinbarung besteht bis Ausübung/Verfall des Rückverkaufsrechts	Einstellung der vereinnahmten Risikoprämie als Teil des Neufahrzeugpreises bzw. der Leasingvermittlungsprovision als Vorleistung/erhaltene Anzahlung in eine Verbindlichkeitsrückstellung (aufgrund der i. d. R. vorliegenden Ungewissheit über die Höhe der Risikoprämie) bis zur Ausübung/Verfall des Rückverkaufsrechtes. Risikoüberhang als Drohverlustrückstellung.	Aktivierung der gezahlten Risikoprämie als Vorleistung/geleistete Anzahlung unter den immateriellen Vermögensgegenständen.
STEUERRECHT modifizierte Trennungstheorie: schwebendes Geschäft der Rückkaufvereinbarung endet mit Zahlung der Risikoprämie (Neufahrzeugpreis/ Vermittlungsprovision)	Erfolgswirksame Vereinnahmung des Neufahrzeugpreises bzw. der Leasingvermittlungsprovision und Passivierung einer Verbindlichkeitsrückstellung in Höhe der Risikoprämie aufgrund der Duldungs- und Bereitschaftsverpflichtung. Risikoüberhang als Teilwerterhöhung der Verbindlichkeitsrückstellung.	Aktivierung der gezahlten Risikoprämie als immaterielles Wirtschaftsgut 'Rückverkaufsrecht'.

Quelle: Eigene Darstellung.

4.5 Beurteilung der abgeleiteten Bilanzierungsalternativen für das Leasingrückkaufgeschäft

4.5.1 GoB-Systemkonformität der abgeleiteten Bilanzierungsalternativen für das Leasingrückkaufgeschäft

Die vorliegende Untersuchung hat das Leasingrückkaufgeschäft aufbauend auf der zivilrechtlichen Einordnung unter den schuldrechtlichen Vertragstyp des Wiederverkaufs als Optionsgeschäft definiert. Infolgedessen wurden die Grundsätze zur Bilanzierung von Optionsgeschäften auf das Leasingrückkaufgeschäft übertragen, was im Ergebnis zur Ableitung zweier Bilanzierungsalternativen führte.

Ausgehend von der synoptischen Zusammenfassung der beiden abgeleiteten Bilanzierungsalternativen im vorangegangenen Gliederungspunkt, soll im Folgenden eine Entscheidung für eine der beiden Alternativen getroffen werden. Dabei soll zunächst beurteilt werden, ob die Bilanzierungsalternativen den Grundsätzen ordnungsmäßiger Buchführung und damit dem Bilanzzweck folgen. Stellt sich heraus, dass eine der beiden Alternativen diesbezüglich Defizite aufweist, muss die Entscheidung zugunsten der anderen Alternative getroffen werden.

Grundsätzlich ist festzustellen, dass die Risikolage des Leasingrückkaufgeschäftes einem vollen Gewinnausweis aus dem Neufahrzeuggeschäft entgegensteht, weil im Sinne des Gläubigerschutzgedankens[770] der Ertrag in Form der Risikoprämie noch mit Risiken aus dem Rückkaufvertrag behaftet ist.

Somit kommt bei der Beurteilung der GoB-Eignung der abgeleiteten Bilanzierungsalternativen dem Vorsichtsprinzip übergeordnete Bedeutung zu. Seine Ausprägung findet das Vorsichtsprinzip im Zusammenhang mit dem Leasingrückkaufgeschäft vor allem im Realisationsprinzip, weil es um die Frage geht, welcher Periode der Ertrag aus dem Neufahrzeuggeschäft zuzuordnen ist bzw. ob der volle Ertrag

---

[770] Vgl. zum Gläubigerschutz im Rahmen des Bilanzzwecks Gliederungspunkt 4.1.1.

aus dem Neufahrzeuggeschäft zu realisieren ist oder teilweise als zu einer künftigen Periode zugehörig anzusehen ist. Das Realisationsprinzip ist dabei mit Hinblick auf die Dominanz des Gläubigerschutzgedankens auszulegen, das heißt eine Interpretation im vorsichtsbetonten Sinne soll vorgenommen werden. Darüber hinaus konkretisiert das Imparitätsprinzip das Vorsichtsprinzip im Hinblick auf das Leasingrückkaufgeschäft indem etwaige erwartete Vermögensminderungen aus dem Rückkaufgeschäft in die Periode ihrer Entstehung vorgezogen werden müssen. Vermögensminderungen können entstehen, wenn im Zeitablauf das Risiko aus dem Rückkaufgeschäft z. B. durch Preisverfall ansteigt.

Die Einheitstheorie nimmt die ertragswirksame Vereinnahmung der Risikoprämie erst mit Ausübung oder Verfall des Rückverkaufsrechts durch die Leasinggesellschaft an. Damit besteht für das abgrenzbare Leistungsaustauschverhältnis ‚Zahlung der Risikoprämie' und ‚Eingehen der Duldungs- und Bereitschaftsverpflichtung' ein schwebendes Geschäft der Rückkaufvereinbarung, das bis zur Ausübung oder Verfall des Rückverkaufsrechtes der Leasinggesellschaft fortbesteht. Zur gebotenen Neutralisation der erhaltenen Risikoprämie wird im Sinne der Einheitstheorie die Bildung eines anzahlungsähnlichen Passivpostens vertreten. Damit soll keine Verpflichtung aus der Position des Händlers bilanziert werden, sondern es wird eine Bilanzierung nach den Grundsätzen von Vorleistung bzw. Anzahlungen befürwortet. Die Risikoprämie stellt keine Anzahlung dar, weil sie in voller Höhe gezahlt wird und sie bei Verfall der Rückkaufverpflichtung nicht zurückzugewähren ist. Dennoch verkörpert sie eine Art Vorleistung der Leasinggesellschaft auf die Duldungs- und Bereitschaftsverpflichtung des Händlers.

Im Gegensatz dazu kommt die modifizierte Trennungstheorie zwar auch zum Ergebnis einer hinausgeschobenen Erfüllung der Rückkaufvereinbarung, weicht aber systematisch von der Bilanzierung im Sinne der Einheitstheorie ab, indem sie die Risikoprämie im Zeitpunkt der Zahlung voll ertragswirksam vereinnahmt und diesem Ertrag einen Passivposten aus der Duldungs- und Bereitschaftsverpflichtung gegenüberstellt, so dass im Ergebnis im Jahr der Einstellung der Verpflichtung keine Gewinnauswirkungen entstehen. Die ertragswirksame Vereinnahmung der Risikoprämie und die Passivierung der Verpflichtung gelingen nur unter der Annahme, dass das Ende des schwebenden Geschäftes der Rückkaufvereinbarung mit Zufluss der Risikoprämie festlegt wird.

Damit erfüllen sowohl die Einheitstheorie, wie auch die modifizierte Trennungstheorie mit ihren jeweiligen Vorgehensweisen die Forderung nach einer Neutralisation des Teils des Ertrages aus dem Neufahrzeuggeschäft, der noch mit Risiken aus dem Rückkaufvertrag behaftet ist.

Darüber hinaus ist aber zu prüfen, ob dem Realisationsprinzip bei beiden Theorien genüge getan ist. Die Einheitstheorie weist einen Ertrag erst dann aus, wenn der Vertrag der Rückkaufvereinbarung wirtschaftlich erfüllt ist und die vereinbarte Leistung erbracht ist. Dem Realisationsprinzip wird damit gefolgt. Im Sinne der modifizierten Trennungstheorie endet mit Zahlung der Risikoprämie zeitgleich das schwebende Geschäft und es tritt Realisation ein. Ob diese Vorverlegung des Endes des schwebenden Geschäftes überhaupt mit dem Realisationsprinzip vereinbart werden kann soll im Folgenden geprüft werden.

Die Entscheidung, ob der Einheitstheorie oder der modifizierten Trennungstheorie und damit der handelsrechtlichen oder der steuerrechtlichen Bilanzierungsalternative der Vorzug zu geben ist, steht also eng in Verbindung mit der Frage, ob das schwebende Geschäft im Sinne des BFH mit vollständiger Erbringung der Geldleistung endet, wenn der zur Geldleistung Verpflichtete vorzuleisten hatte.

Als unbefriedigend im Rahmen des theoretischen Ansatzes der modifizierten Trennungstheorie muss bezeichnet werden, dass sich die Passivierung der Verpflichtung beim Händler wie auch korrespondierend die Aktivierung des Rückverkaufsrechts bei der Leasinggesellschaft am Zahlungszeitpunkt der Risikoprämie entscheidet.[771] Die auf der modifizierten Trennungstheorie basierende Auffassung geht davon aus, dass das schwebende Geschäft der Rückkaufvereinbarung mit Zahlung der Optionsprämie durch den Optionsberechtigten been-

---

[771] Siehe dazu die Erläuterungen unter Gliederungspunkt 4.3.1.3.4.

det ist.[772] Grundsätzlich kommt es aber für die sowohl handelsbilanzielle, wie auch steuerbilanzielle Gewinnermittlung nicht auf den Zu- oder Abfluss von Zahlungen an.[773]

Darüber hinaus wird im Schrifttum vereinzelt an der Auffassung des BFH kritisiert, der BFH habe die Grundsätze zur Beendigung von schwebenden Geschäften geändert, indem er den Zusammenhang zwischen der Gewinnrealisation des zur Lieferung oder Leistung Verpflichteten und dem Ende des Schwebezustandes von Geschäften durchbricht.[774] Bei genauer Betrachtung der Ausführungen des BFH ist diese Kritik jedoch gegenstandslos, denn der Zusammenhang zwischen Realisation beim Händler (der zur Lieferung oder Leistung verpflichtete) und dem Ende des schwebenden Geschäfts besteht weiterhin. Der BFH legte bereits mit seinem Optionsprämienurteil und erneut im Leasingrückkaufurteil das Ende des schwebenden Geschäftes der Rückkaufvereinbarung mit vollständiger Zahlung der Risikoprämie durch die Leasinggesellschaft fest.[775] Mit dieser ‚vorzeitigen' Beendigung des schwebenden Geschäftes durch den BFH wird auch die Risikoprämie erfolgswirksam vereinnahmt (Gewinnrealisation), so dass sowohl das Ende des schwebenden Geschäftes, wie auch die erfolgswirksame Vereinnahmung der Risikoprämie durch den BFH im Vergleich zur Einheitstheorie ‚vorgezogen/vorverlegt' werden. Der Zusammenhang von Gewinnrealisation und Ende des schwebenden Geschäftes wird aber grundsätzlich nicht durchbrochen.

---

[772] Siehe Gliederungspunkt 4.1.6 und 4.3.1.3.4.

[773] Vgl. BFH vom 27.02.1986, in: BStBl. II 1986, S. 552.

[774] Vgl. Hahne, Klaus D./Sievert, Jürgen, Abgrenzung von Drohverlustrückstellung und Rückstellung für ungewisse Verbindlichkeiten, in: DStR 2003, S. 1994 zur Beurteilung der BFH-Meinung im Rahmen von Optionsgeschäften. Die Diskussion ist auf das Leasingrückkaufgeschäft übertragbar.

[775] Vgl. BFH-Urteil vom 11.10.2007, in: BStBl. II 2009, S. 705–708 und BFH-Urteil vom 17.11.2010, in: BB 2011, S. 621-622. Die herrschende Meinung im bilanzrechtlichen Schrifttum sieht beim Thema Optionsgeschäfte dagegen das schwebende Geschäfte erst im Zeitpunkt der Ausübung oder des Verfalls des Optionsrechtes als beendet an, weil dann die Duldungs- und Bereitschaftsverpflichtung des Optionsverpflichteten endet. Vgl. IDW BFA, Stellungnahme zur Rechnungslegung: Handelsrechtliche Bilanzierung von Optionsgeschäften bei Instituten (IDW RS BFA 6), in: IDW-Fachnachrichten 2011, S. 700-702.

Kritisch zu hinterfragen ist in diesem Zusammenhang allerdings, ob im Fall des Leasingrückkaufgeschäftes die Zahlung der Risikoprämie als ein der Realisation zumindest gleichzusetzender Tatbestand angesehen werden kann.[776] Im Regelfall des Veräußerungsgeschäftes wird dann Realisation angenommen, wenn der Anspruch auf Gegenleistung (Zahlung) so gut wie sicher ist. Dies ist im Regelfall des Veräußerungsgeschäfts dann der Fall, wenn die wirtschaftliche Verfügungsgewalt über die Sache beim Erwerber liegt (Übergang der Preisgefahr), was mit der Übergabe, also der Lieferung und Leistung der Sache erfüllt ist. Dann ist die Forderung auf die Gegenleistung nur noch mit typischen Risiken belastet und kann als ‚so gut wie sicher' eingestuft werden.[777] Das Leasingrückkaufgeschäft muss wie ein Optionsgeschäft auch aufgrund seiner Besonderheiten als Ausnahmefall angesehen werden, bei dem der zur Gegenleistung Verpflichtete (Zahlung) grundsätzlich vorzuleisten hat. Unter dem Risikoaspekt ist das Argument der Sicherheit des Anspruchs beim Leasingrückkaufgeschäft voll erfüllt. „Diese Voraussetzung ist [...] gleichsam „übererfüllt", wenn zwar die Gegenleistung noch zu erbringen, dennoch bereits der Zufluss eines unentziehbar vereinnahmten Entgelts hierfür erfolgt ist; damit besteht - anders [als] bei einer „bloßen" realisierten Forderung - auch kein Zahlungs- oder Bonitätsrisiko mehr."[778] Damit kann im Fall des Leasingrückkaufgeschäftes genauso wie beim Optionsgeschäft, abweichend vom Regelfall, die Zahlung der Risikoprämie als ein der Realisierung zumindest gleichzusetzender Tatbestand angesehen werden. Liegt aber lediglich eine echte Anzahlung vor, kann keine Realisation eintreten.

Ein etwaiger Risikoüberhang wird in beiden abgeleiteten Bilanzierungsalternativen im Rahmen der Folgebewertung berücksichtigt, so dass auch dem Imparitätsprinzip genüge getan ist. Darüber hinaus

---

[776] Vgl. analog zum Optionsgeschäft Christiansen, Alfred, Zur Passivierung von Verbindlichkeiten: (Nicht-) Passivierung im Rahmen schwebender Geschäfte, in: DStR 2007, S. 871.

[777] Vgl. zum Gewinnrealisationstatbestand Gliederungspunkt 4.1.5.

[778] Christiansen, Alfred, Zur Passivierung von Verbindlichkeiten: (Nicht-) Passivierung im Rahmen schwebender Geschäfte, in: DStR 2007, S. 871 sinngleich zu Optionsgeschäften.

wird durch entsprechend erforderliche Anhangangaben in beiden Alternativen die Informationsfunktion erfüllt.[779]

Im Ergebnis folgen somit beide abgeleiteten Bilanzierungsalternativen den Grundsätzen ordnungsmäßiger Buchführung und tragen im Sinne des Bilanzzwecks dem Gläubigerschutzgedanken Rechnung, so dass auf dieser Grundlage keine Entscheidung für eine der beiden Alternativen getroffen werden kann. Es müssen im Folgenden weitere Kriterien zur Entscheidungsfindung herangezogen werden.

[779] Siehe hierzu genauer Gliederungspunkt 4.1.1.

4.5.2 Fazit: Die modifizierte Trennungstheorie als Bilanzierungsgrundsatz für den Mittelstand

Insbesondere mittelständische Unternehmen besitzen grundsätzlich ein großes Interesse daran, eine Einheitsbilanz zu generieren.[780] Als Einheitsbilanz wird dabei das Ideal verstanden, mit einem einzigen Rechenwerk handelsrechtliche und gleichzeitig auch steuerrechtliche Bilanzierungspflichten zu erfüllen.[781] Empirische Studien belegen, dass davon ausgegangen werden kann, dass sich kleine und mittlere Unternehmen bei der Jahresabschlusserstellung bezüglich ihrer Bilanzierungs- und Bewertungsmethoden an den steuerrechtlichen Vorgaben orientieren und die Vorschriften des Steuerrechts denen des Handelsrechts vorziehen.[782] Gründe dafür sind in der Vereinfachung der Arbeit der bilanzierungspflichtigen Personen und in dem damit einhergehenden Kostensenkungspotential zu sehen.[783]

Enthält die Handelsbilanz aber Sachverhalte, die im Steuerbilanzrecht abweichend geregelt sind, ist eine identische bilanzielle Behandlung nicht mehr möglich und die Erstellung einer Einheitsbilanz scheidet aus. Generell besteht ein Wahlrecht, der Steuererklärung gemäß § 60 EStDV entweder eine Handelsbilanz mit steuerlicher Überleitungsrechnung und eine handelsrechtliche Gewinn- und Verlustrechnung oder eine Steuerbilanz mit handelsrechtlicher Gewinn- und Verlustrechnung beizufügen. Mit Einführung des BilMoG wird nach Ausführungen im Regierungsentwurf angestrebt, am Konzept der Einheitsbilanz festzuhalten.[784] Die Erstellung einer Einheitsbilanz dürfte damit

---

780 Vgl. Westerfelhaus, Herwarth, Die Einheitsbilanz als Zielsetzung des mittelständischen Unternehmens, in: DB 2007, S. 69 und Haller, Axel et al., Die „einheitliche" Erstellung von Handels- und Steuerbilanz, in: DB 2011, S. 885.

781 Vgl. Herzig, Norbert/Briesemeister, Simone, Das Ende der Einheitsbilanz, in: DB 2009, S. 1. Vgl. zu den theoretischen Grundlagen der Einheitsbilanz Gliederungspunkt 4.1.2.

782 Vgl. Haller, Axel et al., Die „einheitliche" Erstellung von Handels- und Steuerbilanz, in: DB 2011, S. 889. In der Studie wurden die Jahre 2006 bis 2008 ausgewertet, also vor Einführung des BilMoG.

783 Vgl. Westerfelhaus, Herwarth, Die Einheitsbilanz als Zielsetzung des mittelständischen Unternehmens, in: DB 2007, S. 71.

784 Vgl.Reg-E BilMoG-RegE, BT-Drucks. 16/100067.

auch nach Einführung des BilMoG aufgrund des Festhaltens an der materiellen Maßgeblichkeit weiterhin möglich, wenn auch in vielen Fällen schwierig zu erreichen sein.[785]

Es bleibt festzustellen, dass für die Mehrheit von kleinen und mittleren Unternehmen aus Wirtschaftlichkeitsgesichtspunkten zumindest eine steuerliche Überleitungsrechnung interessant sein dürfte und eine eigenständige Steuerbilanz lediglich in den Fällen erstrebenswert ist, in denen aufgrund mehrperiodischer Abweichungseffekte eine Sicherung der Übersichtlichkeit und Vermeidung von Fehlern erfolgen sollte.[786] Vor diesem Hintergrund ist bei der im vorhergehenden Gliederungspunkt ermittelten Gleichrangigkeit der Einheitstheorie und der modifizierten Trennungstheorie als abgeleiteten Bilanzierungsalternativen für das Leasingrückkaufgeschäft derjenigen der Vorzug zu geben, die den geringsten Bilanzierungsaufwand verursacht.

Daher sollte die grundlegende Bilanzierungssystematik der modifizierten Trennungstheorie, die in der Berücksichtigung einer Verpflichtung auf Seiten des Händlers besteht, auch in der Handelsbilanz Einzug halten.[787] Eigene Erfahrungen zeigen, dass diese Entwicklung bereits vorangeschritten ist und kleine und mittlere Unternehmen in der Praxis die Bilanzierung einer Verpflichtung aus dem Leasingrückkaufgeschäft nach den Grundsätzen der BFH-Rechtsprechung vollziehen und damit die grundlegenden Annahmen der in dieser Untersu-

---

785 Vgl. zur Gegenüberstellung der Abweichungen von Handels- und Steuerrechtlichen Regelungen die Synopse bei Herzig, Norbert/Briesemeister, Simone, Das Ende der Einheitsbilanz, in: DB 2009, S. 2. Siehe zur Interpretation des Wahlrechtsvorbehaltes durch die Finanzverwaltung BMF-Schreiben vom 12.03.2010, in: BStBl. I 2010, S. 239-242

786 Erfahrungen nach Einführung des BilMoG zeigen, dass die Bereitschaft zur Erstellung einer eigenständigen Steuerbilanz zur Fehlervermeidung zugenommen hat, vlg. Herzig, Norbert et al., Von der Einheitsbilanz zur E-Bilanz, in: DB 2011, S. 4.

787 So im Rahmen der Bilanzierung von Optionsgeschäften auch schon angeregt durch Herzig/Briesemeister, vgl. Herzig, Norbert/Briesemeister, Simone, Steuerbilanzielle Abbildung von Optionsgeschäften beim Stillhalter, in: DB 2002, S. 1579.

chung auf Grundlage der Bilanzierung von Optionsgeschäften abgeleiteten Einheitstheorie nicht anwenden.[788]

Die Anwendung der systematischen Grundgedanken der modifizierten Trennungstheorie in der Handelsbilanz führt im Ergebnis aufgrund abweichender Bewertungsregelungen in Handels- und Steuerbilanz dennoch zum Erfordernis einer steuerlichen Überleitungsrechnung. Die Passivierung der Duldungs- und Bereitschaftsverpflichtung des Händlers zum Rückkauf des gebrauchten Leasingfahrzeuges in Form der Verbindlichkeitsrückstellung ist gemäß § 253 Abs. 1 Satz 2 HGB in Höhe des nach vernünftiger kaufmännischer Beurteilung notwendigen Erfüllungsbetrages anzusetzen. Da die Verpflichtung über die gesamte Laufzeit des Leasingvertrages besteht, der in der Regel über drei Jahre läuft, ist die Rückstellung gemäß § 253 Abs. 2 HGB abzuzinsen. Der handelsrechtliche Zinssatz weicht vom steuerlichen Abzinsungssatz ab.[789] Die handelsrechtliche Anwendung anderer

---

[788] Darüber hinaus ist in der Praxis eine Vermischung der vom BFH befürworteten Variante mit der Einheitstheorie zu beobachten. Dies fußt vor allem auf dem BMF-Schreiben vom 12.10.2011, welches für den Risikoüberhang im Rahmen der Folgebewertung den Ausweis einer Drohverlustrückstellung befürwortet. Vgl. BMF-Schreiben vom 12.10.2011, in: BStBl. I 2011, S. 967. So wird in der Praxis oftmals eine Verbindlichkeit in Höhe der Risikoprämie eingestellt und ein Risikoüberhang als Drohverlustrückstellung abgebildet. Die Verbindlichkeit ist handelsbilanziell nicht abzuzinsen, steuerbilanziell in Höhe von 5,5%. Die Drohverlustrückstellung ist entsprechend ihrer Laufzeit ggf. handelsbilanziell abzuzinsen, während sie steuerbilanziell keine Berücksichtigung findet. Diese Vermischung der Systeme ist abzulehenn, weil sie dem Grundgedanken der modifizierten Trennungstheorie widerspricht. Vgl. zur Begründung der Teilwerterhöhung der Verbindlichkeitsrückstellung Gliederungspunkt 4.3.1.3.4 und 4.3.3.2.1.2.3. Auch sind immer wieder Stimmen in der Literatur zu vernehmen, die dafür plädieren, die nach den steuerlichen Grundsätzen gebildete Verbindlichkeit sei aufgrund ihres Vorausleistungscharakters nicht abzuzinsen. Vgl. so Becker, Stephan, Rückverkaufsoption im Kfz-Handel aus Sicht der Finanzverwaltung, in: NWB 2011, S. 3693; ders., Rückverkaufsoptionen im Kfz-Handel, in: NWB 2011, S. 2958 auch Palmbeck, Sven/Braun, Thorsten, Überlegungen zur Bewertung von Rückkaufverpflichtungen im Kfz-Handel, in: DB 2012, S. 713.

[789] Handelsrechtlich ist mit dem durchschnittlichen Marktzinsatz der vergangenen sieben Jahre abzuzinsen (§ 253 Abs. 2 HGB), während steuerlich ein Abzinsungszinssatz von 5,5% anzuwenden ist (§ 6 Abs. 1 Nr. 3a Buchstabe e) EStG.

Zinssätze als des in § 253 Abs. 2 HGB geforderten Marktzinssatzes, z. B. der steuerlichen Abzinsungssätze, ist aufgrund des verpflichtenden Gesetzeswortlautes im Regelfall nicht zulässig.[790]

Der von der Deutschen Bundesbank bekannt gegebene Abzinsungssatz liegt derzeit für Restlaufzeiten von drei Jahren gerundet ungefähr 1,5 Prozentpunkte unter dem steuerlichen Zinssatz.

[790] Vgl. Gelhausen, Hans Friedrich, et al., Rechnungslegung und Prüfung nach dem Bilanzrechtsmodernisierungsgesetz, 2009, S. 188. Eine Abweichung ist nur im engen Rahmen des § 253 Abs. 2 Satz 2 zulässig.

4.6 Bilanzierungsgrundsätze für bedingte Sale-and-buy-back-Geschäfte

Die folgende Darstellung fasst den abgeleiteten Bilanzierungsgrundsatz auf der Grundlage der modifizierten Trennungstheorie abschließend zusammen:

Abb. 12: Bilanzierungsgrundsätze für bedingte Sale-and-buy-back-Geschäfte

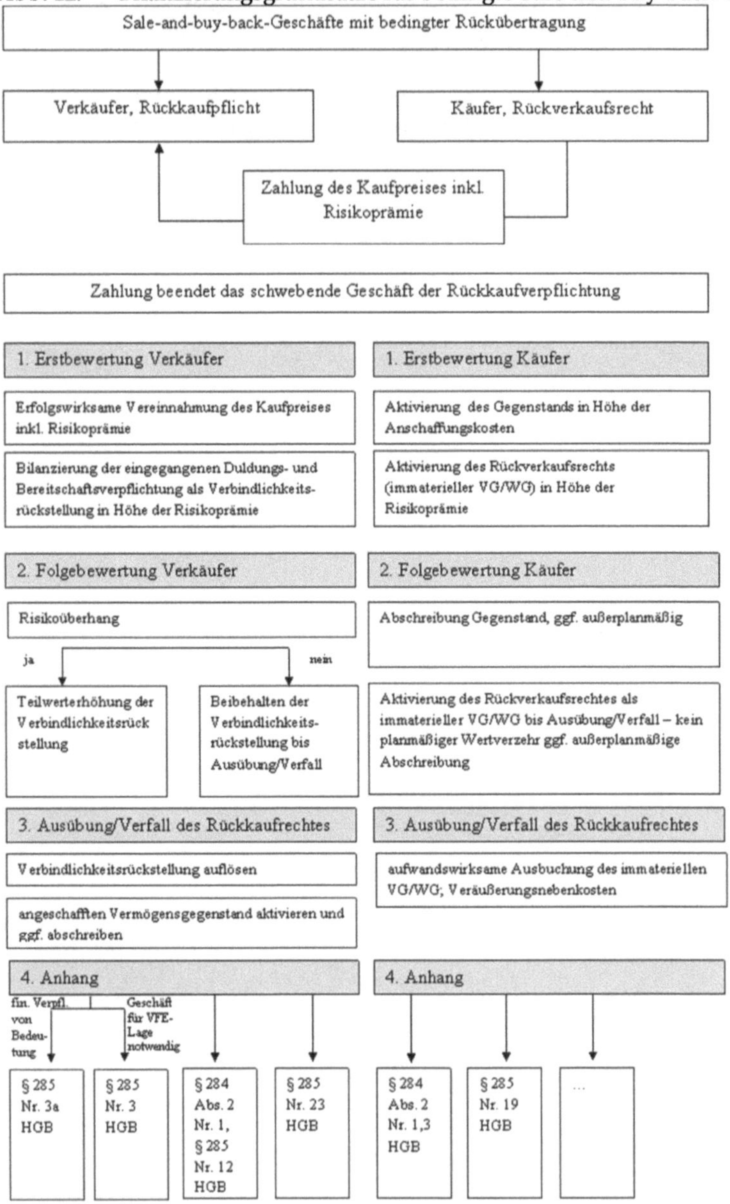

Quelle: Eigene Darstellung..

5 THESENFÖRMIGE ZUSAMMENFASSUNG

1. Unter einem Leasingrückkaufgeschäft soll eine vertragliche Vereinbarung zwischen Leasinggesellschaft und Händler verstanden werden, bei der die Leasinggesellschaft - nach erfolgreicher Leasingvertragsvermittlung durch den Händler - ein Neufahrzeug vom Händler ankauft, um es an einen Endkunden zu verleasen. Zeitgleich mit diesem Neufahrzeuggeschäft vereinbaren die Parteien einen Rückkauf des Fahrzeuges nach Ablauf der Leasingvertragslaufzeit zu einem festgelegten Preis. Der Leasinggesellschaft steht in Verbindung mit dem Rückkauf ein Rückverkaufsrecht zu, während der Händler eine Rückkaufverpflichtung eingeht. Leasingrückkaufgeschäfte gehören zur Gruppe der Sale-and-buy-back-Geschäfte.
2. Der Ankauf des Neufahrzeuges durch die Leasinggesellschaft vom Händler (Neufahrzeuggeschäft) erfolgt in der Regel entweder zum Händlereinkaufspreis oder zum Endabnehmerpreis.
3. Für die Vermittlungsleistung des Leasingvertragsabschlusses zwischen Leasinggesellschaft und Leasingnehmer erhält der Händler eine Leasingvermittlungsprovision bemessen, im Fall der Abwicklung des Neufahrzeuggeschäftes zum Händlereinkaufspreis, in Höhe der Handelsspanne eines vergleichbaren Verkaufsgeschäftes. Bei Abwicklung des Neufahrzeuggeschäftes in Höhe des Endabnehmerpreises ist die Vergütung für die Leasingvermittlung Bestandteil der Marge des Endabnehmerpreises.
4. Der Händler verpflichtet sich, das Fahrzeug nach Ablauf der Grundmietzeit des Leasingvertrages von der Leasinggesellschaft zurückzukaufen. Der Rückkaufpreis wird in Höhe des im Zeitpunkt des Vertragsabschlusses berechneten kalkulierten Fahrzeugrestwertes festgelegt.
5. Die Leasingvertragsvermittlung ist rechtlich als Dienstleistungsvertrag einzustufen, bei dem der Händler als Handelsvertreter die Vermittlungsbemühungen zwischen Leasingnehmer und Leasinggesellschaft schuldet. Die Vergütung des Dienstleistungsvertrages (Leasingvermittlungsprovision) stellt eine erfolgsabhängige Provision dar.

6. Das Leasingrückkaufgeschäft ist zivilrechtlich als Wiederverkaufsgeschäft einzuordnen. Im Gegensatz zum Wiederkauf (§§ 456-462 BGB) ist der Wiederverkauf gesetzlich nicht geregelt.
7. Das Wiederverkaufsrecht gehört zur Gruppe der Optionsrechte, da das Recht vorliegt, einen Gegenstand veräußern zu dürfen, ohne dazu verpflichtet zu sein. Damit ist das Leasingrückkaufgeschäft als Anwendungsfall einer Verkaufs-Option (Put-Option) einzuordnen.
8. Jedes Optionsgeschäft besteht aus einer zweiphasigen Struktur. Die erste Phase zeichnet sich durch die Optionsvereinbarung aus, die durch Ausübung des Optionsrechtes die zweite Phase – den Hauptvertrag – wirksam werden lässt.
9. Vertreter der Trennungstheorie sehen Optionsvereinbarung und Hauptvertrag des Optionsgeschäftes als selbständige Verträge an. In der Optionsvereinbarung wird dem Optionsnehmer gegen Zahlung der Optionsprämie das Optionsrecht eingeräumt. Im Rahmen des Hauptvertrages wird der Optionsgegenstand übergeben und übereignet, gegen Zahlung eines Entgeltes und Abnahme der Sache. Mit Einräumung des Optionsrechtes hat der Optionsverpflichtete seine Hauptleistungspflicht aus der Optionsverpflichtung im Sinne der Trennungstheorie somit vollständig erfüllt.
10. Die Einheitstheorie stellt hingegen den Zusammenhang der beiden Phasen des Optionsgeschäftes – Optionsvereinbarung und Hauptvertrag – in den Vordergrund, indem die Erfüllung der Optionsvereinbarung zeitlich im Vergleich zur Trennungstheorie weiter nach hinten verschoben wird (hinausgeschobene Erfüllung). In wirtschaftlicher Betrachtungsweise erfüllt der Optionsverpflichtete die Optionsvereinbarung nicht mit Einräumung des Optionsrechtes, sondern mit Erfüllung seiner Duldungs- und Bereitschaftsverpflichtung (Duldung der Rechtsgestaltung durch den Optionsberechtigten und Bereitschaft zur Bewirkung der Leistung des Hauptvertrages). Die Duldungs- und Bereitschaftsverpflichtung entfällt erst mit Ausübung oder dem Verfall der Option. Bis zu diesem Zeitpunkt hat der Optionsverpflichtete seine Verpflichtung aus der Optionsvereinbarung nicht voll wirtschaftlich erfüllt.

11. Der Optionspreis stellt den Wert der Verkaufs-Option dar, das heißt den Wert des Rechtes, in der Zukunft einen Optionsgegenstand zu einem festgelegten Preis (Ausübungspreis) zu verkaufen. Der Optionspreis entspricht im Zeitpunkt des Vertragsabschlusses der Optionsprämie. Optionspreis und Optionsprämie setzen sich aus zwei Wertbestandteilen zusammen: dem inneren Wert und dem Zeitwert. Aus Sicht des Optionsverpflichteten spiegelt der Zeitwert das allgemeine Risiko wider, welches aus der Optionsvereinbarung resultiert (Unsicherheitsaufschlag). Der innere Wert beschreibt das Risiko des drohenden Verlustes aus dem Hauptvertrag.
12. Die Optionsprämie muss, der Trennungstheorie folgend, beim Optionsverpflichteten aufgrund der vollständigen Erfüllung der Optionsvereinbarung mit Einräumung des Optionsrechtes zu diesem Zeitpunkt vollständig erfolgswirksam vereinnahmt werden. Der Hauptvertrag ist als schwebendes Geschäft anzusehen, weil die Ausübung des Optionsrechtes von Seiten des Optionsberechtigten mit hinreichender Sicherheit erwartet werden kann (wirtschaftliche Entstehung des Hauptvertrages). Aus dem schwebenden Hauptvertrag kann bei Unausgeglichenheit eine Drohverlustrückstellung resultieren, deren Höhe dem erwarteten Verpflichtungsüberschuss entspricht.
13. Im Sinne der Einheitstheorie ist im Rahmen der Bilanzierung beim Optionsverpflichteten die Optionsprämie erst mit Ausübung oder Verfall des Optionsrechtes erfolgswirksam zu vereinnahmen, weil erst zu diesem Zeitpunkt die Optionsvereinbarung als vollständig wirtschaftlich erfüllt angesehen werden kann. Im Zeitpunkt des Zuflusses der Optionsprämie ist diese daher erfolgsneutral als sonstige Verbindlichkeit zu passivieren. Nach herrschender Meinung wird damit keine Verpflichtung aus der Position des Optionsverpflichteten bilanziert, sondern eine Bilanzierung nach den Grundsätzen von Vorleistungen/Anzahlungen vertreten. Im Sinne der Einheitstheorie besteht das schwebende Geschäft der Optionsvereinbarung über den Zeitpunkt der Einräumung des Optionsrechtes hinaus (Trennungstheorie) bis zur Ausübung oder dem Verfall der Option fort. Aus dem Hauptvertrag als schwebendes Geschäft kann eine Drohverlustrückstellung resultieren, deren Höhe aber ledig-

lich den Risikoüberhang umfasst. Das heißt, die Optionsprämie wirkt bei der Bewertung der Drohverlustrückstellung im Sinne einer ‚Anzahlung auf das Risiko' kompensatorisch.

14. Steuerlich vertritt der BFH mit Urteil vom 18.12.2002 (I R 17/02) für die Bilanzierung auf Seiten des Optionsverpflichteten die modifizierte Trennungstheorie, die genauso wie die Einheitstheorie die hinausgeschobene Erfüllung der Optionsvereinbarung zu Grunde legt. Der Unterschied zur Einheitstheorie besteht in der Festlegung des Endes des schwebenden Geschäfts der Optionsvereinbarung mit Zufluss der Optionsprämie, statt wie bei der Einheitstheorie mit Ausübung oder Verfall der Option. Die Optionsprämie hat damit keinen Anzahlungscharakter. Sie ist im Zeitpunkt des Zuflusses erfolgswirksam zu vereinnahmen. Mit Beendigung des Schwebezustandes der Optionsvereinbarung, die lt. BFH mit Zahlung der Optionsprämie eintritt, ist gleichzeitig die Duldungs- und Bereitschaftsverpflichtung des Optionsverpflichteten als sonstige Verbindlichkeit zu passivieren. Die Höhe dieser Verbindlichkeit stimmt im Rahmen der Erstbewertung mit der Optionsprämie überein. Im Rahmen der Folgebewertung führt ein eventuell auftretender Risikoüberhang zu einem höher anzusetzenden Wert der Verbindlichkeit. Die Abbildung des Risikoüberhangs in einer Drohverlustrückstellung ist abzulehnen, weil der maßgebliche Erfüllungsbetrag der zu bilanzierenden Verpflichtung am Bilanzstichtag dem jeweiligen Wert der Option (Optionspreis) entspricht.

15. Der Optionspreis besteht aus Zeitwert und innerem Wert. Der Wert der Option beinhaltet mit dem inneren Wert den künftigen Aufwendungsüberschuss, der Inhalt einer Drohverlustrückstellung wäre. Damit ist für die Bilanzierung einer Drohverlustrückstellung vor dem Hintergrund der modifizierten Trennungstheorie kein Raum.

16. Die Trennungstheorie widerspricht dem Realisationsprinzip, weil der Ertrag aus dem Optionsgeschäft in Form der Optionsprämie noch mit Risiken aus dem Hauptvertrag behaftet ist und damit eine Realisation ausgeschlossen ist. Damit stehen lediglich die Einheitstheorie sowie die modifizierte Trennungstheorie als den GoB folgende Bilanzierungsmöglichkeiten des Optionsgeschäftes zur Verfügung.

17. Wird die Bilanzierung beim Optionsverpflichteten im Sinne der Einheitstheorie vorgenommen, besteht das schwebende Geschäft der Optionsvereinbarung bis zur Ausübung oder dem Verfall des Optionsrechtes. Damit korrespondierend muss auch das schwebende Geschäft aus Sicht des Optionsberechtigten weiter Bestand haben. Einzig damit vereinbar ist die Aktivierung der gezahlten Optionsprämie beim Optionsberechtigten als geleistete Anzahlung bis zur Ausübung oder dem Verfall des Optionsrechtes.
18. Wird die Bilanzierung des Optionsgeschäftes im Sinne der modifizierten Trennungstheorie vorgenommen, endet das schwebende Geschäft der Optionsvereinbarung mit Zufluss der Optionsprämie. Da korrespondierend damit auch das schwebende Geschäft aus Sicht des Optionsberechtigten endet, ist die gezahlte Optionsprämie beim Optionsberechtigten als immaterieller Vermögensgegenstand ‚Optionsrecht' zu aktivieren.
19. Die Bilanzierung des Leasingrückkaufgeschäftes muss in Analogie zur Bilanzierung des Optionsgeschäftes auf den vorgestellten beiden theoretisch widerspruchsfreien, dem Korrespondenzprinzip folgenden Bilanzierungsmöglichkeiten - Einheitstheorie oder modifizierte Trennungstheorie - fußen.
20. In Analogie zum Optionsgeschäft muss beim Leasingrückkaufgeschäft als Pendant zur Optionsprämie eine so genannte Risikoprämie existieren. Die Risikoprämie stellt das Entgelt dar, welches dem Händler als Ausgleich für die Übernahme der Duldungs- und Bereitschaftsverpflichtung und die mit dem Rückkauf verknüpften Risiken gewährt wird (Wert des Rückverkaufsrechtes) und besteht aus innerem Wert (der mit dem Risiko, welches aus dem Rückkaufvertrag droht, übereinstimmt) und Zeitwert (der einen Unsicherheitsaufschlag darstellt).
21. Der Wert des Rückverkaufsrechtes der Leasingrückkaufverpflichtung setzt sich über die Laufzeit wie folgt zusammen: Bei Vertragsabschluss besteht ein hoher Zeitwert und ein innerer Wert von nahe Null (aufgrund der Festlegung des Rückkaufpreises in Höhe des kalkulierten Fahrzeugrestwertes). Die Summe der beiden Werte wird im Zeitpunkt des Vertragsabschlusses durch die Risikoprämie vergütet. Im Zeitablauf sinkt der Zeitwert und, je nach Marktentwicklung, steigt der innere Wert ggf.

bis bei Ausübung oder Verfall des Rückverkaufsrechtes der Zeitwert null ist und sich der Wert des Rückverkaufsrechtes nur noch durch den inneren Wert bestimmt.

22. Daraus ergibt sich, dass die Risikoprämie nicht gleich Null sein kann, denn auch wenn der innere Wert im Zeitpunkt des Vertragsabschlusses Null sein sollte, weil kein Risiko aus dem Rückkaufvertrag droht, so existiert der Zeitwert auf seinem Maximum.

23. Die Zahlung der Risikoprämie erfolgt beim Leasingrückkaufgeschäft im Gegensatz zum Optionsgeschäft nicht offen, sondern liegt in wirtschaftlicher Betrachtungsweise für den Fall, dass das Neufahrzeuggeschäft zum Händlereinkaufspreis abgewickelt wird, verdeckt in der Leasingvermittlungsprovision vor. Im Fall, dass das Neufahrzeuggeschäft zum Endabnehmerpreis abgewickelt wird, ist die Risikoprämie Bestandteil des Neufahrzeugpreises.

24. Im Sinne der Einheitstheorie kann im Rahmen der Bilanzierung des Leasingrückkaufgeschäftes beim Händler erst mit Ausübung oder Verfall des Rückverkaufsrechtes durch die Leasinggesellschaft die Risikoprämie erfolgswirksam vereinnahmt werden, weil erst zu diesem Zeitpunkt die Rückkaufvereinbarung als vollständig wirtschaftlich erfüllt angesehen werden kann. Im Zeitpunkt des Zuflusses der Risikoprämie, welcher dem Zeitpunkt der Zahlung der Leasingvermittlungsprovision bzw. des Neufahrzeugpreises entspricht, ist sie daher erfolgsneutral als anzahlungsähnlicher Passivposten zu bilanzieren. Weil die Risikoprämie verdeckt gezahlt wird, ist ihre Höhe vertraglich nicht explizit festgelegt. Daher kann die Höhe der Risikoprämie nicht als sicher eingestuft werden. Damit ist sie in die Bilanzposition ‚Verbindlichkeitsrückstellung' einzustellen. Im Rahmen der Vorgehensweise der Einheitstheorie wird keine Verpflichtung des Händlers bilanziert, sondern eine Bilanzierung nach den Grundsätzen von Vorleistungen/Anzahlungen vertreten. Das schwebende Geschäft der Rückkaufvereinbarung besteht vom Vertragsabschluss über die Zahlung der Risikoprämie bis zum Zeitpunkt der Ausübung bzw. des Verfalls des Rückverkaufsrechtes fort.

25. Die Risikoprämie verkörpert den Wert der Rückkaufverpflichtung im Zeitpunkt des Vertragsabschlusses. Wenn sich über die Laufzeit der Rückkaufverpflichtung der Fahrzeugmarkt ändert, ändert sich auch die Zusammensetzung der Risikoprämie bezüglich Zeitwert und innerem Wert: der Zeitwert nimmt mit Zeitablauf ab, der innere Wert steigt eventuell an, je nach Entwicklung des Marktes. Reicht die Risikoprämie nicht mehr aus, um das (in dem Fall nun höhere) Risiko aus dem Rückkaufvertrag zu decken, entsteht ein Risikoüberhang. Dieser Risikoüberhang des Rückkaufvertrages muss aus Sichtweise der Einheitstheorie nach dem Imparitätsprinzip als Drohverlustrückstellung antizipiert werden. Die Risikoprämie ist bei der Bewertung der Drohverlustrückstellung anzahlungsähnlich mit einzurechnen (kompensatorische Wirkung der Risikoprämie).

26. Die um die Vertriebskosten gekürzte Leasingvermittlungsprovision bzw. der um die Anschaffungskosten und ggf. um Vertriebskosten gekürzte Neufahrzeugpreis (je nach Ausgestaltung des Neufahrzeuggeschäftes zum Händlereinkaufspreis oder zum Endabnehmerpreis) stellt die potentielle Obergrenze der Risikoprämie dar. Das Minimum der Risikoprämie wird durch den Zeitwert begrenzt.

27. Ein geeigneter Aufteilungsmaßstab der verbleibenden Leasingvermittlungsprovision bzw. des verbleibenden Neufahrzeugpreises muss unternehmensindividuell festgelegt werden. Unter anderem kann eine prozentuale Aufteilung im Verhältnis von Anschaffungspreis des Neufahrzeugs (heutiger Anschaffungspreis des Neufahrzeugs vom Hersteller aus Sicht des Händlers) und vereinbartem Rückkaufpreis (künftiger Anschaffungspreis des Gebrauchtfahrzeugs von der Leasinggesellschaft aus Sicht des Händlers) erfolgen. Darüber hinaus kann auch aus einer repräsentativen Stichprobe heraus eine durchschnittliche Risikoprämie festgelegt werden. Genauso bietet es sich an, sich an der Vorgehensweise der Hersteller bei Stützungsmaßnahmen zu orientieren und einen Prozentsatz der UPE in Abhängigkeit der Laufzeit des Leasingvertrages anzunehmen.

28. Die so ermittelte Risikoprämie ist in eine Verbindlichkeitsrückstellung einzustellen, deren Höhe sich im Rahmen der Bilanzierung nach der Einheitstheorie bis zur Ausübung bzw. dem Ver-

fall des Rückverkaufsrechtes durch die Leasinggesellschaft nicht ändert. Damit ist im Rückstellungsspiegel zu jedem Bilanzstichtag die Risikoprämie für ausgeübte Rückverkaufsrechte aufzulösen und die Risikoprämie der neu abgeschlossenen Leasingrückkaufverträge zuzuführen.

29. Die Bestimmung der Höhe der Drohverlustrückstellung im Rahmen der Folgebewertung kann nach den Grundsätzen des BFH-Urteils vom 25.07.2000 (VIII R 35/97) vorgenommen werden. Demnach sind anhand einer repräsentativen Stichprobe der jüngeren Vergangenheit die Anschaffungskosten der aufgrund der Rückkaufverpflichtung angekauften Gebrauchtfahrzeuge (Leasingrückläufer) mit den für sie erzielten Verkaufserlösen zu vergleichen. Treten beim Vergleich Verlustgeschäfte auf, kann die Höhe der Drohverlustrückstellung bestimmt werden, indem die verlustbedrohten Verträge ermittelt werden und mit dem errechneten durchschnittlichen Verlust pro Fahrzeug multipliziert werden. Ist dieser drohende Verlust höher als die bereits passivierte Risikoprämie, muss die Differenz in eine Drohverlustrückstellung eingestellt werden.

30. Die modifizierte Trennungstheorie wird vom BFH mit Urteil vom 11.10.2007 (IV R 52/04) bestätigt durch Urteil vom 17.11.2010 (I R 83/09) vertreten, welches aufgrund der Verwandtschaft von Rückverkaufsrecht und Optionsrecht auf dem Optionsprämien-Urteil des BFH vom 18.12.2002 (I R 17/02) aufbaut. Im Sinne der modifizierten Trennungstheorie wird ebenso wie im Rahmen der Einheitstheorie die hinausgeschobene Erfüllung der Rückkaufvereinbarung zugrunde gelegt. Im Unterschied zur Einheitstheorie wird aber der Schwebezustand der Rückkaufvereinbarung mit Zufluss der Risikoprämie als beendet angenommen. Die Risikoprämie hat damit keinen Anzahlungscharakter, sondern ist erfolgswirksam zu vereinnahmen. Mit Beendigung des schwebenden Geschäftes der Rückkaufvereinbarung durch Zahlung der Risikoprämie ist darüber hinaus die Duldungs- und Bereitschaftsverpflichtung des Händlers zu passivieren. Die Höhe dieser Verpflichtung entspricht im Zeitpunkt des Vertragsabschlusses (der in der Regel dem Zeitpunkt der Beendigung des schwebenden Geschäftes durch Zahlung der Risikoprämie entspricht) der Risikoprämie. Ist die Risikoprämie ver-

traglich nicht explizit geregelt, ist deren Höhe ungewiss und die Passivierung kann nur als Verbindlichkeitsrückstellung erfolgen.

31. Auch im Rahmen der Bilanzierung nach der modifizierten Trennungstheorie ist die Risikoprämie Bestandteil der Leasingvermittlungsprovision bzw. des Neufahrzeugpreises (je nach Ausgestaltung des Neufahrzeuggeschäftes zum Händlereinkaufspreis oder zum Endabnehmerpreis). Ein geeigneter Aufteilungsmaßstab zur Bestimmung der Höhe der Risikoprämie muss auch hier unternehmensindividuell festgelegt werden (vgl. Tz. 27).

32. Die Folgebewertung kann systematisch zutreffend im Rahmen der modifizierten Trennungstheorie nur in Form einer Teilwerterhöhung der Verpflichtung erfolgen, denn ein Erwerber des Betriebes zum folgenden Bilanzstichtag würde die Verpflichtung mit dem Teilwert ansetzen, der das Risiko aus dem Rückkaufvertrag zum Kaufzeitpunkt widerspiegelt.

33. Um die Teilwerterhöhung der Duldungs- und Bereitschaftsverpflichtung zu bestimmen, muss zu jedem folgenden Bilanzstichtag der Wert der Rückkaufverpflichtung (bestehend aus Zeitwert und innerem Wert) bestimmt werden. Da davon ausgegangen werden kann, dass die Erhöhung des Wertes der Rückkaufverpflichtung zum folgenden Bilanzstichtag hauptsächlich aus Änderungen des inneren Wertes aufgrund von Marktpreisschwankungen des Gebrauchtfahrzeugmarktes resultiert, ist es vertretbar, die Wertveränderung der Rückkaufverpflichtung näherungsweise in Höhe des inneren Wertes zu bestimmen. Zur Ermittlung des inneren Wertes kann die Ausübungsmethode, die eine Bewertungsmethode für Drohverlustrückstellungen darstellt, herangezogen werden. Hierbei wird die Differenz zwischen Marktpreis des Gebrauchtfahrzeugs (Verkaufspreis) und dem festgelegten Rückkaufpreis ermittelt. Die Ausübungsmethode als Bewertungsmethode für Drohverlustrückstellungen wird in diesem Fall aber lediglich als Näherungshilfe im Rahmen der Folgebewertung der modifizierten Trennungstheorie zur Bestimmung der Teilwerterhöhung der Verbindlichkeitsrückstellung herangezogen. Die erstmalige Ermittlung der Risikoprämie kann nicht mit Hilfe dieser Bewertungsmethode erfolgen.

34. Im Rahmen der Bilanzierung bei der Leasinggesellschaft scheidet die sofortige aufwandswirksame Verrechnung der Risikoprämie aus, da die Vermögensgegenstandeigenschaft des Rückverkaufsrechtes in Analogie zur Optionsprämie beim Optionsgeschäft zu bejahen ist. Es besteht eine Aktivierungspflicht des Rückverkaufsrechtes.

35. Wird die Bilanzierung beim Händler im Sinne der Einheitstheorie vorgenommen, besteht das schwebende Geschäft der Rückkaufvereinbarung bis zur Ausübung oder dem Verfall des Rückverkaufsrechtes. Korrespondierend hiermit muss auch im Rahmen der Bilanzierung bei der Leasinggesellschaft das schwebende Geschäft aus Sicht der Leasinggesellschaft weiter Bestand haben. Damit vereinbar ist die Aktivierung der gezahlten Risikoprämie bei der Leasinggesellschaft als geleistete Anzahlung bis zur Ausübung oder dem Verfall des Rückverkaufsrechtes. Auch die Leasinggesellschaft hat somit die gezahlten Leasingvermittlungsprovision bzw. den gezahlten Neufahrzeugpreis um die Risikoprämie zu kürzen.

36. Wird die Bilanzierung des Leasingrückkaufgeschäftes beim Händler im Sinne der modifizierten Trennungstheorie vorgenommen, endet das schwebende Geschäft der Rückkaufvereinbarung mit Ausübung oder Verfall des Rückverkaufsrechtes. Da korrespondierend damit im Rahmen der Bilanzierung bei der Leasinggesellschaft das schwebende Geschäft auch aus Sicht der Leasinggesellschaft endet, ist die gezahlte Risikoprämie als immaterieller Vermögensgegenstand ‚Rückverkaufsrecht' zu aktivieren.

37. Aufgrund der Möglichkeit der Realisierung einer Einheitsbilanz bei Anwendung der modifizierten Trennungstheorie ist der grundlegenden Bilanzierungssystematik der modifizierten Trennungstheorie auch in der Handelsbilanz der Vorzug zu geben.

ANHANG

Anhang 1: Beispielhafter Rahmenvertrag (Händlereinkaufspreis)

Händlerrahmenvertrag

zwischen Leasinggesellschaft (Gesellschaft) und Händler

I. Einzelkunden - Leasing

1. Gegenstand der Tätigkeit im Leasing-Geschäft

Der Händler nutzt im Rahmen seiner Möglichkeiten das Dienstleistungsangebot Leasing, das die Konzernmarken zur Unterstützung und Förderung ihres Produktprogramms dem Händler zur Verfügung stellen. Der Händler bemüht sich unter Beachtung der Richtlinien der Gesellschaft aktiv durch Akquisition und Werbung um die Vermittlung von Leasing-Verträgen. Die Gesellschaft unterstützt die Werbe-, Förderungs- und Schulungsmaßnahmen für das Leasing und stellt die für die Abwicklung erforderlichen Unterlagen bereit.

Eine Befugnis des Händlers zur rechtsgeschäftlichen Vertretung der Gesellschaft besteht nicht. Für schriftliche und mündliche Zusagen gegenüber dem Leasing-Nehmer hat der Händler, sofern er dazu nicht ausdrücklich von der Gesellschaft schriftlich ermächtigt worden ist, selbst einzustehen. Dies gilt insbesondere für dem Kunden zugesagte Leasing-Raten, Restwert, Lieferfristen und Termine. Dabei werden Händler und Gesellschaft die allseitigen Interessen wechselseitig fördern, z. B. durch vollständige Information der Gesellschaft über alle dem Händler bekannten Tatsachen hinsichtlich der Bonität von Leasing-Interessenten.

2. Abwicklung eines Leasing-Geschäftes

Der Händler lässt den Leasing-Kunden einen Antrag auf Abschluss eines Leasing-Vertrages unterzeichnen und reicht diesen Antrag unverzüglich nebst den in den Richtlinien der Gesellschaft festgelegten Unterlagen bei der Gesellschaft ein. Die Disposition des Fahrzeuges erfolgt wie für Kauf-Kunden. Der Händler ist ermächtigt, im Namen der Gesellschaft in der Leasing-

Bestellung Lieferfristen und Termine festzulegen. Von Ansprüchen, die der Kunde wegen Lieferverzuges gegenüber der Gesellschaft geltend macht, stellt er diese frei.

Das Eigentum am Leasing-Fahrzeug geht auf die Gesellschaft über, sobald diese den Kaufpreis gezahlt hat, spätestens mit Übergabe des Fahrzeuges an den Kunden. Die zur Eigentumsverschaffung notwendige Übergabe wird dadurch ersetzt, dass der Händler das Fahrzeug an den Leasing-Nehmer liefert und der Gesellschaft seinen Herausgabeanspruch gegen den Leasing-Nehmer als Besitzer der Sache abtritt. Die Gesellschaft nimmt diese Abtretung hiermit an.

Die Auslieferung an den Kunden darf erst erfolgen, wenn die Gesellschaft über den Leasing-Antrag des Kunden entschieden hat. Bei Übergabe des Leasing-Fahrzeuges an den Kunden vor Entscheidung über den Leasing-Antrag trägt der Händler die Gefahr des zufälligen Untergangs und der zufälligen Beschädigung des Leasing-Fahrzeuges. Der Händler hat sich die ordnungsmäßige Übergabe des Fahrzeuges schriftlich vom Kunden bestätigen zu lassen.

[...]

Da ein Leasing-Vertrag mit dem Kunden zustande kommt, wenn 4 Wochen nach Unterzeichnung der Leasing-Bestellung die Leasing-Bestätigung dem Leasing-Nehmer zugeht (und beim Privat-Leasing außerdem kein wirksamer Widerruf erfolgt ist), hat der Händler für das Zustandekommen eines Leasing-Vertrages eine besondere Sorgfalt zu beachten. Diese beruht darauf, dass die Leasing-Bestätigung von der Gesellschaft nicht an den Kunden, sondern an den Händler geschickt wird. Für den Zugang der Leasing-Bestätigung beim Leasing-Nehmer (und dessen Nachweis) ist der Händler zuständig.

Insofern treffen das Risiko und die Folgen eines Nichtzustandekommens des Leasing-Vertrages wegen Überschreitens der vierwöchigen Annahmefrist, je nach Verursachung, entweder den Händler oder die Gesellschaft.

Sofern die Kosten der Überführung des Leasing-Fahrzeuges durch die Leasing-Raten nicht abgedeckt werden, werden sie dem Leasing-Nehmer vom Händler, ebenso wie die Kosten der Zulassung, die der Händler nach Abstimmung mit dem Kunden vorzunehmen hat, direkt berechnet. Der Händler darf den Fahrzeugbrief dem Leasing-Nehmer nicht aushändigen, sondern hat ihn der Gesellschaft direkt nach Zulassung und eventueller Ummeldung unverzüglich wieder zuzuleiten.

3. Fahrzeugberechnung und Provision

Grundlage des Kaufvertrages zwischen dem Händler und der Gesellschaft sind die jeweils gültigen Neuwagen-Verkaufsbedingungen der Konzernmarken für Endabnehmer. Der vermittelnde Händler berechnet der Gesellschaft das Fahrzeug zum Händlereinstandspreis. Darüber hinaus erhält der Händler eine Provision, die der Handelsspanne in einem vergleichbaren Verkaufsgeschäft entspricht. Ihre Höhe berechnet die Gesellschaft aus der Differenz zwischen dem berechneten Händlereinstandspreis und dem Vertragswert, der Grundlage der Leasing-Raten-Berechnung war. Eine eventuelle Delkredereprovision ist damit abgegolten.

Der Händler ist, abweichend von den oben genannten Neuwagen-Verkaufsbedingungen, berechtigt, der Gesellschaft nach einer Erhöhung der unverbindlichen Preisempfehlung des Herstellers den zum Zeitpunkt der Fahrzeugauslieferung gültigen Händlereinstandspreis ohne Veränderung seiner ursprünglichen Provision zu berechnen, wenn zwischen Leasing-Bestellung und vereinbartem Liefertermin mehr als 4 Monate liegen. Beträgt die Erhöhung des Händlereinstandspreises mehr als 5%, ist die Gesellschaft zum Rücktritt vom Kaufvertrag berechtigt.

Der Kaufpreis ist nach Auslieferung des Fahrzeuges und Eingang des Fahrzeugbriefes bei der Gesellschaft fällig; für die Fälligkeit der Provision ist zusätzlich die Annahme des Leasing-Vertrages durch die Gesellschaft erforderlich.

4. Nichtabnahme des Leasing-Fahrzeuges durch den Kunden

[...]

5. Kundendienstbetreuung

[...]

6. Sachmängelhaftung (Gewährleistung)

Die Gesellschaft ist im Hinblick auf die Sachmängelhaftung rechtlich verpflichtet, dem Leasing-Nehmer die Stellung eines Käufers zu verschaffen. Daher sind in Ziffer XIII der branchenweit geltenden Leasing-Bedingungen die Sachmängelrechte der Leasing-Geber/der Gesellschaft (als Käuferin des Fahrzeuges) an den Leasing-Nehmer abgetreten.

Die Folge davon ist, dass die Sachmängelhaftung zwischen Händler und Leasing-Nehmer zu klären ist. Insoweit besteht kein Unterschied zum normalen Kaufgeschäft. Hat eine Rückabwicklung des Kaufvertrages zu erfolgen, ist auch der Leasing-Vertrag durch die Gesellschaft mit dem Kunden rückabzuwickeln.

Im Fall der Rückabwicklung hat die Gesellschaft gegenüber dem Händler Anspruch auf Zahlung der Anschaffungskosten abzüglich einer Nutzungsentschädigung für den Gebrauch des Fahrzeuges, deren Höhe der Händler mit dem Leasing-Nehmer festzulegen hat. Der Leasing-Nehmer hat gegenüber der Gesellschaft Anspruch auf Rückzahlung aller geleisteten Leasing-Raten und einer eventuellen Sonderzahlung, abzüglich der genannten Nutzungsentschädigung.

7. Vorzeitige Fahrzeug-Rückläufer

Wird der Leasing-Vertrag fristlos gekündigt und muss das Fahrzeug vorzeitig verwertet werden, lässt die Gesellschaft es auf Händlereinkaufspreis schätzen und bietet es dem gewerblichen Handel zum Kauf an. Der Verkauf erfolgt zum Höchstgebot. Ein Vorkaufsrecht im rechtlichen Sinne zu Gunsten des liefernden Händlers gibt es aus Gründen der Schadensminderungspflicht nicht. Bevor das Fahrzeug aber anderweitig verkauft wird, erhält der liefernde Händler die Möglichkeit zum letzten Gebot.

8. Fahrzeug-Rücknahme und Verkauf

Der Händler ist verpflichtet, jedes ausgelieferte Fahrzeug nach Vertragsablauf für die Gesellschaft entgegenzunehmen und von dieser entsprechend den Vertragsformen und den im Einzelnen getroffenen individuellen Vereinbarungen nach Vertragsende zurückzukaufen.

Die Gesellschaft behält sich in Ausnahmefällen einen Verkauf an Dritte vor. Nach Rückgabe unterzeichnet der Händler mit dem Leasing-Nehmer ein Rückgabeprotokoll.

Der Händler meldet das Fahrzeug ab und belastet den Leasing-Nehmer mit den Kosten. Eine Kostenerstattung für den Händler seitens der Gesellschaft im Zusammenhang mit der Fahrzeugrücknahme erfolgt nicht.

Hat der Händler der Gesellschaft ein Andienungsrecht (Ankaufsgarantie zum Gebrauchtwagenwert beim Vertrag ohne Gebrauchtwagenabrechnung) erteilt, erhöht bzw. verringert sich der Rück-Kaufpreis (kalkulatorischer Gebrauchtwagenwert) unter Berücksichtigung der mit dem Kunden vereinbarten Kilometer-Toleranz um eine Minderkilometergutschrift bzw. Mehrkilometerbelastung für den Leasing-Nehmer.

Sofern das Fahrzeug beim Vertrag ohne Gebrauchtwagenabrechnung bei Rückgabe über den vertragsmäßigen Verschleiß hinaus Schäden aufweist, besteht ein Anspruch auf Grund Ziffer XVI der allgemeinen Leasing-Bedingungen gegenüber dem Leasing-Nehmer auf Schadenersatz, der grundsätzlich mit dem Verkauf auf den Händler übergeht und abgetreten ist.

[...]

9. Vertragszeitüberschreitung

Die Gesellschaft wird auch in diesen Fällen grundsätzlich auf die Ankaufsgarantien zum kalkulierten Gebrauchtwagenwert (Andienungsrecht) des Händlers zurückgreifen und ihm das Fahrzeug zum garantierten Gebrauchtwagenwert verkaufen (unter Berücksichtigung der Mehr- und Minderkilometer).

Der Leasing-Nehmer schuldet bei Vertragszeitüberschreitung

eine Nutzungsentschädigung in Höhe von 1/30 der monatlichen Leasing-Rate pro Tag. Von der berechneten Vergütung erhält der Händler eine Amortisationsgutschrift in Höhe von 66,6% der Netto-Leasing-Rate beim Rückkauf, sofern die Vertragszeit um mindestens einen Monat überschritten wird.

Sofern das Fahrzeug später als 6 Monate nach Ablauf der regulären Leasing-Dauer zurückgegeben wird, verzichtet die Gesellschaft auf das ursprünglich vom Händler abgegebene Andienungsrecht.

II. Sonderregelungen für das Großkunden-Leasing

[...]

1. Abwicklung des Leasing-Geschäftes

Grundsätzlich finden die Regeln Anwendung, die auch für das Eigengeschäft der Händler gelten. In diesem Zusammenhang ist der Händler Vermittler des Leasing-Geschäftes. Das Fahrzeug erwirbt die Gesellschaft vom Hersteller. Für die Vermittlung erhält der Händler von der Gesellschaft die Provision nach den Regeln, die bisher schon im Großabnehmergeschäft Anwendung fanden. [...]

2. Kauf des Fahrzeuges und Übertragung des Eigentums

Da bei Fahrzeugen, die im Rahmen einer Verkaufsagentur über den Händler für das Leasing bezogen werden, nicht der Händler, sondern der Hersteller der Gesellschaft das Fahrzeug verkauft und das Eigentum daran verschafft, richtet sich Kauf und Eigentumsverschaffung nach den zwischen der Gesellschaft und dem Hersteller dazu abgestimmten Regeln.

[...]

III. Sonstiges

[...]

Anhang 2: Beispielhafter Rahmenvertrag (Endabnehmerpreis)

Händlerrahmenvertrag

zwischen Leasinggesellschaft (Gesellschaft) und Händler

Präambel

Gegenstand dieses Rahmenvertrages ist die Regelung des Rechtsverhältnisses zwischen der Gesellschaft und dem Händler im Hinblick auf den Abschluss, die Durchführung und die Abwicklung von Leasingverträgen zwischen der Gesellschaft und deren Leasingnehmern.

Die Gesellschaft schließt aufgrund einer Vermittlung durch den Händler mit Leasingnehmern Leasingverträge über die vom Leasingnehmer gewünschten neuen oder gebrauchten Fahrzeuge ab. Zum Zwecke der Erfüllung ihrer Verpflichtungen aus den Leasingverträgen kauft die Gesellschaft von dem Händler für die von ihm vermittelten Leasingverträge die Leasingfahrzeuge und bedient sich seiner Hilfe bei der Durchführung und Abwicklung der Leasingverträge. Nach vereinbarungsgemäßem Ablauf der Leasingverträge ist der Händler zum Rückkauf der Leasingfahrzeuge verpflichtet.

Sofern in der Vergangenheit Geschäftsbeziehungen mit dem Händler bestanden, definiert dieser Rahmenvertrag die bisherigen Geschäftsbeziehungen zwischen der Gesellschaft und dem Händler neu.

A. Vermittlung von Leasingverträgen

I. Beauftragung als Handelsvertreter im Nebenberuf

Der Händler wird von der Gesellschaft als Handelsvertreter im Nebenberuf mit der Vermittlung von Leasingverträgen für neue und gebrauchte Kraftfahrzeuge (nachfolgend: Fahrzeuge) zwischen der Gesellschaft und ihren Kunden (nachfolgend: Leasingnehmer) betraut.

II. Verfahren bei Leasingvertragsabschluss, Bestätigung

1. Zwecks Vermittlung des Leasingvertrages übergibt der Händler der Gesellschaft den

ordnungsgemäß ausgefüllten und unterschriebenen Leasingantrag bzw. Leasingantrag Gebrauchtwagen und die Leasingbedingungen sowie die anderen zugehörigen, gleichfalls ordnungsgemäß ausgefüllten und unterschriebenen Unterlagen, die die Gesellschaft dem Händler jeweils im Voraus benannt hat, so die Selbstauskunft und die Einwilligungserklärung Datenschutz.

2. Durch die Übergabe der in Ziffer 1 genannten Formulare bestätigt der Händler, dass

a) er die darin enthaltenen Angaben zur Person der Leasingnehmer [...] überprüft hat;

b) die Leasingnehmer [...] die Unterschrift auf den Formularen [...] eigenhändig vor dem Händler geleistet haben;

c) die Leasingnehmer [...] Kopien der Formulare [...] erhalten haben;

d) den Leasingnehmern weder mündlich noch schriftlich ein Recht auf Erwerb des Fahrzeuges nach Ablauf der Leasingzeit eingeräumt wurde und

e) mit den Leasingnehmern keine, nicht in dem Leasingvertrag enthaltenen, das Leasingvertragsverhältnis zwischen der Gesellschaft und den Leasingnehmern betreffenden Absprachen getroffen wurden.

III. Rechte und Pflichten des Händlers

1. Der Händler hat bei der Vermittlung der Leasingverträge zwischen der Gesellschaft und den Leasingnehmern die Sorgfalt eines ordentlichen Kaufmanns anzuwenden.

2. Der Händler hat bei der Vermittlung von Leasingverträgen mit Gesellschaften oder Vereinigungen wie Vereinen, Stiftungen und Anstalten die Vertretungsverhältnisse zu überprüfen [...]. Ist der Leasingnehmer eine natürliche Person ist eine rechtsgeschäftliche Vollmacht ausgeschlossen, er muss daher in Person und vor dem Vertragshändler unterzeichnen.

3. Der Händler hat bei der Vermittlung von Leasingverträgen die Identität von Leasingnehmer [...]

4. [...]

5. [...]

IV. Provisionsanspruch

1. Der Händler erhält als Entgelt für die Vermittlung von Leasingverträgen eine Provision; der Provisionsanspruch bezieht sich nicht auf die einzelnen Vertragsvermittlungen, sondern auf das Gesamtvermittlungsverhältnis. Die Ausgestaltung der Provision wird dem Händler durch Händlerrundschreiben, durch individuelle Einzelmitteilungen oder in sonstiger geeigneter Weise, wie durch nicht unterzeichnete EDV-Mitteilung oder elektronische Mitteilung bekanntgegeben. Die Parteien sind sich darüber einig, dass die Höhe der Provision jederzeit abänderbar ist. Ein Anspruch auf Vorschusszahlung besteht nicht.

2. Eine Vermittlung von Leasingverträgen wird nicht berücksichtigt, wenn die Leasingnehmer von dem Widerrufsrecht gemäß § 355 BGB Gebrauch gemacht haben, innerhalb von 90 Tagen keine Zahlung auf die Leasingverträge geleistet haben oder die Leasingverträge ganz oder teilweise rückabgewickelt werden. Dies gilt insbesondere im Falle der Rückabwicklung der Leasingverträge aufgrund von Sachmängelanspruch in Verbindung mit den zugrundeliegenden Kaufverträgen. Das Gleiche gilt, wenn sonstige Gründe, die im Verantwortungskreis des Händlers liegen, gegeben sind. Eine bereits gezahlte Provision ist anteilig zurückzuzahlen oder wird mit künftigen Provisionsansprüchen verrechnet.

3. Der Händler hat keinen Anspruch auf Ersatz der bei der Vertragsvermittlung von Leasingverträgen entstandenen Aufwendungen. Dies gilt insbesondere für den Ersatz von Gebühren für die Einholung einer Abschrift des Handels- oder Vereinsregisterauszuges oder für die Anfertigung von Kopien der Identifikations- oder Legitimationspapiere. Diese Kosten sind durch den Provisionsanspruch abgegolten.

B. Verkauf von Leasingfahrzeugen

I. Verfahren bei Kaufvertragsabschluss

1. Der Händler übergibt der Gesellschaft grundsätzlich zusammen mit den unter Abschnitt A Ziffer II Nr. 1 genannten Unterlagen den vom

Händler ordnungsgemäß ausgefüllten und unterschriebenen Vordruck „Verkaufsangebot mit Rückkaufsverpflichtung" (nachfolgend Angebot genannt). [...].

2. Die Gesellschaft nimmt das Angebot durch schriftliche Erklärung gegenüber dem Händler oder durch Anweisung des Kaufpreises an. Die Annahme von Angeboten liegt im freien Ermessen der Gesellschaft. In der Annahme des Angebotes liegt zugleich die Einigung über den Übergang des Eigentums an dem Fahrzeug auf die Gesellschaft.

3. Der Abschluss des Kaufvertrages steht unter der auflösenden Bedingung, dass ein Leasingvertrag zwischen der Gesellschaft und den Leasingnehmern wirksam zustande kommt, insbesondere die Leasingnehmer den Leasingvertrag nicht gemäß § 355 BGB widerrufen, und dass das Leasingfahrzeug an die Leasingnehmer übergeben wird. [...]

II. Kaufpreis, Fälligkeit, Übereignung

1. Der Kaufpreis für das Leasingfahrzeug ist im Angebot niedergelegt. Liegt zwischen dem Abschluss des Leasingvertrages über das Fahrzeug und dem im Leasingvertrag vereinbarten Liefertermin ein Zeitraum von mehr als vier Monaten, so kann der Händler im Falle einer Erhöhung der unverbindlichen Preisempfehlung des Herstellers für das Fahrzeug den vereinbarten Kaufpreis entsprechend erhöhen. Die Gesellschaft ist zum Rücktritt vom Kaufvertrag berechtigt, wenn sich der vereinbarte Kaufpreis um mehr als den Anstieg der allgemeinen Lebenshaltungskosten in der Zeit zwischen Abschluss des Leasingvertrags und schriftlicher Mitteilung der Preiserhöhung durch den Händler erhöht. Bei Lieferung innerhalb von vier Monaten gilt in jedem Fall der vereinbarte Kaufpreis. Umsatzsteuererhöhungen berechtigen jedoch auch in diesem Fall zu einer entsprechenden Preisanpassung.

2. [...]

3. Die Gesellschaft ist berechtigt, die im Leasingvertrag aufgeführte, der Gesellschaft zustehende und vom Händler für diese bei Übergabe entgegenzunehmende „Gesamtzahlung bei Fahrzeugübergabe"

dem Händler zu belassen und mit dem von ihr zu zahlenden Kaufpreis zu verrechnen. Mit vollständiger Zahlung des Kaufpreises gehen die Eigentumsrechte an dem Fahrzeug von dem Händler unmittelbar auf die Gesellschaft über. Bis zur Übergabe der Fahrzeuge an die Leasingnehmer überlässt die Gesellschaft das Fahrzeug dem Händler leihweise; dieses Besitzkonstitut ersetzt insoweit die Übergabe an die Gesellschaft. Die Haftungserleichterung des § 690 BGB gilt nicht.

C. Pflichten des Händlers im Zusammenhang mit der Ausführung der Leasingverträge

I. Bereitstellung des Fahrzeuges mit Lieferverzögerung durch den Händler

[...]

II. Übergabe an die Leasingnehmer

[...]

III. Sachmängel und Haftung

1. Der Händler übernimmt gegenüber der Gesellschaft für das Fahrzeug die Haftung für Sachmängel nach Maßgabe der geltenden gesetzlichen Bestimmungen. [...]

2. [...]

3. [...]

4. [...]

5. [...]

6. [...]

IV. Rücktritt

Bei einem Rücktritt der Leasingnehmer von dem Leasingvertrag ist die Gesellschaft gleichfalls zum Rücktritt vom Kaufvertrag berechtigt. Buchstabe C Ziffer III: Nr. 5 gilt entsprechend.

V. Fahrzeugrückgabe durch die Leasingnehmer

1. Nach Beendigung des Leasingvertrags aufgrund Ablaufs der ursprünglich vereinbarten Leasinglaufzeit wird der Händler das Fahrzeug im Auftrag der Gesellschaft vom Leasingnehmer zurücknehmen. Bei der Rücknahme wir der Händler das Fahrzeug überprüfen und das Formular „Rückgabebestätigung mit Schadensfeststellung" ordnungsgemäß ausfüllen, [...].

2. [...]

3. [...]

4. Bei vorzeitiger Beendigung des Leasingvertrages, aus welchen Gründen auch immer, wird der Händler auf Verlangen der Gesellschaft das Fahrzeug im Auftrag der Gesellschaft von den Leasingnehmern zurücknehmen. [...]

5. [...]

VI. Freistellung von Ansprüchen

[...]

D. Rückkaufverpflichtung des Händlers

I. Verfahren bei Rückkauf

Endet der Leasingvertrag aufgrund Ablaufs der ursprünglich vereinbarten Leasinglaufzeit ist der Händler verpflichtet, auf Verlangen der Gesellschaft das Fahrzeug unter Ausschluss jeglicher Sachmängelhaftung zurückzukaufen. Die Gesellschaft ist nicht verpflichtet, dem Händler das Fahrzeug zum Kauf anzubieten. Die Rückkaufpflicht des Händlers endet, wenn die Gesellschaft innerhalb von 60 Tagen nach Beendigung des Leasingvertrags nicht in der Lage ist, das Fahrzeug dem Händler frei von Rechten Dritter zur Verfügung zu stellen.

II. Rückkaufpreis

Der Netto-Rückkaufpreis ist im Angebot (Teil B Ziffer I Nr. 1) niedergelegt. Der Netto-Rückkaufpreis verringert bzw. erhöht sich entsprechend, wenn die Gesellschaft den mit den Leasingnehmern für die Restwertabrechnung vereinbarten kalkulierten Rücknahmewert gemäß Abschnitt IV Ziffer 5 ihrer Leasingbedingungen anpasst. Entsprechendes gilt bei Leasingverträgen mit Kilometerabrechnung, wenn die Gesellschaft die im Leasingantrag angegebene Leasingrate gemäß Abschnitt IV Ziffer 5 ihrer Leasingbedingungen anpasst und sich der kalkulierte Netto-Rücknahmewert, den die Gesellschaft der Berechnung der Leasingzahlungen zugrunde gelegt hat, ändert.

2. Der vereinbarte Netto-Rückkaufpreis verringert bzw. erhöht sich ferner um Minderbeträge bzw. Mehrbeträge, die nach der Schlussabrechnung gemäß Abschnitt XVI Ziffer 1 und 2 der Leasingbedingungen

von den Leasingnehmern zu zahlen bzw. an den Leasingnehmer zu erstatten sind. [...]

3. [...]

4. [...]

III. Verlängerter Eigentumsvorbehalt

1. Das zurückgekaufte Fahrzeug einschließlich Auf- und Einbauten, Zubehör sowie aller Unterlagen verbleibt bis zur vollständigen Begleichung aller Verbindlichkeiten des Händlers gegenüber der Gesellschaft aus dem zugrunde liegenden Kaufvertag mit Rückkaufverpflichtung im Eigentum der Gesellschaft. [...]

2. Der Händler ist berechtigt, das Fahrzeug mit Einbauten etc. im ordnungsgemäßen Geschäftsgang weiterzuveräußern. Der Händler tritt der Gesellschaft schon jetzt im Voraus sämtliche Forderungen ab, die ihm aus der Weiterveräußerung des Fahrzeuges erwachsen. Der Händler tritt der Gesellschaft ferner alle Ansprüche gegen Dritte, insbesondere Versicherungs- und Schadenersatzansprüche wegen Beschädigung oder Abhandenkommen des Fahrzeugs hiermit im Voraus ab. Die Gesellschaft nimmt die Abtretung hiermit an.

IV. Sonderregelung für mit der … Bank verbundene Händler

[...]

E. Sicherheiten

I. Einrichtung eines Garantiekontos

[...]

2. Sonstige Sicherheiten

[...]

F. Datenschutz

[...]

G. Gemeinsame Bestimmungen

I. Kenntnis der Allgemeinen Geschäftsbedingungen für das Leasing

[...]

II. Aufrechnung, Zurückbehaltungsrechte, Abtretung, Pfändung

Die Aufrechnung gegenüber der Gesellschaft mit streitigen, nicht rechtskräftig festgestellten Gegenansprüchen ist ausgeschlossen. [...] Die Gesellschaft ist berechtigt, ihre Rechte oder Ansprüche an Dritte, insbesondere an die … Bank abzutreten oder zu verpfänden.

III. Vertragsbeginn und –dauer, Kündigung

[...]

IV. Keine Vertretungsmacht

Soweit in diesem Rahmenvertrag nicht ausdrücklich anders geregelt, ist der Händler nicht berechtigt, mit Wirkung für die Gesellschaft Willenserklärungen abzugeben.

V. Vollständigkeit des Vertrages

1. Dieser Rahmenvertrag einschließlich der in ihm in Bezug genommenen Unterlagen enthält sämtliche zwischen der Gesellschaft und dem Händler getroffenen Vereinbarungen, die den von diesem Rahmenvertrag geregelten Bereich betreffen. Weitere Absprachen, gleich ob schriftlich oder mündlich, bestehen nicht.

2. [...]

VI. Vertragsänderungen

[...]

VII. Erfüllungsort und Gerichtsstand

[...]

VIII. Salvatorische Klausel

[...]

Anhang 3: Beispielhafte Stichprobe zur Ermittlung eines Gewinns oder Verlustes aus dem Gebrauchtfahrzeuggeschäft

lfd. Nr.	Fahrzeug-typ	Rückkaufpreis	Reparaturkosten und sonstige Minderungen oder Erhöhungen	Anschaffungs-kosten	netto Verkaufspreis	prozentualer Vertriebskosten-abschlag 8,00%	Veräußerungs-erlös	Gewinn	Verlust
1	Typ 6	15.415,94 €	-215,96 €	15.199,98 €	17.413,45 €	1.393,08 €	16.020,37 €	820,39 €	
2	Typ 6	14.797,17 €	-600,00 €	14.197,17 €	15.515,43 €	1.241,23 €	14.274,20 €	77,03 €	
3	Typ 6	14.144,08 €	648,68 €	14.792,76 €	15.990,92 €	1.279,27 €	14.711,65 €		-81,11 €
4	Typ 6	13.776,98 €	437,20 €	14.214,18 €	15.599,84 €	1.247,99 €	14.351,85 €	137,67 €	
5	Typ 1	12.910,03 €	-200,65 €	12.709,38 €	11.799,16 €	943,93 €	10.855,23 €		-1.854,15 €
6	Typ 6	8.083,64 €	-350,00 €	7.733,64 €	8.453,59 €	676,29 €	7.777,30 €	43,66 €	
7	Typ 1	12.748,48 €	-623,49 €	12.124,99 €	12.299,39 €	983,95 €	11.315,44 €		-809,55 €
8	Typ 6	7.278,00 €	0,00 €	7.278,00 €	7.278,00 €	582,24 €	6.695,76 €		-582,24 €
9	Typ 6	15.242,93 €	1.178,47 €	16.421,40 €	17.413,45 €	1.393,08 €	16.020,37 €		-401,03 €
10	Typ 6 a	20.256,67 €	-455,80 €	19.800,87 €	22.025,21 €	1.762,02 €	20.263,19 €	462,32 €	
11	Typ 6 a	19.695,17 €	-1.085,85 €	18.609,32 €	20.588,24 €	1.647,06 €	18.941,18 €	331,86 €	
12	Typ 6 a	15.026,68 €	0,00 €	15.026,68 €	16.715,02 €	1.337,20 €	15.377,82 €	351,14 €	
13	Typ 6 a	21.372,00 €	0,00 €	21.372,00 €	21.872,00 €	1.749,76 €	20.122,24 €		-1.249,76 €
14	Typ 6 a	19.346,00 €	0,00 €	19.346,00 €	19.346,00 €	1.547,68 €	17.798,32 €		-1.547,68 €
15	Typ 6	30.500,00 €	0,00 €	30.500,00 €	32.752,75 €	2.620,22 €	30.132,53 €		-367,47 €
16	Typ 6 a	17.627,94 €	-203,70 €	17.424,24 €	19.243,70 €	1.539,50 €	17.704,20 €	279,96 €	
17	Typ 6	25.226,30 €	773,85 €	26.000,15 €	27.432,51 €	2.194,60 €	25.237,91 €		-762,24 €
18	Typ 6	30.539,00 €	0,00 €	30.539,00 €	31.539,00 €	2.523,12 €	29.015,88 €		-1.523,12 €
19	Typ 6 a	30.217,16 €	395,08 €	30.612,24 €	32.745,38 €	2.619,63 €	30.125,75 €		-486,49 €
20	Typ 7	44.648,00 €	502,82 €	45.150,82 €	47.638,66 €	3.811,09 €	43.827,57 €		-1.323,25 €
21	Typ S4	13.684,33 €	37,80 €	13.722,13 €	17.487,40 €	1.398,99 €	16.088,41 €	2.366,28 €	
22	Typ 4	10.709,24 €	63,20 €	10.772,44 €	12.161,34 €	972,91 €	11.188,43 €	415,99 €	
23	Typ 4 a	17.980,26 €	637,94 €	18.618,20 €	18.345,38 €	1.467,63 €	16.877,75 €		-1.740,45 €
24	Typ 4 a	13.142,24 €	0,00 €	13.142,24 €	15.806,72 €	1.264,54 €	14.542,18 €	1.399,94 €	
25	Typ 1	14.503,84 €	462,84 €	14.966,68 €	17.321,85 €	1.385,75 €	15.936,10 €	969,42 €	
26	Typ 4	13.795,16 €	683,58 €	14.478,74 €	14.150,27 €	1.132,02 €	13.018,25 €		-1.460,49 €
27	Typ 4 a	13.409,00 €	94,20 €	13.503,20 €	14.366,26 €	1.149,30 €	13.216,96 €		-286,24 €
28	Typ 4 a	13.732,08 €	220,01 €	13.952,09 €	14.185,79 €	1.134,86 €	13.050,93 €		-901,16 €
29	Typ S4 a	26.564,14 €	429,79 €	26.993,93 €	27.983,19 €	2.238,66 €	25.744,53 €		-1.249,40 €
30	Typ 4 Cabrio	25.083,00 €	-1.455,73 €	23.627,27 €	25.902,97 €	2.072,24 €	23.830,73 €	203,46 €	
31	Typ 4 Cabrio	21.903,11 €	608,43 €	22.511,54 €	22.809,24 €	1.824,74 €	20.984,50 €		-1.527,04 €
32	Typ 3	8.454,47 €	384,18 €	8.838,65 €	9.059,17 €	724,73 €	8.334,44 €		-504,21 €
33	Typ 3	11.968,63 €	928,45 €	12.897,08 €	13.000,00 €	1.040,00 €	11.960,00 €		-937,08 €
34	Typ 3	12.740,00 €	0,00 €	12.740,00 €	13.239,75 €	1.059,18 €	12.180,57 €		-559,43 €
35	Typ 3	10.924,37 €	287,75 €	11.212,12 €	12.232,77 €	978,62 €	11.254,15 €	42,03 €	
36	Typ 3	13.500,81 €	-168,53 €	13.332,28 €	13.895,61 €	1.111,65 €	12.783,96 €		-548,32 €
37	Typ 3	12.508,72 €	45,80 €	12.554,52 €	13.362,35 €	1.068,99 €	12.293,36 €		-261,16 €
38	Typ 3	12.762,50 €	0,00 €	12.762,50 €	13.262,00 €	1.060,96 €	12.201,04 €		-561,46 €
39	Typ 2	18.487,07 €	0,00 €	18.487,07 €	19.747,90 €	1.579,83 €	18.168,07 €		-319,00 €
40	Typ 8	5.999,62 €	-1.167,96 €	4.831,66 €	6.230,06 €	498,40 €	5.731,66 €	900,00 €	
41	Typ 8	3.015,85 €	0,00 €	3.015,85 €	3.280,31 €	262,42 €	3.017,89 €	2,04 €	
42	Typ 5	16.060,34 €	879,45 €	16.939,79 €	20.783,19 €	1.662,66 €	19.120,53 €	2.180,74 €	
43	Typ 9	9.661,00 €	0,00 €	9.661,00 €	10.591,25 €	847,30 €	9.743,95 €	82,95 €	
44	Typ 10	8.571,12 €	102,24 €	8.673,36 €	8.707,13 €	696,57 €	8.010,56 €		-662,80 €
45	Typ 10	7.100,00 €	0,00 €	7.100,00 €	7.139,31 €	571,14 €	6.568,17 €		-531,83 €
46	Typ 10	12.336,24 €	17,59 €	12.353,83 €	15.546,22 €	1.243,70 €	14.302,52 €	1.948,69 €	
47	Typ 11	3.166,61 €	0,00 €	3.166,61 €	3.818,40 €	305,47 €	3.512,93 €	346,32 €	
48	Typ 12	4.893,03 €	-430,45 €	4.462,58 €	4.988,19 €	399,06 €	4.589,13 €	126,55 €	
49	Typ 12	4.863,37 €	-281,97 €	4.581,40 €	5.021,79 €	401,74 €	4.620,05 €	38,65 €	
50	Typ 12	5.543,00 €	0,00 €	5.543,00 €	6.043,00 €	483,44 €	5.559,56 €	16,56 €	
		755.915,32 €	2.579,26 €	758.494,58 €	814.130,51 €	65.130,44 €	749.000,07 €	13.543,66 €	-23.038,18 €

Literaturverzeichnis

1. Allgemeine Literatur

Adler, Hans/Düring, Walther/Schmaltz, Kurt, Rechnungslegung und Prüfung der Unternehmen, 2007, CD-ROM.

Ammenwerth, Michael, Rückstellungen für Leasingverträge mit „Buy-back-Verpflichtung“ möglich, in: ASR 2008, S. 5–7.

Arbeitskreis Bilanzrecht der Hochschullehrer Rechtswissenschaft, Stellungnahme zu dem Entwurf eines BilMoG: Einzelfragen zum materiellen Bilanzrecht, in: BB 2008, S. 209–216.

Armbrüster, Christian, § 158 BGB, in: Westermann, Harm Peter (Hrsg.), Erman Bürgerliches Gesetzbuch Handkommentar, 11. Auflage, Münster/Köln 2004, S. 452–454.

Armbrüster, Christian, Vor § 158 BGB, in: Westermann, Harm Peter (Hrsg.), Erman Bürgerliches Gesetzbuch Handkommentar, 11. Auflage, Münster/Köln 2004, S. 448–452.

Arnim, Rainer von, Die Option im Waren- und Aktienbereich, in: AG 1983, S. 29–49.

Babel, Mathias, Zum Saldierungsbereich bei Rückstellungen für drohende Verluste aus schwebenden Geschäften, in: ZfB 1998, S. 825–849.

Baetge, Jörg, Bilanzen, 4. Auflage, Düsseldorf 1996.

Baetge, Jörg, Grundsätze ordnungsmäßiger Buchführung, in: Küting, Karlheinz/Weber, Claus-Peter (Hrsg.), Handbuch der Rechnungslegung, Stuttgart 1990, S. 193–232.

Baetge, Jörg/Kirsch, Hans-Jürgen/Thiele, Stefan, Bilanzen, 10. Auflage, Düsseldorf 2009.

Ballwieser, Wolfgang, Grundsätze ordnungsmäßiger Buchführung und neues Bilanzrecht, in: ZfB-Ergänzungsheft 1987, S. 3–24.

Beckenhaub, Claus, Einkommensteuerbarkeit von Optionsgeschäften, Hamburg 2001.

Beckmann, Heiner, Aktuelle Rechtsfragen bei Finanzierungsleasinggeschäften, in: DStR 2006, S. 1329–1334.

Beckmann, Heiner, Finanzierungsleasing, München 2006.

Beckmann, Heiner, Offene Fragen bei Finanzierungsleasinggeschäften, in: DStR 2000, S. 1185–1192.

Beckmann, Heiner/Kügel, Wilfried, § 6, in: Büschgen, Hans E. (Hrsg.), Praxishandbuch Leasing, München 1998, S. 83–157.

Becker, Stephan, Rückverkaufsoption im Kfz-Handel aus Sicht der Finanzverwaltung, Kritische Anmerkungen zum BMF-Schreiben v. 12.10.2011, in: NWB 2011, S. 3691-3695.

Becker, Stephan, Rückverkaufsoptionen im Kfz-Handel, Folgen der aktuellen BFH-Rechtsprechung, in: NWB 2011, S. 2954-2959.

Beisse, Heinrich, Grundsatzfragen der Auslegung des neuen Bilanzrechts, in: BB 1990, S. 2007–2012.

Beisse, Heinrich, Rechtsfragen der Gewinnung von GoB, in: BFuP 1990, S. 499–514.

Beisse, Heinrich, Zum Verhältnis von Bilanzrecht und Betriebswirtschaftslehre, in: StuW 1984, S. 1–14.

Beisse, Heinrich, Die wirtschaftliche Betrachtungsweise bei der Auslegung der Steuergesetze in der neueren deutschen Rechtsprechung, in: StuW 1981, S. 1–14.

Beisse, Heinrich, Tendenzen der Rechtsprechung des Bundesfinanzhofes zum Bilanzrecht, in: DStR 1980, S. 243–252.

Beringhaus, Jochen, § 15, in: Büschgen, Hans E. (Hrsg.), Praxishandbuch Leasing, München 1998, S. 393–407.

Böcking, Hans-Joachim, Verbindlichkeitsbilanzierung, Wiesbaden 1994.

Böcking, Hans-Joachim, Der Grundsatz umsatzbezogener Gewinnrealisierung beim Finanzierungsleasing, in: ZfbF 1989, S. 491–515.

Böhlk-Lankes, Michael, Keine Geschenke! Leasingrückstellungen steuerlich erlaubt - Wieder einmal eine Ohrfeige für den Bundesfinanzminister: Risiken aus Rückkaufgeschäften müssen nicht umsonst eingegangen werden, in: Autohaus 2011, S. 62-63.

Böhlk-Lankes, Michael, Nachvollziehbare Berechnungsmethode, Leasing - Rückkaufverpflichtung aus Leasinggeschäften: Finanzgerichtsurteil zur Höhe der Rückstellung, in: Autohaus 2011, S. 50-51.

Bötticher, Eduard, Besinnung auf das Gestaltungsrecht und das Gestaltungsklagerecht, in: Caemmerer, Ernst von/Nikisch, Arthur/Zweigert, Konrad (Hrsg.), Festschrift für Hans Dölle, Tübingen 1963, S. 41–77.

Brox, Hans/Walker, Wolf-Dietrich, Besonderes Schuldrecht, München 2006.

Buciek, Klaus, Anmerkung zum BFH-Urteil vom 18.12.2002, in: DStZ 2003, S. 354.

Büschgen, Hans E., § 1, in: Büschgen, Hans E. (Hrsg.), Praxishandbuch Leasing, München 1998, S. 1–20.

Büschgen, Hans E., § 3, in: Büschgen, Hans E. (Hrsg.), Praxishandbuch Leasing, München 1998, S. 35–48.

Canaris, Claus-Wilhelm, Grundprobleme des Finanzierungsleasing im Lichte des Verbraucherkreditgesetzes, in: ZIP 1993, S. 401–412.

Christiansen, Alfred, Zur Passivierung von Verbindlichkeiten: (Nicht-) Passivierung im Rahmen schwebender Geschäfte, in: DStR 2007, S. 869–874.

Crezelius, Georg, Das sogenannte schwebende Geschäft in Handels-, Gesellschafts- und Steuerrecht, in: Knobbe-Keuk, Brigitte/Klein, Franz/Moxter, Adolf (Hrsg.), Festschrift für Georg Döllerer , Düsseldorf 1988, S. 81–95.

Daub, Sebastian, Rückstellungen nach HGB, US GAAP und IAS, Baden-Baden 2000.

Döllerer, Georg, Ansatz und Bewertung von Rückstellungen in der neueren Rechtsprechung des Bundesfinanzhofs, in: DStR 1987, S. 67–72.

Döllerer, Georg, Zur Bilanzierung des schwebenden Vertrages, in: BB 1974, S. 1541–1548.

Döllerer, Georg, Die Maßgeblichkeit der Handelsbilanz in Gefahr, in: BB 1971, S. 1333–1335.

Dreissig, Hildegard, Bilanzsteuerrechtliche Behandlung von Optionen, in: BB 1989, S. 1511–1517.

Eckert, H.-W., § 145 BGB, in: Soergel, Hans Theodor et al. (Hrsg.), Bürgerliches Gesetzbuch, Stuttgart 1999, S. 455–461.

Eibelshäuser, Manfred, Wirtschaftliche Betrachtungsweise im Steuerrecht – Herkunft und Bedeutung, in: DStR 2002, S. 1426–1432.

Eibelshäuser, Manfred, Abschreibungen und Realisationsprinzip, in: Budde, Wolfgang Dieter/Moxter, Adolf/Offerhaus, Klaus (Hrsg.), Festschrift für Heinrich Beisse, Düsseldorf 1997, S. 153-169.

Eisele, Wolfgang/Knobloch, Alois, Offene Probleme bei der Bilanzierung von Finanzinnovationen, in: DStR 1993, S. 577–586.

Ellrott, Helmut/Roscher, Klaus, § 247, in: Ellrott, Helmut et al. (Hrsg.) Beck'scher Bilanz-Kommentar, München 2010, Rz. 99.

Ellrott, Helmut, § 251 in: Ellrott, Helmut et al. (Hrsg.) Beck'scher Bilanz-Kommentar, München 2010, Rz. 25.

Ellrott, Helmut/Roscher, Klaus, § 253, in: Ellrott, Helmut et al. (Hrsg.) Beck'scher Bilanz-Kommentar, München 2010, Rz. 523.

Ellrott, Helmut, § 285, in: Ellrott, Helmut et al. (Hrsg.) Beck'scher Bilanz-Kommentar, München 2010, Rz. 51.

Euler, Roland, Rückstellungskriterien im Vergleich - HGB versus IFRS, in: WPg-Sonderheft 2004, S. S139–S154.

Euler, Roland, Zur Verlustantizipation mittels des niedrigeren beizulegenden Wertes und des Teilwertes, in: ZfbF 1991, S. 191–212.

Euler, Roland, Der Ansatz von Rückstellungen für drohende Verluste aus schwebenden Dauerrechtsverhältnissen, in: ZfbF 1990, S. 1039–1056.

Euler, Roland, Grundsätze ordnungsmäßiger Gewinnrealisierung, Düsseldorf 1989.

Faust, Florian, § 456 BGB, in: Bamberger, Heinz Georg/Roth, Herbert (Hrsg.), Kommentar zum Bürgerlichen Gesetzbuch, München 2003, Rz. 4.

Feinen, Klaus, Das Leasinggeschäft, Frankfurt am Main 2002.

Fleischer, Lothar, Bewertungsrechtliche Behandlung von DTB-Optionsscheinen und DTB-Futures, in: DB 1995, S. 1780–1785.

Förschle, Gerhart/Kroner, Matthias, § 246, in: Ellrott, Helmut et al. (Hrsg.) Beck'scher Bilanz-Kommentar, München 2010, Rz. 1-192.

Förschle, Gerhart/Usinger, Rainer, § 243, in Ellrott, Helmut et al. (Hrsg.) Beck'scher Bilanz-Kommentar, München 2012, Rz. 1-147.

Förschle, Gerhart/Usinger, Rainer, § 254 Exkurs: Optionen, Termingeschäfte, Zinsswaps, Wertpapier-Leihgeschäfte, in Ellrott, Helmut et al.(Hrsg.) Beck'scher Bilanz-Kommentar, München 2012, Rz. 70-142.

Förschle, Gerhart/Usinger, Rainer, § 254, in Ellrott, Helmut et al. (Hrsg.) Beck'scher Bilanz-Kommentar, München 2012, Rz. 1-59.

Förschle, Gerhart, § 275, in: Ellrott, Helmut et al. (Hrsg.) Beck'scher Bilanz-Kommentar, München 2010, Rz. 1-391.

Gelhausen, Hans Friedrich, Abschnitt E, in: IDW (Hrsg.) WP Handbuch Band I, Düsseldorf 2006.

Gelhausen, Hans Friedrich, Abschnitt F, in: IDW (Hrsg.) WP Handbuch Band I, Düsseldorf 2006.

Gelhausen, Hans Friedrich, Das Realisationsprinzip im Handels- und im Steuerbilanzrecht, Frankfurt am Main 1985.

Gelhausen, Hans Friedrich/Fey, Gerd/Kämpfer, Georg, Kommentar zur Rechnungslegung und Prüfung nach dem Bilanzrechtsmodernisierungsgesetz, Düsseldorf 2009.

Georgiades, Apostolos, Optionsvertrag und Optionsrecht, in: Paulus, Gotthard/Diederichsen, Uwe/Cararis, Claus-Wilhelm (Hrsg.), Festschrift für Karl Larenz, München 1973, S. 409–434.

Glaubig, Jürgen, Grundsätze ordnungsmäßiger Bilanzierung für Dauerrechtsverhältnisse, Frankfurt am Main 1993.

Groh, Manfred, Rechtsprechung zum Bilanzsteuerrecht, in: StuW 1994, S. 90–96.

Groh, Manfred, Verbindlichkeitsrückstellung und Verlustrückstellung: Gemeinsamkeiten und Unterschiede, in: DB 1988, S. 27–33.

Grunewald, Barbara, Kaufrecht, Tübingen 2006.

Grunewald, Barbara, § 456 BGB, in: Westermann, Harm Peter (Hrsg.), Erman Bürgerliches Gesetzbuch Handkommentar, Münster/Köln 2004, S. 1654–1656.

Günkel, Manfred, Bilanzielle Behandlung von Optionsprämien im Betriebsvermögen, in: JbFStR 1998/99, S. 218–229.

Gursky, Karl-Heinz, Schuldrecht, Heidelberg 2005.

Hahne, Klaus D./Liepolt, Petra, Steuerbilanzielle Bewertung von Stillhalterverpflichtungen aus Optionsgeschäften, in: DB 2006, S. 1329–1333.

Hahne, Klaus D./Sievert, Jürgen, Abgrenzung von Drohverlustrückstellungen und Rückstellungen für ungewisse Verbindlichkeiten, in: DStR 2003, S. 1992–1996.

Haller, Axel/Ferstl, Eva-Maria/Löffelmann, Johann, Die „einheitliche" Erstellung von Handels- und Steuerbilanz, Empirische Erkenntnisse über die Bilanzierungspraxis von Kapitalgesellschaften, in: DB 2011, S. 885-889.

Hastedt, Uwe-Peter, Gewinnrealisation beim Finanzierungs-Leasing, Wiesbaden 1992.

Hastedt, Uwe-Peter/Mellwig, Winfried, Leasing, Heidelberg 1998.

Häuselmann, Holger, Die Bilanzierung von Optionen aus handelsrechtlicher Sicht, in: DB 1987, S. 1745–1748

Häuselmann, Holger/Wiesenbart, Thomas, Fragen zur bilanzsteuerlichen Behandlung von Geschäften an der Deutschen Terminbörse (DTB), in: DB 1990, S. 641–647.

Häuser, Franz, Börsenmäßiges Optionsgeschäft und Differenzeinwand, in: DB 1985, S. 1169–1172.

Heddäus, Birgit, Handelsrechtliche Grundsätze ordnungsmäßiger Bilanzierung für Drohverlustrückstellungen, Düsseldorf 1997.

Heinrich, Dieter, Vorvertrag, Optionsvertrag, Vorrechtsvertrag, Berlin/Tübingen 1965.

Heinrichs, Helmut, Einf v § 145 BGB, in: Palandt Bürgerliches Gesetzbuch, München 2008, Rz. 23.

Heinrichs, Helmut, Einf v § 158 BGB, in: Palandt Bürgerliches Gesetzbuch, München 2008, Rz. 1.

Hennrichs, Joachim, Neufassung der Maßgeblichkeit gemäß § 5 Abs. 1 EStG nach dem BilMoG, in: Ubg 2009 S. 533–543.

Herzig, Norbert, Rückstellungen wegen öffentlich-rechtlicher Verpflichtungen, insbesondere Umweltschutz, in: DB 1990, S. 1341–1354.

Herzig, Norbert, Bilanzrechtliche Ganzheitsbetrachtung und Rückstellung bei Dauerrechtsverhältnissen, in: ZfB 1988, S. 212–225.

Herzig, Norbert/Briesemeister, Simone, Das Ende der Einheitsbilanz, Abweichungen zwischen Handels- und Steuerbilanz nach BilMoG-RegE, in: DB 2009, S. 1-2.

Herzig, Norbert/Briesemeister, Simone, Steuerbilanzielle Abbildung von Optionsgeschäften beim Stilhalter, in: DB 2002, S. 1570–1579.

Herzig, Norbert/Briesemeister, Simone/Schäperclaus, Jens, Von der Einheitsbilanz zur E-Bilanz, in: DB 2011, S. 1-9.

Herzig, Norbert/Rieck, Ulrich, Abgrenzung des Saldierungsbereiches bei Rückstellungen für drohende Verluste aus schwebenden Geschäften, in: Stbg 1995, S. 529–542.

Heß, Andreas/Meinig, Wolfgang, Absatzkanalsysteme der Automobilwirtschaft, in: ZfbF 1996, S. 280–299.

Hoffmann, Wolf-Dieter, Teil-Nichtanwendungserlass zur Optionsprämienbilanzierung, in: DStR 2004, S. 625–627.

Hoffmann, Wolf-Dieter, Anmerkung zum BFH-Urteil vom 18.12.2002, in: DStR 2003, S. 681.

Hoffmann, Wolf-Dieter, Passivierung von Optionsprämien beim Stillhalter als Verbindlichkeit, in: StuB 2003, S. 543–546;

Hoffmann, Wolf-Dieter/Lüdenbach, Norbert, Umsatzrealisation bei strukturierten Geschäftsmodellen, in: DStR 2005, S. 1331–1336.

Hömberg, Reinhold, Stichprobenprüfung mit Zufallsauswahl, in: Ballwieser, Wolfgang/Coenenberg. Adolf G,/Wysocki, Klaus von (Hrsg.), Handwörterbuch der Rechnungslegung, Stuttgart 2002, S. 2288–2303.

Hommel, Michael, Grundsätze ordnungsmäßiger Bilanzierung für Dauerschuldverhältnisse, Wiesbaden 1992.

Hommel, Michael/Schmidt, Reinhard H./Wüstemann, Jens, Adolf Moxter und die Grundsätze ordnungsmäßiger Rechnungslegung, in: WPg-Sonderheft 2004, S. S84–S98.

Hopt, Klaus J., § 84 HGB, in: Baumbach, Adolf/Hopt, Klaus J./Merkt, Hanno (Hrsg.), Handelsgesetzbuch Kommentar, München 2008, Rz. 20.

Hoyningen-Huene, Gerrick von, § 84 HGB, in: Schmidt, Karsten (Hrsg.), Münchener Kommentar zum Handelsgesetzbuch, München 2005, Rz. 8–18.

Hütteman, Ulrich, Grundsätze ordnungsmäßiger Bilanzierung für Verbindlichkeiten, Düsseldorf 1976.

IDW HFA, Stellungnahme zur Rechnungslegung: Handelsrechtliche Bilanzierung von Bewertungseinheiten (IDW RS HFA 35), in: IDW-Fachnachrichten 2011, S. 445-450.

IDW HFA, Stellungnahme zur Rechnungslegung: Zweifelsfragen zum Ansatz und zur Bewertung von Drohverlustrückstellungen (IDW RS HFA 4), in: IDW-Fachnachrichten 2010, S. 298–304.

IDW HFA, Entwurf IDW Stellungnahme zur Rechnungslegung: Anhangsangaben nach §§ 285 Nr. 3, 314 Abs. 1 Nr. 2 HGB zu nicht in der Bilanz enthaltenen Geschäften (IDW ERS HFA 32), in: IDW Fachnachrichten, 2009, S. 675–680.

IDW HFA, Entwurf einer Neufassung der IDW-Stellungnahme zur Rechnungslegung: Einzelfragen zum Übergang von wirtschaftlichem Eigentum und zur Gewinnrealisierung nach HGB (IDW ERS HFA 13 n.F.), in: IDW-Fachnachrichten 2007, S. 83–97.

IDW BFA, Stellungnahme zur Rechnungslegung: Handelsrechtliche Bilanzierung von Optionsgeschäften bei Instituten (IDW RS BFA 6), in: IDW-Fachnachrichten 2011, S. 700-702.

Jebens, Carsten Thomas, Neue Gewinnabgrenzung bei Veräußerungen mit Rück-Erwerbsverpflichtungen, in DB: 2008, S. 833–835.

Kessler, Harald, Anpassungspflichten im Bilanzrecht: (Neue?) Grenzwerte für die wirtschaftliche Verursachung, in: DStR 2001, S. 1903–1912.

Klemp, Max, Der Kauf auf Wiederverkauf, Berlin 1925.

Klein, Evelyn, Passivierung von Rückkaufverpflichtungen eines Kfz-Händlers, Das BMF-Schreiben vom 12.10.2011 zum BFH-Urteil vom 17.11.2010, in: DStR 2011, S. 1981-1986.

Knobbe-Keuk, Brigitte, Bilanz- und Unternehmenssteuerrecht, Köln 1987.

Kozikowski, Michael/Schubert, Wolfgang J., § 249, in: Ellrott, Helmut (Hrsg.) Beck'scher Bilanz-Kommentar, München 2010.

Krag, Joachim/Mölls, Sascha, Rechnungslegung, München 2001.

Kramer, Ernst A., vor § 145 BGB, in: Säcker, Franz Jürgen/Rixecker, Roland (Hrsg.), Münchner Kommentar zum BGB, München 2008, Rz. 57.

Krause, Haiko, Die Besteuerung hybrider Finanzinstrumente, Frankfurt am Main 2006.

Kügel, Wilfried, § 5, in: Büschgen, Hans E. (Hrsg.), Praxishandbuch Leasing, München 1998, S. 65–82.

Kümpel, Siegfried, Der Optionskauf beim deutschen börsenmäßigen Optionsgeschäft ein unwirksames Kassageschäft?, in: WM 1985, S. 73–79.

Kümpel, Siegfried, Zur Abgrenzung des Börsentermingeschäfts vom Zeitgeschäft am Beispiel der Effektenkommission für Auslandsbörsen, in: WM 1982, Beilage 6, S. 326.

Kupka, Wilfried/Süß, Stefan, Steuerliche Behandlung von Optionsprämien im Betriebsvermögen, in: FR 2002, S. 438–446.

Kupsch, Peter, Neuere Entwicklungen bei der Bilanzierung und Bewertung von Rückstellungen, in: DB 1989, S. 54–62.

Küstner, Wolfram, § 84 HGB, in: Röhricht, Volker/Westphalen, Friedrich Graf von (Hrsg.), Handelsgesetzbuch Kommentar, Köln 2001, Rz. 14.

Lang, Joachim, § 1, in: Tipke, Klaus/Lang, Joachim/Seer, Roman/Hey, Johanna, Steuerrecht, Köln 2010.

Lange, Knut Werner, Ziviles Wirtschaftsrecht, München 2007.

Larenz, Karl, Methodenlehre der Rechtswissenschaft, Heidelberg 1991.

Larenz, Karl/Wolf, Manfred, Allgemeiner Teil des Bürgerlichen Rechts, München 2004.

Leffson, Ulrich, Die Grundsätze ordnungsmäßiger Buchführung, Düsseldorf 1987.

Leyens, Patrick C., BB-Kommentar zum BGH-Urteil vom 19.03.2003, in: BB 2003, S. 1529–1530.

Leyens, Patrick C., Leasing - Grenzen der formularmäßigen Risikoabwälzung vom Leasinggeber an den Hersteller/Lieferanten, in: MDR 2003, S. 312–315.

Lindner, Ariane, Besteuerung von Optionen, Wiesbaden 2004.

Lorenz, Werner, Vorzugsrechte beim Vertragsabschluss, in: Caemmerer, Ernst von/Nikisch, Arthur/Zweigert, Konrad (Hrsg.), Festschrift für Hans Dölle, 1963, S. 103–133.

Lüders, Jürgen, Der Zeitpunkt der Gewinnrealisation im Handels- und Steuerbilanzrecht, Köln 1987.

Lützenkirchen, Hans-Peter, Das Kraftfahrzeug-Leasing in Deutschland, in: Eckstein, Wolfram/Feinen, Klaus (Hrsg.), Leasing-Handbuch für die betriebswirtschaftliche Praxis, 2000, S. 231-250.

Mader, Peter, Vorbemerkung zu §§ 456 ff, in: Staudingers Kommentar zum Bürgerlichen Gesetzbuch, Berlin 2004.

Marten, Kai-Uwe/Quick, Reiner/Ruhnke, Klaus, Lexikon der Wirtschaftsprüfung, Stuttgart 2006.

Marten, Kai-Uwe/Quick, Reiner/Ruhnke, Klaus, Wirtschaftsprüfung, Stuttgart 2003.

Marx, Franz Jürgen/Köhlmann, Sarah, Bilanzielle Abbildung von Rücknahmeverpflichtungen nach HGB und IFRS, in: BB 2005, S. 2007–2011.

Medicus, Dieter, Schuldrecht II, Besonderer Teil, München 2007.

Mellwig, Winfried, Leasing, in: Ballwieser, Wolfgang/Coenenberg, Adolf G./Wysocki, Klaus v. (Hrsg.), Handwörterbuch der Rechnungslegung und Prüfung, Stuttgart 2002, S. 1478–1495.

Mellwig, Winfried, Für ein bilanzzweckadäquates Teilwertverständnis, in: Ballwieser , Wolfgang et al. (Hrsg.), Festschrift für Adolf Moxter, Düsseldorf 1994, S. 1071–1088.

Mellwig, Winfried, Bilanzrechtsprechung und Betriebswirtschaftslehre, BB 1983, S. 1613–1620.

Meunzel, Ralpf/Padrtka, Ralf, BMW zieht Dekra vor Kadi, in: Autohaus online 2009, S. 1, http://www.autohaus.de/bmw-haendler-ziehen-dekra-vor-kadi-895197.html (abgerufen 23.10.2010).

Moxter, Adolf, Bilanzrechtsprechung, Tübingen 2007.

Moxter, Adolf, Neue Ansatzkriterien für Verbindlichkeitsrückstellungen? (Teil I), in: DStR 2004, S. 1057–1060.

Moxter, Adolf, Grundsätze ordnungsmäßiger Rechnungslegung, Düsseldorf 2003.

Moxter, Adolf, Künftige Verluste in der Handels- und Steuerbilanz, in: DStR 1998, S. 510–515.

Moxter, Adolf, Zur Abgrenzung von Verbindlichkeitsrückstellungen und (künftig grundsätzlich unzulässigen) Verlustrückstellungen, in: DB 1997, S. 1477–1480.

Moxter, Adolf, Rückstellungskriterien im Streit, in: ZfbF 1995, S. 311–326.

Moxter, Adolf, Zum Verhältnis von handelsrechtlichen Grundsätzen ordnungsmäßiger Buchführung und True-and-fair-view-Gebot bei Kapitalgesellschaften, in: Förschle, Gerhart, et al. (Hrsg.), Festschrift für Wolfgang Dieter Budde, München 1995, S. 419–429.

Moxter, Adolf, Grundsätze ordnungsmäßiger Buchführung - ein handelsrechtliches Faktum, von der Steuerrechtsprechung festgestellt, in: Der Präsident des Bundesfinanzhofs (Hrsg.), Festschrift 75 Jahre Reichsfinanzhof - Bundesfinanzhof, Bonn 1993, S. 533–544.

Moxter, Adolf, Zum Passivierungszeitpunkt von Umweltschutzrückstellungen, in: Moxter, Adolf et al. (Hrsg.), Festschrift für Karl-Heinz Forster, Düsseldorf 1992, S. 427–437.

Moxter, Adolf, Zur wirtschaftlichen Betrachtungsweise im Bilanzrecht, in: StuW 1989, S. 232–241.

Moxter, Adolf, Zum Sinn und Zweck des handelsrechtlichen Jahresabschlusses nach neuem Recht, in: Havermann, Hans (Hrsg.), Festschrift für Reinhard Goerdeler, Düsseldorf 1987, S. 361–374.

Moxter, Adolf, Bilanzlehre, Band II, Einführung in das neue Bilanzrecht, Wiesbaden 1986.

Moxter, Adolf, Bilanzlehre, Band I, Einführung in die Bilanztheorie, Wiesbaden 1984.

Moxter, Adolf, Das Realisationsprinzip - 1884 und heute, in: BB 1984, S. 1780–1786.

Moxter, Adolf, Fremdkapitalbewertung nach neuem Bilanzrecht, in: WPg 1984, S. 397–408.

Moxter, Adolf, Wirtschaftliche Gewinnermittlung und Bilanzsteuerrecht, in: StuW 1983, S. 300–307.

Müller-Sarnowski, Barbara, Die „vertragsgemäße Rückgabe des Leasingfahrzeuges", in: DAR 1997, S. 142–147.

Müssig, Peter, Wirtschaftsprivatrecht, Heidelberg 2007.

Naumann, Klaus-Peter, Rechtliches Entstehen und wirtschaftliche Verursachung als Voraussetzung der Rückstellungsbilanzierung, in: WPg 1991, S. 529–536.

Naumann, Thomas K., Zur Abgrenzung von künftig ertragsteuerlich nicht mehr zu bildenden Drohverlustrückstellungen, insbesondere bei Kreditinstituten, in: BB 1998, S. 527–531.

Niemeyer, Markus, Ausweisfragen beim Optionsgeschäft, in: BB 1990, S. 1022–1028.

Niemeyer, Markus, Bilanzierung und Ausweis von Optionsgeschäften nach Handelsrecht und Steuerrecht, Frankfurt am Main 1990.

o. V., Druck von allen Seiten, http://www.autohaus.de/druck-von-allen-seiten-724248.html (26.10.2013).

o. V., ZLW verklagt VW Leasing, http://www.autohaus.de/zlw-verklagt-vw-leasing-949175.html (22.10.2010).

Oberbrinkmann, Frank, Statische und dynamische Interpretation der Handelsbilanz, Düsseldorf 1990.

Oser, Peter/Roß, Norbert/Wader, Dominic/Drögmüller, Steffen, Ausgewählte Neuregelungen des Bilanzrechtsmodernisierungsgesetzes (BilMoG) - Teil 1, in: WPg 2008, S. 49–62.

Perridon, Louis/Steiner, Manfred, Finanzwirtschaft der Unternehmung, 13. Auflage, München 2004.

Plambeck, Sven/Braun, Thorsten, Überlegungen zur Bewertung von Rückkaufverpflichtungen im Kfz-Handel, Zugleich Anm. zum BMF-Schreiben vom 12.10.2011, in: DB 2012, S. 710-713.

Prinz, Ulrich, Materielle Maßgeblichkeit handelsrechtlicher GoB – ein Konzept für die Zukunft im Steuerbilanzrecht, in: DB 2010, S. 2069-2076.

Prinz, Ulrich, Verbindlichkeit statt Rückstellung für die Rückkaufverpflichtung eines Kraftfahrzeug-Händlers, in: StuB 2008, S. 188–190.

Rätke, Bernd, Rückstellungen für Rückkaufverpflichtungen im Kfz-Handel, in: StuB 2005, S. 218–221.

Rau, Stephan, Zur steuerlichen Behandlung von Zinsbegrenzungen und Optionen nach dem BFH-Urteil zur bilanziellen Behandlung erhaltener Stillhalterprämien, in: DStR 2003, S. 1769–1775.

Rau, Stephan, Bilanzierung und Bewertung von Optionsgeschäften in der Steuerbilanz, in: BB 2002, S. 928–933.

Reinicke, Dieter/Tiedtke, Klaus, Kaufrecht, 7. Auflage, München 2004.

Robisch, Martin/Treisch, Corinna, Neuere Entwicklungen des Verhältnisses von Handelsbilanz und Steuerbilanz - Anhaltspunkte für eine Trendwende?, in: WPg 1997, S. 156–169.

Rössner, Michael-Christian/Lachmair, Wilhelm, Die Wirksamkeit von Einschüssen bei Börsentermingeschäften, in: BB 1986, S. 1377–1386.

Rövekamp, Klaus, § 158 BGB, in: Bamberger, Heinz Georg/Roth, Herbert (Hrsg.), Kommentar zum Bürgerlichen Gesetzbuch, München 2003.

Roiger, Manuela B., Gestaltung von Anreizsystemen und Unternehmensethik, Eine norm- und wertbezogene Analyse der normativen Principal-Agent-Theorie, Wiesbaden 2007.

Rosen, Simone, Bilanzierung von Rückkaufsoptionen im Kfz-Handel, Anmerkungen zum BMF-Schreiben vom 12.10.2011 - IV C 6 - S 2137/09/10003, in: StuB 2012, S. 51-54.

Schenke, Ralf P./Risse Markus, Das Maßgeblichkeitsprinzip nach dem Bilanzrechtsmodernisierungsgesetz, in: DB 2009, S. 1957–1959.

Schmidt, Gerd, Stichprobenprüfung mit bewusster Auswahl, in: Ballwieser, Wolfgang/Coenenberg. Adolf G,/Wysocki, Klaus von (Hrsg.), Handwörterbuch der Rechnungslegung, Stuttgart 2002, S. 2280–2290.

Schulze-Osterloh, Joachim, Ausgewählte Änderungen des Jahresabschlusses nach dem Referentenentwurf eines Bilanzrechtsmodernisierungsgesetzes, in: DStR 2008, S. 63–73.

Schulze-Osterloh, Joachim, Kommentar zum BFH-Urteil vom 18.12.2002, in: BB 2003, S. 1009.

Schumacher, Andreas, Optionsgeschäfte im Betriebsvermögen und Realisationsprinzip, in: DStR 1997, S. 1236–1238.

Seifert, Peter, Leasing von beweglichen Wirtschaftsgütern aus rechtlicher Sicht, in: Eckstein, Wolfram/Feinen, Klaus (Hrsg.), Leasing-Handbuch für die betriebswirtschaftliche Praxis, 2000, S. 33-65.

Selchert, Friedrich Wilhelm, Die sonstigen finanziellen Verpflichtungen, in: DB 1987, S. 545–549.

Siegel, Theodor, Unentziehbarkeit als zentrales Kriterium für den Ansatz von Rückstellungen, in: DStR 2002, S. 1192–1196.

Solmecke, Henrik, Auswirkungen des Bilanzrechtsmodernisierungsgesetzes (BilMoG) auf die handelsrechtlichen Grundsätze ordnungsmäßiger Buchführung, Düsseldorf 2009.

Sprau, Hartwig, Einf v § 765 BGB, in: Palandt Bürgerliches Gesetzbuch, München 2008.

Stoppel, Jan, Das System des Wiederverkaufsrechts unter besonderer Berücksichtigung der Mängelhaftung durch den Wiederverkäufer, in: JZ 2007, S. 218–230.

Treuberg, Hubert Graf von/Scharpf, Paul, DTB-Aktienoptionen und deren Abbildung im Jahresabschluß von Industrieunternehmen, in: DB 1991, S. 661–668.

Troost, Jürgen, Das Leasing-Restwertmodell der Audi AG wird von der Finanzverwaltung falsch interpretiert, in: ASR 2012, S. 11-13.

Troost, Jürgen, Rückstellungen für Leasing-Rückläufer – Praxisempfehlungen zur Ermittlung der Höhe, in: ASR 2011, S. 1-3.

VDA Verband der Automobilindustrie, Stellungnahme zum Entwurf einer Neufassung der IDW Stellungnahme zur Rechnungslegung: Einzelfragen zum Übergang von wirtschaftlichem Eigentum und zur Gewinnrealisierung nach HGB (IDW ERS HFA 13 n.F.), http://www.idw.de/idw/portal/n281334/n281114/n414788/index.jsp (18.10.2010).

Walter, Sylvia, Herstellerleasing, Düsseldorf 2006.

Weber, Martin, Der Optionsvertrag, in: JuS 1990, S. 249–256.

Weber-Grellet, Heinrich, § 5, in: Drenseck, Walter (Hrsg.), Ludwig Schmidt Einkommen-steuergesetz, München 2010.

Weber-Grellet, Heinrich, Kommentar zum BFH-Urteil vom 18.12.2002, in: FR 2003,S. 514–515.

Wehrheim, Michael, B 164, in: Böcking, Hans-Joachim et al. (Hrsg.), Beck'sches Handbuch der Rechnungslegung 2010, S. 2–67.

Wehrheim, Michael/Fross, Ingo, Erosion handelsrechtlicher GoB durch das Bilanzrechtsmodernisierungsgesetz, in: ZfB 2010, S. 72–109.

Wehrheim, Michael/Fross, Ingo, Plädoyer für eine Stärkung des Maßgeblichkeitsprinzips, in: DStR 2010, S. 1348–1353.

Wehrheim, Michael/Krause, Haiko, Steuerbilanzielle Erfassung erhaltener Optionsprämien vor und nach dem BFH-Urteil vom 18.12.2002, in: BB 2003, S. 1552–1556.

Wehrheim, Michael/Renz, Anette, Die Handels- und Steuerbilanz, München 2009.

Weidenkaff, Walter, § 443 BGB in: Palandt Bürgerliches Gesetzbuch, München 2008.

Weidenkaff, Walter, § 456 BGB, in: Palandt Bürgerliches Gesetzbuch, München 2008.

Weidenkaff, Walter, Einf v § 535 BGB, in: Palandt Bürgerliches Gesetzbuch, München 2008.

Wenk, Marc Oliver/Jagosch, Christian, Automotive: Umsatzrealisation bei Sale-and-buy-back-Transaktionen, in: KoR 2010, S. 33–39.

Westerfehlhaus, Herwarth, Die Einheitsbilanz als Zielsetzung des mittelständischen Unternehmens, in: DB 2007, S. 69-71.

Westermann, Harm Peter, § 158 BGB, in: Säcker, Franz Jürgen/Rixecker, Roland (Hrsg.), Münchener Kommentar zum BGB, München 2008.

Westermann, Harm Peter, § 443 BGB, in: Säcker, Franz Jürgen/Rixecker, Roland (Hrsg.), Münchner Kommentar zum BGB, München 2008.

Westermann, Harm Peter, § 456 BGB, in: Säcker, Franz Jürgen/Rixecker, Roland (Hrsg.), Münchener Kommentar zum BGB, München 2008.

Westphalen, Friedrich Graf von, Zur Unwirksamkeit von (leasingtypischen) Rückkaufverpflichtungen unter besonderer Berücksichtigung der Kfz-Branche, in: BB 2009, S. 2378–2385.

Westphalen, Friedrich Graf von, BB-Kommentar zum BGH-Urteil vom 08.02.2006, in: BB 2006, S. 741.

Westphalen, Friedrich Graf von, Der Leasingvertrag, Köln 1998.

Windmöller, Rolf/Breker, Norbert, Bilanzierung von Optionsgeschäften, in: WPg 1995, S. 389–404.

Winter, Oliver, Der wirtschaftliche und rechtliche Charakter von Zinsbegrenzungsverträgen, in: WM 1985, S. 1169–1176.

Woerner, Lothar, Die Gewinnrealisierung bei schwebenden Geschäften, in: BB 1988, S. 769–777.

Woerner, Lothar, Grundsatzfragen zur Bilanzierung schwebender Geschäfte, in: FR 1984, S. 489–496.

Wöhe, Günter/Döring, Ulrich, Einführung in die Allgemeine Betriebswirtschaftslehre, München 2008.

Wolf, Manfred, Vor § 158 BGB, in: Soergel, Hans Theodor et al. (Hrsg.), Bürgerliches Gesetzbuch, Stuttgart 1999.

Wulf, Martin/Petzold, Katharina, Bilanzierung von Leasing-Rücknahmeverpflichtungen in der Automobilbranche, in: DStR 2004, S. 2116–2120.

2. Entscheidungen/Erlasse/Verfügungen

BFH vom 28.01.1965, IV 179/64 U, in: BStBl. III 1965, S. 261–263.

BFH vom 03.02.1969, GrS 2/68, BStBl. II 1969, S. 291–294.

BFH vom 16.09.1970, I R 184/67, in: BStBl. II 1971, S. 85–87.

BFH vom 19.06.1973, I R 206/71, in: BStBl. II 1973, S. 774–775.

BFH vom 17.07.1980, IV R 10/76, in: BStBl. II 1981, S. 669–672.

BFH vom 16.11.1982, VIII R 95/81, in: BStBl. II 1983, S. 361–364.

BFH vom 30.05.1984, I R 146/81, in: BStBl. II 1984, S. 825–827.

BFH vom 01.08.1984, I R 88/80, in: BStBl. II 1985, S. 44–47

BFH vom 27.02.1986, IV R 52/83, in: BStBl. II 1986, S. 552–554.

BFH vom 19.05.1987, VIII R 327/83, in: BStBl. II 1987, S. 848–850.

BFH vom 25.08.1989, III R 95/87, in: BStBl. II 1989, S. 893–896.

BFH vom 28.11.1990, X R 197/87, BStBl. II 1991, S. 300–305.

BFH vom 15.04.1993, IV R 75/91, in: BFHE 171, S. 435–440.

BFH vom 23.06.1997, GrS 2/93, BStBl. II 1997, S. 735–739.

BFH vom 15.10.1997, I R 16/97, in: BStBl. II 1998, S. 249–252.

BFH vom 04.02.1999, VIII B 31/98, in: BFH/NV 1999, S. 1076–1078.

BFH vom 25.07.2000, VIII R 35/97, in: BStBl. II 2001, S. 566–570,

BFH vom 27.06.2001, I R 45/97, in: BStBl. II 2003, S. 121–124.

BFH vom 05.06.2002, I R 23/01, in: BFH/NV 2002, S. 1434–1436.

BFH vom 18.12.2002, I R 17/02, in: BStBl. II 2004, S. 126–129.

BFH vom 05.04.2006, I R 43/05, in: BStBl. II 2006, S. 593–595.

BFH vom 11.10.2007, IV R 52/04, in: BStBl. II 2009, S. 705–708.

BFH vom 29.11.2007, IV R 62/05, in: BStBl. II 2008, S. 557–561.

BFH vom 17.11.2010, I R 83/09, in: BB 2011, S. 621-622.

BGH vom 09.11.1966, V ZR 39/64, in: WM 1966, S. 1267–1269.

BGH vom 21.04.1967, V ZR 75/64, in: BGHZ 47, S. 387–392.

BGH vom 08.10.1975, VIII ZR 81/74, in: BB 1976, S. 157–159.

BGH vom 09.03.1977, VIII ZR 192/75, in: NJW 1977, S. 1058–1059.

BGH vom 05.04.1978, VIII ZR 42/77, in: NJW 1978, S. 1383–1385.

BGH vom 22.10.1984, II ZR 262/83, in: BGHZ 92, S. 317–326.

BGH vom 31.01.1990, VIII ZR 280/88, in: BGHZ 110, S. 183–197.

BGH vom 28.01.1991, II ZR 29/90, in: BB 1991, S. 508–509.

BGH vom 13.06.1996, IX ZR 172/95, in: ZIP 1996, S. 1291–1294.

BGH vom 28.06.1996, V ZR 136/95, in: WM 1996, S. 1734–1735.

BGH vom 11.12.1998, V ZR 377/97, in: BGHZ 140, S. 219–223.

BGH vom 18.06.2001, II ZR 248/99. in: ZIP 2001, S. 1496–1497.

BGH vom 07.11.2001, VIII ZR 213/00, in: WM 2002, S. 444–446.

BGH vom 19.03.2003, VIII ZR 135/02, in: BB 2003, S. 1303–1304.

BGH vom 08.02.2006, VIII ZR 45/05, in: BB 2006, S. 737–741.

BGH vom 14.03.2007, VIII ZR 68/06 in: DB 2007, S. 1023–1025.

BMF-Schreiben vom 19.04.1971, IV B 2 - S 2170 - 31/71, in: BStBl. I 1971, S. 264–266.

BMF-Schreiben vom 22.12.1975, IV B 2 - S 2170 - 161/75, in: DB 1976, S. 172–173.

BMF-Schreiben vom 12.01.2004, IV A 6 - S 2133 - 17/03, in: BStBl. I 2004, S. 192.

BMF-Schreiben vom 12.10.2005, IV B 2 - S 2137 - 38/05, in: BStBl. I 2005, S. 953–954.

BMF-Schreiben vom 12.08.2009, IV C 6 - S 2137/09/10003, in: BStBl. I 2009, S. 890–891.

BMF-Schreiben vom 12.03.2010, IV C 6 - S 2133/09/10001, in: BStBl. I 2010, S. 239–242.

BMF-Schreiben vom 12.10.2011, IV C G - S 2137/09/10003, in: BStBl. I 2011, S. 967.

FG Bremen vom 26.08.2004, 1 K 99/04 (1), in: EFG 2004 S. 1588–1593.

FG Hamburg vom 06.12.2001, VI 227/99, in: EFG 2002, S. 559–562.

FG München vom 28.11.2000, 7 K 2035/98, in EFG 2001, S. 274–276.

FG Münster vom 25.08.2009, 9 K 4142/04 K, in: EFG 2009, S. 1918–1922.

OFD Köln vom 11.03.1997, S 2143 - 18 - St 112, in: DStR 1997, S. 1084.

OFD-Frankfurt vom 12.03.2008, S 2170 A-103 -St 219, Abgrenzung zwischen Kauf nach Miete, Mietkauf und Leasing, http://treffer.nwb.de/completecontent/dms/content/000/303/ Content/000303896.htm#doclink _fst, (20.02 2010).

OLG Düsseldorf vom 22.02.1979, 12 U 124/78, in: BB 1979, S. 962.

OLG Köln vom 15.06.1983, 2 U 72/82, in: DB 1984, S. 1342–1343.

RG vom 17.10.1908, V 194/08, in: RGZ 69, S. 281–283.

RG vom 02.07.1928, IV 63/28, in: RGZ 121, S. 367–371.

RG vom 21.11.1929, VI 126/29, in: RGZ 126, S. 308–317.

BilMoG-RegE, BT-Drucks. 16/100067.

Gesetz zur Modernisierung des Bilanzrechtes vom 25.05.2009, in: BGBl. I 2009,
S. 1102–1137.

Empfehlung der Kommission vom 06.05.2003, K (2003) 1422, in: Amtsblatt der Europäischen Union, S. L124/36-L124/41.

FSC
www.fsc.org
MIX
Papier | Fördert gute Waldnutzung
FSC® C083411

Kolibri 360 GmbH
Ferdinand-Jühlke-Straße 7
99095 Erfurt, Deutschland
produktsicherheit@kolibri360.de